GERSTENBERG VERLAG

50 Klassiker
FRAUEN

*Die berühmtesten Frauengestalten
dargestellt von* BARBARA SICHTERMANN
unter Mitarbeit von Ulrike Braun

6 For a Woman's World	62 Jeanne d'Arc	116 Madame de Staël
12 Hatschepsut	68 Lucrezia Borgia	122 Jane Austen
18 Sappho	74 Teresa von Avila	128 Clara Schumann
24 Antigone	80 Elisabeth I.	134 George Eliot
30 Medea	86 Artemisia Gentileschi	138 Carmen
34 Judith	92 Maria Sibylla Merian	144 Emma Bovary
38 Maria	98 Katharina die Große	150 Eleonora Duse
44 Theophanu	104 Mary Wollstonecraft	156 Lou Andreas-Salomé
50 Hildegard von Bingen	110 Caroline Schlegel-Schelling	162 Marie Curie
56 Kriemhild		168 Rosa Luxemburg

INHALTSVERZEICHNIS

172 Maria Montessori	220 Dorothy Parker	270 Marilyn Monroe
178 Alexandra Kollontai	224 Lulu	276 Janis Joplin
184 Anna Karenina	230 Marlene Dietrich	282 Aung San Suu Kyi
190 Paula Modersohn-Becker	236 Hannah Arendt	288 Barbie
196 Virginia Woolf	242 Simone de Beauvoir	294 Madonna
202 Coco Chanel	248 Mutter Teresa	300 Personenregister
208 Lise Meitner	254 Ella Fitzgerald	
214 Agatha Christie	260 Sophie Scholl	
	266 Maria Callas	

For a woman's world

In den Berichten, Porträts und Biographien über Frauen, die eine Spur in der Geschichte hinterlassen haben, heißt es gern: Sie war eine »ungewöhnliche« Frau. So kann man es etwa über Madame de Staël, Caroline Schlegel-Schelling oder Alexandra Kollontai lesen. Auch heute findet sich diese Beurteilung noch – so im Falle von Madonna oder der preisgekrönten Aung San Suu Kyi. Von einem Mann würde man nie sagen, er sei ungewöhnlich. Denn: Ist so ein Lob nicht im Grunde recht mager? »Ungewöhnlich« könnte man auch eine Verbrecherin nennen – für die man übrigens Jeanne d'Arc gehalten hat, auch Antigone und mit vollem Recht Carmen und Lulu. Aber eigentlich denkt, wer eine Frau verehrungsvoll »ungewöhnlich« nennt, nicht an eine Gesetzesbrecherin. Und dennoch besagt das Attribut noch nicht, dass eine Frau durch Großtaten hervortrat, denn »ungewöhnlich« ist völlig unspezifisch. Es heißt eigentlich nichts anderes, als dass man Frauen normalerweise als ziemlich gewöhnliche Wesen betrachtet, die eben gerade nicht hervorragen. Frauen gelten – auch heute noch – in aller Regel als angepasster, durchschnittlicher, mittelmäßiger und rundum normaler als Männer, als Wesen, die seltener aus der Reihe tanzen, im Guten wie im Bösen. Und die Geschichte der Menschheit hat das Ihre dazu beigetragen, nur wenigen Frauen eine außergewöhnliche Rolle zuzugestehen. Deshalb ist es auch möglich, ein Buch herauszugeben, das fünfzig hervorragende Frauen vorstellt, von der Antike bis heute. Man könnte gewiss noch zwei oder vielleicht sogar drei Folgebände mit weiteren weiblichen Größen füllen. Aber dann würde es auch schon dünn.

Undenkbar, ein Buch über fünzig hochwichtige Männer zu schreiben und dabei auch noch einen Zeitraum vom dreieinhalb Jahrtausenden zu berücksichtigen. Die Grundgesamtheit wäre einfach zu groß. Und die Auswahl trüge den Stempel einer problematischen Willkür. Das ist zwar bei den fünfzig Frauen auch der Fall – aber die Beliebigkeit ist doch nicht annähernd so krass, wie sie es bei einem Män-

■ Hatschepsut

nerbuch wäre. Der Buchladenkunde würde den Kopf schütteln. Fünzig tolle Männer? Was denn für welche? Fünfzig Politiker, fünzig Erfinder, fünfzig Schriftsteller, fünfzig Feldherren?
So ein Männerbuch ist denn auch nicht geplant. Dass ein Frauenbuch keine solchen Probleme macht, heißt zugleich, dass Ruhm, Glanz, außerordentliches Verdienst, epochale Leistung, geniales Werk nur ausnahmsweise Frauensache waren. Die Ausnahmen lassen sich sammeln und darstellen – ja, das ist lohnend. Aber man denkt beim Auswählen, Faktensammeln, Interpretieren und Schreiben zugleich ständig über diese enorme Asymmetrie nach: Warum bloß quillt die Geschichte über vor Männern mit historischen Verdiensten, während sich nur alle paar Jahrzehnte oder gar Jahrhunderte eine Hatschepsut, eine Theophanu, eine Katharina über den Horizont der Normalität erhebt? Wo wir doch heute wissen, dass Intelligenz und Begabung bei beiden Geschlechtern genetisch in der Summe gleich vorhanden und höchstens in ihrer Besonderheit verschieden verteilt sind?
Die Antwort ist einfach. It's a man's, man's, man's world. Immer noch. Vieles ändert sich. Bald wird unsere Welt auch von Frauen geprägt sein. Aber das war sie in der Vergangenheit nicht. Die Muster, Leitbilder, vorgezeichneten Lebensläufe, welche die Kinder vorfanden, wenn sie anfingen, Wünsche und Pläne für die Zukunft zu entwickeln, wiesen den Jünglingen den

■ Aung San Suu Kyi

■ Jeanne d'Arc

■ Clara Schumann

■ Marlene Dietrich als Katharina die Große

Weg nach draußen, auf dem Lorbeeren zu erringen waren, den Mädchen aber den Weg nach drinnen, ins Reich der Gewöhnlichkeit. Und diese Anweisungen waren sehr ernst gemeint, waren abgestützt von den höchsten Autoritäten, von Eltern, Lehrern, Priestern, Staatslenkern. Es hätte übermenschliche Anstrengungen gekostet, sich gegen sie zu stemmen. Die Frauen wären genötigt gewesen, höchst ungewöhnliche Schritte zu gehen, um hervorzuragen. Und das war den meisten einfach nicht möglich.

Für schöpferische oder politische Glanzleistungen braucht jeder Mensch zweierlei: Eignung und Kraft. Fehlt die Eignung, nutzt auch der Wille nichts; fehlt aber die Kraft, sprich Möglichkeit, hilft eine noch so prachtvolle Eignung nicht weiter. Eine Frau hätte, um als Künstlerin oder Politikerin hervorzutreten, die Welt auf den Kopf stellen müssen. Sie hätte ein Übermaß an Kraft gebraucht, um ihr Ziel zu erreichen – und wo hätte sie dies hernehmen sollen? Hinzu kam, dass die meisten Frauen Kinder bekamen, was im Übrigen durchaus als große Leistung aner-

kannt wurde. Nur: Es war eine Leistung im Rahmen des Gewöhnlichen. Und Kinder können, anders als Feldzüge, Ölgemälde, Versuchsanordnungen, Romane oder Sinfonien, nicht einfach verlassen, vergessen oder aufgeschoben werden. Wenn sie da sind, beanspruchen sie die Zeit ihrer Mütter; nur wenige hoch stehende Damen konnten diese Arbeit delegieren. Viele wollten es auch nicht. Und manche – wie Mary Wollstonecraft oder Paula Modersohn-Becker – verloren gar ihr Leben im Wochenbett. Wie viele weibliche Talente im Laufe der Geschichte unter dem riesigen Berg von »Gewöhnlichkeit« verkümmert sind, vermag niemand abzuschätzen. Immerhin geben die Ausnahmefrauen, die es dann doch aufgrund besonders günstiger Umstände oder übermenschlicher Kraftanstrengungen geschafft haben, mehr aus sich zu machen, eindrucksvoll Kunde von weiblichen Möglichkeiten.

■ Mary Wollstonecraft

■ Judith

Da wären zunächst die Töchter. Frauen wie Maria S. Merian, Elisabeth I. von England, Artemisia Gentileschi, Clara Schumann und Eleonora Duse kamen über die väterliche Position zu ihrer Laufbahn: als Schülerinnen und Nachfolgerinnen. Wären sie mit denselben Begabungen in einer unbedeutenden Familie aufgewachsen, wäre es bei der Sehnsucht nach Naturwissenschaft, Malerei, Politik oder Musik geblieben, und niemand spräche heute vom Elisabethanischen Zeitalter, von einer Begründerin der Insektenkunde oder der namhaftesten Pianistin des 19. Jahrhunderts. Da wären des Weiteren die Witwen. Diese konnten nach dem Tod ihrer Männer deren Werk fortführen: wie Hatschepsut, Theophanu, Katharina die Große – ohne ihre Ehemänner, die sozusagen den Thron für sie vorgewärmt hatten, ohne ihre Söhne, für die sie erst einmal einsprangen, hätten sie ihre historischen Leistungen nicht vollbringen können. Aber es gibt auch die originären Heldinnen, die ganz aus eigenem Antrieb, manchmal unterstützt von einer göttlichen Stimme, loszogen, um die Welt aus den Angeln zu heben: Judith, Antigone, Jeanne d'Arc, Theresia von Avila, Mary Wollstonecraft, Alexandra Kollontai, Rosa Luxemburg, Sophie Scholl, Mutter Teresa. Diese Frauen waren nicht

■ Sophie Scholl

■ Paula Modersohn-Becker

bloß »ungewöhnlich«; Was sie getan haben, was sie beiseite geräumt haben an Hindernissen und auf sich genommen haben an Gefahren, auch für Leib und Leben – das ruft in uns tiefsten Respekt und größte Bewunderung wach. Diese Frauen hatten meist keine Unterstützung durch Familie oder Umfeld, im Gegenteil. Sie waren Kämpferinnen aus eigenem Entschluss und mit atemberaubender Konsequenz – was immer man im Einzelnen von ihren Zielen halten mag. Sie stehen dafür, dass auch und gerade Frauen außergewöhnliche Kräfte aufbringen können, um eine Mission, ein politisches oder religiöses Ideal durchzusetzen.

Schließlich kommen wir zur Gruppe der Besessenen. Sie spüren in sich eine Begabung, eine Berufung, eine Leidenschaft, und es gibt im Grunde nichts anderes für sie. Die Welt wollen sie oft gar nicht verändern, sie wollen auch nicht kämpfen, sie sind nicht aggressiv, sondern einfach getrieben: von ihrer Hingabe an die Kunst, die Literatur oder die Wissenschaft. Aber sie müssen sich ihren Weg bahnen, und sie tun es mit einer Art nachtwandlerischer Sicherheit, Rückschläge ergeben in Kauf nehmend. Vor ihnen und ihrem Werk stehen wir mit großer Hochachtung, vor allem wenn diese schöpferischen und erfinderischen Geister bei ihrer Mitwelt auf Verständnislosigkeit stießen. Sie sind die großen Ausnahmen in der Menschheitsgeschichte, und sie werden auch dann Ausnahmen bleiben, wenn sich die Bedingungen für die Entfaltung weiblicher Talente bis hin zur völligen Chancengleichheit verbessert haben sollten, einfach weil große Begabungen – auch bei Männern – selten sind. Zu ihnen zählen Artemisia Gentileschi, Maria S. Merian, Jane Austen, George Eliot, Marie Curie, Paula Modersohn-Becker und Lise Meitner. Andere herausragende Frauen sind ihren Weg gegen weniger harte Widerstände gegangen, sie haben durch Beharrlichkeit, Klugheit, Willensstärke und das beherzte Ergreifen der richtigen Gelegenheit dafür gesorgt, dass sie die Welt mit einer großen Leistung überraschen konnten: so Sappho, Maria Montessori, Coco Chanel, Marlene Dietrich, Agatha Christie, Hannah Arendt, Ella Fitzgerald, Simone de Beauvoir. Übrig bleiben die tragischen Biographien, Frauen, die, obwohl zu wunderbaren und anerkannten Darbietungen und Werken fähig, an der »man's world« zerbrachen oder doch schlimm unter ihr zu leiden hatten: Eleonora Duse, Maria Callas, Dorothy Parker, Marilyn Monroe und Janis Joplin. Ungewöhnlich waren und sind sie alle. Aber wenn Frauen jetzt wirklich immer öfter die Chance haben, aus der »Gewöhnlichkeit« herauszutreten und etwas Außerordentliches hervorzubringen, wird dieses Adjektiv als Standardetikett bald ausgedient haben. Stattdessen wird es heißen: Sie war eine zu allem entschlossene, eine machtbewusste, eine geschäftstüchtige, eine großherzige, eine hoch begabte, eine hyperintelligente, eine disziplinierte, eine phantasievolle Frau. Oder schlicht: Sie malte göttlich. Oder: Niemand bereicherte die Literatur so wie sie. Oder: In ihrer Stimme lag die Sehnsucht einer ganzen Generation. Und dann wäre auch bei einem Frauenbuch die Auswahl (endlich!) schwierig.

■ Barbie

Hatschepsut

> »*Die Königstochter, Gottesgemahlin, große Königsgemahlin, Herrin der Beiden Länder, Hatschepsut sagt: ›Oh meine Mutter Nut, strecke dich aus über mich, damit du mich unter die unvergänglichen Sterne aufnehmen kannst, die in dir sind, auf dass ich nicht sterbe‹.*«
>
> Inschrift auf Sarkophagdeckel

■ Dieser wundervolle Kopf der Hatschepsut, sie regierte von 1490–1468 v. Chr., wurde zwischen 1926 und 1927 bei Ausgrabungsarbeiten in Deir el-Bahari entdeckt. Bemalter Kalkstein, Neues Reich, 18. Dynastie. Ägyptisches Museum, Kairo.

Anfangs hat sie nicht zu hoffen gewagt, dass sie einmal Alleinherrscherin sein würde. Auf frühen Abbildungen sieht man sie bescheiden hinter ihrem Bruder, dem Gatten und König, Thutmosis II., stehen. Doch dann kommt ihre Chance: Thutmosis stirbt früh. Dessen Sohn aus erster Ehe, der spätere Thutmosis III., ist noch zu jung zum Regieren. Einen eigenen Sohn gibt es nicht. Die Witwe ergreift das Zepter, zunächst als Regentin und im Namen ihres Neffens und Stiefsohnes. Doch eine Regentschaft unter fremdem Namen entspricht nicht der ägyptischen Mentalität. Hatschepsut wagt den Schritt und lässt sich zum Pharao krönen: mit allen Insignien, mit allen Vollmachten. Da die ägyptische Tradition keinen weiblichen König vorsieht, trägt sie die männliche Tracht und einen künstlichen Bart. Sie ist zu dem Zeitpunkt etwa zwanzig Jahre alt, und sie wird über zwei Jahrzehnte hinweg das reiche Ägypten regieren, wird seine Grenzen sichern, seinen Wohlstand mehren, seine Baukunst fördern.

Hatschepsuts Geschichte spielt eintausendfünfhundert Jahre vor unserer Zeitrechnung. Ägypten war damals ein blühendes Land. Als Hatschepsut Pharaonin wurde, hatte man gerade die Fremdherrschaft der Hyksos gebrochen, und der Thron war an die legitime Dynastie zurückgefallen. Vielleicht waren auch deshalb die ägyptischen Eliten bereit, eine Frau auf dem Thron zu akzeptieren. Hauptsache, sie ist eine der Unsrigen! Zudem übte

Hatschepsut ihre Herrschaft mit großer Energie und Umsicht aus und verbarg ihre Weiblichkeit, sodass am Ende niemand Anstoß zu nehmen brauchte.

Wirklich nicht? Wie sah es mit Thutmosis III. aus, dem die Stiefmutter den Thron gestohlen hatte? Bei Hatschepsuts Krönung war er gewiss noch zu klein, um sich daran zu stoßen, aber er wuchs schließlich heran im Schatten der großen Pharaonin, die einen Platz besetzt hielt, der ihm gebührte.

Konnte man sich die Ehren denn nicht teilen? Das war schwierig. Denn der Pharao war nicht nur der König – er war auch ein Gott. Die höchsten Gottheiten, das waren Amun, der Gott der Hauptstadt Theben und Re, der Sonnengott. Der König baute und weihte ihre Tempel, er stammte von ihnen ab und würde eines Tages, ehrenvoll bestattet, zu ihnen und den anderen Göttern heimkehren. Solch ein Rang ließ sich schlecht teilen. Er hob den Souverän weit über das Volk hinaus und entrückte ihn in eine heilige Sphäre. Wer den Pharao antastete, legte sich mit den Göttern an – harte Strafen drohten ihm. So blieb Thutmosis, als seine Stiefmutter erst einmal inthronisiert war, nichts übrig, als auf ihren Tod zu warten. Sie regierte bis an ihr seliges Ende.

■ Kniefigur der Königin Hatschepsut, roter Granit, um 1490 v. Chr. Ägyptisches Museum, Berlin.

Hatschepsut hat ihre Autorität als Herrscherin über Ober- und Unterägypten mit erstaunlicher Festigkeit und Dauerhaftigkeit behauptet. Offenbar gelang es ihr, Volk, Priesterkaste, Beamtenschaft und Heer davon zu überzeugen, dass die Götter ihr, einer Frau und Tochter des beliebten Thutmosis I., den Regierungsauftrag höchstselbst übertragen hatten. Hatschepsut arbeitete an der wirtschaftlichen Verwaltung des Landes und setzte große Bauvorhaben um. Am berühmtesten ist der Totentempel Deir el-Bahari direkt gegenüber dem Zeremonialbezirk von Theben am Westufer des Nils: Die Reste sind heute noch zu bewundern, die Rekon-

> »*Gottvater Amun küsst seine Tochter und sagt: ›Komm zu mir in Frieden, Tochter meiner Lenden, geliebte Maatkare (Hüterin der Ordnung und des Glücks), du bist der König, der Besitz ergreift von dem Diadem auf dem Horusthron der Lebenden auf ewig.‹*«
>
> Aus der Legende von Hatschepsuts göttlicher Geburt

■ Relief vom Totentempel der Hatschepsut in Theben West: Arbeiter beim Entladen eines Schiffes während einer Expedition ins sagenumworbene Weihrauchland Punt (wahrscheinlich afrikanische Somali-Küste). Neues Reich, 18. Dynastie. Ägyptisches Museum, Kairo.

struktion erlaubt es, sich von Größe, Wucht und Harmonie der am Fuße eines 300 Meter steilen Bergmassivs gelegenen Anlage ein Bild zu machen. Natürlich baute sie nicht selbst, sondern ließ bauen – aber dass sie die Mittel hatte, so gewaltige repräsentative Bauwerke in die Landschaft zu setzen, spricht von der Reichweite und Stabilität ihrer Macht. Während sie in der Außenpolitik wohl eher zaghaft war, bewies sie in Handelsdingen Wagemut. Berühmt ist ihre Handelsmission ins sagenhafte Land Punt, wahrscheinlich nahe der Küste des heutigen Eritrea. Von da führten die Ägypter den begehrten Weihrauch sowie Ebenholz und Kurzhornrindvieh ein, außerdem Gold, Elfenbein und Tierfelle. Hatschepsut hatte mit ihrem Mann Thutmosis II., der ja zugleich ihr Halbbruder gewesen war – die Geschwisterehe war eine übliche Heiratspraxis in der Königsfamilie – eine Tochter, Neferure. Dieses Mädchen liebte sie, und sie tat viel für deren Erziehung. Als Freund, Berater und wahrscheinlich auch als Mann und Geliebter stand Hatschepsut während ihrer Regierungszeit der vielseitige Lehrer ihrer Tochter zur Seite: Senenmut, dessen Verdienste um das Reich viele Inschriften hervorheben. Ob Hatschepsut daran gedacht hat, Neferure als Nachfolgerin aufzubauen anstatt ihres Stiefsohns Thutmosis? Denkbar wäre es. Warum sollte Hatschepsut nicht eine Dynastie von Pharaoninnen begründen, die ähnlich segensreich über das Obere und Untere Ägypten herrschen würden wie sie?

Ob sie wirklich so gedacht hat, wissen wir nicht. Aber es begab sich etwas Seltsames nach ihrem Tod. Sie wurde in allen Ehren bestattet – in einem prunkvollen Grabmal. Dann aber, viele Jahre nach der Grablegung, als Thutmosis III. sich zu einem machtvollen, kriegerischen Herrscher aufgeschwungen hatte, wurden alle Inschriften, Bilder und Skulpturen, die Hatschepsut darstellten oder auf sie hinwiesen, aus der Öffentlichkeit entfernt. Moderne Archäologen standen erschüttert vor Bildergeschichten, aus denen Hatschepsut, ihr Bild und ihr Name, fein säuberlich herausgebrochen waren. Auch in den Königslisten fehlt ihre Regierung; auf Thutmosis II. folgt sogleich Thutmosis III. So geriet die große Königin in Vergessenheit, und es blieb der modernen Archäologie und Geschichtsschreibung überlassen, über dreitausend Jahre später die Herrscherin und Frau samt ihrer Epoche zu rekonstruieren.

Warum nur trieb Thutmosis III. einen solchen Aufwand, um die Erinnerung an Hatschepsut zu unterdrücken? Dass er selbst dahintersteckte, darf als sicher gelten, denn der Vandalismus fällt in seine Regierungszeit, und jemand anders als er hätte kaum

■ Blick von Osten auf das Tal Deir el-Bahari, das vom Hatschepsut-Tempel beherrscht wird, den der berühmte Baumeister Senenmut entwarf und auf drei aufeinander folgenden Terrassen errichtete. Neben dem Tempel liegt das »Versteck«, in dem Priester die Mumien bedeutender Pharaonen verborgen hatten, um sie vor Grabräubern zu schützen.

■ Karnak, Amun-Reichstempel, mit dem Obelisken der Hatschepsut. Vorne im Bild die Spitze des liegenden zweiten Obelisken der Hatschepsut.

den Befehl zum Eingriff in einen so sensiblen Bereich geben können, wie es der Totenkult einer Nation darstellt. Und ein Befehl wurde gewiss gegeben – denn die Austilgungen von Hatschepsuts Namen und Bildern wurden mit geradezu chirurgischer Akkuratesse durchgeführt. Genaues werden wir nie wissen. Nahe liegt, dass der Sonderfall eines weiblichen Pharao zu viele Probleme bezüglich der Erbfolge aufwarf, als dass die Königsfamilie damit fertig geworden wäre. Da schien es dann leichter zu sein, Hatschepsut und ihre politische Leistung aus dem Gedächtnis des Landes zu eliminieren.

HATSCHEPSUT

 LEBEN UND WERK

Hatschepsut war die Tochter des ägyptischen Königs Thutmosis I. und seiner Frau Ahmose. Sie wurde mit ihrem Halbbruder Thutmosis II., Sohn der Nebenfrau Mutnofret, vermählt, der nach dem Tod des Vaters die Herrschaft übernahm. Thutmosis II. und Hatschepsut hatten eine gemeinsame Tochter namens Neferure. Der Thronfolger Thutmosis III. war der Sohn einer Nebenfrau im königlichen Harem und somit Hatschepsuts Stiefsohn. Er war noch ein Kind, als sein Vater Thutmosis II. nach kaum dreijähriger Regierungszeit starb. Nach dem Tod ihres Mannes übernahm Hatschepsut die Regentschaft für ihren unmündigen Stiefsohn. Der Anfang ihrer Regierungszeit wird etwa um 1490 v. Chr. datiert. Nach kaum zwei Jahren bestieg sie selbst entgegen aller Tradition den Thron der Pharaonen. Unter ihrer Herrschaft erlebte Ägypten zwanzig friedliche Jahre. Sie ging in die Geschichte ein durch ihre große Handelsexpedition nach Punt und ihre herausragende Bautätigkeit. In das Weihrauchland Punt, dessen genaue Lage unbekannt ist, das im Allgemeinen mit der Küste der Somalihalbinsel identifiziert wird, entsandte Hatschepsut fünf Schiffe mit ägyptischen Handelswaren aller Art zum Tausch. Die Ägypter erhielten dafür Weihrauchbäume und Räucherharze, Ebenholz, Elfenbein, Gold, Felle und allerlei Tiere, so etwa Paviane, Windhunde, Geparde und Giraffen. Eine Reihe von prachtvollen Reliefs in Hatschepsuts Totentempel Deir el-Bahari dokumentieren die Expedition nach Punt in allen Einzelheiten. Der Architektur und Natur harmonisch verbindende Terrassentempel im westlichen Theben, nahe dem berühmten »Tal der Könige«, gilt als eines der prächtigsten Bauwerke des alten Ägypten. Auch in anderen Teilen Ägyptens und darüber hinaus hat Hatschepsut gebaut. Im Amon-Tempel von Karnak ließ sie zwei dreißig Meter hohe Obelisken errichten, die zu den höchsten Ägyptens gehören. Einer von ihnen ist heute noch in voller Größe erhalten. Außerdem ergänzte sie die Tempelanlage, an der fast alle Pharaonen seit der 12. Dynastie gebaut hatten, um den achten Pylon im Süden des Baus, die »Rote Kapelle«, den Mut-Tempel, eine neue Umfassungsmauer und Stationsheiligtümer zwischen Karnak und Luxor. Bei Ben Hasan entstand ein Felsentempel, in Nubien der Tempel von Buhen. Als Hatschepsut im Winter 1469/68 starb, übernahm Thutmosis III., nachdem er so lange an der Ausübung seiner Regentschaft gehindert worden war, die Herrschaft. Er machte sich daran, die Spuren seiner Stiefmutter sorgfältig zu beseitigen. Fast alle ihre Statuen wurden zertrümmert, auf Inschriften ihr Name getilgt. Die Erinnerung an die Frau, die als Pharao das Land regiert hatte, sollte ein für alle Mal ausgelöscht werden.

 **EMPFEHLUNGEN**

Lesenswert:
Moyra Caldecott: *Tochter des Amun. Das Leben der Pharaonin Hatschepsut*, Saarbrücken 1995.

Joyce Tyldesley: *Hatschepsut. Der weibliche Pharao*, München 1997.

Besuchenswert:
Der Hatschepsut-Obelisk am Place de la Concorde in Paris. Das neu eröffnete Luxor-Museum in Luxor sowie der Karnaktempel und Theben West.

 AUF DEN PUNKT GEBRACHT

Eine große Herrscherin, die Wohlstand, Sicherheit und Baukunst Ägyptens mehrte und deren historische Spuren verwischt wurden.

Sappho

■ Die griechische Dichterin Sappho mit ihrer Kithara, einer Leier. Gemälde von Leopold Burthe, 1848, Musée des Beaux-Arts in Carcassonne.

Eine nicht sehr hoch gewachsene, schwarzhaarige Frau mit dunklem Teint sitzt in einem sonnendurchfluteten Garten unter einem Granatapfelbaum. Sie trägt ein Lied vor, zu dem sie sich selbst auf der Leier begleitet. Um sie herum sitzen einige Mädchen im Alter zwischen zwölf und achtzehn Jahren und hören ihr zu. An manchen Stellen lachen sie oder werfen die Köpfe zurück. Eine summt mit. Eine andere deutet Tanzschritte mit den Fußspitzen an. Es herrscht eine aufmerksame und heitere Stimmung.

So mag es ausgesehen haben, als Anfang des 6. Jahrhunderts v. Chr. auf der äolischen Insel Lesbos nahe dem heutigen Kleinasien die Lyrikerin und Mädchenerzieherin Sappho eine Unterrichtsstunde gab. Sie hatte das Hochzeitsgedicht für eine ihrer Schülerinnen geschrieben; bald würde es aufgeführt, das heißt mit verteilten Rollen vorgesungen, auf Saiteninstrumenten begleitet und von einer tänzerischen Darbietung unterstützt werden. Die Mädchen übten sich gern in ihren Rollen – aber das Herz war ihnen auch schwer dabei. Denn wenn sie sangen und tanzten, bedeutete das zugleich: Eine aus ihrem Kreis würde sie für immer verlassen, heiraten und wohl in eine ferne Stadt gehen. Die Jugend war dann vorbei, eine Zeit des Spielens und Lernens, in der sie auf ihre gesellschaftlichen, aber auch häuslichen Aufgaben vorbereitet wurden. Dies geschah immer im kultisch-religiösen Kontext. Erotische Praktiken wurden auch geübt. Wie weit sie gingen und ob sie den sexuellen Akt einschlossen, lässt sich mit völliger Sicherheit nicht sagen. Letzteres ist aber doch wahrscheinlich. Denn aus der griechischen Knabenerziehung jener Zeit sind Verführung und Hingabe zwischen Schüler und Lehrer verbürgt. Da die Mädchenerziehung an einer Schule wie der von Sappho der Knabenerziehung nachempfunden war, darf man annehmen, dass Sappho und ihre Kolleginnen – es gab weitere ähnliche Mädchenkreise – den vornehmen weiblichen Schützlingen auch das Erregen und Finden körperlicher Lust beibrachten. Und das war keineswegs unmoralisch, sondern selbstverständlich.

Allerdings nicht überall. Im äolischen Raum und also auch auf Lesbos verlief die Mädchenerziehung freier als auf dem griechischen Festland, das die Frauen strikt im Hause hielt. Auf Lesbos jedenfalls durften sich Töchter vornehmer Familien mit ihresgleichen auf das Erwachsenenleben so vorbereiten, wie es gewöhnlich nur für Jünglinge vorgesehen war.

Es ist unter diesen Umständen nicht verwunderlich, dass Sapphos Gedichte erotische Begegnungen mit dem eigenen Geschlecht widerspiegeln: Das war Teil ihres Berufes und der Kultur des alten Griechenland, zu der die Bisexualität ganz zwanglos dazugehörte. Sie blieb jedoch für die meisten auf die Jugendzeit beschränkt. Nach ihrer Verheiratung wandten sich die Frauen ihren Gatten zu, und auch die Männer lösten sich im Ehestand von ihren Lehrern und den homosexuellen Spielen los. So blieb die gleichgeschlechtliche Liebe ein Entwicklungsstadium wie die Pubertät.

Auch Sappho selbst war nicht »lesbisch« in dem Sinne, dass sie ausschließlich Angehörige ihres eigenen Geschlechts begehrt hätte. Sie war verheiratet und soll sich – so will es eine spätere Legende, die heute allerdings angezweifelt wird – eines Jünglings

> *»Einige zählen neun Musen, doch wahrlich zu wenig! Zähle die zehnte dazu! Sappho von Lesbos ist's«*
> PLATON

■ Rosa Poppe als Sappho in einer Aufführung des Königlichen Schauspielhauses in Berlin, 1905.

> Die sapphische Strophe besteht aus vier elfsilbigen Zeilen. Die ersten drei sind analog gebaut: Auf zwei *Trochäen*, das sind je zwei Silben, von denen die erste betont ist, die zweite unbetont (also: dámda), folgt ein *Daktylus*, das sind drei Silben, von denen die erste betont ist, die folgenden zwei unbetont (also: dámdada). Die letzte Verszeile verbindet einen Daktylus mit einem Trochäus (sie klingt dámdada dámda). Beispiel:
>
> »Ist sie heut noch flüchtig, wie bald schon folgt sie,
> ist sie Gaben abhold, sie wird selbst geben,
> ist sie heut noch lieblos, wie bald schon liebt sie,
> auch wenn sie nicht liebt.«

■ »Sappho und Anakreon«. Gemälde von Johann Heinrich Tischbein d. Ä., um 1754. Staatliche-Kunstsammlung, Neue Galerie, Kassel.

wegen das Leben genommen haben. Ihr Geburtsjahr ist nicht genau bekannt, es lag wahrscheinlich zwischen 617 und 612 v. Chr., der Geburtsort ist Eresos oder Mytilene auf Lesbos. Ihre Familie gehörte dem Adel an, der Vater starb früh. Sapphos Mann hieß Kerkylas und kam von der Insel Andros. Er war reich. Das Paar hatte eine Tochter, die goldhaarige Kleïs, der ihre Mutter zärtliche Gedichte widmete. Politischer Intrigen und Umsturzversuche wegen musste die Familie 598 ins Exil nach Sizilien gehen. Als sich zwei Jahre später die Verhältnisse beruhigt hatten, konnte Sappho heimkehren. Sie ging nach Mytilene, der Hauptstadt von Lesbos. Man nimmt an, dass Kerkylas inzwischen verstorben war, denn hinfort ist von ihm nicht mehr die Rede. Dafür aber rühmen (spätere) Historiker den »Musenkreis« für Mädchen, den Sappho, von Platon als »zehnte Muse« gefeiert, gründete und der vielleicht auch eine Einkommensquelle für sie war.

Berühmt ist Sappho als Dichterin. Sie war es schon zu Lebzeiten und blieb es im gesamten Altertum. Spätere christliche Zeitalter hatten Schwierigkeiten mit ihr, weil sie die pädagogische Kultur der Antike

verkannten und Sapphos Lyrik für schamlos hielten. Nach den Maßstäben ihrer eigenen Zeit war sie das keineswegs. Allerdings überrascht diese Dichtung durch ihre Direktheit, Klarheit, Leidenschaft und Gefühlstiefe. »Komm zu mir auch jetzt; aus Beschwernis lös mich,/ aus der Wirrnis; was nach Erfüllung ruft in/ meiner Seele Sehnen, erfüll. Du selber/ hilf mir im Kampfe« heißt es zum Beispiel in einem Gedicht, das sich an Aphrodite, die Göttin der (unglücklich) Liebenden richtet. In Sapphos Zeit wurden erstmals sehr persönliche Empfindungen, auch solche der völligen Bewusstseinsferne wie Raserei und Ekstase, mit starker Einfühlung vorgetragen. Gefühlsüberschwang und durch den Formwillen der Lyrik aufgezwungene Gestaltungsdisziplin flossen ineinander und gebaren die Poesie, mit ihrer persönlichen-überpersönlichen Doppelbotschaft, wie sie bis heute – als Gedicht, Ballade, Liedtext – fortbesteht.

Aber Sappho war nicht nur eine Dichterin des Pathos, sie hatte auch ein Talent für komische Pointen. Es gibt plötzliche Stimmungsumschwünge in ihren Gedichten, die ihr Bemühen zeigen, das Sentiment zu brechen. Und immer wieder sind es die Dinge des Lebens, die sie fesseln. Keine einfachen Dinge, denn

■ »Sappho und Phaon«. Gemälde von Jacques Louis David aus dem Jahre 1809, Eremitage, St. Petersburg.

■ »Alkais und Sappho«. Vasenbild (Kalathos) um 480 v. Chr.

■ »Sappho entscheidet sich am Leukadischen Riff zum Selbstmord«. Holzstich, um 1895, nach einem Gemälde von Edmond Kanoldt.

ihre Klientel war auf die wohlhabende Oberschicht beschränkt. Aber wie diese Menschen gelebt haben, wie sie sich kleideten, was sie gern aßen, sangen, betrachteten, welche Blumen sie liebten und welche Farben – das kann man bei Sappho nachlesen. Sie beschreibt farbig und genau. Was Homer für die Männerwelt getan hat – die eine Welt der Feldzüge, der Waffen, Kriegsschiffe und Schlachtrösser gewesen war –, das tat Sappho für die Frauenwelt. Diese erscheint uns heute mit all den duftenden Blütenkränzen und zierlichen Mädchenfüßen vielleicht ein bisschen zu holdselig, aber man darf nicht vergessen, dass es sich um Festlieder handelte und um kultische Gesänge, in denen vor allem die *Schönheit* – eines Mädchens, einer Göttin, eines Gartens, einer Nacht – gefeiert werden sollte.

Der Schönheitskult der griechischen Antike war radikal, er gipfelte in Wettbewerben und ständigen Vergleichen, was für die nicht so gut aussehenden Menschen eine Zumutung gewesen sein muss. Allerdings beweist die Verehrung, die Sappho genoss, dass auch nichtkörperliche Formen von Schönheit – also das schöne Gedicht oder die schöne Melodie – in die allgemeine Hochachtung vor dem Ebenmaß eingeschlossen waren. Denn Sappho entsprach als »dunkler Typ« und klein gewachsene Frau dem Attraktivitätsideal in keiner Weise. Man bevorzugte die großen Blonden – ganz wie heute.

Leider sind nur Bruchstücke ihrer Werke erhalten. Auch ihr Leben müssen wir aus Fragmenten erschließen. Aber eins ist sicher: Als Dichterin und Erzieherin hat Sappho ihre Zeit geprägt. Und sie schuf sogar ein bis heute benutztes Versmaß: die sapphische Strophe.

SAPPHO

 LEBEN UND WERK

Die Lebensdaten der berühmtesten Lyrikerin der Antike sind nicht genau bekannt, und auch ihre Biographie lässt sich nur in den Grundzügen erschließen. Es wird vermutet, dass Sappho zwischen 617 und 560 v. Chr. lebte. Sie wurde auf Lesbos in Eresos oder Mytilene geboren. Sappho stammte aus einer Adelsfamilie und hatte drei Brüder. Von ihrem Vater Skamandronymos und ihrer Mutter Kléis ist kaum mehr bekannt als ihre Namen. Sappho heiratete einen reichen Mann namens Kerkylas von der Insel Andros und hatte mit ihm eine Tochter, die wie Sapphos Mutter Kléis genannt wurde. Unter den wenigen erhaltenen Gedichten von Sappho ist eines, das sie ihrer Tochter widmete. Nach einem zweijährigen Aufenthalt im Exil in Sizilien wohnte Sappho in Mytilene und versammelte als Erzieherin einen Kreis junger Mädchen um sich. Ihre Unterweisungen in feiner Sitte und häuslichen Tätigkeiten standen ganz im Zeichen der musischen Künste; Sappho schrieb Gedichte und Lieder für Feste, die gemeinsam gefeiert wurden. Ihr lyrisches Werk umfasste neun Bücher und war nach metrischen Formen zusammengestellt. Von den insgesamt etwa 12 000 Versen sind nur 193 Fragmente erhalten. Nur ein Gedicht, das *Gebet an Aphrodite*, ist vollständig überliefert. Es ist das älteste vollständig erhaltene Gedicht überhaupt. Die Legende, nach der sich Sappho wegen ihrer unerfüllten Liebe zu dem schönen Jüngling Phaon von einem Felsen ins Meer stürzte, bestimmte das Bild der Lyrikerin bis in die Neuzeit hinein. Als unglücklich Liebende erscheint sie z. B. in dem von dem römischen Dichter Ovid (43 v. Chr.–18 n. Chr.) verfassten Werk *Heroides*. Es handelt sich dabei um eine Sammlung fiktiver Liebesbriefe vorwiegend mythischer Frauengestalten. Für diese Sammlung dachte sich Ovid auch einen Brief von Sappho an Phaon aus. Auch in Werken anderer Dichter begegnet uns Sappho als literarische Figur, etwa in einem Trauerspiel des österreichischen Dramatikers Franz Grillparzer (1791–1872), in dem Gedicht *Sapphos letzter Gesang* des italienischen Lyrikers Giacomo Leopardi (1798–1837), in der Erzählung *Feuer* der französischen Schriftstellerin Marguerite Yourcenar (1903–1987) und in einem Drama von Lawrence Durrell (1912–1990), das 1950 in Hamburg uraufgeführt wurde. Der französische Dichter Alphonse Daudet (1840–1897) gab seinem bedeutendsten Gesellschaftsroman, einem »Pariser Sittenbild«, den Titel *Sappho*. Auch in der bildenden Kunst ist Sappho seit der Antike immer wieder dargestellt worden. Bekannt ist das Bildnis einer jungen Frau, das so genannte Sappho-Rondo aus Pompeji (1. Jh. n. Chr.), das im Nationalmuseum in Neapel zu sehen ist.

 EMPFEHLUNGEN

Lesenswert:
Sappho: *Strophen und Verse*, Frankfurt/Main 1977.

Ovid: *Heroides / Briefe der Heroinen*, Stuttgart 2000.

Franz Grillparzer: *Sappho*. Trauerspiel in fünf Auzügen, Stuttgart 1993.

Alphonse Daudet: *Sappho. Pariser Sitten*. Roman, Stuttgart 1996.

Marguerite Yourcenar: *Feuer*. Erzählung, Frankfurt/Main 1998.

Marion Giebel: *Sappho*. Mit Selbstzeugnissen und Bilddokumenten, Reinbek 1995.

Besuchenswert:
Die wunderschöne griechische Insel Lesbos, wo es zwar keine Spuren von Sappho mehr zu sehen gibt, die dennoch viele Besucher an die Dichterin erinnert.

 AUF DEN PUNKT GEBRACHT

Sie war Erzieherin, Dichterin und erotische Grenzgängerin – in einer Zeit, die Frauen wenig Eigenständigkeit zubilligte.

Antigone

Nachdem König Ödipus Theben verlassen hatte, regierte sein Schwager Kreon die Stadt – bis die Zwillingssöhne des Ödipus erwachsen waren und selbst die Herrschaft beanspruchten. Eteokles riss die Macht an sich und vertrieb Polyneikes. Dieser ging nach Argos und sammelte dort ein Heer, um mit sieben Helden gegen die siebentorige Mauer seiner Heimatstadt zu ziehen. Es kam zum Kampf. Beide Brüder fielen.

■ »Antigone«. Dieses Gemälde von Frederic Leighton entstand im Jahre 1882 nach dem Rollenbild der Schauspielerin Dorothy Dene in der *Antigone* von Sophokles.

König Ödipus hatte auch zwei Töchter: Antigone und Ismene. Sie begleiteten ihren geblendeten Vater in die Verbannung, kehrten aber dann nach Theben zurück, um ihren Brüdern nahe zu sein und von den Göttern eine Rücknahme des Fluches zu erwirken, der über ihrer Familie zu liegen schien. Der Vater Ödipus: geblendet, exiliert. Die Mutter Jokaste: erhängt. Und jetzt die Brüder Eteokles und Polyneikes: Im Zweikampf war einer das Opfer des anderen geworden. Verzweifelt beklagten Antigone und Ismene das Los ihres Hauses.

Kreon, der schon einmal vor Ankunft des Ödipus in Theben die Regentschaft geführt hatte, wird jetzt zum dritten Mal König. Er ist kein machtgieriger Herrscher. Gern hatte er seinem Neffen Eteokles die Krone überlassen. Jetzt aber, nach der großen Gefahr, in der durch den Zug der »Sieben gegen Theben« seine Heimatstadt geschwebt hat, nach der Katastrophe des doppelten Brudermordes, spürt er, dass er ein Zeichen setzen und zukünftige Aufrührer abschrecken muss. Der Führer des feindlichen Heeres, Polyneikes, ist

Der blinde Ödipus mit seinen Töchtern Antigone und Ismene bei Theseus. Umrissstich von Wilhelm Müller, 1868, nach einer Zeichnung von Jacob Asmus Carstens aus dem Jahre 1796.

tot und kann nicht mehr bestraft werden. Aber die Frage, ob seinem Leichnam die letzte Ehre zuteil werden soll, lässt sich immerhin mit einem scharfen »Nein!« beantworten. Während der geschlagene Eteokles, trotz der Schuld, die er einst durch die Vertreibung seines Bruders auf sich lud, in großer Feierlichkeit und mit allen Riten zu Grabe getragen wird, lässt man den Leichnam des Polyneikes vor dem Stadttor liegen – auf freiem Felde, als Fraß für die Geier. Wer zuwiderhandelt und den Toten begräbt, ist selbst des Todes. So hat es Kreon befohlen und per Dekret bekannt gemacht.

Was der König verlangt, geschieht. So soll es sein, denn der König ist oberster Gesetzgeber. Es gab aber in der Antike – ganz wie heute auch – noch ein anderes, älteres Recht, das man als Familienrecht, Gewohnheitsrecht oder Naturrecht bezeichnen könnte. Dieses Recht hatte für das Leben der Menschen ein nicht minder starkes Gewicht als das vom König erlassene Gesetz. Alles, was mit der Familie und dem Totenkult zusammenhing, war seit alters streng geregelt. So oblag es den Angehörigen, ihre Toten der Sitte gemäß zu bestatten. Jede Unterlassung wurde gesühnt – und war es ein Königshaus, in dem die Verfehlung began-

»Antigone begräbt ihren Bruder Polyneikes«. Dieses Aquarell von Heinrich Gärtner aus dem Jahre 1875 ist als Lünette im oberen Vestibül des Dresdner Hoftheaters zu sehen.

■ »Ödipus und Antigone«. Der blinde Ödipus mit seiner Tochter Antigone im Hain der Eumeniden in Kolonos. Gemälde von Johann Peter Krafft, 1809. Louvre, Paris.

gen wurde, so straften die Götter selbst.

Antigone ist mit ihrer Schwester Ismene als einzige aus Ödipus' Familie übrig geblieben. Ihre Trauer ist tief, ihr Pflichtbewusstsein ebenfalls. Sie setzt sich für das Familienrecht ein. Sie kann nicht verstehen, dass Eteokles, der auch nicht besser war als sein Bruder Polyneikes, ein ehrenvolles Begräbnis erhält, während der andere, der unrechtmäßig aus der Stadt vertrieben und um den Thron gebracht worden war, draußen auf dem Feld ein Raub der Aas fressenden Vögel werden soll. Die Vorstellung ist unerträglich für sie. Und Kreons politisches Kalkül ist ihr völlig fremd. Wie alle Menschen ihrer Zeit glaubte sie an ein Weiterleben nach dem Tode – und an die Pflicht der Hinterbliebenen, ihre Toten unter Einhaltung bestimmter Riten und mit Grabbeigaben für die Reise ins Schattenreich zu rüsten. Auch sie würde einmal nach den Regeln des Ritus beigesetzt werden wollen – um ihrem Geist ein friedloses Umherirren an der Grenze zwischen Welt und Unterwelt zu ersparen. Auch ihr Bruder soll so nicht enden. Niemals! Also geht Antigone hin und begräbt Polyneikes mit eigener Hand.

Natürlich weiß sie, dass sie sich damit gegen das Dekret des Kreon wendet. Dass sie ihr Leben verwirkt. Das nimmt sie in Kauf. Eine höhere, göttliche Gerechtigkeit will, dass sie ihrem toten Bruder Frieden schenkt. Sie handelt nicht nur aus schwesterlicher Liebe oder aus familiärem Stolz, sondern auch und vor allem aus einer Überzeugung heraus: Was immer auch geschieht, kein Verbot der Welt kann sie davon abhalten, einer elementaren Sittlichkeit zu folgen und ihrem gefallenen Bruder die letzte Ehre zu erweisen. Wenn sich auch alle anderen von der Angst um ihr Leben oder politischer Opportunität dazu verleiten lassen, den Anstand zu verletzen und das Recht eines Toten

> *Ismene: Begraben willst du ihn, was untersagt der Staat?*
> *Antigone: Ja, meinen Bruder – und den deinen auch.*
> *Ismene: Entsetzliche! Wo Kreon es verboten!*
> *Antigone: Er hat kein Recht, mich von den Meinen fernzuhalten.*
> *Ismene: Sieh, wie wir aufs Schrecklichste zugrundegehen,*
> *Wenn wir gewaltsam, gegen das Gesetz,*
> *Befehl und Herrschgewalt des Fürsten übertreten.*
> *Nein, einsehen gilt es einmal: Frauen sind wir*
> *Und können so nicht gegen Männer streiten*
> *Antigone: Du magst, wenn's dir so scheint,*
> *Was bei den Göttern Ehre hat, entehren. Ich aber gehe,*
> *Das Grab dem liebsten Bruder aufzuwerfen.«*
>
> Aus SOPHOKLES' *Antigone*

■ »Ödipus wandert, von seiner Tochter Antigone geführt, nach Athen«. Kupferstich von Eduard Mandel nach einem Gemälde, 1830, von Adolf Henning.

mit Füßen zu treten – sie nicht. Sie weiß trotz Krieg und Not, was falsch und richtig ist. Die Königstochter reißt mit eigenen Händen die Erde auf, um Polyneikes zu bestatten. Sie ist sich sicher, dass die einfachen Thebaner und Thebanerinnen, deren Söhne und Brüder im Kampf gegen das Heer aus Argos gefallen sind, auf ihrer Seite stehen. Und noch einer Zustimmung ist sie sich gewiss: der der Götter.

Sophokles hat im 5. Jahrhundert v. Chr. (Uraufführung wahrscheinlich 442 v. Chr.) das Schicksal der Antigone auf die Bühne gebracht; das Stück stieß auf große Resonanz und wurde oft gegeben. Der Konflikt zwischen einer formalen Religions- und Staatsauffassung, die Kreon repräsentiert, und einem hier von Antigone verkörperten instinktiven Rechtsgefühl, das sich für die Hilflosen – hier die Toten – einsetzt, hat schon die Antike erschüttert.

Oft ist der Antigone-Stoff auch später dramatisiert worden, und so konnten sich Staats- und Naturrecht, Gehorsam und Frömmigkeit, Gewalt und Treue, Mann und Weib auf der Bühne streiten. Als Rebellin ist Antigone eine großartige Figur, Vorbild und Fluchtpunkt für das Denken und Handeln vieler Widerstandskämpferinnen nach ihr. Anders als Jeanne d'Arc braucht sie kein Heer, um ihre Mission durchzuführen – es genügt ihre persön-

> »Kreon: Also hör gut zu, Antigone. Du bist die Tochter des Ödipus, meinetwegen. Aber du bist zwanzig Jahre alt, und es ist noch nicht lange her, da hätte sich die ganze Geschichte mit ein paar Ohrfeigen erledigt. Verstehst du denn nicht, dass, wenn außer dem Wachmann noch eine andere Seele erfährt, was du zu tun versucht hast, ich gezwungen sein werde, dich hinrichten zu lassen? (...) Verstehst du das?
> Antigone: Ich muss meinen Bruder begraben.
> Kreon: Welches Spiel spielst du?
> Antigone: Ich spiele nicht.«
>
> Aus der Antigone von A<small>NOUILH</small>

■ »Das Theater in Taormina«, Aufführung der *Antigone* von Sophokles. Deckenbild, 1887, von Franz von Matsch. Burgtheater, Treppenhaus, Wien.

liche Entschlossenheit und die Bereitschaft, für ihren Dienst an den Toten selbst in den Tod zu gehen.

Kreon ist genauso unbeugsam wie Antigone. Anfangs ist er bereit, die Tat zu vertuschen. Als er aber merkt, dass Antigone ihr illegales – und für sie einzig legitimes – Tun publik machen will, stellt er seinen Starrsinn gegen ihren. Er schickt sie in das unterirdische Verließ, wo sie, unversorgt mit Speise und Trank, dem Tode ausgesetzt sein wird. Antigone akzeptiert keinen Kompromiss; Kreon lässt keine Milde walten – obwohl der eigene Sohn, der mit Antigone verlobt ist, für die Geliebte bittet und auch der Seher warnt. Und so nimmt das Verhängnis seinen Lauf.

Antigone wird abgeführt. Sie, die kurz vor ihrer Hochzeit steht, muss sich nun vom Leben und all seinen Verlockungen losreißen. »O Grab, o Brautgemach! o unterirdische / Behausung, immerwährender Gewahrsam, / Wohin ich wandre zu den Meinen,« ruft sie bei Sophokles aus, »ihr führt mich nun hinweg, mich so mit Händen / ergreifend, ohne Brautbett, hochzeitlos, weder der Ehe Teil empfangend noch ein Kind ...« In ihrer Todeszelle erhängt sie sich. Ihr Cousin und Bräutigam Haimon ersticht sich, und so auch dessen Mutter, Kreons Weib. Von den Seinen verlassen, bleibt Thebens Regent unselig zurück.

Antigone ist trotz ihres Untergangs die moralische Siegerin. Ihr gehören die Sympathien des Publikums. Jahrhundertelang stand sie für die Persönlichkeit, die ihrem Gewissen folgt und keine Furcht kennt – außer der Gottesfurcht. Auch als ideale Schwester wurde sie verehrt.

ANTIGONE

 DARSTELLUNGEN

Die maßgebende Darstellung von Antigones Schicksal gibt das Drama des Sophokles (um 496–406 v. Chr.). Es entstand um 442 v. Chr. und ist neben *Elektra* und *König Ödipus* die berühmteste Tragödie des griechischen Dichters. Der tödliche Konflikt zwischen Kreon und seiner Nichte Antigone übte über die Jahrhunderte hinweg eine große Anziehungskraft auf Dichter, Philosophen und Wissenschaftler aus. Der Dichter Martin Opitz (1597–1639) übersetzte Sophokles' Tragödie 1636 erstmals ins Deutsche. Friedrich Hölderlins (1770–1843) Neuübersetzung, die im Jahre 1804 erschien, stieß bei seinen Zeitgenossen, so auch bei Schiller und Goethe, auf vehemente Ablehnung. Erst zu Beginn des 20. Jahrhunderts erfuhr Hölderlins *Antigone* eine dramatische Umwertung und die Anerkennung als große Dichtung. Im 19. Jahrhundert war die Begeisterung für die antike Tragödie groß. Der Philosoph Friedrich Wilhelm Hegel (1770–1831) bezeichnete sie als eines »der allererhobensten, in jeder Rücksicht vortrefflichsten Kunstwerke aller Zeiten«; Antigone nannte er »die herrlichste Gestalt, die je auf Erden erschienen.« In der modernen Rezeption wird Antigone zur Symbolfigur für Zivilcourage und Widerstand gegen die Staatsmacht. Die bekanntesten Beispiele sind die Theaterstücke von Walter Hasenclever (1890–1940), erschienen 1917, und Bertolt Brecht (1898–1956) aus dem Jahre 1948. Vor dem Hintergrund des 1. Weltkriegs gestaltete Hasenclever den antiken Stoff unter Verwendung typisch expressionistischer Ausdrucksmittel zu einem Antikriegsstück um. Auch in Brechts Theaterstück – einer Aktualisierung des Mythos unter dem Eindruck des Faschismus – ist das Verhalten der Personen politisch und gesellschaftlich motiviert. Zwei weitere wichtige Werke sind das Drama *Antigone* von Jean Anouilh (1910–1987), das er während der deutschen Besetzung Frankreichs schrieb, und *Die Berliner Antigone*, eine Erzählung von Rolf Hochhuth (geb. 1931). Im 20. Jahrhundert gibt es zwei Opern, die Antigones Schicksal thematisieren. Die eine ist von dem französisch-schweizerischen Komponisten Arthur Honegger (1892–1955) und wurde 1927 in Brüssel uraufgeführt, die andere von dem deutschen Komponisten Carl Orff (1895–1982). Orffs *Antigone*, die bis auf wenige Streichungen fast wörtlich Hölderlins Übersetzung folgt, zeigt durch ihre ungewöhnliche Orchesterbesetzung (Kontrabässe, Klaviere, Harfen, Flöten, Oboen, Trompeten, Pauken und großer Schlagzeugapparat) die Abwendung von der »Oper« im herkömmlichen Sinne. Die Uraufführung fand 1949 in Salzburg statt.

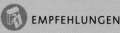 **EMPFEHLUNGEN**

Lesenswert:
Sophokles: *Antigone*, Stuttgart 1955.

Bertolt Brecht: *Die Antigone des Sophokles*. In: Stücke VIII, Frankfurt/Main 1992.

Jean Anouilh: *Antigone / Beckett oder die Ehre Gottes*, Schauspiele. Aus dem Französischen von Franz Geiger, Berlin 1996.

Rolf Hochhuth: *Die Berliner Antigone*, Erzählungen und Gedichte, Stuttgart 1992.

Hörenswert:
Rolf Hochhuth: *Die Berliner Antigone*. Gelesen von Donata Höffer, Reinbek 1989. Audiocassette.

Carl Orff: *Antigone*, Bayerisches Staatsorchester/Solti, 1951, Audio-CD.

Sehenswert:
Zu dem Film *Deutschland im Herbst* (BRD 1977/78) steuerten Heinrich Böll (1917–1985) und Volker Schlöndorff (geb. 1939) eine Episode mit dem Titel *Antigone heute* bei.

 AUF DEN PUNKT GEBRACHT

Sie brach das Gesetz des Staates, um das Gesetz der Menschlichkeit zu befolgen, und musste dafür mit dem Leben zahlen.

Medea

In grauer Vorzeit gab es auch Gold – so zum Beispiel das berühmte Vlies, das Fell eines geflügelten goldenen Widders, der den Königssohn Phrixos durch die Lüfte von Kolchis entführt hatte und anschließend geopfert worden war. Dieses Vlies ging später von Hand zu Hand, und zu Beginn der Legende von Medea befand es sich im Besitz des Königs Aietes von Kolchis, der es in einem heiligen Haine aufgespannt hatte und von einem Drachen bewachen ließ.

Warum? Nun, das goldene Vlies galt als größter Schatz Griechenlands, und andere Fürsten erhoben ebenfalls Anspruch auf das Widderfell – so auch König Pelias aus Jolkos in Thessalien. Er schickte seinen Neffen Jason los, das goldene Vlies zu erbeuten. Doch das Vlies ist nicht der einzige Schatz des Aietes. Er hat Kinder, darunter eine Tochter namens Medea, die unverheiratet geblieben ist, weil sie zur Priesterin der Hekate, Göttin der Unterwelt, geweiht wurde. Medeas Schönheit wird ebenso gerühmt wie ihre Klugheit, hat sie doch von der Gottheit, der sie zu Diensten ist, manch seltene Kunst gelernt. Sie vermag Tränke zu mischen, die unüberwindliche Kraft verleihen – andere versenken in tiefen Schlaf oder geben die Jugend zurück. Medea ist also eine Zauberin. Aber sie ist vor allem ein Mädchen, und sie sehnt sich danach, einen Mann zu umarmen.

Da landet Jason an der Küste von Kolchis. Er kommt mit seinen Gefährten in dem schönen langen Schiff mit dem Namen »Argo« – wonach dieser Seefahrertrupp die Bezeichnung Argonauten erhielt. Er geht an Land, tritt vor König Aietes hin und sagt ihm, warum er gekommen ist: Er verlangt das goldene Vlies.

Medea sieht ihn und wird in derselben Sekunde vom Pfeil des Liebesgottes schmerzlich und für alle Zeit getroffen. Sie zittert, vermag nicht zu sprechen und vergräbt das Gesicht in den Händen. Aber nicht für lange, denn ihre Augen begehren

■ »Medea spinnt aus Feuer die Fäden für das Gewand der Glauke«. Gemälde von Frederick Sandys, 1866/68. City Museum and Art Gallery, Birmingham.

nur eines: Jason, Jason zu sehen. Als sie hört, was er vorhat, erschrickt sie zutiefst.

Aietes will den größten Schatz Griechenlands keineswegs kampflos übergeben. Im Grunde ist das Ansinnen des Jason eine Kriegserklärung. Das weiß der Mann aus Jolkos ganz genau, und deshalb hat er eine kampferprobte Truppe, unter ihnen den Zeussohn Herakles, mitgebracht. Aietes stellt seine Bedingungen: Wenn Jason gegen eine Horde mordlustiger Ungeheuer siegen würde: die schrecklichen Stiere des Hephaistos und eine Armee von aus gesäten Drachenzähnen hervorgegangenen Riesen, dann – und nur dann – dürfte er mit dem Vlies von hinnen ziehen. Er selbst und alle anderen wissen: Diese Probe ist nicht zu bestehen.

■ »Medea mit dem Dolche«. Stereo-Daguerreotypie auf Silberplatte um 1850. Deutsches Museum, München.

Da kommt Medeas Stunde: Sie schlüpft aus dem Haus, trifft Jason und verspricht ihm Hilfe in höchster Bedrängnis: ist sie doch imstande, ihm mit Zauberöl Unverwundbarkeit zu verleihen. Während sie mit ihm spricht, versagt ihr immer wieder die Stimme – Liebe und Sehnsucht schnüren ihr die Kehle zu. Jason ahnt wohl, was mit ihr los ist. Und er wird seinerseits von der wunderschönen Jungfrau derart angerührt, dass er ihr auf der Stelle die Ehe verspricht. So sind es denn Küsse und Umarmungen, mit denen Medea und Jason ihre geheime Verabredung besiegeln.

Alles kommt wie geplant: Geschützt durch das Zauberöl ringt Held Jason die Ungeheuer nieder und triumphiert über Aietes. Dieser aber ahnt Betrug, will das Vlies nicht hergeben und erwägt Jasons Verderben. Da begreift Medea: Sie selbst muss das Vlies rauben und dem Geliebten zur Flucht verhelfen. Und so geschieht es. Medea hat alles aufs Spiel gesetzt. Sie hat das Vaterhaus verlassen, ihren Bruder, der die Argonauten verfolgte,

Der Mythos von Medea wurde unter anderem dramatisiert von Euripides (um 430 v.Chr.), von Amnaeus Seneca (4 v.Chr.–65 n.Chr.), von Ovid (43 v.Chr.–17 n.Chr.), dessen Stück leider verloren ist, von Friedrich Wilhelm Gotter (1775), Hans Henny Jahnn (1920) und von Jean Anouilh (1946). Es handelt sich ausnahmslos um Tragödien.

dem Tode preisgegeben. Jetzt hat sie niemanden mehr – außer Jason, den Geliebten, der zu ihr hält und sie als seine Braut nach Hause führt. Dort ist inzwischen der Sohn des Pelias König geworden. Jason muss fliehen und geht mit Medea nach Korinth. Hier lässt er sich nieder, heiratet Medea und lebt zehn Jahre zufrieden mit ihr. Zwei blühende Söhne vervollkommnen das Glück.

Mit dem Pfeil des Liebesgottes hat die Geschichte von Jason und Medea begonnen, und genauso endet sie. Diesmal ist es Jason, der getroffen wird: beim Anblick Glaukes, der Tochter des Korintherkönigs Kreon. Jason ist, wie einst Medea, rettungslos verliebt, er kann an nichts anderes denken als an die hinreißende Glauke, und er gibt alles für sie auf: Medea, seine Kinder, sein ganzes bisheriges Leben. Er will seine Ehe lösen, Medea fortschicken. Als die Kolcherin dies vernimmt, ist sie fassungslos. Sie begreift, dass es ernst ist und besinnt sich auf ihre Zauberkünste. »Jason, Geliebter«, sagt sie zu sich selbst, »wir gehören für immer zusammen. Wenn das abgrundtiefe Unglück mein Los sein soll, dann soll es auch dein Los sein.« Und sie schickt der jungen Glauke ein Hochzeitsgewand, eine Art goldenes Vlies für die Braut. Doch als diese es voller Entzücken anlegt, lodern wilde Flammen auf, in denen die Braut umkommt. Derweil begeht Medea die Tat, die ihr bis heute nachgetragen wird als grauenvollste Untat in Geschichte und Legende: Sie geht hin und mordet die Kinder, die sie selbst ihrem Mann geboren hat, auf dass es hinfort für Jason auf Erden keine einzige Freude mehr gebe.

Jason erholt sich nicht mehr von ihrer Rache und wird wenig später – so heißt es – von einem Balken der verrotteten Argo erschlagen. Medea flieht in einem Drachenwagen. Sie war eine Zauberin, eine Priesterin der Göttin des Todes und deshalb dazu verdammt, etwas Unglaubliches zu tun: die eigenen Kinder zu töten. Sie war aber auch eine leidenschaftlich Liebende, die zweimal im Leben alles opferte, um das Herz des Geliebten zu treffen.

■ Die rasende Medea tötet ihre eigenen Kinder. Gemälde von Eugène Delacroix, 1838.

MEDEA

 ## DARSTELLUNGEN

Der Mythos von Medea wurde erstmals von Euripides (um 480–406 v. Chr.) als Drama gestaltet. Das Stück setzt ein inmitten der tiefen zwischenmenschlichen Krise, in der sich Jason und seine Frau Medea befinden. Die Fahrt der Argonauten unter Jasons Führung, sein Kampf um das goldene Vlies und seine Liebe zu Medea – all das ist zu Beginn der Tragödie schon Vergangenheit und wird vorweg im Prolog zusammengefasst. Euripides' Interesse gilt vor allem den Gefühlen der Hauptperson Medea. Er zeigt sie in ihrem rasenden Schmerz über Jasons Untreue, im Monolog oder im Gespräch mit ihrem Mann. Innerlich zerrissen führt sie schließlich ihre Rache aus und tötet die gemeinsamen Kinder. Von verschiedenen dramatischen Verarbeitungen der Medea-Sage in der griechischen Antike ist Euripides' Tragödie die einzig erhaltene. Sie regte später auch den römischen Dichter und Philosophen Lucius Annaeus Seneca d. J. (um 4 v. Chr.–65 n. Chr) zu einem Stück mit diesem Thema an. Medea ist hier nur noch auf Zerstörung aus. Seneca übersteigert die Schlussszene aus Euripides' Tragödie, indem er Medea auf offener Bühne ihre Kinder töten lässt. In der Neuzeit wurde Medea vielfach zur Hauptgestalt von Theaterstücken. In der französischen Klassik griff der Dramatiker Pierre Corneille (1606–1684) den Stoff auf. In seiner Tragödie erscheint keine der Hauptfiguren in positivem Licht; jede von ihnen ist nur auf die Erfüllung des eigenen Anspruchs aus. Der österreichische Dichter Franz Grillparzer (1791–1872) verarbeitete die Sage in seinem Trauerspiel *Das goldene Vlies*, das aus den drei Teilen *Der Gastfreund*, *Die Argonauten* und *Medea* besteht. Im 20. Jahrhundert entstanden Medea-Dramen des deutschen Schriftstellers Hans Henny Jahnn (1894–1959), des amerikanischen Dichters John Robinson Jeffers (1887–1962) und des Franzosen Jean Anouilh (1910–1987). In jüngerer Zeit nahm Christa Wolf (geboren 1929) den Mythos auf. In ihrem Prosatext, erschienen 1996, berichten sechs »Stimmen« in sich ergänzenden Monologen Medeas Geschichte. Auch musikalisch wurde der Medea-Stoff bearbeitet, so von Luigi Cherubini (1760–1842), der eine entsprechende Oper schrieb. Dem italienischen Komponisten gelang damit ein hoch geschätztes Werk; Richard Strauss bezeichnete es als ein »grandioses Kunstwerk«, Johannes Brahms als »das höchste an dramatischer Kunst«. Die Figur der Medea beeindruckte durch ihre kraftvolle Leidenschaftlichkeit. Viele Male hat Maria Callas die Hauptrolle in Luigi Cherubinis Oper übernommen; von 1953 bis 1962 war sie fast jährlich als Medea auf der Bühne zu sehen. Außerdem spielte sie die Titelrolle in Pier Paolo Pasolinis Film *Medea* von 1969.

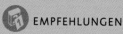 ## EMPFEHLUNGEN

Lesenswert:
Euripides: *Medea*, Stuttgart 1972.

Lucius Annaeus Seneca: *Medea*. Latein/Deutsch, Stuttgart 1993.

Franz Grillparzer: *Medea*. Dritte Abteilung des dramatischen Gedichts *Das goldene Vlies*, Stuttgart 1974.

Hans Henny Jahnn: *Medea*, Stuttgart 1966.

Christa Wolf: *Medea. Stimmen*, München 1998.

Hörenswert:
Luigi Cherubini: *Medea*. Covent Garden Opera Orchestra/ Rescigno, mit Maria Callas.

Jean Anouilh: *Medea*. Gesprochen von Inge Conradi, Elisabeth Kuhlmann, Ernst Karchow, Wolfgang Engels u.a. 2 Audio-CDs, 1996.

Christa Wolf: *Medea*. Hörspielbearbeitung und Regie: Jörg Jannings. Gesprochen von Christa Wolf, Corinna Harfouch u.a. 3 Audio-CDs, 1996.

Sehenswert:
Medea. Nach der Tragödie von Euripides. Regie: Pier Paolo Pasolini; mit Maria Callas, Massimo Girotti u.a. Italien/Frankreich/BRD 1969.

 ## AUF DEN PUNKT GEBRACHT

Die Frau, die einer Jüngeren weichen muss: Diese Tragödie ist so alt wie die Welt. Medea aber schritt zur furchtbarsten Rache.

Judith

Die jüdische Bergstadt Bethulia wird von den Assyrern belagert. Der König der Assyrer heißt Nebukadnezar, ihr Heerführer Holofernes. Ach, welche Angst, welche Not und welcher Mangel herrschten bei den Einwohnern von Bethulia! Sollte es denn geschehen, dass sich die Fremden ihrer hoch gebauten Stadt bemächtigten, in ihre Häuser eindrangen, ihre Männer töteten, ihre Frauen schändeten und ihre Schätze raubten? Alle zitterten. Niemand wusste Rat. Da erhob sich eine junge adlige Frau, eine Witwe, blühend noch und schön, Judith mit Namen. Sie verließ – von Gott geschickt, wie sie sagte – die Stadt, ging, vorbei an den mutlosen Verteidigern, vorbei an den bärbeißigen Belagerern, geradewegs hinein ins Lager des Feindes. Die Assyrer grölten, lachten und verneigten sich ironisch, denn sie schien ihnen eine Vorbotin dessen, was an weiblicher Schönheit auf sie wartete nach ihrem Sieg über Bethulia. Ihr Feldherr hatte vielleicht einen Boten geschickt, um sich einen Vorgeschmack zu erbitten. Das sah ihm ähnlich. Judith hatte keine Schwierigkeiten, ins Zelt des Holofernes vorzudringen.

Sie ist kein junges Mädchen mehr. Sie kennt die Liebe, und sie kennt den Krieg. Sie weiß, dass eine Frau im Lager des Feindes nur eines erwartet: Sie wird als sexuelle Beute in ein Zelt getragen, und wenn sie sehr schön und außerdem von hoher Abkunft wie Judith ist, kann sie damit rechnen, dem ranghöchsten Krieger – und nur ihm – in den Arm gelegt zu werden. Judith will zu Holofernes. Sie weiß, dass es keinen Sinn hat, um die Ihren zu flehen und um Bethulia zu bitten – sie hat nur eine Chance: den General zu betören. Wenn ihr das gelungen ist, wird er irgendwann die Kontrolle verlieren und sie kann handeln. So bewegt sie sich im Feldlager als wandelnde Versuchung, bauend auf die Macht ihrer Reize und entschlossen zu töten, wenn das Haupt des feindlichen Heeres seine Garde hinausgeschickt hat.

■ »Judith«. Gemälde von Giorgione. Eremitage, St. Petersburg.

■ »Judith zeigt dem Volk das Haupt des Holofernes«. Gemälde von Francesco Solimena, 1730. Kunsthistorisches Museum, Wien.

Judith ist also nicht in einem groben Hemd barfuß aus der Stadt gelaufen, sondern reich geschmückt, in einem Gewand, das ihren Busen und ihre Hüften betont, sorgsam frisiert und geschminkt. Sie muss sich ihrer Reize sicher sein, um den großen Holofernes zu verführen. Sie muss sich darauf verlassen können, dass er sie anschaut und dass ihm der Atem stockt. Sie muss ein süßes Lächeln auf den Lippen tragen, damit er ihrer sicher ist. Jeder Verdacht seinerseits würde ihren Plan zunichte machen. Also geht Judith als erotische Herausforderung auf ihn zu; sie nähert sich ihm bebend vor Verlangen, damit auch er nach ihr verlangt und sich vergisst. Natürlich sind ihre erotischen Wünsche nur vorgetäuscht, denn in Wahrheit will sie morden, statt zu lieben. Aber das darf er nicht ahnen. Und sie selbst? Wird sie ihn überzeugen können, ohne wenigstens eine Spur in ihn verliebt zu sein? Oder: Könnte es geschehen, dass sie von den Regungen, die sie dem fremden Eroberer vorspielen will, angesteckt wird und wirklich etwas davon empfindet? Wird sie ihn nicht, obwohl sie ihn hasst, als Mann, der sie entkleidet, berührt und in sie eindringt, am Ende begehren? Und kann sie ihn, wenn sie mit ihm geschlafen hat, noch töten? Wird nicht ihre Mission im menschlichen Gefühl untergehen? Diese Fragen hat Judith sich vielleicht selbst gestellt. Dass sich um das Leben von Judith

LITERARISCHE VERARBEITUNGEN DER JUDITH-LEGENDE:

Hans Sachs (1494–1576) dichtete ein *Judith*-Stück in Knittelversen; Johann Nestroy (1801–1862) schrieb 1891 *Judith und Holofernes*. Der Dramatiker Friedrich Hebbel (1813–1863) legte 1840 eine heute noch gespielte *Judith*-Tragödie vor. Jean Giraudoux (1882–1944) schrieb 1931 ein *Judith*-Schauspiel. Auch als Romanfigur ist *Judith* wieder auferstanden: 1916, in dem Buch *Judith Finsterwalderin* von Peter Dörfler (1878–1955).

Historischer Hintergrund der Judith-Geschichte sind im Übrigen die Kriege der Babylonier gegen die Juden im frühen 6. Jahrhundert v. Chr. In der Legende wurde jedoch aus Nebukadnezar, dem König der Babylonier (605–562 v. Chr.), ein König der Assyrer.

eine so langlebige Legende gerankt hat, hängt damit zusammen, dass hier eine Frau begehrt, obwohl sie tötet, und womöglich tötet, weil sie begehrt. Dass hier Erotik und Zerstörung bei einer Frau zusammenströmen, wie es sonst nur bei Männern vorkommt.

Judith führt aus, was sie geplant hat. Sie wird zu Holofernes vorgelassen, er sieht sie und entbrennt für sie. Ein Gelage folgt, dann eine Liebesnacht. Als Holofernes neben ihr eingeschlafen ist, ergreift Judith sein eigenes Schwert und trennt ihm das Haupt vom Rumpf. Ungesehen schleicht sie sich hinaus und nach Bethulia zurück. Im Lager der Feinde bricht Panik aus, als man des Mordes am Feldherrn gewahr wird. Wild flüchten die Assyrer. Bethulia ist befreit, und der Hohepriester preist Judith, die Retterin.

Was hat Judith empfunden, als sie mit Holofernes schlief? Nur fromme Scheu? Hass auf den Todfeind? Nur Triumph, weil ihre List gelang? Nicht auch – Lust? Hat sie ihn am Ende getötet, weil sie durch ihn in Ekstase geriet oder gar Regungen der Liebe verspürte? Bei Hebbel mordet sie ihn aus persönlicher Rache, weil der stolze Kriegsherr ihre Ebenbürtigkeit nicht anerkennen will. Und sie gelobt, sich selbst den Tod zu geben, falls sie von Holofernes schwanger geworden sein sollte.

Die drastische Verbindung von Sexualität und tödlicher Feindschaft in der Judith-Legende ist bis heute von psychologischem Reiz, weil sie davon erzählt, wie wenig sich Eros um Freund und Feind kümmert und wie nah sich Kuss und Hieb, Zeugung und Mord kommen können. Viele Künstler haben sich durch das dramatische Ende jener Nacht von Judith und Holofernes inspiriert gefühlt und die kaum bekleidete Frau neben ihrem geköpften Liebhaber, das Schwert in der Hand, gemalt: Lust und Schrecken, Schönheit und Tod, Weiblichkeit und Krieg in *einem* Motiv.

■ Rollenbild der Tilla Durieux als Judith um 1910 in der Aufführung nach Friedrich Hebbel.

JUDITH

 DARSTELLUNGEN

Die Legende der Judith kennen wir aus dem gleichnamigen apokryphen Buch des Alten Testaments, das nur in der griechischen Übersetzung erhalten ist. Das Buch Judith ist in drei Nacherzählungen aus dem Mittelalter überliefert. Zwei von ihnen – mit den Titeln *Ältere Judith* und *Jüngere Judith* – finden sich in einer Sammelhandschrift des Klosters Vorau in der Steiermark aus dem 12. Jahrhundert, ihre Verfasser sind unbekannt. Die dritte Nacherzählung ist in einer Stuttgarter Handschrift des 14. Jahrhunderts erhalten und stammt von einem Geistlichen aus Thüringen. Seit dem 16. Jahrhundert wurde die Legende häufig dramatisch gestaltet. Das bekannteste der frühen *Judith*-Theaterstücke schrieb der Dichter und Meistersinger Hans Sachs (1494–1576). Friedrich Hebbel (1813–1863) wurde zu seiner Tragödie *Judtih* durch ein Bild des italienischen Malers Giulio Romano (1499–1546) angeregt. Die erfolgreiche Wiener Premiere von Hebbels Stück im Jahre 1849 bot seinerseits dem österreichischen Dichter und Schauspieler Johann Nestroy (1801–1862) Anlass, den Stoff ebenfalls zu bearbeiten. Nur wenige Wochen später brachte er eine neue Version der Legende in Form einer kritischen Parodie in Wien zur Aufführung. Nestroy wies mit seinem Stück auf die künstlerischen Schwächen von Hebbels Werk hin, das er im doppelten Sinne für unzeitgemäß hielt: Die Vorlage war ihm zu altertümlich und zu wenig gegenwartsbezogen, die Form des klassischen deutschen Dramas zu unzeitgemäß. Im 20. Jahrhundert griff der französische Schriftsteller Jean Giraudoux (1882–1944) den Stoff auf. Von Liebe ergriffen, tötet Judith Holofernes nicht aus Hass, sondern getrieben von dem Verlangen, ein Gefühl zu bewahren, das sie schon von Vergänglichkeit bedroht sieht. Auch in der bildenden Kunst war die Legende der Judith ein beliebtes Thema und wurde vor allem in der Renaissance, im Manierismus und im Barock oft gemalt. Judiths Attribute sind ein Schwert und der abgetrennte Kopf eines Mannes. Judith, die Holofernes tötet, zeigen z. B. Bilder von Tintoretto (1518–1594), Francisco José de Goya (1746–1828), beide im Museo del Prado Madrid, und Caravaggio (1573–1610), Casa Coppi Rom. Judith mit dem Haupt des Holofernes malten u. a. Michelangelo (1475–1564), Sixtinische Kapelle Vatikan, Cristofano Allori (1577–1621), Palazzo Pitti Florenz, Veronese (1528–1588), Kunsthistorisches Museum Wien, Tintoretto (1518–1594), Museo del Prado Madrid, Peter Paul Rubens (1577–1640), Herzog Anton Ulrich Museum Braunschweig, und Lucas Cranach d. Ä. (1472–1553), Schlossmuseum Gotha. Von Sandro Botticelli (1445–1510) gibt es ein Bild, das Judith bei ihrer Rückkehr in die Stadt zeigt, Galeria degli Uffizi Florenz.

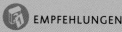 **EMPFEHLUNGEN**

Lesenswert:

Robert Hanhart: *Text und Textgeschichte des Buches Judith*, Göttingen 1979.

Die jüngere Judith aus der Vorauer Handschrift. Herausgegeben von Hiltgunt Monecke, Tübingen 1964.

Judith. Aus der Stuttgarter Handschrift. Herausgeben von Hans G. Richter, Tübingen 1969.

Friedrich Hebbel: *Judith*, Stuttgart 1993.

Johann Nestroy: *Judith und Holofernes*, Stuttgart 1996.

Besuchenswert:

Zwei Judith-Darstellungen von Tintoretto und eine von Goya im Museo del Prado in Madrid.

Judith-Darstellung von Artemisia Gentileschi im Palazzo Pitti in Florenz.

 AUF DEN PUNKT GEBRACHT

Sie befreite ihr Volk durch eine Bluttat – was war ihr wahres Motiv?

Maria

■ »Die unbefleckte Empfängnis der Maria«. Gemälde von C. Bosseron Chambers.

Von Maria, der Mutter Christi, im katholischen Sprachgebrauch auch »Unsere Liebe Frau«, »Himmelskönigin«, »Allerseligste Jungfrau«, weiß man nur durch die Bibel und ein paar Legenden. Viel ist es nicht, was dort von ihr berichtet wird. Aber die christliche Religion hat ganze Welten in diese Frau hineingedeutet, sodass Bibliotheken mit Abhandlungen über die Madonna gefüllt werden. In katholischen Kirchen findet man heute mehr Marienaltäre oder Darstellungen aus dem Leben der Jungfrau als von Jesus Christus selbst. Was wir dort sehen: die unbefleckte Empfängnis Marias, ihre Kindheit, die Verkündigung durch den Engel, den Besuch bei ihrer Cousine Elisabeth, die Geburt Christi im Stall zu Bethlehem, die Anbetung der heiligen drei Könige, ihren Tod und ihre Himmelfahrt, das hat wahrscheinlich wenig mit dem zu tun, was wirklich geschehen ist. Vielleicht war es so:

Maria wurde in Nazareth geboren, einem kleinen Dorf in Galiläa im Norden Israels. Dort lebten etwa hundert Menschen, jeder kannte jeden. Das Dorf, heute eine Stadt, liegt an einer Anhöhe. Die Umgebung war reich an natürlichen Höhlen, die als Wohnungen dienten. Man schlief auf Strohmatten, es gab ein paar Schemel, Kisten für Kleidung und Krüge für Lebensmittel. Man aß Gerstenbrot und Gemüse, Fleisch gab es nur an Festtagen. Maria lernte, Brot zu backen, Kleider zu nähen oder zu flicken – all das, was Frauen wissen mussten, um, wenn sie verheiratet wurden, ihrem Mann den Haushalt zu führen.

Maria war ein hübsches Mädchen, sie war geschickt in allen Haushaltsdingen, freundlich, schüchtern und nachdenklich. Wie alle Frauen trug sie eine Art Hosenrock mit einer lose fallenden Tunika darüber, die von einem breiten Gürtel in der Taille zusammengehalten wurde. Ein großes Tuch bedeckte Kopf und Hals. Die Augen durften mit einem dunklen Kohlestift geschminkt werden. Die Mädchen wurden damals bereits früh verheiratet, was verständlich erscheint, wenn man bedenkt, dass die Menschen vor zweitausend Jahren längst nicht so alt wurden wie heute. Als Maria zwölf war, teilten die Eltern ihr mit, dass sie einen gewissen Joseph heiraten werde, der auch in ihrem Dorf lebte und viele Jahre älter war als sie. Er arbeitete als Tischler. Arm war er nicht. Aber auch nicht reich. Mit der Verlobung waren die Mädchen schon so gut wie verheiratet, sie wurden fast wie Ehefrauen behandelt, durften tun, was Ehefrauen zustand. So kam es durchaus vor, dass die Braut bei der offiziellen Hochzeit sichtlich schwanger war. Man stieß sich nicht daran. Das tat man erst, als später die Kirche von den Frauen verlangte, sie müssten jungfräulich in die Ehe gehen. Maria hat nach der Verlobung weiterhin bei ihren Eltern gelebt, Joseph aber jeden Tag gesehen, zumal sie sich im Dorf ja sowieso ständig begegneten. Die beiden mochten sich, redeten und machten Pläne. Aber sie schliefen noch nicht miteinander, wenn wir der Überlieferung in diesem entscheidenden Punkt Glauben schenken wollen.

Und dann passierte, immer noch dieser Überlieferung zufolge, das Unfassbare. Eines Tages, sie wusste selbst nicht, ob sie kurz eingenickt oder ob es im wachen Zustand passiert war, erschien

■ Szene aus dem Film *La Noche Oscura* von Carlos Saura mit Julie Delpy.

■ Szene aus dem Film *Jesus von Nazareth* von Franco Zeffirelli aus dem Jahre 1976 mit Olivia Hussey als Maria und Yorgo Voyagis als Joseph.

ihr der Engel Gabriel und sagte ihr, sie solle keine Angst haben. Sie bekäme ein Kind, und dieses Kind sei von Gott, und mit ihm würde eine neue Zeit beginnen. Alles, was bisher ihr Denken und Fühlen in Anspruch genommen hatte, verlor nun seine Bedeutung. Maria fühlte instinktiv, dass dieser Engel die Wahrheit sprach. Sie erzählte Joseph davon. Dieser erschrak genauso wie sie. Als immer deutlicher wurde, dass seine Braut schwanger war, dachte er zunächst, sie habe sich mit einem anderen eingelassen. Aber dann suchte er sie auf und erzählte ihr, dass auch ihm ein Engel erschienen sei, der ihm dasselbe verkündet hätte wie ihr. Maria und Joseph heirateten kurz darauf, im Winter. Und im Sommer, wohl kaum zur Wintersonnenwende – diese Überlieferung ist erst spät entstanden – kam Marias Sohn zur Welt, in Bethlehem, so heißt es in den Evangelien, weil dies die Person Jesu mit dem Königshaus Davids in Verbindung bringt. Bald hatte sich herumgesprochen, dass es etwas Besonderes mit diesem Kinde Jesus auf sich hatte. Vielleicht hatte Marias Cousine Elisabeth, der Maria während ihrer Schwangerschaft einen Besuch ab-

Die Rede von der »unbefleckten Empfängnis« Marias sorgt für erhebliche Verwirrung. Gemeint ist, dass Maria vom ersten Augenblick ihres Lebens frei war von Sünde, während alle anderen Menschen in Sünde geboren werden: Schließlich sollte sie ja zur Gottesgebärerin werden. Erst seit 1854 ist die »unbefleckte Empfängnis« durch ein Dogma im katholischen Glauben verankert. Zum frühesten Bestand des christlichen Glaubens gehört dagegen die Überzeugung, dass Maria Jesus als Jungfrau geboren hat. Doch dies ist etwas anderes als die unbefleckte Empfängnis.

gestattet hatte und die gleichfalls ein Kind erwartete, etwas weitererzählt. Aber dass drei heilige Könige dem Kinde gehuldigt hätten, das gehört, wie die Krippe, deutlich ins Reich der Legende. Was möglicherweise stimmte, war, dass genau in der Nacht der Geburt Jesu ein Stern mit einem langen Schweif über Nazareth niederging. Nach Jesus bekam Maria einer alten Überlieferung zufolge, die angesichts der Lebensumstände in dieser Zeit recht plausibel ist, noch weitere Kinder, deren Vater Joseph war, vier Jungen und vier Mädchen. Sie war also die Mutter einer ganz normalen großen jüdischen Familie. Und die Weissagung des Engels Gabriel, die Maria allerdings nicht vergaß, verblasste im häuslichen Alltag. Doch dann, so berichtet das Lukasevangelium, geschah etwas, das Marias Erinnerung weckte und die Verwirrung aus der Stunde der Verkündigung in ihr erneuerte.

Jesus war damals zwölf Jahre alt. Die ganze Familie zog, wie jedes Jahr, mit Verwandten und Freunden, mit Kindern und Tieren nach Jerusalem zum Passahfest. Auf dem Rückweg merkten Joseph und Maria erst nach geraumer Zeit, dass Jesus fehlte. Sie dachten anfangs, er wäre bei einer der befreundeten Familien geblieben. Aber sie konnten ihn nirgends finden. Also kehrten sie nach Jerusalem zurück und entdeckten ihn dort im Tempel, mitten im Kreis der Gelehrten, mit denen er wie ein Erwachsener diskutierte. Die Eltern freuten sich, ihn wieder zu haben, und schimpften, wie es erleichterte Eltern tun. Er antwortete, sie bräuchten sich nicht aufzuregen, er sei doch hier im Haus seines Vaters. Da verstand Maria, dass die Ankündigung des Engels jetzt Wahrheit wurde. Als Maria vierzig Jahre alt war, so heißt es, starb Joseph, der ja viele Jahre älter war als sie, und sie war jetzt allein mit ihren heranwachsenden Kindern, die eines nach dem anderen aus dem Haus gingen und ihre eigenen Familien

■ »Mariä Himmelfahrt«. Tizian, 1516–1518. Dieses fast sieben Meter hohe Gemälde entstand für den Hochaltar der venezianischen Kirche Santa Maria Gloriosi dei Frari. Tizians Auffassung der Himmelfahrt und Krönung Mariä war derart unkonventionell, dass die Auftraggeber in Zweifel waren, ob sie das Werk annehmen konnten.

gründeten. Außer Jesus, der unverheiratet blieb. Es begann damit, dass er sich taufen ließ von seinem Vetter Johannes, dem Sohn Elisabeths, der kurz vor ihm geboren worden war und der schon eine ganze Weile als Prediger umherzog. Und er fing nun selber an zu predigen, von einer neuen Welt, in der Gott die Menschen von ihren Sünden erlösen würde. Maria versuchte, ihn zu verstehen, aber es fiel ihr schwer. Sie hatte Angst um ihn, denn sie sah, dass er manche althergebrachte Regel der jüdischen Religion in Frage stellte.

Dann, Jesus war zweiunddreißig Jahre alt, kam wieder das Passahfest. Jesus ging nach Jerusalem, er sah, dass der Tempel durch Geschäftemacher entweiht wurde, und geriet in Wut. Nicht nur, dass er versuchte, die Händler, die im Tempelbezirk feilschten, hinauszuwerfen, nein, er verkündete das Ende des Tempels selbst und sagte seine Zerstörung voraus. Jesus, dessen Predigten der Obrigkeit schon länger ein Dorn im Auge gewesen waren, wurde verhaftet. Es nutzte ihm nichts, dass er darauf bestand, der Messias, der wahre König der Juden, zu sein – im Gegenteil, das brachte die römischen Herren endgültig gegen ihn auf. Sie demütigten und quälten ihn und verurteilten ihn ohne Gerichtsverfahren zum Tode.

Maria war, so heißt es in dem Evangelium, das dem Jünger Johannes zugeschrieben wird, bei der Hinrichtung ihres Sohnes zugegen.

Als alles vorbei war, als später Jesu Leichnam verschwand und es hieß, er sei auferstanden, mag sich Maria durch den Glauben gerettet gefühlt haben, den ihr Sohn gepredigt hatte. Sie wird sich seinen Jüngern angeschlossen haben. Die Legende will, dass Maria später mit Johannes nach Ephesus in Kleinasien ging. Ihr Haus dort, in dem sie auch gestorben sein soll, steht noch heute und ist ein Wallfahrtsort für Christen wie Muslime.

■ »Pietà – Kopf der trauernden Maria«. Französische Skulptur, Anfang 16. Jahrhundert. Abteikirche Saint-Pierre, Beaulieu-sur-Dordogne.

MARIA

 QUELLEN UND DARSTELLUNGEN

Über Maria, hebräisch Mirjam, die Mutter Jesu, ist wenig bekannt. Das *Neue Testament* liefert nur spärliche Angaben zu ihrer Person und über ihr Leben, die nicht alle als historisch gelten, sondern teilweise bereits der Legende angehören. Der längste Bericht über sie findet sich im ersten und zweiten Kapitel des *Lukas-Evangeliums*. Maria lebte in Nazareth in Galiläa, ihr Mann war Joseph, der aus dem Geschlecht Davids stammte. Lukas erzählt im ersten Kapitel von dem Gespräch zwischen Maria und dem Engel der Verkündigung Gabriel, und von Marias Empfängnis Jesu durch den Heiligen Geist, das *Matthäus-Evangelium* erwähnt außerdem ihre Jungfräulichkeit bis zur Geburt des Kindes. Im zweiten Kapitel, das mit der Geburt Jesu beginnt, berichtet das *Lukas-Evangelium* von der Heimsuchung Mariä, dem Besuch bei der ebenfalls schwangeren Elisabeth, der zukünftigen Mutter Johannes des Täufers. Dem öffentlichen Auftreten ihres Sohnes stand Maria zeitweise verständnislos gegenüber. Wie das *Johannes-Evangelium* berichtet, in dem Maria nicht namentlich erwähnt wird, war sie bei seiner Kreuzigung dabei und gehörte – dies erwähnt die Apostelgeschichte – nach seinem Tod der christlichen Gemeinde an. Die legendäre Ausschmückung ihres Lebens ist vor allem in den Apokryphen des *Neuen Testaments* zu finden. Dort sind Berichte über ihre Eltern Joachim und Anna, ihre Geburt und Kindheit sowie die Geschichte von ihrem Tempelgang als dreijähriges Kind überliefert. Weitere Legenden erzählen von Marias Vermählung mit Joseph und schließlich von ihrem Tod, ihrer Himmelfahrt und ihrer Krönung. Besonders in der Kunst wurden diese Legenden gerne aufgegriffen und oft in Zyklen als »Marienleben« zusammengefasst. Vor allem in den Ostkirchen und dann auch in der westlichen katholischen Kirche gewann die Marienverehrung vom 5. Jahrhundert an zunehmend an Bedeutung. Im 7. Jahrhundert feierte man Verkündigung, Himmelfahrt, Geburt und Reinigung Marias, später wurden weitere Marientage eingeführt. Seit dem 11. Jahrhundert war das *Ave Maria* neben dem *Vaterunser* das am weitesten verbreitete Gebet. Als zusätzliche Form der Verehrung kamen Marienwallfahrten hinzu. Im 19. Jahrhundert führten eine Reihe von Marienerscheinungen zur Entstehung neuer Wallfahrtszentren, so zum Beispiel in Lourdes, im irischen Knock sowie in Fátima in Portugal, und wurden zu einem sichtbaren Beweis für die Lebendigkeit der Marienverehrung. In der zweitausendjährigen Geschichte Marias, die auch im Islam als sündenfreie Jungfrau Marjam verehrt wird, war eine ihrer wichtigsten Rollen die der Vermittlung zwischen Traditionen, Kulturen und Religionen.

 EMPFEHLUNGEN

Lesenswert:
Lukas-Evangelium

Jaroslav Pelikan: *Maria. 2000 Jahre in Religion, Kultur und Geschichte*, Freiburg 1999.

Alan Posener: *Maria. Mit Bilddokumenten*, Reinbek 1999.

Christian Makarian: *Maria aus Nazareth*, Hildesheim 1997.

Sehenswert:
La Noche Oscura. Regie: Carlos Sanri; mit Julie Delpy, Fernando Guillen, Juan Diego, Spanien/Frankreich 1989.

Jesus von Nazareth (Jesus of Nazareth). Regie: Franco Zeffirelli; mit Robert Powell, Anne Bancroft, James Mason, Rod Steiger, USA 1976.

Besuchenswert:
Das angebliche Haus Mariens bei Ephesus in der Türkei, ein christlich-muslimischer Wallfahrtsort.

 AUF DEN PUNKT GEBRACHT

Ein einfaches Mädchen aus dem Volk – bis der Engel der Verkündigung vor sie hintritt. Sie nimmt ihr Schicksal an.

Theophanu

Ach, wenn er die Augen doch noch einmal aufschlüge! Aber er stöhnt nur, er ist nicht mehr bei sich. Ich halte ihn, ich drücke seine Hand. Das hilft nicht. Der Tod ist da. Und so jung ist mein Gemahl, erst achtundzwanzig. Er hat Schlachten gewonnen und verloren, das Reich regiert, Abtrünnige gestraft, manchen Gefahren getrotzt und zu Wasser und zu Lande seine Krone und sein Leben verteidigt – und jetzt wirft ihn ein vermaledeites Fieber nieder und trübt seinen Geist, zersetzt sein Fleisch. O Gott, sei seiner Seele gnädig.

Die Kaiserin, ganz in Tränen, bleibt bei ihrem Mann, bis sein Herz und sein Atem stillstehen. Sie ist im gleichen Alter wie ihr Mann. Vier Kinder hat das Paar, drei Töchter, einen Sohn. Und dieser Sohn, gerade in seinem dritten Lebensjahr, wird nun zum Nachfolger auf dem Thron berufen. Doch wer wird bis zu seiner Volljährigkeit die Regentschaft übernehmen? Die Kaiserin erhebt sich, streckt sich, trocknet ihre Tränen. Der Kaiser ist tot. Aber wer lebt, ist die Kaiserin. Sie wird die Zügel ergreifen und fest in der Hand halten, bis ihr Sohn groß genug ist, die Führung zu übernehmen.

Und so kam es. Kaiserin Theophanu übernahm die Regentschaft und herrschte im Reich acht Jahre lang für ihren Sohn Otto III., prägte dabei aber ihr Zeitalter durch kluge Politik und eigenen Stil weit nachhaltiger, als man es von einer bloß stellvertretenden Regentin erwarten würde. Theophanu war eine große Frau und bedeutende Kaiserin, ihrem Gatten Kaiser Otto II. mindestens ebenbürtig, und sie trug viel dazu bei, dass das Zeitalter der Ottonen als ein glanzvolles fortlebte. Ihr Stern sank erst mit ihrem Tod, der sie im Jahre 991 n. Chr. ereilte.

Theophanus Lebensdaten sind nicht ganz gesichert. Sie wurde um 955 n. Chr. geboren. Mit

■ Allegorische Darstellung der Heirat Kaiser Ottos II. mit Theophanu im Jahre 972. Buchdeckel, byzantinisch, 10. Jahrhundert.

etwa achtzehn wurde sie mit dem gleichaltrigen Otto II. vermählt, der damals »Mitkaiser« an seines Vaters, Ottos I., Seite war. Es gab eine prunkvolle Hochzeit in Rom, 972, auf der Heiratsurkunde wird Theophanu als »Mitkaiserin« aufgeführt – sie erhält also gleich Titel und Würden, außerdem Ländereien in Italien, auch in nördlichen Landen, darunter eine Abtei und mehrere Königshöfe. All diese Verträge, Schenkungen und Urkunden haben natürlich einen politischen Hintergrund – die ganze Heirat war ein politischer Akt, und obwohl Otto und Theophanu einander herzlich zugetan waren, kamen sie nicht aus persönlichen, sondern ganz allein aus machtpolitischen Gründen zusammen.

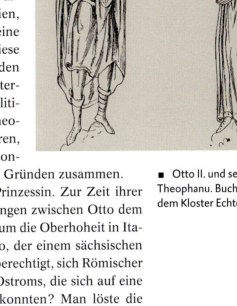

■ Otto II. und seine Frau Theophanu. Buchdeckel aus dem Kloster Echternach.

Theophanu war eine byzantinische Prinzessin. Zur Zeit ihrer Geburt hatte es beträchtliche Spannungen zwischen Otto dem Großen und Byzanz gegeben: Es ging um die Oberhoheit in Italien und um den Kaisertitel. War Otto, der einem sächsischen Herzogsgeschlecht entstammte, eher berechtigt, sich Römischer Kaiser zu nennen, als die Herrscher Ostroms, die sich auf eine weit gewichtigere Tradition stützen konnten? Man löste die Frage heiratspolitisch. Eine Ehe zwischen dem Nachfolger Ottos I. und einer byzantinischen Braut sollte Ost und West versöhnen und beiden etwas einbringen: Otto den Kaisertitel und Byzanz die Rückgewinnung seiner italienischen Stützpunkte, die der Sachse besetzt hatte und nun bereit war zu räumen. Der Handel kam zustande, und der Frieden hielt – ganz wie die Ehe zwischen Otto und Theophanu.

Allerdings war das schöne, kluge und elegante Mädchen, das aus der hoch entwickelten byzantinischen Kultur in das weit gröbere, ländlichere und tumbere Milieu deutscher Fürstenhöfe versetzt wurde, gar nicht die Traumprinzessin, die sich Otto der Große als Schwiegertochter und Otto II. als Eheweib versprochen hatten. Als Persönlichkeit war sie es gewiss – aber leider nicht von ihrer Abstammung her. Die Brautwerber kehrten denn auch ziemlich bedrückt mit Theophanu nach Rom zurück, und Ottos Ratgeber drängte darauf, dieses unpassende Mädchen sofort wieder ostwärts zurückzuschicken. In Byzanz hatte es näm-

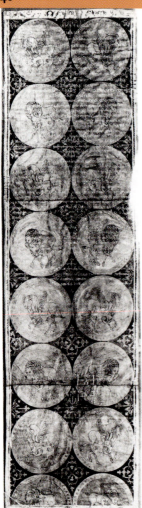

- Dotalurkunde über die Morgengabe zur Hochzeit Ottos II. mit der byzantinischen Kaisernichte Theophanu am 14. April 972. Rotulus, Skriptorium des Klosters Fulda. Goldtinte auf purpurfarbenem Pergament. Staatsarchiv, Wolfenbüttel.

- Die Pfalz in Quedlinburg. Stahlstich um 1850 von Georg Michael Kurz nach Ludwig Rohbock.

lich eine Palastrevolte gegeben. Der rechtmäßige Kaiser war abgesetzt worden, und ein Ursurpator hatte den Thron erklommen. Der wollte natürlich für Otto eine Gattin aus seinem Hause zur Ehe- und Friedensschließung nach Rom schicken. Er wählte seine Nichte Theophanu, ein Mädchen mit Verstand und Ehrgeiz.

Am Ende kam es aber doch zur Hochzeit. Otto I., der mit dieser Schwiegertochter auch den neuen byzantinischen Herrscher anerkannte, reagierte als Pragmatiker: Er nahm, was kam. Aber er reagierte auch als Mann: Die selbstbewusste kleine Griechin gefiel ihm außerordentlich. Er lächelte, als er sie seinem Sohn zuführte. Und die anfänglichen Spannungen zwischen Theophanu und Ottos des Großen Frau Adelheid entsprangen gewiss auch einer berechtigten Eifersucht der Schwiegermutter …

Schon ein Jahr später starb Otto I. Der Tod eines Herrschers ruft stets unzufriedene Vasallen, machtbewusste Emporkömmlinge und gewissenlose Intriganten auf den Plan. Die legitimen Nachfolger müssen handeln: durch Sicherung der Grenzen, kluge Bündnisse, erfolgreiche Waffentaten. So also waren Otto II. und seine beiden Kaiserinnen Adelheid, die Mutter, und Theophanu, die Gattin, aufgerufen, ihre Kräfte als Einiger, Verteidiger und (möglichst) Vergrößerer des Reiches unter Beweis zu stellen. Was sie auch taten.

Der deutsche und römische Kaiser musste zu jener Zeit geschickt zwischen verschiedenen Adelshäusern lavieren und auch zusehen, dass er die Geistlichkeit auf seiner Seite hielt. Theophanu sieht sich in ihrer politischen Mitwirkung anfänglich von Schwiegermutter Adelheid in den Schatten gestellt, die eine

Die Kaiserin Theophanu trifft ihren Gemahl nach der Schlacht bei Babei Crotone am 13. Juli 982 gegen die vereinigten Griechen und Araber. Holzstich nach einer Zeichnung von Friedrich Hottenroth, 1875.

Familienpolitik betreibt, für deren Nachvollzug der Griechin die Kenntnisse fehlen. Aber ihre Fremdheit ist auch ihr Vorteil: Sie muss keine Vettern und Cousinen ruhig stellen. In Kanzler Willigis gewinnt sie einen Freund, und gemeinsam mit ihm gelingt es ihr, Otto II. auf eine weitsichtige europäische Politik hin zu orientieren und ihm die Augen zu öffnen für die umstürzlerischen Absichten des Herzogs Heinrich von Bayern: Dieser Fürst, Heinrich der Zänker genannt, sollte dem Herrscherhaus noch manche Schwierigkeit machen und von Otto mehrfach inhaftiert werden.

DAS SIBYLLINISCHE ORAKEL (wohl zwischen 75–93 n. Chr.) lautet:
»*Dann soll die ganze Welt von einer Frau beherrscht*
Nur ihrem Willen ganz gehorsam sein. Und wenn die Witwe
Königin geworden in der Welt und wenn ins Meer,
Das göttliche, das Gold und Silber und ins Wasser
Der Menschen Bronzeschwerter all geworfen sind, (…)
Wird Gott, der hoch im Äther schwebt,
Aufrollen wie ein großes Buch den Himmel …«

Theophanu starb ca. 36-jährig in Nimwegen – entweder an einer Lungenentzündung oder an einer Epidemie, die gerade ausgebrochen war. Man spekuliert auch, dass sie einem Giftanschlag aus Kreisen um den französischen König Hugo Capet zum Opfer gefallen sein könnte – den sie beim Kampf um die Krone unterstützt hatte, was dieser ihr aber schlecht lohnte, indem er sich gegen sie verschwor. Ihre Gebeine ruhen – auf ihren Wunsch – in der Kirche St. Pantaleon zu Köln, die zu ihrem Lieblingskloster gehörte.

■ Der Sarkophag der Kaiserin Theophanu im ehemaligen Benediktinerkloster Sankt Pantaleon in Köln.

Theophanu wird erst einige Jahre nach ihrer Verheiratung erstmals Mutter – danach allerdings bringt sie jedes Jahr ein Kind zur Welt. Immerhin bleibt ihr Zeit genug, sich in die Regierungsgeschäfte einzuarbeiten, die wichtigen Verkehrssprachen ihrer Zeit zu lernen und sich mit Hilfe von Willigis einen Überblick über die politische Lage ihres weit ausgedehnten Reiches zu verschaffen. Sie tut viel für Kunst und Kultur an den germanischen Höfen, und sie führt einen urbanen Lebensstil ein, neue Stoffe und Moden, zieht Künstler und Gelehrte an die Höfe und Abteien.

Eine Residenz gab es damals nicht. Der Hof reiste von Pfalz zu Pfalz – mit einem riesigen Gefolge, zur Freude der ortsansässigen Händler, zum Entsetzen der Verwalter und Wirtschafter der jeweiligen Burg, denen es nicht immer gelang, alles parat zu haben, wenn der Hof anrückte. Ostern verbrachte man meist in Quedlinburg, der Stadt am Harzrand, die heute noch mit dem Namen Theophanu für sich wirbt.

Als Otto II. nach der verlorenen Schlacht bei Cotrone (gegen die Sarazenen) überraschend an Malaria stirbt, ist das Reich trotz der Niederlage einigermaßen stabil, und Theophanu kann seine Politik dank ihres Weitblicks und ihrer energischen Hand fortsetzen und erneuern. Als Heinrich der Zänker, der aus der Haft entkommen ist, ihren Sohn Otto entführt, kommt er damit nicht weit. Theophanu gelingt es, genügend deutsche Fürsten auf ihre Seite zu ziehen, um Heinrich bei seinem Griff nach der Macht in den Arm zu fallen.

Die Kaiserin – unterstützt von Adelheid und Willigis – kann ihre Macht behaupten und die Einheit des Reiches wahren. Sie hält Lothringen und verhindert Einbrüche an der Ostgrenze. Sie taktiert, kämpft, führt Krieg, hält Gerichtstage, schließt Bündnisse und lässt ihre Kinder in sächsischer und griechischer Tradition zugleich erziehen. Und sie zeichnet Urkunden mit der lateinischen Formel: Theophanus divina gratia imperator augustus – Theophanu, erhabener Kaiser von Gottes Gnaden.

THEOPHANU

 LEBEN UND WERK

Die genaue Herkunft Theophanus ist nicht geklärt. Wahrscheinlich war sie die Tochter von Konstantin Skleros und seiner Frau Sophia, einer geborenen Phokas. Beide Familien gehörten zu den angesehensten in Konstantinopel. Bekannt ist, dass Theophanu eine Nichte des berühmten byzantinischen Kaisers Johannes Tsimiskes war. Mitte bis Ende der 950er Jahre geboren, erhielt sie in ihrer griechischen Heimat die für höhere Hofkreise übliche Ausbildung, die im Westen keinesgleichen kannte. Neben Griechisch beherrschte sie fließend Latein und lernte später in kurzer Zeit auch Deutsch. Als sie im Jahr 972 zur Vermählung mit dem designierten deutschen Thronanwärter Otto II. in das Weströmische Reich geschickt wurde, war sie etwa sechzehn Jahre alt. Bei ihrer Hochzeit in der Peterskirche in Rom wurde sie von Papst Johannes XIII. gleichzeitig zur »Mitkaiserin« gekrönt. Die nach byzantinischem Vorbild auf Purpurpergament in Goldschrift geschiebene, reich verzierte Heiratsurkunde gilt als das schönste Dokument des europäischen Mittelalters und ist heute im Staatsarchiv von Wolfenbüttel zu sehen. In dieser Urkunde übertrug Otto II. seiner Frau große Gebiete: die Provinz Istrien, die italienische Grafschaft Pascara, ausgedehnte Güter am Niederrhein, in Westfalen, im Harz und in Thüringen sowie eine ganze Reihe von Abteien, Pfalzen und Königshöfen. Ein Jahr nach der Hochzeit starb Otto I., und Otto II. wurde mit achtzehn Jahren regierender Kaiser. Ohne viel Rücksicht auf ihre Schwangerschaften und die Geburt ihrer Kinder zu nehmen, begleitete Theophanu ihn bei seinen Reisen und übte als Beraterin einen großen Einfluss auf ihn aus. Nach drei Töchtern wurde 980 der lang ersehnte Thronfolger geboren. Mit dreieinhalb Jahren wurde Otto III. in Aachen zum König gekrönt. Gerade als die Feierlichkeiten zu Ende gingen, traf die Nachricht vom plötzlichen Tod seines Vaters ein; Otto II. war in Rom an den Folgen einer Gewaltkur gegen eine Malariainfektion gestorben. In den Auseinandersetzungen um die Vormundschaft für Otto III. setzte sich Theophanu durch, übernahm die Regentschaft und bereitete in den folgenden acht Jahren ihren Sohn auf das Kaisertum vor. Tatkräftige Unterstützung fand sie in dem Mainzer Erzbischof Willigis, einem der bedeutendsten Staatsmänner des 10. Jahrhunderts. Theophanu, die sich der religiösen Bedeutung ihres Amtes bewusst und entschlossen war, auch auf politischem Gebiet im Geiste des Christentums zu handeln, verschaffte ihrem Reich eine Zeit des Friedens und des wachsenden Wohlstands wie kaum zuvor. Sie starb am 15. Juni 991 in Nimwegen. Ihre Grabstätte befindet sich in der Kirche St. Pantaleon in Köln.

 EMPFEHLUNGEN

Lesenswert:
Eberhard Horst: *Geliebte Theophanu. Deutsche Kaiserin aus Byzanz. Romanbiographie*, Reinbek 1997.

Frauen des Mittelalters in Lebensbildern. Herausgegeben von Karl Schnith, Graz 1997.

Hansjörg Frommer: *Spindel, Kreuz und Krone. Herrscherinnen des Mittelalters*, Wiesbaden 1996.

Besuchenswert:
Der Domhügel, der Dom und der Domschatz in Quedlinburg, Sachsen-Anhalt.

 AUF DEN PUNKT GEBRACHT

Eine byzantinische Fürstentochter als Kaiserin deutscher und italienischer Lande: dieses frühe multikulturelle Experiment ging wunderbar gut aus.

Hildegard von Bingen

> »O Freude über Freude,
> dass du, mein Gott, so wirkst:
> dem Ahnungslosen schenkst du deine Gnade.
> Ein Kind versteht den Flug des Großen nicht,
> doch du gabst ihm als Kind schon seine Flügel.«

■ Szene aus dem Leben der Heiligen Hildegard von Bingen: ihr Eintritt ins Kloster. Vom Hildegardisaltar, linker Seitenflügel, unteres Bildfeld. Holz, farbig gefasst, um 1895. Rochuskapelle, Bingen.

Als Kind ging Hildegard in ein Kloster – und sie blieb, so sagt sie von sich selber, immer ein Kind: unschuldig-gläubig, sinnenfroh, glücklich staunend über die Wunder der Welt; aber auch schwach, gering sich fühlend, unwissend, kränklich, ganz und gar angewiesen auf Zuwendung und Gnade eines liebenden Vaters: Gottes. Wie eine leichte und zarte Feder im Wind sei sie sich selber vorgekommen, hat Hildegard gesagt. Der Wind aber, das war Gottes Atem, und er hielt sie, trug sie, erhöhte sie. Die »kindlich« schauende Visionärin Hildegard von Bingen war

bei all ihren Schwächen – sie war wenig gelehrt, war häufig krank, war weiblichen Geschlechts und als Nonne zu Gehorsam und Verzicht erzogen – eine außerordentlich energische Person, ein rebellischer Geist, eine zähe Verhandlerin, eine kraftvolle Predigerin und eine unermüdliche Gottsucherin. Ob es der Atem Gottes war, der sie so stark machte, oder einfach ihre bei aller Hinfälligkeit so unermüdliche und durchsetzungsfähige Natur – wir müssen es offen und wir können es uns egal sein lassen. Hildegard von Bingen hat als schlichte Benediktinerin tiefe Spuren in ihrem Zeitalter hinterlassen – in denen viele heute noch mit Hingabe lesen.

Hildegard von Bingen wurde 1098 als zehntes Kind des hoch gestellten Edelfreien Hildebert auf Gut Bermersheim bei Alzey im Rheinhessischen geboren. Von zarter Konstitution, war sie untauglich für die meisten Spiele, aber auch die üblichen Beschäftigungen für Mädchen reizten sie wenig. Stattdessen versenkte sie sich gern ins Gebet. Die Eltern gaben das fromme Mädchen im Alter von acht Jahren ins Kloster Disibodenberg, wo es mit einer gleichaltrigen Gefährtin und einer »Magistra«, einer Art Lehrerin, in strenger klausnerischer Abgeschiedenheit lebte und in die Mysterien des Glaubens und des Gottesdienstes eingewiesen wurde. Hildegard ist später einmal gefragt worden, ob sie es richtig fände, ein noch nicht entscheidungsfähiges Kind der Welt zu entziehen und es geistlicher Zucht zu überantworten, und sie hat mit einem »eher nicht« geantwortet.

Gleichwohl hat die kluge Nonne jene dreißig und mehr Jahre, die sie in stiller Klausur zubrachte, nicht als Gefangenschaft empfunden. Sie hat viel gelernt – Latein und Theologie, allerdings nichts davon systematisch, denn wirkliche Bildung wurde dem weiblichen Geschlecht auch im Kloster damals kaum zuteil – und sie hat ihren Stand als Braut Christi in einer Weise für

■ Figur der heiligen Hildegard von Bingen vom Mittelschrein des Hildegardisaltars. Holz, farbig gefasst, um 1895. Rochuskapelle, Bingen.

■ Die Heilige Hildegard von Bingen als Visionärin. Bildpostkarte um 1910.

die Kontemplation benutzt, die auch zu ihrer Zeit selten war. Sie konnte sich so tief in ihren Wunsch, Gott für seine Wunder zu danken oder ihn um etwas zu bitten, versenken, dass sie durch allerlei halluzinatorische Lichterscheinungen hindurch tatsächlich so etwas wie Antworten und Zeichen erhielt. Ihre »Schauen« festigten ihren Glauben und gaben ihr Zuversicht, und sie erhoben sie später, als sich ihre visionäre Kraft herumgesprochen hatte, in den Rang einer Weisen, einer Prophetin und einer Heiligen.

Aber es ist so eine Sache mit übernatürlichen Fähigkeiten. Woher soll man wissen, ob sie göttlichen Ursprungs sind oder ob es sich um ein Gaukelspiel des altbösen Feindes handelt? Hildegards Magistra gab dem Kinde den Rat, von seinen Visionen lieber nichts zu erzählen, und das Mädchen hielt sich daran. Als sie jedoch, inzwischen selbst Magistra geworden, mit 42 Jahren aus den Klostermauern heraustritt, um der Stimme Gottes, die sie nach draußen in die Welt ruft, zu folgen, verbirgt sie ihre Sehergabe nicht mehr: »Ein feuriges Licht sah ich aus dem geöffneten Himmel kommen. Es durchströmte meine Brust gleich einer Flamme, die jedoch nicht brennt, sondern wärmt.«

Ihre ersten Werke sind religiöse Schriften: Sie muss mitteilen, was sie jahrzehntelang an Offenbarungen Gottes gefühlt und erlebt hat. Da ihr Latein mangelhaft ist, diktiert sie einem Mönch ihre Texte, der diese formal korrigiert. Was sie zu sagen hat, ist eine Auslegung der Schrift, eine Kritik an der Kirche, am Geist der Zeit, an der sich formierenden Scholastik, die den Glauben rational begründen und Gott logisch beweisen will. Sie geißelt die Laster eines in Üppigkeit versinkenden Klerus, ohne sich jemals grundsätzlich gegen die Kirche zu stellen. An Gleichheit glaubt sie nicht: Wie in der kirchlichen Hierarchie gibt es ihrer Ansicht nach auch in der Welt oben und unten, und das hat Gott so gewollt. Den Autoritäten muss man gehorchen, und wer nichts zu melden hat, soll sich dem Ratschluss der Edlen fügen. Also bleibt Hildegard in ihren Grundansichten die Tochter einer aristokratischen Familie, als die sie geboren wurde. Und doch ist sie eine Rebellin, übertritt Grenzen, die in ihrer Zeit sehr scharf gezogen waren: Sie ist eine Frau. Und »einer Frau gestatte ich nicht, dass sie lehre«, hat schon der Apostel Paulus gesagt. Hildegard aber schreibt Bücher. Sie schreibt Pergament auf Pergament voll, bringt ihre Deutung der Bibel, der Zeit und des Lebens und ihre Vorstellung vom Heil unters Volk – und sie predigt. Damit hat sie, nachdem sie aus der Stille und dem Schatten ihrer Klause herausgetreten ist, zu viele Tabus verletzt, um nicht den argwöhnischen Blick der Kirchenoberen auf sich zu ziehen. Und jetzt will sie auch noch auf eigene Rechnung ein Nonnenkloster bauen lassen! Das ist zu viel. Dieser allzu umtriebigen Schwester Hildegard muss Einhalt geboten werden.

Zuerst prüft Abt Bernhard von Clairvaux, ein Mystiker wie sie, ihre Visionen. Er ruft gerade zum Kreuzzug ins Heilige Land auf. Ihre Schriften, in denen sie ihre »Schau« in Worte fasst, werden bis zu Papst Eugen III. hinaufgereicht, der gemeinsam mit seinen Kardinälen großen Gefallen an Hildegards Auslegungen findet. Da verteidigt eine Seherin – trotz aller Kritik – die Kirche gegen die Ketzer, und so eine Stimme ist in einer Zeit der Wirren und des Abfalls vom wahren Glauben unschätzbar. Dass die Stimme, der »Posaunenklang vom lebendigen Licht«, wie Hildegard sich nennt, das falsche Geschlecht hat – darüber sieht man in dieser ersten Runde der Auseinandersetzung zwischen der schreibenden Nonne und der kirchlichen Hierarchie großzügig hinweg.

In der zweiten wird es dann ernst. Für das Nonnenkloster, das Hildegard auf dem Rupertsberg bei Bingen gründen will, erhält sie keine Erlaubnis. Der Abt von Disibodenberg will sie nicht ziehen lassen, denn dass eine Nonne sich als Gründerin betätigt, ist nicht üblich und nicht gottgefällig. Das gab es noch nie. Was ist mit dem Gelübde des Gehorsams, das Hildegard abgelegt hat? Lange kämpft die Seherin um die Verwirk-

■ Die von Hildegard von Bingen im Jahr 1165 gegründete Abtei St. Hildegardis bei Eibingen/Rüdesheim am Rhein.

■ »Die Heilige Hildegard von Bingen als Visionärin«. Gemälde, 20. Jahrhundert, im Kloster der Kreuzschwestern auf dem Rochusberg in Bingen.

lichung dieser ihrer Lieblingsvision – bis sie sich endlich doch durchsetzt. 1150 ist es so weit – sie kann samt ihren Mitschwestern in ein »eige nes« Kloster umziehen. Zwei Jahre später kommt ein neues Gotteshaus hinzu. Glücklich beginnen die Nonnen unter Äbtissin Hildegard ihr gottesfürchtiges Leben ohne männliche Gängelung.

Doch haben sie es anfangs sehr schwer. Durch die kirchlichen Hierarchien ist das Kloster schlecht versorgt, sodass es kaum genug zu essen gibt. Als Stiftungen von Ländereien und allerlei sonstige Zuwendungen den Rupertsberg mit der berühmten Äbtissin unabhängig machen, ist es der Stil des Gottesdienstes, der bei den männlichen Amts- und Glaubensbrüdern auf Kritik stößt: die Nonnen seien in Seide gekleidet, und sie sängen zu kunstvoll. Allen Ernstes verhängen die neidischen und machthungrigen Prälaten im Jahre 1178 ein »Interdikt« über den Rupertsberg, das den Nonnen das Singen verbietet. Wieder muss Hildegard, inzwischen eine alte Frau, verhandeln, kämpfen, Schriftstücke aufsetzen, taktieren und wüten, um in Freiheit den Gottesdienst gestalten zu können, wie sie es für richtig hält und wie ihre Nonnen es lieben. Sie siegt am Ende.

Hildegard hat nicht nur Traktate, Predigten, Gebete und Gedichte verfasst, sie hat auch Choräle komponiert und Psalmen vertont. Zu ihren Werken gehört eine Naturkunde, und sie hat sich um die Heilkunst verdient gemacht – bis heute werden ihre Rezepte für Hausmittel und Kräutertees verbreitet. Ihr theologisches Vermächtnis ist ihr unbeirrbarer Glaube an die Liebe Gottes: Für sie war Gottvater kein rächender Geist, sondern ein gnädiger Schöpfer, und sein Ebenbild, der Mensch, dazu fähig, das Heil auf Erden betend und gottsuchend zu erwirken.

> In der Lebensbeschreibung der Heiligen Hildegard heißt es, dass sich nach ihrem Tode im Jahre 1179 eine wunderbare Lichterscheinung in Kreuzesform über ihrem Sterbegemach gezeigt habe. Es wurde gedeutet als Zeichen Gottes, der seine Tochter in die Herrlichkeit des Himmels holte.

HILDEGARD VON BINGEN

 LEBEN UND WERK

Hildegard von Bingen wurde 1098 (genaueres Geburtsdatum nicht bekannt) als zehntes Kind der angesehenen Adelsfamilie Bermersheim bei Alzey südlich von Mainz geboren. Schon als Kind hatte sie die ersten ihrer Visionen, die sie später in ihrem bekanntesten Werk Scivias (Wisse die Wege) beschrieb. Mit acht Jahren kam sie in das Benediktinerkloster auf dem Disibodenberg. Die um 700 gegründete Anlage, heute eine Ruine, liegt zwischen den Flüssen Nahe und Glan und gehörte zum Erzstift Mainz. Dem Mönchskloster war eine Frauenklause angegliedert, die der Lehrmeisterin Jutta von Sponheim unterstand. Sie unterrichtete Hildegard von Bingen in Latein, machte sie mit der Bibel vertraut und lehrte sie im Singen von Psalmen. Aus Büchern eignete sich Hildegard von Bingen später Kenntnisse in Grammatik, Rhetorik, Arithmetik, Geometrie, Astronomie und Musik an. Nach dem Tod Jutta von Sponheims im Jahr 1136 wurde sie von den Nonnen zur Nachfolgerin gewählt. Als die Klause für die anwachsende Gemeinschaft der Frauen nicht mehr genügend Platz bot, fasste Hildegard von Bingen den revolutionären Entschluss, auf dem Rupertsberg bei Bingen ein eigenes Frauenkloster zu errichten, und setzte sich gegen den heftigen Protest der Disibodener Mönche damit tatsächlich auch durch. Sie selbst leitete den für damalige Verhältnisse ungewöhnlich modernen Bau. Vierundvierzig Jahre hatte sie auf dem Disibodenberg gelebt, als sie 1150 in das neue Kloster auf dem Rupertsberg einzog. Dort sowie durch Predigtreisen und ihren umfangreichen Briefwechsel mit bedeutenden Persönlichkeiten aus Kirche und Politik setzte sie sich für die Reform des kirchlichen Lebens ein, das sie von vielen Missständen bedroht sah. 1165 gründete sie ein zweites Kloster in Eibingen. Besondere Bedeutung erlangten ihre Schriften. Nachdem Papst Eugen III. auf der Synode in Trier 1147/48 aus ihrem noch unvollendeten ersten Werk Scivias vorgelesen hatte, wurde sie offiziell als Seherin anerkannt, und ihr Ruhm verbreitete sich in ganz Europa. Ihrem Erstling, den sie 1151 nach zehnjähriger Arbeit abgeschlossen hatte, folgten die beiden Werke Liber vitae meritorum (Der Mensch in der Verantwortung. Das Buch der Lebensverdienste) und Liber divinorum operum (Das Buch vom Wirken Gottes). Neben ihren visionären Schriften hinterließ Hildegard von Bingen umfangreiche naturwissenschaftlich-medizinische Schriften, wie ihre Naturkunde Physica oder ihr heilkundliches Buch Causae et curae (Das Buch von dem Grund und Wissen der Heilung der Krankheiten). Außerdem schuf sie ein Singspiel, Ordo virtutem, und vertonte 77 geistliche Gesänge. Hildegard von Bingen starb am 17. September 1179 im Kloster Rupertsberg. Sie wurde heilig gesprochen.

 EMPFEHLUNGEN

Lesenswert:
Hildegard von Bingen: *Wisse die Wege. Ratschläge fürs Leben*, Frankfurt/Main 1997.
Heilkunde. Das Buch von dem Grund und Wissen der Heilung der Krankheiten, Salzburg 1992.
Heilkraft der Natur. Physica. Das Buch von dem inneren Wesen der verschiedenen Naturen der Geschöpfe, Augsburg 1997.
Lieder. Lateinisch/Deutsch, Zürich 1996.
Briefwechsel, Salzburg 1990.
Vita sanctae Hildegardis. Das Leben der Hildegard von Bingen, Freiburg 1998.

Michalea Diers: *Hildegard von Bingen*, München 1998.

Charlotte Kerner: *Alle Schönheit des Himmels. Die Lebensgeschichte der Hildegard von Bingen*, Weinheim 2000 (Jugendbuch).

Hörenswert:
Hildegard von Bingen: *Ordo Virtutem*. Harmonia 1998. Audio-CD.
Hildegard von Bingen: *O Nobilissima Viriditas. Geistliche Gesänge*, mit Catherine Schroeder, Champeaux 1997. Audio-CD.
Hildegard von Bingen: *A Feather on the Breath of God. Sequences and Hymns*. Gothic Voices/ Christopher Page, Hyperion 1990. Audio-CD.

 AUF DEN PUNKT GEBRACHT

Die Kirchenoberen mochten es nicht, wenn Frauen predigten, Bücher schrieben und Klöster gründeten – aber Hildegard von Bingen hatte einen göttlichen Auftrag ...

Kriemhild

Wo es einen Schatz gibt, gibt es auch einen Fluch. Der Nibelungenhort ist der sagenhafte Goldschatz aus dem Nibelungenlied vom Ende des 12. Jahrhunderts. In dem Hort fanden sich – so die Überlieferung – Schilde, Helme, Becher und Schüsseln aus purem Gold, dazu herrlicher Schmuck, mit Türkisen, Granaten, Perlmutter und Bernstein besetzt. Auch Schwerter gehörten dazu mit Griffen aus Gold, in die kostbare Steine eingelegt waren, sowie ein eher unscheinbarer Ring mit besonderer Kraft: Wer ihn trug, würde immer reich sein

Götter und Menschen, Riesen und Zwerge, Dämonen und Könige haben um den Schatz gerungen – bis er an Siegfried fiel, den jungen Recken aus Xanten in Niederland, Sohn von König Siegmund und dessen Frau Sieglinde. Der hörte wohl von dem Fluch: Wer das Gold der Nibelungen besäße, würde den Tod finden. Aber er lachte nur. Und zog weiter ins Burgundenland, um seine Dienste den Königen Gunther, Gernot und Giselher anzubieten – und um deren allerschönste Schwester Kriemhild zu freien.

■ Margarete Schön als Kriemhild in Fritz Langs zweiteiligem Film *Die Nibelungen – Kriemhilds Rache*, Szene aus Teil 2 von 1923/24.

Die Burgundenprinzessin wusste nichts vom Nibelungenhort und seinem Fluch, als sie am Königshof zu Worms heranwuchs. Aber sie hatte von einem anderen Fluch gehört, nämlich dem, der manchmal auf der Liebe liegt, und daher beschlossen, unvermählt zu bleiben. Doch dann sah sie Siegfried. Dieser Jüngling mit seiner übermenschlichen Kraft, seinem ungeheuren Kampfesmut und seinem strahlenden Jugendreiz eroberte ihr Herz im Sturm, und sie vergaß ihre Angst vor der Liebe. Sie gab Siegfried ihre Hand, und dieser hätte sie auch am liebsten sofort heimgeführt. Doch Bruder Gunther stellte eine Bedingung.

■ Szenenphoto aus dem ersten Teil *Siegfried* des Fritz-Lang-Films *Die Nibelungen*, mit Paul Richter als Siegfried und Margarete Schön als Kriemhild.

ÜBERLIEFERUNG

Die Gestalt der großen Rächerin Kriemhild geht auf die germanischen Heldenlieder der Völkerwanderungszeit zurück, denen die Dichtungen der im mittelalterlichen Island entstandenen *Edda* noch nahe stehen. Hier hieß Kriemhild Gudrun. Im *Sigurdlied* (Sigurd ist der nordische Name für Siegfried) ist sie wie im mittelhochdeutschen *Niblungenlied* bereits die Gegenspielerin der Brünhild, die ihrerseits zum Mord an Sigurd anstiftet. Im *Atlilied* ist es nicht Sigurd, den sie rächt, sondern ihr Bruder Gunnar, der Gunther des *Nibelungenlieds*, den ihr Mann, der Hunnenkönig Atli (Etzel im *Nibelungenlied*) an seinen Hof gelockt und ermordet hat. Sie tötet Atli mit eigener Hand, und mit dem König geht der Königshof der Hunnen in Flammen unter. Das um die Wende vom 12. zum 13. Jahrhundert wohl in Österreich entstandene Nibelungenepos fasst diese unterschiedlichen Überlieferungen zusammen und macht in seinem letzten Teil Kriemhild zur zentralen Figur.

Er verlangte, dass Siegfried ihn auf seinem Brautwerbezug begleitete. Im fernen Island lebte nämlich die königliche Jungfrau Brünhild, die in Wagners *Ring des Nibelungen* eine Walküre, eine Tochter des Gottes Wotan ist. Und um ihre Hand wollte Gunther werben. Wer immer die ebenso schöne wie männlich-starke Jungfrau erobern wollte, musste sie im Zweikampf besiegen. Gunther brach mit großem Gefolge auf, und er gewann Brünhild – aber mit Betrug und List, denn Siegfried kämpfte, durch eine Tarnkappe unsichtbar gemacht, an seiner Seite – er war es eigentlich, der Brünhild bezwang. Die Walküre sah sich genötigt, ihr Wort zu halten und Gunthers Frau zu werden. Man feierte Doppelhochzeit in Worms.

Woher hatte Siegfried die Tarnkappe? Hier kommt der Nibelungenhort wieder ins Spiel. Den Schatz errang Siegfried, als er einst ausgezogen war, große Taten zu tun. Er tötete den Drachen, der das Gold bewachte, und badete in seinem Blut, das ihn unverwundbar machte – bis auf eine Stelle zwischen den Schul-

■ Paul Richter als Siegfried im ersten Teil *Siegfried* der Fritz-Lang-Verfilmung wird mit einem Speer tödlich durchbohrt.

terblättern, auf die beim Baden ein Lindenblatt gefallen war. Und er entriss einem Zwerg, der ihm den Schatz entwenden wollte, die Tarnkappe. So war er dreifach entlohnt: durch den Schatz, die Unverwundbarkeit und die Tarnkappe. Aber auch der Fluch des Hortes war jetzt auf ihn übergegangen.

Kriemhild, die junge Königin an seiner Seite, zog mit ihm nach Niederland und lebte dort in Freuden. Und sie wäre wohl am Hofe Siegfrieds glücklich alt geworden, wäre da nicht noch eine andere Frau gewesen, die in Siegfried gleichfalls verliebt war und die ihn nicht vergessen konnte, nämlich Brünhild.

Lange bevor Siegfried ins Burgundenland gekommen war, so erzählt der nordische Mythos, hatte er die Walküre aus einem Zauberschlaf erweckt und sich ihr anverlobt. Am Hof zu Worms aber und Aug in Auge mit Kriemhild hatte er sein Versprechen vergessen. Vielleicht hatte man ihm auch einen Zaubertrank eingeflößt; es wird erzählt, dass Kriemhilds Mutter Ute, die sah, wie ihr Kind in Liebe erglühte, einen Trank für Siegfried braute, der sein Herz aus alter Bindung lösen sollte. Und was den Zweikampf mit Gunther betrifft, so hatte Brünhild wohl geahnt, dass es dabei nicht mit rechten Dingen zugegangen war – sie kannte ja auch Siegfrieds Kraft und hat vielleicht sogar im Kampf seine Nähe gefühlt. Jedenfalls sann sie auf Klärung und Vergeltung und bat ihren Mann, die Niederländer an den Hof zu laden.

> Richard Wagner nutzte für seine monumentale Operntetralogie *Der Ring des Nibelungen* sowohl die Edda als auch das *Nibelungenlied* als Quellen. Bei Wagner tritt Kriemhild (»Kutrune«) hinter »Brünnhilde« als der zentralen Frauengestalt zurück.

Siegfried, der Kriemhild zärtlich liebte, hatte seinem treuen Weibe alles erzählt: wie er im Drachenblut gebadet und das Blatt im Nacken zu spät bemerkt hatte. Wie er im Schutz der Tarnkappe für Gunther gefochten und wie er ihn in der Hochzeitsnacht noch einmal vertreten und gerettet hatte, weil der Bräutigam von der Walküre nicht ins Bett gelassen und stattdessen gefesselt worden war! Einen Ring und einen Gürtel hatte Siegfried der starken Frau beim Liebesakt geraubt. Beides hatte er Kriemhild gegeben – zum Zeichen, dass es nicht Brünhild war, die er begehrte und bewunderte, sondern allein sie, seine Frau und Königin.

■ Hanna Ralph als Brünhild in Fritz Langs *Nibelungen* Teil 1.

Und Kriemhild gedachte, diesen Triumph auszukosten. Sie, die Prinzessin von Burgund, hatte den mächtigsten aller Recken zum Gemahl. Andere Frauen, selbst halbgöttliche Walküren, mochten sich nach ihm verzehren – ihr allein gehörte sein Herz. Und so, im Vollgefühl des Stolzes auf ihren Mann, ihr Glück und ihre Stellung, machte sie sich mit Siegfried und ihrem Gefolge auf nach Worms, um der Einladung Gunthers und Brünhilds Folge zu leisten.

Die beiden Frauen gerieten sehr schnell in Streit. Brünhild forderte Kriemhild heraus, indem sie darauf bestand, dass ihr Gatte, Gunther, der Ranghöhere sei. Da schrie Kriemhild ihrer Schwägerin ins Gesicht: »Mein Mann Siegfried war's, der Euch besiegte!« Und zum Beweis holte sie Gürtel und Ring heraus und warf Brünhild beides vor die Füsse.

Ach, der Stolz! Ach, die Genugtuung, eine Nebenbuhlerin in die Schranken zu weisen! Doch Brünhilds Rache

■ Szene aus dem ersten Teil der Nibelungenverfilmung von Fritz Lang: Kriemhild schwört Rache an Siegfrieds Totenbahre und löst sich von ihren Brüdern.

war schrecklich. Sie ließ ihren Gefolgsmann Hagen von Tronje kommen und befahl ihm, Siegfried zu töten. Der finstere Hagen hatte Kriemhild listig das Wissen um Siegfrieds Verwundbarkeit entlockt – vorgeblich, um ihn dann besser schützen zu können. Er durchbohrte ihn mit dem Speer von hinten, als er bei der Jagd aus einer Quelle trank. So starb Siegfried, und der Fluch des Hortes erfüllte sich an ihm.

Als der tote Held im Hof zu Worms aufgebahrt wurde, bat Brünhild darum, mit Siegfried verbrannt zu werden, und stürzte sich in ihr Schwert – jedenfalls bei Wagner. Im *Nibelungenlied* verschwindet sie sang- und klanglos und überlässt die Bühne Kriemhild und ihrer maßlosen Rache. Als der Hunnenkönig Etzel um Kriemhild warb, willigte sie ein, zog an seinen Hof nach Ungarn, lebte dort als sein Weib und gebar ihm einen Sohn. Dann lud sie ihre Verwandten aus Worms zu sich ein. Sie alle kamen, auch Hagen von Tronje. Bald spürten die Burgunden, dass Gefahr in der Luft lag. Es kam zum Kampf, und viele Gefolgsleute der Burgunden fielen. Da vollbrachte der finstere Hagen die Schreckenstat, nach der es keinen Weg zurück mehr gab und das große Morden erst richtig begann: Er schlug den kleinen Sohn Etzels und Kriemhilds tot. Am Ende tötete Kriemhild mit Siegfrieds Schwert den eigenen Bruder Gunther und ihren schlimmsten Feind: Hagen. Sie hieb beiden die Köpfe ab, worauf der alte Waffenmeister Hildebrand die Hand gegen das mörderische Weib erhob und Kriemhild tötete.

KRIEMHILD

 DARSTELLUNGEN

Kriemhild ist die weibliche Hauptfigur des *Nibelungenliedes*, das ein unbekannter Dichter um 1200 verfasste. Das mittelhochdeutsche Heldenepos erzählt in über zweitausend Strophen, verteilt auf neununddreißig »Aventiuren«, von Siegfrieds Werbung um die Königstochter Kriemhild, seiner Vermählung mit ihr, seiner Ermordung durch Hagen und von Kriemhilds Rache, die schließlich zum Untergang des Burgundenlandes führt. Das *Nibelungenlied* ist in vierunddreißig teils unvollständigen Handschriften überliefert, die drei wichtigsten davon datieren aus dem 13. Jahrhundert. Der größte Teil der Überlieferungen stammt aus dem Donauraum zwischen Passau und Wien. Die ältesten Fassungen der Nibelungensage sind im Norden Europas entstanden; ihre Überlieferung ist bekannt geworden als *Edda*, eine Sammlung von Götter- und Heldenliedern. Die stofflichen Grundlagen des *Nibelungenliedes* sind umstritten. Neben geschichtlichen Ereignissen wie dem Untergang von Burgund gelten mythische und märchenhafte Elemente sowie Motive aus Dichtungen verschiedener Völker und Zeiten als mögliche Quellen, die sich jedoch wohl kaum je ganz nachvollziehen und entwirren lassen werden. Zweihundert Jahre ganz in Vergessenheit geraten, wurde das *Nibelungenlied* erst Ende des 18. Jahrhunderts wieder entdeckt und erstmals vollständig publiziert. Neben der Begeisterung der Romantik für das Mittelalter waren auch die politischen Verhältnisse Anfang des 19. Jahrhunderts Grund für das wachsende Interesse an dem Heldenepos. Im Zuge aufwallender patriotischer Gefühle nach der preußischen Niederlage von 1806 entwickelte sich das *Nibelungenlied* als ein vermeintlich spezifisch deutsches Epos zum »Nationalepos«. Da sich die nationale Ideologie im *Nibelungenlied* nicht von der Handlung her begründen ließ, suchte man sie in den Charakteren. Als oberste Tugend pries man die Treue und beanspruchte sie als spezifisch deutsche Tugend. Diese volkstümliche, das Werk aber missdeutende Tradition bereitete den Boden für die Vereinnahmung des *Nibelungenliedes* durch den Nationalsozialismus als Hohelied der bedingungslosen Gefolgschaftstreue zu einem Führer. Der Nibelungen-Stoff wurde in der deutschen Literatur des 19. und 20. Jahrhunderts oft bearbeitet, in der bildenden Kunst dargestellt und 1922–1924 von Fritz Lang aufwendig verfilmt. Die erste dramatische Bearbeitung war Friedrich de la Motte Fouqués Trilogie *Der Held des Nordens* (1808–1810), die sich an die nordischen Quellen hielt und sich in einzelnen Zügen Richard Wagners musikdramatische Tetralogie *Der Ring des Nibelungen* (1876 uraufgeführt) anschloss. Friedrich Hebbels Tragödientrilogie *Die Nibelungen* (1861) folgte der mittelhochdeutschen Fassung.

 EMPFEHLUNGEN

Lesenswert:
Das Nibelungenlied. Mittelhochdeutsch/Neuhochdeutsch. Nach dem Text von Karl Bartsch und Helmut de Boor ins Neuhochdeutsche übersetzt und kommentiert von Siegfried Gosse, Stuttgart 1999.

Franz Fühmann: *Das Nibelungenlied*, Rostock 1999, (Nacherzählt für Kinder).

Die Nibelungen. Ein deutscher Wahn, ein deutscher Alptraum. Studien und Dokumente zur Rezeption des Nibelungenstoffs im 19. und 20. Jahrhundert. Herausgegeben von Joachim Heinzle und Anneliese Waldschmidt, Frankfurt/Main 1994.

Hörenswert:
Nibelungenlied (4 Teile). Gelesen und kommentiert von Peter Wapnewski. Eine Produktion des Sender Freies Berlin 1994, DHV Der Hörverlag 1996. 8 Audio-CDs.

Sehenswert:
Die Nibelungen (Teil 1 *Siegfried*; Teil 2 *Kriemhilds* Rache). Regie: Fritz Lang; mit Paul Richter, Margarete Schön, Hanna Ralph, Theodor Loos, Hans Carl Müller, Deutschland 1923/24.

 AUF DEN PUNKT GEBRACHT

Sie wurde vom strahlendsten aller Helden geliebt – und dieses Glück machte sie übermütig. Nach der Katastrophe blieb nur die Racheraserei.

Jeanne d'Arc

■ »Idealbildnis«. Pastell, undatiert von Charles Amable. Bibliotheque Nationale, Paris.

Jeanne (Johanna), die Jungfrau von Orléans, war die einzige Frau, die gleich beide große Männerdomänen ihrer Zeit gründlich durcheinander brachte: die Armee und die Kirche. Der Truppe schloss sie sich an: Sie ritt mit, sie focht mit, sie trug die Fahne, sie wurde verwundet, sie siegte. Sie platzte einfach in die Kaserne hinein, sprach von ihrem göttlichen Auftrag, verlangte Ross und Rüstung, und da man unsicher war, ob sie nicht tatsächlich von Gott gesandt sei, traute man sich nicht, sie wegzujagen. Der Kirche musste sie dann bald in einem Prozess Rede und Antwort stehen. Priester, Theologen, Inquisitoren verlangten Rechenschaft: *sie* waren es doch, die mit Gott Zwiesprache hielten. Und jetzt kam da ein Mädchen und behauptete, die Stimme des Allerhöchsten und seiner Heiligen unmittelbar – also ohne Vermittlung der Kirche – zu vernehmen. Wenn da nur nicht der Teufel dahinter steckte. Man machte der Jungfrau den Prozess, drehte ihr das Wort im Munde um und verurteilte sie wegen Gotteslästerung, Aufruhr und Ketzerei. Wie stand es damals um Frankreich?

Der Hundertjährige Krieg mit England war ausgebrochen; 1415 hatte Heinrich V. die Normandie erobert und die französische Königstochter geheiratet. Er wollte seine Nachkommen auf dem französischen Thron sehen. Gleichzeitig tobte in Frankreich auch ein Bürgerkrieg; Karl von Orléans und Philipp von Burgund rangen um die Macht und um den Einfluss auf den schwachen König. Als dieser 1422 starb, sah sich der Thronfolger Karl VII. in jammervoller Lage: Sein Vaterland war im Norden von den Briten besetzt, denen sich die Burgunder angeschlossen hatten. Bald befand sich Paris in der Hand des Feindes. Und der Thron, den er hatte besteigen wollen, wurde von dem Engländer Heinrich VI. beansprucht, der noch ein Kind war, aber eine wildentschlossene Armee hinter sich hatte.

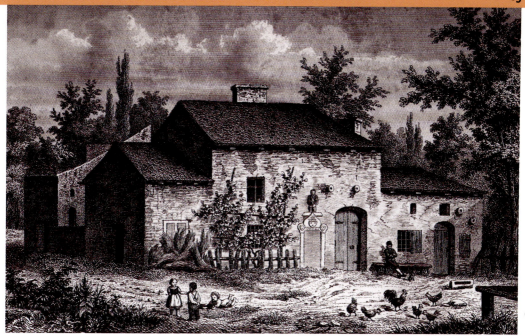

■ Außenansicht des Geburtshauses der Jeanne d'Arc in Domremy, Lothringen. Stahlstich um 1830.

Frankreich stöhnte und duckte sich in Erwartung der englischen Hiebe. Immer wieder brandschatzten die Soldaten ganze Städte – und da Krieg und Bürgerkrieg ineinander verkeilt waren, wusste niemand genau, wer Freund, wer Feind war, vor wem man davonlaufen musste und bei wem man sich verstecken durfte. Auch das lothringische Dorf Domrémy wurde mehrfach von anglo-burgundischen Truppen verwüstet; die Bevölkerung musste flüchten. Bei der Rückkehr fand sie ihre Häuser zerstört, die Ernten geraubt, das Vieh weggetrieben. Auch der Bauernfamilie d'Arc erging es so.

Im Jahre 1412 wurde ihre Tochter Jeanne geboren. Sie wuchs zu einem gottesfürchtigen Mädchen heran, das gerne in die Kirche ging und betete, während andere Kinder spielten. Sie liebte ihre Eltern, ihre Brüder und ihr Land, half zu Hause und beim Hüten des Viehs und hörte zu, wenn die Männer auf dem Feld über Krieg und Politik sprachen. Bald regte sich in ihrem Herzen eine tiefe Sehnsucht: nach einem Frankreich, das den Franzosen gehörte, das von einem französischen König, Karl VII., regiert würde und allen seinen Bewohnern ein friedliches, frommes, gutes Leben ermöglichte. Jeanne d'Arc wusste, dass alle ihre Landsleute so dachten und dass es nur einer Stimme bedurfte, die diesen Wunsch

»*Die erhabene Jeanne d'Arc bewies, dass der französische Genius in Augenblicken der Gefahr für die nationale Unabhängigkeit jedes Wunder bewirken kann.*«
NAPOLEON

■ Porträt der Jeanne d'Arc. Buchillustration auf Pergament. Französisch-Flämische Schule um 1430. Archives Nationale, Paris.

■ Brief der Jeanne d'Arc an die Bürger von Reims. Sully, 18. März 1429.

laut aussprach und zum Kampf für die Befreiung von der Fremdherrschaft aufrief. Und da sie überall nur Kleinmut, Angst und Bitterkeit vorfand, entschloss sie sich, selbst diese Stimme zu sein.

Jeanne d'Arc betete oft unter einem Feenbaum am Brunnen, und hier erschienen ihr der heilige Michael, die heilige Margarete und die heilige Katharina und forderten sie in Gottes Namen auf, hinzugehen zum Dauphin, seine Truppen gegen den Eindringling zu führen und Karl in Reims zu krönen. Was sie tat.

Die Mission der Jungfrau, der »pucelle«, wie sie genannt wurde, klingt wie ein Wunder oder eine fromme Legende. Aber sie ist, nicht zuletzt durch die großen Prozesse, die sie erst der Ketzerei »überführten« und sie später rehabilitierten, in Wort und Schrift präzise beglaubigt, sodass man heute sagen muss: Auch wenn es schwer zu glauben ist – es hat sich so zugetragen.

Halluzinationen kommen vor. Warum also soll ein spirituell begabtes Mädchen, das eine glühende Patriotin war und selbst unter den Kriegswirren litt, nicht den Freiheitsdurst ihres Landes in einer Art halluzinativen Botschaft erfahren haben? Vorstellbar wäre so etwas auch heute. Allerdings: Ohne ihr reli-

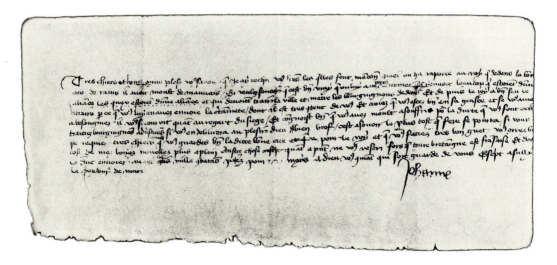

giöses Sendungsbewusstsein ist Jeanne nicht denkbar. Für sie war es Gott selbst, der Frankreich erlösen und Karl auf den Thron heben wollte. Und er hatte sie als sein Instrument gewählt. Sie verlässt das Elternhaus, kämpft sich durch nach Vaucouleurs, um dessen Stadthauptmann dazu zu bringen, sie zu Karl zu geleiten. Natürlich scheitert sie im ersten Anlauf. Das Gelächter der Garde ist schallend, als eine Bauerngöre verlangt, den König zu sehen. Aber die »pucelle« besitzt die visionäre Kraft und das rhetorische Charisma einer großen Predigerin. Sie stellt sich einfach hin und redet zu den Leuten: von den Stimmen, die sie gehört, den Heiligen, die sie gesehen, von ihrem Auftrag und von Gott, der sie geschickt hat. Sie tut es mit so viel Ernsthaftigkeit und Feuer, dass die Wachleute anfangen zu grübeln: Was, wenn es stimmt, was sie sagt? Man zieht Erkundigungen ein. Man beobachtet das Mädchen. Man prüft sie. Und schließlich erreicht sie ihr Ziel. In verzweifelter Lage, so mögen die Berater und Feldherren Karls VII. gedacht haben, sind auch ungewöhnliche Mittel willkommen.

Jeanne erhält ein Pferd, ein Schwert und Männerkleidung. Mit einer Eskorte von sechs Reitern zieht sie nach Chinon, wo der Dauphin residiert. Sie lässt ihm ausrichten: »Ich habe zwei Aufträge vom Himmelskönig: erstens, die Belagerung von Orléans aufzuheben, zweitens, den König zur Salbung und Krönung nach Reims zu führen.« Der König empfängt sie, und sie überzeugt ihn. Die Rückeroberung von Orléans am 8. Mai 1429 ist dann das endgültige »Zeichen« für die himmlische Natur ihrer Sendung.

Als Heerführerin ist Jeanne nicht aufgetreten, sie hat zwar mitgekämpft, aber kein Kommando innegehabt und auch an militärischen Beratungen nicht teilgenommen. Sie war vielmehr die Seele der Truppe, ihre Moral und ihre Hoffnung. Auch das Volk hat von der Jungfrau erfahren und sie voll Verehrung in

■ »Johanna mit Schwert und Banner«. Randzeichnung aus dem Register des Pariser Parlaments, 1428–36, mit Notizen über die Belagerung von Orléans. Von Clement de Fauquembes, Archives Nationales, Paris.

■ Szene aus der Neuverfilmung mit Milena Jovovich als Jeanne d'Arc.

■ Deutsches Verleihplakat des Jeanne d'Arc Films von Viktor Fleming mit Ingrid Bergman in der Hauptrolle.

■ »Jeanne d'Arc auf dem Scheiterhaufen«. Hinrichtung durch die Engländer am 30. Mai 1431 in Rouen. Holzstich nach dem Fresko, 1858, von Eugene Lenepveu in der Chapelle de la Vierge, Paris.

sein Herz geschlossen. Wer aber sich nahte, um den Huf ihres Pferdes zu küssen, wurde von einer zornigen Jeanne weggescheucht. Jeden Kult um ihre Person hat sie sich verbeten. Es ging ihr immer nur um den Willen Gottes, um Frankreich und um den König. Karl, der wirklich in Reims gekrönt wurde und die Macht zurückerhielt, hat es der Jungfrau schlecht gedankt. Sie kämpfte weiter für ihn, war beim Sturm auf Paris dabei und bei der Schlacht um Compiègne. Dort wurde sie von burgundischen Schützen gefangen genommen, für ein horrendes Kopfgeld den Engländern überlassen und unter deren Regie in Rouen vor Gericht gestellt: als Hexe und Aufrührerin. Karl tat nichts für sie. Als Gefangene war sie für ihn wertlos. Am 30. Mai 1431 wurde die Jungfrau von Orléans auf dem Markt von Rouen verbrannt. Hätten sie erst seinen Schutzengel der Ketzerei überführt, kalkulierten die Engländer, so wäre Karls Ansehen zerstört und ihre eigene Niederlage vor Orléans vergessen. Aber sie sollten sich täuschen. Die Legende war stärker. In einem Rehabilitationsprozess (1456), in dem sich auch Karl, wenngleich zögernd, für sie verwandte, wurde Jeanne d'Arcs Ehre als Jungfrau, Kämpferin und Christin wiederhergestellt. Anfang des 20. Jahrhunderts wurde sie heilig gesprochen.

»Johanna, die sich selbst die Jungfrau nannte, eine Lügnerin, bösartige Betrügerin des Volkes, Zauberin, Abergläubige, Lästerin Gottes, Entehrerin des Glaubens an Jesus Christus – prahlerisch, götzendienerisch, grausam, liederlich, Beschwörerin von Dämonen, Apostatin, Schismatikerin und Ketzerin.«

Aufschrift des Schildes, das an Johannas Brandpfahl genagelt war

JEANNE D'ARC

 QUELLEN UND DARSTELLUNGEN

Hunderttausende pilgern jährlich nach Domrémy-la-Pucelle, dem Geburtsort der französischen Nationalheldin; das Haus, in dem Jeanne d'Arc um 1412 zur Welt kam, existiert noch heute. Mit dreizehn Jahren hörte das Bauernmädchen aus Lothringen erstmals das, was sie später in ihrem Prozess »die Stimmen« genannt hat. Ihr erschienen der Erzengel Michael, die heilige Margarete und die heilige Katharina. Als sie sechzehn war, folgte sie einer Stimme, die sie aufforderte, die Stadt Orléans von der Belagerung der Engländer zu befreien. Es gelang ihr, bis ins Schloss von Chinon zum Dauphin, dem späteren König Karl VII., vorzudringen. Sie gewann ihn für ihre Pläne und begleitete in seinem Auftrag in Männerkleidung und bewaffnet das französische Heer, dem die Befreiung von Orléans am 8. Mai 1429 gelang. Damit nahm der Hundertjährige Krieg eine entscheidende Wende. Am 17. Juli 1429 führte Jeanne d'Arc Karl VII. zur Krönung nach Reims. Im Jahr darauf geriet sie bei Compiègne in burgundische Gefangenschaft und wurde den Engländern ausgeliefert, die 1431 ihren Prozess in Rouen veranlassten. Als Zauberin und Ketzerin angeklagt, wurde sie von dreißig Doktoren der Theologie, vierzig Juristen und sieben Medizinern verhört und zum Feuertod verurteilt. Kurz vor der Vollstreckung des Urteils unterschrieb sie eine Abschwörungsformel. Daraufhin zu lebenslänglicher Haft verurteilt, widerrief sie und wurde verbrannt. 1456 wurde das Urteil über Jeanne d'Arc in einem neuen Prozess zurückgenommen. Sie wurde 1909 selig, 1920 heilig gesprochen. Die Auseinandersetzung mit dem Schicksal und dem Wesen der Jeanne d'Arc war – vor allem in Frankreich – schon früh Gegenstand dichterischer Gestaltung und wurde zu einem bedeutenden Thema der Weltliteratur, wobei dessen Bearbeitung häufig durch religiöse Verehrung und romantische Glorifizierung bestimmt ist. Friedrich Schiller (1759–1805) dichtete in seiner Tragödie *Die Jungfrau von Orleans* das historische Ende von Jeanne d'Arc um: Sie befreit sich aus ihrer Gefangenschaft und erzielt im Kampf noch einmal den Sieg für Frankreich. Tödlich verwundet, stirbt sie mit einer göttlichen Vision vor Augen. Die Veröffentlichung der Prozessakten im Jahre 1841 trug zu einer Entmythologisierung des Stoffs bei. Das Drama *Die heilige Johanna* des irischen Schriftsteller George Bernard Shaw (1856–1950) ist in wichtigen Teilen den Prozessakten entnommen. Weitere dramatische Bearbeitungen stammen unter anderem von Bertolt Brecht (1898–1956), der den historischen Stoff zweifach – in seinen Dramen *Die heilige Johanna der Schlachthöfe* und *Die Gesichte der Simone Machard* – verarbeitete, und von Jean Anouilh (1910–1987): *Jeanne oder die Lerche*.

 EMPFEHLUNGEN

Lesenswert:
Herbert Nette: *Jeanne d'Arc*, Reinbek 2000.

Georges und Andrée Duby: *Die Prozesse der Jeanne d'Arc*, Berlin 1999.

Friedrich Schiller: *Die Jungfrau von Orleans*. Eine romantische Tragödie, Stuttgart 1997.

George Bernard Shaw: *Die heilige Johanna*. Dramatische Chronik, Frankfurt/Main 1990.

Jean Anouilh: *Jeanne oder die Lerche*. Schauspiel, Stuttgart 1995.

Bertolt Brecht: *Die heilige Johanna der Schlachthöfe*. Bühnenfassung, Fragmente, Varianten, Frankfurt/Main 1989.

Sehenswert:
Die Passion der Johanna von Orléans (La passion de Jeanne d'Arc). Regie: Carl Theodor Dreyer; mit Maria Falconetti, Eugène Silvain, Maurice Schutz, Antonin Artaud, Michel Simon, André Berley, Frankreich 1928.

Johanna von Orleans (Joan of Arc). Regie: Victor Fleming; mit Ingrid Bergman, José Ferrer, Ward Bond, Francis L. Sullivan, J. Carroll Naish, Shepperd Strudwick, George Coulouris, USA 1948.

 AUF DEN PUNKT GEBRACHT

Sie wusste, was sie wollte: Frankreich von den Engländern befreien. Und da sie den Heiligen Michael auf ihrer Seite hatte, konnte sie nichts aufhalten.

Lucrezia Borgia

> »Ihr Festgewand ist aus herrlichem schwarzem Samt gearbeitet, die silbern und dunkel gestreiften Ärmel sind nach französischer Mode weit geschnitten. Den Hals schmückt ein Geschmeide aus Diamanten und Rubinen, und im Haar funkelt ein diamantenbesetztes Netz; beides stammt aus dem Besitz der verstorbenen Herzogin von Ferrara.«

So beschreibt der italienische Biograph Massimo Grillandi den Aufzug einer jungen, ihrer Schönheit und Grandezza wegen hochberühmten Braut im Jahre 1502. Es handelt sich um Lucrezia Borgia; sie war damals erst zweiundzwanzig Jahre alt, und es war ihre vierte Ehe.

Die erste allerdings existierte nur auf dem Papier. Die Braut war erst elf, der Bräutigam nicht viel älter, und der Vater der Braut fand bald eine bessere Partie. Er ließ den ersten Ehevertrag für nichtig erklären und verheiratete seine Tochter, die inzwischen immerhin dreizehn und den Chronisten zufolge zu einem jungen Mädchen erblüht war, mit Giovanni Sforza, dem Herzog von Pesaro. Aber auch dieser Gatte ist dem ehrgeizigen »Papa« noch nicht gut genug. In Alfonso d'Aragona hat er einen günstigeren Verbündeten aufgespürt; er löst die Ehe mit Sforza unter einem Vorwand auf und gibt die jetzt Achtzehnjährige, zu einer großen Schönheit herangewachsene Lucrezia dem Herzog von Bisceglie zur Frau. Bald ist ihm dieser Schwiegersohn politisch nicht mehr genehm, also lässt er ihn beseitigen. Die junge Witwe soll jetzt Alfonso d'Este, dem Herzog von Ferra-

■ »Weibliches Brustbild« als Porträt Lucrezia Borgias gedeutet. Gemälde von Bartolomeo da Venezia (1502–1546) tätig. Städelsches Kunstinstitut, Frankfurt.

»Lucrezia Borgia tanzt ihrem Vater Papst Alexander VI. und seinem Gefolge vor«. Gemälde von Hermann Kaulbach aus dem 19. Jahrhundert.

ra, die Hand reichen. Sie wird es tun und aus ihrer Heimat, dem von ihr über alles geliebten Rom, nach Ferrara ziehen. Auch ihre beiden Söhne muss sie zurücklassen.

Wer um Himmels willen war Lucrezias Vater, woher nahm er die Macht, ihre Ehen eine nach der anderen mit einem Federstrich oder Dolchstoß zu beenden – wo doch die Ehe ein Sakrament war und unauflöslich? Es gab nur einen Mann in der römischen Christenheit, der so etwas tun konnte, und das war der Papst. Und genau dieses höchste Amt bekleidete Lucrezias Vater. Aber wie kam er zu einer Tochter? Lebten nicht die römisch-katholischen Geistlichen im strengen Zölibat?

Theoretisch ja. Praktisch sah es anders aus. Das »Pontifikat«, also die päpstliche Amtszeit Alexanders VI., der aus der ehrgeizigen spanischen Sippe der Borgia stammte, fiel in eine Zeit, die in den Geschichtsbüchern meist mit »Renaissance« umschrieben wird. In dieser »Ära zügelloser Ausschweifung« herrschte die Gewalt, und nur, wer kein Gewissen hatte, kam nach oben. Das galt auch für die Geistlichkeit. Hintergrund war, vor allem im politisch zersplitterten Italien, der endlose Kampf hochgerüsteter Clans um Land und Einfluss, bei dem in wechselnden Koalitionen kleine Herzogtümer sich gegen die großen Zentren

■ Das Schlafzimmer der Lucrezia Borgia in Sermoneta, Italien

■ Der italienische Fürst Cesare Borgia, geboren 1475 in Rom, gefallen bei der Schlacht von Viana bei Pamplona im Jahre 1507. Er war der Sohn des Papstes und Bruder der Lucrezia. Zeitgenössisches Gemälde.

zusammenschlossen und dabei noch spanische oder französische Rückendeckung in Anspruch nahmen.

Die politische Weltkarte war außerordentlich unübersichtlich, und wer klug taktierte und Glück hatte, konnte schnell zu Reichtum gelangen. In diesen pausenlosen Wechsel politischer und militärischer Bündnisse war auch der Vatikan eingebunden, und wenn man die blutige Zeit mit ihren grausamen geistlichen Oberhäuptern studiert, begreift man, warum die Reformation kommen musste.

Rodrigo Borgia hatte als Kardinal, wie viele seiner Amtsbrüder, selbstverständlich eine Mätresse; sie hieß Vanozza Catanei, und er hatte sie, zum Schutze ihrer Ehre, mit einem gefügigen Edelmann verheiratet, der ihr nur den Namen lieh. Mit Vanozza hatte er einen ganzen Reigen Kinder: die Söhne Cesare und Juan lagen ihm besonders am Herzen, und seiner Tochter Lucrezia war er in großer Zärtlichkeit zugetan. Nachdem er die Papstwürde durch Drohung und Stimmenkauf ergattert hatte, widmete er sich nunmehr als Alexander VI. zielstrebig der Mehrung seines Familienbesitzes. Unzuverlässige Vasallen stellte man kalt, Verräter brachte man um – ein Verdacht genügte. Die Borgias waren berüchtigt für ihre Giftküche, aber auch für die schnellen Dolche ihrer gedungenen Mörder. Die Opfer verschwanden im Tiber. An dessen Ufer wurde eines Tages auch des Papstes Lieblingssohn Juan gespült – getötet aller

Wahrscheinlichkeit nach vom eigenen Bruder. Auch Alfonso d'Aragona, Lucrezia Borgias dritter Gatte, wurde aus Gründen politischer Opportunität aus dem Wege geräumt; sie hatte einen Sohn mit ihm und betrauerte ihn aufrichtig. Natürlich wusste sie, dass Vater Alexander und Bruder Cesare den Mord befohlen hatten, aber sie brach deshalb nicht mit ihnen. Die Familie schöpfte ihre Macht aus ihrem Zusammenhalt – die Familienräson war das A und O, und das Oberhaupt entschied. Es forderte Opfer und gewährte Schutz, wobei im Falle Borgia dieser Schutz – siehe Juan – keine Garantie war. Dafür spielte die Familie aber auch in der ersten Liga um die Macht.

Lucrezia hat die Zwänge ihres Daseins als Papsttochter und heiratspolitische Schachfigur auf dem Spielbrett ihrer hochmögenden Verwandten früh begriffen und sich nie dagegen aufgelehnt. Das, was wir heute eine »mafiöse Struktur« nennen, war für sie selbstverständliche Voraussetzung ihres Lebens – und sie agierte als Fürstin, die ihrerseits Kinder gebar, denen durch kluge Politik, aber auch Schacher und Mord, schöne, große und reiche Besitztümer erobert und erhalten werden mussten. Mit Alfonso d'Este, mit dem sie eine lange und befriedigende Ehe führte, hatte sie viele Kinder. Einige starben jung, Erbprinz Ercole aber wuchs zu einem tüchtigen, das heißt vor allem kraftvollen und soldatischen Jüngling heran, und auch Sohn Ippolito ging in die Geschichte ein: Er baute die Villa d'Este in Tivoli, ein Zeugnis der Prunksucht, aber auch der eleganten, herrschaftlichen Repräsentation seiner Zeit, das heute noch zu besichtigen ist.

Im Repräsentieren bestand – gleich nach dem Kinderkriegen – die Hauptaufgabe einer italienischen Fürstin. Lucrezia war hierin eine Meisterin. Sie war zierlich und wunderschön, ihr langes goldblondes Haar, dem sie mit Geheimtinkturen besonderen Glanz verlieh, ließ Dichter zur Leier greifen. Sie zog Künstler und Gelehrte an ihren Hof. Einen Lyriker, Pietro Bembo, hat sie geliebt, und mit dem stattlichen Markgrafen von Mantua, Francesco Gonzaga, verband sie ein langjähriges Verhältnis. Zu politischer Gestaltung

■ Vorne Martine Carol als Lucrezia Borgia in der gleichnamigen Verfilmung von Tania Fédor aus dem Jahre 1952. In weiteren Hauptrollen Pedro Armendariz und Massimo Serato.

> »*Gewaltig ist mein Schmerz, nun, da die Hoffnung tot und die Erinn'rung rot vor Kummer färbt mein Herz.*«
> PIETRO BEMBO an Lucrezia nach der Trennung

■ Porträt der Lucrezia Borgia. Kupferstich, 18. Jahrhundert, nach einem Tizian zugeschriebenen Gemälde in der Galleria Doria Pamphili in Rom.

hatte sie keine Gelegenheit, ihre Rolle lief eher auf ein Fädenziehen im Hintergrund hinaus. Als Regentin von Ferrara aber und als Verwalterin ihrer ererbten Güter soll sie Weitblick und Entschiedenheit bewiesen haben.

In ihrer Zeit war Lucrezia das, was wir heute ein Glamourgirl nennen. Ihre Roben waren die großartigsten, ihr Schmuck der teuerste, ihre Erscheinung die bezauberndste und ihr Tanzstil der gewagteste. Die grandiosesten Feste feierte man im Vatikan. Anlässe gab es genug: Hochzeiten, Geburtstage, Siege. Die rauschenden Bälle am Hof des Papstes sind Legende; es gibt viele Beschreibungen. Oft arteten diese Feiern in Orgien aus, bei denen sich Alexander VI. und Cesare besonders hervortaten. Beliebt war das Kastanienspiel, bei dem sich eine Schar nackter Römerinnen, Prostituierte (aber wohl auch Angehörige des geistlichen Standes), auf allen vieren durch den Garten bewegte und mit dem Munde Maronen aufsammelte. Wer von den männlichen Gästen sich durch den Anblick ausreichend stimuliert fühlte, durfte sich entkleiden und eine der schönen, rosigen Sammlerinnen bespringen – vor aller Augen. Im erotisch aufgeheizten Klima einer solchen Orgie war es vielleicht auch geschehen, dass der Papst sich seine goldlockige Tochter Lucrezia zur Geliebten gemacht hatte. Auf diesen Inzest wird von allen Biographen angespielt – aber wer weiß schon Genaues? Es mag auch Verleumdung im Spiel gewesen sein. Der Sohn, den Lucrezia als Achtzehnjährige gebar, ist vielleicht auch von ihrem Bruder. In der Geburtsurkunde wird jedenfalls Cesare als Vater genannt; als Mutter firmiert eine unverheiratete Römerin. Das Kind Giovanni, das viel herumgestoßen, aber natürlich mit einträglichen weltlichen Gütern ausgestattet wurde, entwickelte sich zu einem ruhelosen Desperado, der seiner Mutter nicht viel Freude machte. Lucrezia Borgia, Herzogin von Ferrara, starb 39-jährig im Kindbett, betrauert von ihrem Ehemann Alfonso und ihren Kindern.

LUCREZIA BORGIA

 LEBEN

Das aus Spanien stammende Adelsgeschlecht Borgia (spanisch: Borja), das ursprünglich in Valencia und Játiva ansässig gewesen war, kam Anfang des 15. Jahrhunderts nach Italien. Mit Alonso Borgia, dem späteren Papst Calixtus III., übernahm die Familie in Italien eine politisch bedeutsame Rolle. Sein Neffe war Rodrigo Borgia, der unter fünf Päpsten Vizekanzler der Kirche gewesen war, bevor er 1492 selbst zum Papst gewählt wurde. Die Politik, die er als Papst Alexander VI. betrieb, war von dem Ziel beherrscht, seine Familie zu bereichern. Bereits kurz nach seiner Krönung kamen zahlreiche Angehörige des Hauses Borgia zu Amt und Würden. Ein Vierteljahrhundert lang unterhielt er eine Beziehung zu der Römerin Vannozza Catanei, mit der er vier Kinder hatte. Seine einzige Tochter Lucrezia wurde am 18. April 1480 in Rom geboren. Über die Kindheit und Jugend der vier Geschwister ist nicht viel bekannt. Wahrscheinlich wuchsen sie im nahe des Vatikan gelegenen Haus ihrer Mutter auf. Im Alter von elf Jahren – ihr Vater war noch Kardinal – wurde Lucrezia mit einem spanischen Adligen verlobt. Kurz darauf folgte dieser Verlobung eine weitere, und auch eine dritte ließ nicht lange auf sich warten: Inzwischen zum Papst gewählt, plante Alexander VI., sich mit dem mächtigen mailändischen Herzoghaus der Sforza zu verbinden, und so gab er seine dreizehnjährige Tochter Giovanni Sforza, dem Neffen des Regenten von Mailand, zur Frau. Fünf Jahre später bedurfte er nicht mehr der Freundschaft Mailands, sondern eines Bündnisses mit Neapel. Lucrezias nächster Ehemann, Alfonso von Aragon, kam von dort. Diesmal führte das äußerst gespannte Verhältnis zwischen Lucrezias Mann und ihrem politisch ebenfalls sehr einflussreichen Bruder Cesare zum Ende der Ehe: Alfonso wurde ermordet. Alexander VI. richtete seinen Blick nun auf das Herzoghaus der Este von Ferrara, und bald feierte man die Hochzeit von Lucrezia und Alfonso d'Este, Herzog von Ferrara. 1502 folgte Lucrezia ihrem neuen Mann und ließ Rom für immer hinter sich. Ferrara war unter den d'Este zwischen dem 14. und 16. Jahrhundert ein Zentrum der Kunst, besonders des Theaters und der Literatur. Nachdem Lucrezia anfangs ihr zweifelhafter Ruf am Hof zu schaffen gemacht hatte, erkämpfte sie sich eine eigenständige Stellung. Sie setzte sich für das Kulturleben ein und zog schon bald als geistvolle Renaissancefürstin namhafte Dichter und Gelehrte an, darunter den berühmten Ludovico Ariosto. Lucrezia Borgia, die inzwischen Mutter mehrerer Kinder war, starb am 24. Juni 1519 im Kindbett. 1748 starb das Adelsgeschlecht Borgia aus.

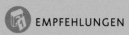 EMPFEHLUNGEN

Lesenswert:
Manuel Vazquez Montalban: *Kaiser oder nichts*, Berlin 1999.

Niccolò Machiavelli: *Der Fürst*, Frankfurt/Main 1997.

Hörenswert:
Hildegard Hartmann / Susanne Tölke: *Frauen, die Geschichte machten. Kleopatra, Lucrezia Borgia, Teresa von Avila, Queen Victoria, Kaiserin Maria Theresia, Hildegard von Bingen*, Komplett Media 2000. 2 Audiocassetten.

Sehenswert:
Lucrezia Borgia. Regie: Christian-Jaque; mit Martine Carol, Pedro Armendariz, Massimo Serato, Frankreich/Italien 1952.

Besuchenswert:
Das Castello Estense in Ferrara, Italien.

 AUF DEN PUNKT GEBRACHT

Eine Renaissancedame unter lauter Männern, die auch den Mord nicht scheuen, um oben zu bleiben.

Teresa von Avila

■ »Die Heilige Teresa von Avila«. Gemälde von François Gerard, 1827. Maison Sainte-Thérèse, Paris.

»… möchte ich nur sagen, dass ich verpflichtet bin, ein Kloster zu gründen mit nur fünfzehn Schwestern und nicht mehr, die in größter Zurückgezogenheit leben sollen, niemals hinausgehen dürfen, nichts sehen können, außer durch einen Schleier vor dem Gesicht, und sich dem Gebet und der Abtötung widmen.« Die spanische Ordensfrau Teresa von Avila, die einen solchen Klostergründungsplan erwägt, ist kein frömmelnder Weltflüchtling. Selten hat unter den Angehörigen des Ordens der Karmeliterinnen eine so energische, im praktischen Leben stehende, temperamentvolle und intelligente Frau gewirkt – ja, Teresa konnte bitter und sie konnte lustig sein, sie spottete nicht schlecht und sie lachte gern.

Teresa von Avila lebte im Jahrhundert der Reformation. Als die spanische Ordensfrau im Jahre 1560 ihre Klostergründung beschloss, hatte der Protestantismus eines Martin Luther bereits eine breite Anhängerschaft gefunden. England hatte sich von Rom losgesagt, der Reformator Calvin großen Widerhall vor allem in Frankreich gefunden, und in Nordeuropa sympathisierten Fürsten und Völker mit der neuen Lehre. Die katholische Kirche Spaniens reagierte mit einer Stärkung der Inquisition, mit Verfolgung der Abtrünnigen – und mit dem Verbot ketzerischer Bücher, wozu auch die Bibel gehörte, sofern sie in die Sprache des Volkes, ins Spanische, übersetzt war. Die Priester sollten die Mittler zwischen Mensch und Gott sein, es genügte, wenn sie die (lateinische) Bibel verstanden.

Teresa weiß, dass das nicht richtig ist. Sie ist eine gehorsame Tochter der Kirche und wird es bleiben – aber sie trauert tief um all die verlorenen Seelen, die ihr Heil um einer, wie sie es sieht, Irrlehre (des Protestantismus) willen verwirken. Sie begreift, dass es Elemente in diesem Protestantismus gibt, auf die die Menschen gewartet haben – so die Botschaft: Geh selbst zu Gott. Sprich mit ihm im Gebet. Auch Teresa hat diese Erfahrung gemacht. Im mystischen Sich-Versenken hat sie Gott gefunden und geschaut – ohne einen priesterlichen Mittler. Die Konsequenz ist für sie, dass die wahre, die katholische Kirche mit einer Reform auf die Spaltung der Christenheit antworten muss, mit einer Rückkehr zu alten und bewährten Regeln im Ordensleben, die eine innigere Konzentration auf Versenkung und Gebet erlauben. Aus diesem Geist erstrebt sie ihre Klostergründung: als Neubeginn wahrhaftiger und inbrünstiger Gottsuche.

Die Kirchenoberen misstrauen Teresa zunächst. Bevor sie die Erlaubnis erhält, ihr Kloster zu gründen, muss sie ihren religiösen Werdegang im Einzelnen schildern, damit Berufene prüfen können, ob sie für ein solches Unterfangen überhaupt geeignet ist. Und so schreibt sie ihre Biographie, die *Vida*, ein großes Buch und die erste in der Volkssprache niedergelegte Lebensbeschreibung einer spanischen Frau (1562). Die Prüfung erfolgt, das Kloster wird errichtet und Teresa selbst wird seine Priorin. Der strengen und entsagungsvollen Lebensführung wegen werden die »reformierten« Karmeliterinnen die »Unbeschuhten« genannt. Teresa von Avila, die Freude am Schreiben gefunden hat, legt ein weiteres Werk vor, eine Anleitung zu Sammlung, Gebet und geistlichem Streben, den *Weg der Vollkommenheit*.

War solch ein Verhalten für die Zeit normal? Gab es das öfter, dass Frauen den geistlichen Stand wählten, Reformen einleiteten, Klöster gründeten und Schriften herausgaben? O nein, das gab es – zumindest in Spanien – eigentlich überhaupt nicht. Und so nimmt Teresa von Avila eine absolute Ausnahmestellung auf der iberischen Halbinsel ein.

Jahrhundertelang hatten die Mauren geherrscht und mit dem

■ Der Eingang zur Klosterkirche in Mayerling in Niederösterreich. Das ehemalige Jagdschloss ist seit 1890 Kloster der Karmeliterinnen.

> *»Die Zeiten sind für die Frauen hart, weil es für die Richter dieser Welt, da sie Söhne Adams und schließlich lauter Männer sind, auch nicht eine Tugend einer Frau gibt, die sie nicht für verdächtig hielten.«*

Islam eine Religion und eine Weltauffassung verbreitet, die den Frauen kaum Spielraum für geistige Bildung und öffentliche Wirkung ließ. Auch die spanischen Juden, die einen starken Bevölkerungsanteil stellten, sperrten die Frauen ins Haus. Und letztlich hielten es die spanischen Christen auch nicht viel anders. Insofern hatte es eine Frau, die mehr und anderes wollte als eine Familie, im südlichen Raum Europas schwerer als im Norden, wo, man schaue nach England, eine Frau, Elisabeth I., auf dem Thron saß und es in der Aristokratie eine immer größere Zahl gebildeter Frauen gab. In Spanien waren nicht mehr als 2–3 Prozent der weiblichen Bevölkerung des Lesens und Schreibens kundig. Im geistlichen Stande war die Frage, ob auch Frauen erlöst werden und ins Paradies eingehen könnten, zwar prinzipiell mit ja beantwortet worden, aber insgeheim rechnete man sie doch zu den niedrigeren Kreaturen, denen zum denkenden Menschen ein paar Voraussetzungen fehlten. So kann man sich gut vorstellen, in was für einem sozialen und religiösen Klima Teresa von Avila ihre ersten Schritte in die Öffentlichkeit tat.

■ Die spanische Mystikerin Teresa von Avila in Ekstase. Musée Beaux Arts, Tourcoing.

Dass es ihr überhaupt gelang, Aufmerksamkeit zu erregen und die kirchlichen Hierarchien von ihrer Sendung zu überzeugen, hing damit zusammen, dass sie als Mystikerin zu tiefster Versenkung fähig war und leibhaftige Erscheinungen hatte; ihre Fähigkeit, lebendig zu schildern, was sie gesehen hatte, und ihre Erlebnisse zu deuten, tat ein Übriges. Die Patres, denen sie von ihren Visionen berichtete, mussten annehmen, dass sie eine Gesandte Gottes war – oder doch fürchten, hart bestraft zu werden, wenn sie sie verkannten. Und so wurde Teresa der Weg als Klostergründerin in Andalusien und Kastilien und als Anleiterin für das betrachtende ›innere Gebet‹ freigemacht. Auch ihre Herkunft half ihr auf dem Weg.

»Verzückung der Heiligen Teresa«, Skulptur, 1644/47, von Giovanni Bernini in der Cornaro-Kapelle in Santa Maria della Vittoria in Rom.

Ihr Vater, Sohn eines jüdischen Konvertiten, war ein tief religiöser Mann. Er sorgte dafür, dass auch die Tochter lesen lernte, und sprach viel mit ihr über Gott und den Glauben. Die Mutter starb im Kindbett, als Teresa dreizehn war. Das Mädchen wurde eine wahre Büchernärrin, sie begeisterte sich für das Leben der Heiligen und hatte nur den einen Wunsch: recht bald ins Paradies einzugehen. Mit ihrem kleinen Bruder riss sie einmal von zu Hause aus, um im Morgenland von den Muselmanen geköpft und sodann des Paradieses teilhaftig zu werden. Auch eine Einsiedelei baute sie mit ihrem Bruder, die jedoch bei ihrem Einzug zusammenstürzte. Auf festeren Grund stellte sie ihre Zukunftspläne, als sie mit zwanzig – gegen den Willen des Vaters – ins Menschwerdungskloster der Karmeliterinnen floh. Nie bereute sie diesen Schritt. Die Alternative: eine Ehe, womöglich mit einem ihr zugeführten, unbekannten Mann, dessen Willen sie sich unterzuordnen hatte, erschien ihr nicht verlockend.

Für Teresa gab es nur einen, dem sie sich freudig unterwarf: Gott. Von ihr stammt das Wort: »Gott allein genügt«, das aber nicht als Aufforderung zur Weltflucht gemeint ist. »Gott nur allein / kann Genüge dir sein« – so wurde ihr berühmtes Wort auch übersetzt. Es soll bedeuten, dass die Liebe Gottes und die

> *»Es setzte in mir eine viel größere Liebe ein und ich hatte auch größeres Vertrauen zum Herrn, da ich ihn sah als einen, mit dem ich ständig im Gespräch bin. Ich sah, dass er, obwohl er Gott war, doch auch Mensch war, der sich nicht über die Schwächen der Menschen entsetzt, sondern unsere armselige Lage versteht.«*
>
> Teresa von Avila

Liebe zu Gott das Leben ausreichend erfüllen und dass ein Gläubiger es nicht nötig hat, sich in die hasserfüllten Machtkämpfe, die das weltliche und geistliche Leben durchziehen, zu stürzen.

Teresa selbst allerdings konnte sich diesen Kämpfen nicht entziehen. Die »Herumtreiberin Gottes« hatte große Wirkung, viele Neider und falsche Freunde und musste sich oft gegen Verleumdungen, auch gegenüber der Inquisition, zur Wehr setzen. Aber bei aller Leidenschaft, mit der sie für ihre Auffassung von Gottesdienst stritt, war sie niemals eine verbiesterte, intrigante oder bösartige Klosterfrau. Mit ihrem Namen verbunden ist eine Philosophie der Freundschaft, die sie im Leben praktisch werden ließ. Die Liebe zu Gott nämlich war ihr nicht alles, sie musste einen Widerschein finden in der Liebe zu den Menschen.

■ »Kopfstudie« für die Marmorfigur der heiligen Teresa in der Cornaro-Kapelle in Santa Maria della Vittoria in Rom. Museum der Bildenden Künste, Leipzig.

Auch deshalb wollte Teresa in ihrem ersten Kloster nicht mehr als fünfzehn Nonnen haben – damit sich unter diesen Frauen eine echte menschliche Bindung herstellen ließ.

Sie schreibt noch ein letztes großes Werk, die *Seelenburg*, in dem es um die Begegnung des Menschen mit Gott geht. Als betagte Frau und Mutter Oberin erlebt sie außerdem eine herzliche Liebe und geistliche Einswerdung mit einem jungen Pater namens Graçian, der dank ihrer Förderung in der Hierarchie bei den »Unbeschuhten« aufsteigt. Als sie 68-jährig stirbt, ist sie versöhnt mit Gott und der Welt und glücklich über ihr Lebenswerk. Eine Generation nach ihrem Tod wird sie von Papst Gregor XV. heilig gesprochen. Seit 1617 ist sie die Schutzpatronin Spaniens.

TERESA VON AVILA

 LEBEN UND WERK

Die spanische Mystikerin Teresa (Teresa) von Avila, auch als Teresa de Jesús bekannt, wurde am 28. März 1515 in Avila, neunzig Kilometer nordwestlich von Madrid, geboren. Die Literatur, die ihre Kindheit vor allem prägte, bestand zum einen aus Heiligenlegenden, zum anderen aus Ritterromanen. Ihre unbeschwerte Jugendzeit fand ein jähes Ende, als der Vater sie nach dem Tod ihrer Mutter in die Obhut der Augustinernonnen gab. Eine schwere Krankheit ließ sie jedoch nach Hause zurückkehren. Als sich über längere Zeit keine Besserung einstellte, fasste sie nach langen inneren Kämpfen den Entschluss, freiwillig in den Ordensstand einzutreten, und legte 1535 in dem Karmeliterinnenkloster in Avila die klösterlichen Gelübde ab. Ihr anfänglicher religiöser Eifer ließ jedoch allmählich nach; die Klosterordnung erlaubte den Nonnen, nach Belieben Besuch zu empfangen und das Kloster zu verlassen, und ermöglichte ihnen damit einen regen Anteil an der Außenwelt. Viele Jahre litt Teresa von Avila unter dem Zwiespalt dieses Daseins. Ein unerwartetes Ereignis führte jedoch die entscheidende Wendung in ihrem Leben herbei: Der Anblick eines ihr lange bekannten Bildes, das die Geißelung Christi an der Martersäule darstellte, löste auf einmal tiefste Ergriffenheit bei ihr aus und ließ sie zusammenbrechen. Dieser Zusammenbruch markierte den Beginn ihrer zweiten Lebenshälfte, in der sie sich ihren weithin bekannten Namen als Mystikerin, Reformerin des geistlichen Lebens und Klostergründerin machte, als die sie in die Geschichte einging. Seit 1560 widmete sich Teresa von Avila der Reform ihres Ordens. 1562 gründete sie gegen den erbitterten Widerstand einiger Nonnen in Avila San José ein separates Kloster, in dem die Klosterschwestern, die »Unbeschuhten Karmeliterinnen«, nach den alten strengen Ordensregeln lebten. In den Jahren darauf gründete sie, unterstützt von ihrem Freund und Glaubensgefährten Johannes vom Kreuz (Juan de la Cruz), weitere sechzehn Klöster. Welche Hindernisse sie dabei zu überwinden hatte, hielt sie in ihrer Chronik *Libro de las fundaciones* (*Die Klostergründungen*) fest. Von ihren zahlreichen Schriften sind besonders bedeutsam ihre Lebensgeschichte *Libro de la vida* (*Das Leben der heiligen Mutter Teresa von Jesu*), in der sie ihre mystischen Gotteserlebnisse schildert, *Camino de Perfección* (*Weg der Vollkommenheit*), eine Anleitung für die stufenweise Versenkung ins Gebet, und *El Castillo interior o tratado de las Moradas* (*Die Seelenburg oder innerliche Wohnungen*). Teresa von Avila starb am 4. Oktober 1582 in Alba de Tormes. 1622 wurde sie heilig gesprochen und 1970 zum »Doctor Ecclesiae« ernannt.

 **EMPFEHLUNGEN**

Lesenswert:
Lockruf des Hirten. Teresa von Ávila erzählt ihr Leben, München 1999.

Teresa von Ávila: *Die Klostergründungen*, Wien 1998.
Die innere Burg, Zürich 1989.

Walter Nigg: *Große Heilige*, Zürich 1986.

Hörenswert:
Hildegard Hartmann / Susanne Tölke: *Frauen, die Geschichte machten. Kleopatra, Lucrezia Borgia, Teresa von Ávila, Queen Victoria, Kaiserin Maria Theresia, Hildegard von Bingen*, Komplett Media 2000. 2 Audiocassetten.

Besuchenswert:
Die schöne Museumsstadt Avila, nördlich von Madrid.

 AUF DEN PUNKT GEBRACHT

Eine Seherin und Ordensfrau mit sehr weltlichem Durchsetzungsvermögen.

Elisabeth I.

■ Das »Armada-Porträt« Elisabeths I. von Marcus Geeraerts d. J., Bedfordshire, Woburn Abbey. Es entstand 1588, dem Jahr als Philipp II. von Spanien seine »unüberwindliche« Armada, fast 130 Kriegsschiffe mit 30 000 Mann Besatzung und 2630 Kanonen, gegen England aussandte. Das Schlachtenglück war auf Seiten der Engländer.

■ Unterschrift der Königin Elisabeth I.

Sie steht in einer Nische ihres Schlafgemachs und liest seinen Brief, einen leidenschaftlichen Erguss voller ungestümer Anträge. Es ist nicht der erste Brief dieser Art, über den die Königin schmunzeln muss. Sie hat schon so viele Bewerber kommen und gehen sehen – aber dieser hier ist etwas Besonderes: der Brief wie der Mann. Worte findet er, der Bruder des Königs von Frankreich, die sie erröten lassen. Und er ist erst 22! Sie rollt den Brief zusammen und blickt aus dem Fenster. Mit ihren 45 Jahren ist sie mehr als doppelt so alt wie er. Niemand weiß, ob sie noch ein Kind bekommen kann. Sie wird sich blamieren – vor ihrem Hof, ihrem Volk und Frankreich. Nein, der Unterhändler soll machen, dass er nach Hause kommt. Sie war immer eine Frau und Königin ohne einen Mann an ihrer Seite, und so soll es bleiben. Was will der junge Kerl wirklich, dieser Franz von Anjou? Geld vermutlich und Unterstützung gegen Spanien. Nein, sie wird ihn zurückweisen. Es heißt, er sei hässlich. Und kleinwüchsig. Wie peinlich wäre das bei offiziellen Anlässen für sie! Elisabeth von England sollte den jungen Fürsten dann aber doch bei sich empfangen – und ins Herz schließen. Aber geheiratet hat sie ihn nicht. Sie konnte nicht aus ihrer Haut – und das war die Haut einer Frau, die sich selbst genügte und die vor allem ihrem Volk so gefiel, wie sie war: eine »jungfräuliche Königin«, die für England lebte und ihrer Nation im wesentlichen über fast ein halbes Jahrhundert Regierungszeit den Frieden erhielt. Ihr Volk liebte sie von Herzen, und diese Liebe war ihr am Ende genug.

Elisabeth kam 1533 zur Welt, als Kind König Heinrichs VIII. und seiner zweiten Frau Anna Boleyn. Heinrich war in erster Ehe mit Katharina von Navarra verheiratet, aber aus dieser langjährigen Ehe war kein Sohn hervorgegangen, einzig die Tochter Maria. Da beschloss Heinrich, die Verbindung für nichtig erklären zu lassen, und als der Papst ihm die Scheidung verweigerte, löste er sich und die englische Kirche von Rom los. Er tat dies umso lieber, als die Frau, die er sich als neue Gattin erwählt hatte, bereits von ihm schwanger war. Endlich sollte sein Traum in Erfüllung gehen und sein Sohn auf die Welt kommen.

Wer kam, war Elisabeth. Heinrich war so enttäuscht, dass er nicht einmal zu ihrer Taufe erschien. Hätte er geahnt, dass dieses Kind sein eigenes Charisma als Herrscher und sein Glück als Politiker bei weitem übertreffen würde, hätte er sich wohl anders verhalten. Aber wie sollte er das wissen? Er verausgabte sich weiter in der Jagd nach einem Sohn, schickte Anna, die ihm lästig wurde, aufs Schafott und heiratete insgesamt sechs Frauen, von denen ihm eine, Jane Seymour, tatsächlich einen Erben

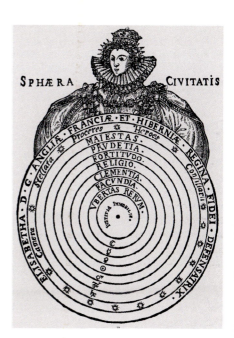

■ »Sphaera civitatis«. Symbolische Darstellung der königlichen Tugenden Elisabeths I. in Harmonie mit dem Weltgebäude. Zeitgenössischer Kupferstich.

■ Elisabeth I. tanzt den Volta mit Robert Dudley, Earl of Leicester, einem langjährigen Günstling der Königin. Zeitgenössisches Gemälde.

gebar. Dieser Halbbruder Elisabeths, Eduard genannt, besteigt den Thron nach seines Vaters Tod als Knabe und stirbt schon einige Jahre später an Schwindsucht. Elisabeths ältere Halbschwester wird Königin. Aber auch Maria Tudor ist kein langes Leben vergönnt. Sie verscheidet im Jahre 1558. Bald darauf wird Elisabeth gekrönt. Sie ist fünfundzwanzig Jahre alt.

Was war sie für eine Frau? Aufgezogen wurde sie auf Schloss Hatfield von ausgesuchten Lehrern und Erziehern. Sie sprach sechs Sprachen, kannte sich in der Literatur aus, spielte Spinett und komponierte sogar. Sie interessierte sich für das Theater, ritt ausgezeichnet und tanzte gern. Ihre Erscheinung wurde oft gerühmt: groß, schlank, blond, braunäugig, ein ovales Gesicht, schöne, zarte Hände. Selbst ihre Feinde bescheinigten ihr eine außergewöhnliche Intelligenz.

■ Elisabeth I. wird in einer Sänfte durch eine Menschenmenge in London getragen. Zeitgenössisches Gemälde.

Elisabeth war eine Vollblutpolitikerin. Sie wusste immer, was in ihrem Land los war, und sie hatte ein untrügliches Gespür für Machtverschiebungen und Bündnisfragen in Europa. Als sparsame Haushälterin zwang sie ihre Minister zur Effektivität. Obwohl sie zu Wutanfällen neigte, war sie eine kühle, bedächtige Taktiererin. Den Krieg verabscheute sie und vermied ihn nach Möglichkeit. Auf ihren königlichen Stichentscheid ließ sie nichts kommen – aber sie ließ sich auch beraten und setzte sich ungern über das Parlament hinweg.

Dass die kluge, attraktive Herrscherin, die so jung und unverhofft zur Macht gelangte, nie geheiratet hat, lässt bis heute die Geschichtsschreiber grübeln. Lag es an ihrer Angst vor geschlechtlicher Intimität, die sie selbst zugab? Lag es daran, das die 15-Jährige womöglich von einem Hofmann verführt oder gar missbraucht wurde, wofür es Hinweise gibt? Man weiß nichts Genaues. Denkbar ist, dass Elisabeth tatsächlich jungfräulich lebte, wahrscheinlicher, dass sie ihre Liebhaber klug auswählte, ihnen Diskretion abverlangte, sie fürstlich beschenkte und nach dem Erlöschen der Leidenschaft in freundschaftlicher Loyalität hielt.

Womöglich genügte ihr ein geheimes Liebesleben – zumal eine Heirat immer ein folgenreicher politischer Schritt gewesen wäre und sich nie ein idealer Kandidat gefunden hatte. So blieb sie ledig und regierte allein mit großem Wissen, diplomatischem Feingefühl, einer listigen Kompromissbereitschaft und einer Neigung zum Abwarten und Hinauszögern, die ihre Feinde manchmal vor Wut fast platzen ließ. Um Englands willen konnte sie hinhalten, täuschen, lügen, sich verstellen und sogar einen Piraten zum Admiral ernennen. Auch Elisabeth hat Verräter aufs Schafott geschickt und Schmährednern die Hand abschlagen lassen, doch sie tat es weit seltener als damals üblich. Sie war gefürchtet für ihre Strenge, war aber auch berühmt für ihre Milde, selbst gefährlichen Feinden gegenüber.

> Maria Stuart, als Königin von Schottland gestürzt und in England in einer Art Schutzhaft, war Elisabeths Cousine, Enkelin König Heinrichs VII. und als Katholikin Hoffnung der katholischen Minderheit Englands – und des Papstes. Man wollte diese Frau auf dem Thron sehen und die »Bastardin« Elisabeth stürzen. Putschversuche misslangen jedoch, und Maria selbst büßte dafür auf dem Schafott. Friedrich Schiller schrieb ein Trauerspiel über den Kampf der Königinnen, *Maria Stuart*, uraufgeführt 1800, das sehr frei mit dem historischen Stoff verfährt.

Wer waren diese Feinde? Elisabeth lebte in einer gespaltenen Welt: Die Reformation lag noch nicht lange zurück, und die Loslösung Englands vom römischen Katholizismus hatte sogar mit ihr persönlich, mit ihrer Geburt, zu tun gehabt. In England war auf die Gründung der anglikanischen Kirche unter Elisabeths Vater eine grausame Jagd auf Katholiken gefolgt; »Maria die Katholische«, Elisabeths Halbschwester, die ja von ihrer Mutter her eine spanische Fürstin war, hatte England in die Arme Roms zurückführen wollen und daher ihre protestantische Schwester, die sie der Gegenagitation verdächtigte, vorübergehend in den Tower sperren lassen. Sie war jedoch zu früh gestorben, um England wieder katholisch zu machen. Als Elisabeth den Thron bestieg, versprach sie ihrem Volk, die Kirche, die ihr Vater gestiftet hatte, gegen den »Papismus« zu verteidigen. Sie hielt Wort. Auch hierin lag ein Grund für ihre große Beliebtheit beim Volk, das der religiösen Zwistigkeiten müde war.

Ganz anders sahen das die Franzosen. Die alte Erbfeindschaft zwischen den beiden Mächten erfuhr durch die religiöse Spaltung

■ Elisabeth I. unterschreibt das Todesurteil Maria Stuarts am 1. Februar 1587. Holzstich nach einem Gemälde von Alexander Liezen-Mayer, 1873.

> Mit »Bartholomäusnacht« ist ein besonders brutales, Grauen erregendes Pogrom gemeint, das in der Nacht zum 24. August 1572, am Tage des Heiligen Bartholomäus, Tausende von Opfern unter den Hugenotten, den französischen Protestanten, forderte. Die Welle der Gewalt breitete sich über ganz Frankreich aus und verlieh dem konfessionellen Zwist zwischen Katholiken und Protestanten (in Frankreich zumeist Calvinisten) eine neue Schärfe. Katharina von Medici, Regentin für König Karl IX., hatte sich verzweifelt um Frieden bemüht, war aber gescheitert. Das Gemetzel brach nach einem Mordanschlag auf den Hugenottenführer Coligny los und forderte allein in Paris 4000 Tote. Phillip II. von Spanien applaudierte, der Papst ließ Rom illuminieren.

eine Vertiefung. Elisabeth vermochte es jedoch, durch kluges Taktieren bis hin zu Heiratsabsichten mit dem französischen Königsbruder eine Verschärfung politischer Spannungen oder gar Kriegsvorbereitungen immer wieder zu vermeiden. Die Bartholomäusnacht entsetzte sie zutiefst, aber sie unternahm nichts gegen Frankreich, milderte allerdings die Folgen des Terrors, indem sie viele der geflüchteten Hugenotten bei sich aufnahm.

Milde konnte sie nicht walten lassen, als Maria Stuart, die Ex-Königin der Schotten, Umsturzpläne schmiedete; sie machte der Gegnerin den Prozess. Maria endete auf dem Schafott. Auch als die Spanier eine Invasion planten, um England ins Reich der katholischen Glaubensgemeinschaft zurückzuholen, ließ Elisabeth vorsorglich rüsten. Sie übertrug dem alten Seeräuber Francis Drake den Oberbefehl, und bei günstigem Wind lief die englische Flotte aus. Im Jahr 1588 wurde die spanische Armada vernichtend geschlagen, die Vorherrschaft der durch ihre Kolonien reich gewordenen Iberer zur See gebrochen und Elisabeths Herrschaft gefestigt.

Mit Lord Essex verband sie eine starke politische Freundschaft, wenn nicht mehr, doch als dieser gegen sie putschte, musste sie auch ihn hinrichten lassen. Elisabeth starb auf der Höhe ihrer Macht, fast 70-jährig, an einer einfachen Erkältung. Ihr Leben war gelebt, ihr Werk getan. Sie war in eine mörderische Welt hineingeboren worden und hatte, wenn sie auch selbst nicht auf Gewalt verzichten konnte, ihrem Land und Europa gezeigt, dass Frieden möglich war.

■ Elisabeth I. hält Heerschau angesichts der spanischen Armada 1588. Gemälde von Ferdinand Piloty d.J., 1861. München, Stiftung Maximilianeum.

ELISABETH I.

 LEBEN UND WERK

Königin Elisabeth I. von England, letzte Herrscherin aus dem Hause Tudor und Namensgeberin für ein ganzes Zeitalter, kam am 7. September 1533 in Greenwich als Tochter von Heinrich VIII. und seiner zweiten Frau Anna Boleyn zur Welt. Ihre Mutter wurde 1536 wegen angeblichen Ehebruchs hingerichtet. Nach deren Tod für illegitim erklärt und von der Thronfolge ausgeschlossen, wurde Elisabeth 1544 durch Parlamentsbeschluss wieder als rechtmäßige Thronerbin anerkannt – nach ihrem jüngeren Halbbruder Eduard VI., Sohn Heinrichs VIII. aus dritter Ehe, und ihrer Halbschwester Maria Tudor, Tochter Heinrichs VIII. aus erster Ehe. Nach dem Tod Marias, auch »die Katholische« oder »Bloody Mary« genannt, im Jahre 1558, bestieg Elisabeth I. den Thron. Als wichtigster Berater stand ihr vier Jahrzehnte William Cecil, Lord Burleigh, zur Seite – zunächst als Staatssekretär, später als Schatzmeister. Das Zeitalter Elisabeths gilt als Epoche großer Stabilität. Nach den vorausgegangenen Jahren der Erschütterung war Elisabeth auf Konsolidierung aus. Die konfessionelle Spaltung des Landes rückte von vornherein die Frage der Religion in den Vordergrund. 1559 stellt das Parlament mit der Uniformitätsakte die von Rom unabhängige anglikanische Staatskirche wieder her. Den Katholiken gegenüber war Elisabeth um Ausgleich bemüht, um die Herstellung innenpolitischer Integration nicht zu gefährden. Zentrum einer sich seit 1580 bildenden katholischen Opposition war Maria Stuart, Urenkelin Heinrichs VII. von England und Tochter König Jakobs V. von Schottland, die Anspruch auf den englischen Thron erhob. Nach Aufdeckung einer Verschwörung wurde sie 1587 hingerichtet. Entscheidend für die internationale Stellung Englands war der Sieg über die spanische Armada im Jahr 1588; England begann damit, Spanien als führende See- und Kolonialmacht abzulösen. Es folgte die Gründung bedeutender Handelsgesellschaften. Neben politischen Erfolgen und wirtschaftlichem Aufstieg erlebte England unter Elisabeth I. eine außerordentliche kulturelle Blüte. Im Elisabethanischen Zeitalter nahm das englische Drama seinen Aufschwung mit Christopher Marlowe und erreichte seinen Höhepunkt mit William Shakespeare. Schon zu Lebzeiten ging Elisabeth selbst in die Literatur ein, wie in Edmund Spensers Epos *Die Feenkönigin (The Faerie Queene)* sowie später unter anderem in William Harrison Ainsworth' historischem Roman *The Tower of London*. Vielfach gestaltet wurde der Konflikt mit Maria Stuart. Elisabeth I. starb am 24. März 1603 in Richmond. Kurz zuvor hatte sie den schottischen König Jakob VI., den Sohn Maria Stuarts, zu ihrem Nachfolger ernannt.

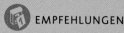 **EMPFEHLUNGEN**

Lesenswert:
Herbert Nette: *Elisabeth I.* Mit Selbstzeugnissen und Bildodokumenten, Reinbek 1996.

Rosalind Miles: *Königin von England.* Roman, München 1998.

Andreas Höfele: *Der Spitzel.* Roman, Frankfurt/Main 1998.

Friedrich Schiller: *Maria Stuart*, Stuttgart 1997.

Hörenswert:
Edmund Spenser: *Selections from the Fairy Queen.* Read by John Moffatt, Münster 1998. 3 Audiocassetten/Audio-CDs.

Sehenswert:
Elizabeth. Regie: Shekhar Kapur; mit Cate Blanchett, Geoffrey Rush, Christopher Eccleston, Joseph Fiennes, Richard Attenborough, Fanny Ardant, Kathy Burke, GB 1998.

Shakespeare in Love. Regie: John Madden, mit Gwyneth Paltrow, Joseph Fiennes, GB 1998.

 AUF DEN PUNKT GEBRACHT

Sie kam in einer wilden Zeit auf den Thron und zähmte die Zeit.

Artemisia Gentileschi

Es ist Arbeit. Es erfordert äußerste Muskelkraft und Konzentration – das Kopfabschlagen. Und wenn eine Frau einen Mann enthauptet, dann bringt sie besser eine Hilfskraft mit. Denn der Kerl wird sich zur Wehr setzen, selbst wenn er berauscht ist oder im Schlaf liegt. Bis die Frau mit dem Schwert den Hals durchtrennt hat, kommt er womöglich zu sich. Ach, und all das Blut, das Blut …

»Judith und Holofernes«, das war ein beliebtes Thema für die Malerei des 16. und 17. Jahrhunderts. Man konnte eine Monstrosität vorführen – die gewalttätige Frau, der geopferte Mann –, die selten war und Schauder weckte, und war dabei doch durch eine biblische Legende, also einen »erlaubten« Stoff, gedeckt. Die meisten Maler, so Lucas Cranach d. Ä. und Caravaggio, malten eine anmutige, statuarische Judith, die selbst nicht ganz zu begreifen schien, was sie tat. Bis eine junge Malerin kam, die zeigte, wie hart und viehisch das Schlachten ist: Artemisia Gentileschi. Immer wieder hat sie Judith während der Enthauptung des Holofernes gemalt. Das Ölgemälde aus dem Jahre 1620 ist wohl ihr berühmtestes Werk. Das Blut strömt über die weißen Laken, eine Magd drückt den Arm des Opfers nieder, und Judith führt mit starrem Blick und aller Kraft das Schwert.

■ »Judith enthauptet Holofernes«. Gemälde von Artemisia Gentileschi 1612/13. Galleria Nazionale di Capodimonte, Neapel.

Artemisia Gentileschi war eine professionelle Malerin des 17. Jahrhunderts, die von höchsten Stellen Aufträge erhielt, so von der florentinischen Familie Medici, dem römischen Kardinal Barberini und dem Gelehrten Cassiano dal Pozzo, von vielen Kirchen und sogar vom spanischen und vom englischen Hof. Ihre Bilder zeigen Heilige und Gottesmütter, Allegorien und Szenen aus der Bibel. Bei kaum einen Motiv aber hat sie sich so verausgabt wie bei Judith und Holofernes.

Als Artemisia ein junges Mädchen war und mit ihrer Familie in Rom lebte, arbeitete ihr Vater Orazio Gentileschi, gleichfalls ein berühmter Maler, mit einem Kollegen namens Agostino Tassi zusammen. Tassi ging in Gentileschis Haus und Werkstatt ein und aus und begegnete dort der hübschen Artemisia. Artemisia war erst siebzehn. Sie wollte selbst Malerin werden, und ihr Vater, der ihr Talent erkannt hatte, war ihr strenger Lehrmeister. Er hatte auch nichts dagegen, dass Tassi mit der Tochter über Malerei, Farben und Perspektive sprach.

So kam es, dass Artemisia, die mutterlos aufgewachsen war, anders als die Mädchen ihrer Zeit und ihres Standes ziemlich freien Umgang mit Männern pflegen konnte. Tassi nutzte seine Stunde und bestach die Nachbarin, die ein Auge auf die Tochter haben sollte. Und es gelang ihm, sich mit Artemisia in einer Kammer einzusperren und sie zu vergewaltigen. Artemisia biss und kratzte Agostino und warf ein Messer nach ihm, aber es nützte ihr nichts. Er beruhigte sie dann allerdings, indem er ihr die Heirat versprach. Jetzt fühlte sich Artemisia verlobt, und sie gab sich ihrem Zukünftigen heimlich hin. Als dieser ihr unterstellte, auch mit einem anderen zu schlafen, und sein Eheversprechen zurückzog, schöpfte sie Verdacht und entdeckte sich ihrem Vater.

Orazio Gentileschi raste vor Wut. Er strengte einen Prozess gegen den Verführer an, der viel Staub aufwirbelte. Tassi war schon verheiratet. Er schwor, Artemisia zu lieben, und obwohl an seiner Schuld kaum Zweifel laut wurden, war es Artemisia, deren Ehre beschmutzt und deren Ruf zerstört wurde. Man verurteilte Tassi zu einer milden Strafe; Artemisia jedoch konnte sich in Rom nicht mehr blicken lassen.

■ Porträt der Artemisia Gentileschi. Kupferstich.

»Mit einem Schlag auf die Brust warf er mich auf das Bett, stieß sein Knie zwischen meine Oberschenkel und stopfte mir ein Taschentuch in den Mund. Mit Mühe schob er mir gegen meinen Widerstand die Kleider hoch. Er ließ meine Hände frei, fuhr mit seinem zweiten Knie zwischen meine Beine und steckte sein Glied in meine Natur. Er begann zu stoßen, und ich verspürte ein starkes Brennen, wie ein Feuer, das mir große Schmerzen bereitete.«

ARTEMISIA GENTILESCHI, in ihrer Aussage vor Gericht gegen Agostino Tassi, 1612

Vielleicht war es diese furchtbare Verletzung und Enttäuschung, die Artemisia vom normalen Frauenlos entfernte und ihr, als sie alles verkraftet hatte, den Mut und die Ausdauer verliehen, sich – und das zur damaligen Zeit! – zu einer eigenständigen und eigenwilligen Malerin zu entwickeln. Zwar heiratete sie, nachdem sie Rom verlassen und sich in Florenz angesiedelt hatte, und bekam – in großem Abstand – zwei Töchter, aber sie hörte nie auf zu malen. Sie durfte sogar als einzige Frau an der Accademia del Disegno in Florenz studieren. Ihr frühbarocker Stil, ihre opulente Farbgebung, ihr malerisches Temperament sind von Caravaggio beeinflusst. Sie malt nie modisch, gibt all ihren Figuren einen persönlichen Ausdruck und beeindruckt die künstlerische Welt durch die Leuchtkraft und Präzision ihrer Gewänderstudien. Ihre florentinische Zeit begründete ihren Ruf. Sie war noch jung, als sie dort ankam, fasste rasch Fuß, studierte eifrig, erhielt ehrenvolle Aufträge und konnte sich selbst durch ihre Arbeiten ernähren. Sie lernte Galileo Galilei kennen und korrespondierte mit ihm.

Das 16. Jahrhundert war von Gewaltausbrüchen gezeichnet; erst 1527, zwei Generationen vor Artemisias Geburt, war Rom von den Soldaten Karls V. bis auf den Grund zerstört worden, die ewige Stadt war vernichtet und entvölkert. Obwohl bald wieder Frieden eingekehrt war, saß doch den jungen Edelleuten aus den allseits streitenden hochmögenden Familien der Dolch locker, und die religiöse Spaltung infolge der Reformation schuf Gründe für einen säkularen Zwist, der im 30-jährigen Krieg seinen Höhepunkt erleben sollte. Hinzu kamen Pestepidemien, die in Wellen über Europa hinwegrollten und ganze Landstriche veröden ließen. Es war also keine angenehme und sichere Zeit, in der Artemisia lebte, und so ist es nicht verwunderlich, dass ihre Bilder voller Gewalt und Blut sind.

Hinzu kommt bei ihr eine besondere Variante des Themas: die Gewalt zwischen den Geschlechtern. Artemisia hatte sie selbst erlebt, sie hatte den Schmerz und

■ »Judith mit dem Haupt des Holofernes« um 1652. Palazzo Pitti, Galleria Palatina, Florenz.

■ Das alte Neapel von der Seeseite mit Castel dell' Ovo, Palazzo Reale, Certosa di S. Martino und Castel S. Elmo. Gemälde von Gaspar van Wittel. Palazzo Pitti, Galleria Palatina, Florenz.

die Demütigung schlucken müssen, und mit ziemlicher Sicherheit befriedigte sie bei der Ausgestaltung ihrer Judith-Bilder eine vielleicht gar nicht so geheime Rachephantasie. Aber sie blieb dabei nicht stehen. Sie stellte keusche Heilige dar, stillende Marien, ängstliche Susannen, bezaubernde Musen und Minerven – sie konnte, wenn es verlangt wurde, auch lieblich malen. Man wird in ihr aber wohl immer die Darstellerin der tötenden Judith sehen, und wenn man ihre Lebensgeschichte kennt, ist man geradezu froh darüber, dass hier eine Frau mit Mitteln der Kunst den Spieß einmal umdreht und auf ihre Weise all den Männern, die im Laufe der Zivilisation Frauen Gewalt angetan haben, bewaffnet entgegentritt.

Artemisia kehrt nach Rom zurück. Sie ist inzwischen eine prominente Künstlerin und kann unter ihren Auftraggebern wählen. Zehn Jahre später geht sie nach Neapel, damals eine besonders lebendige, schnell wachsende Stadt. Sie gestaltet die Kathedrale von Pozzuoli bei Neapel mit und schafft einige ihrer

> »So sagt diesem Herrn, dass ich für die beiden Bilder 500 Dukaten will, aber dass er diese Bilder der ganzen Welt zeigen möge, und wenn er nicht herausfindet, dass sie nicht ein paar Hundert Skudi mehr wert sind, will ich nicht, dass er sie mir zum abgeschlossenen Verkaufspreis bezahle.«
>
> Aus einem Brief der ARTEMISIA GENTILESCHI an Don Antonio Ruffo, 1649

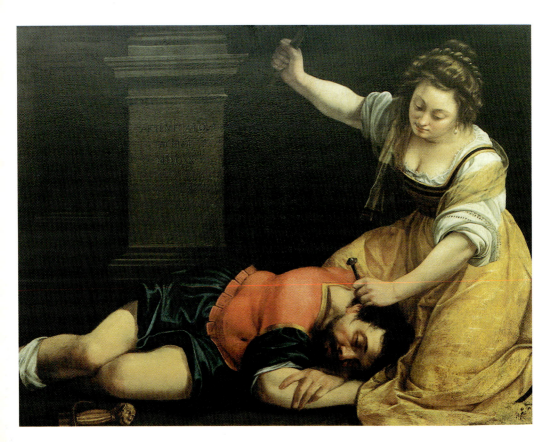

■ »Jael tötet Sisera«. Gemälde von Artemisia Gentileschi, um 1620. Museum der Schönen Künste, Budapest.

größten Gemälde – ihre *Heiligen drei Könige* und ihre *Kleopatra*. Als sie 1635 vom englischen König Karl I. – ihr Vater wirkt schon seit Jahren an seinem Hofe – eingeladen wird, zögert sie lange: in Nordeuropa herrscht Krieg, London ist von der Pest bedroht … Schließlich fährt sie doch. Sie gestaltet mit Orazio die Decken des Queen's House in Greenwich. Nach ihrer Heimkehr entwickelt sie einen weicheren und ruhigeren Spätstil. Wann und wo genau sie starb, ist nicht bekannt. Vermutlich um 1652/53 in Neapel.

Das Leben der Artemisia Gentileschi ist nur fragmentarisch dokumentiert. Es gibt die Prozessakten und Briefe, manchmal fehlt jahrelang jede Spur. Und ihre Bilder? Auch die gingen nach ihrem Tode verloren, verstaubten auf Abstellböden oder wurden übermalt. Niemand pflegte ihr Andenken, und so blieb sie über dreihundert Jahre lang vergessen. Bis unsere Zeit sie erneut »entdeckt« und ihre Werke zu bewundern gelernt hat.

ARTEMISIA GENTILESCHI

 LEBEN UND WERK

Die Barockmalerin Artemisia Gentileschi ist in der Kunstgeschichte im Allgemeinen die erste Frau, die Erwähnung findet. Sie wurde am 8. Juli 1593 in Rom als Tochter des berühmten Malers Orazio Gentileschi (1563–1639) geboren, der sie im Malen unterrichtete. 1612 geriet sie in das Licht der Öffentlichkeit, als ihr Vater gegen seinen Mitarbeiter und den Lehrer seiner Tochter Agostino Tassi einen Prozess anstrengte. Die Anklage lautete auf Vergewaltigung. Nach dem unbefriedigenden Ausgang des Prozesses verließ Artemisia Gentileschi Rom; sie heiratete und ging nach Florenz, wo sie mit ihrer Malerei innerhalb weniger Jahre berühmt wurde. Neben ihrer Tätigkeit als Malerin studierte sie – als einzige Frau – an der Accademia del Disegno. Um 1620 entstand ihr berühmtestes Gemälde *Judith enthauptet Holofernes*, das in der Galleria degli Uffizi in Florenz zu sehen ist. Dieses zu ihrer Zeit beliebte Motiv malten unter anderem auch Tintoretto (1518–1594), Museo del Prado, Madrid, Caravaggio (1573–1610), Casa Coppi, Rom, und Adam Elsheimer (1578–1610), Victoria and Albert Museum, London. Artemisia Gentileschis Version von Holofernes' Enthauptung machte durch die Interpretation Judiths als kaltblütiger Mörderin und die äußerst realistische Darstellung auf sich aufmerksam. Der ausgeprägte Hell-Dunkel-Kontrast weist besonders deutlich auf den unmittelbaren Einfluss Caravaggios hin. Ein anderes Gemälde, das sie etwa zur selben Zeit malte, zeigt Judith und ihre Dienerin mit dem Haupt des Holofernes – es befindet sich im Palazzo Pitti in Florenz. Denselben Titel tragen auch Bilder unter anderem von Michelangelo (1475–1564), Sixtinische Kapelle, Vatikan, Paolo Veronese (1528–1588), Kunsthistorisches Museum Wien, Lucas Cranach d. Ä. (1472–1553), Schlossmuseum Gotha, und Peter Paul Rubens (1577–1640), Herzog Anton Ulrich-Museum, Braunschweig. Im Palazzo Pitti befindet sich noch ein weiteres der bekanntesten Bilder Atemisia Gentileschis: die *Büßende Magdalena*. In den 1620er Jahren arbeitete sie wieder in Rom und war ab 1630 in Neapel tätig. 1635 lud König Karl I. sie an seinen Hof nach London ein, wo ihr Vater schon seit 1626 tätig war. Es vergingen mehrere Jahre, bis Artemisia Gentileschi der Einladung folgte. Nicht lange nachdem ihr Vater gestorben war, kehrte sie nach Neapel zurück. Artemisia Gentileschis Todesjahr ist nicht genau bekannt; sie starb um 1652/53. Die wenigen erhaltenen Werke repräsentieren nur einen winzigen Teil ihrer vierzigjährigen Arbeit. Außer in Florenz begegnet man ihren Bildern unter anderem im Museo Nazionale di Capodimonte in Neapel, im Museo del Prado in Madrid oder im Metropolitan Museum of Modern Art in New York.

 EMPFEHLUNGEN

Lesenswert:
Anna Banti: *Artemisia*. Roman, München 1995.

Marine Bramly: *Artemisia. Die Geschichte einer Passion*. Roman, Berlin 1998.

Frances Borzello: *Ihre eigene Welt. Frauen in der Kunstgeschichte*, Hildesheim 2000.

Sehenswert:
Artemisia. Regie: Agnès Merlet; mit Valentina Cervi, Michel Serrault, Miki Manojlovic, Luca Zingaretti, Emmanuelle Devos, Frederic Pierrot, Maurice Garrel, Frankreich 1998.

 AUF DEN PUNKT GEBRACHT

Eine große Künstlerin, die sich gegen widrige Umstände durchsetzte, und es bis zur Weltgeltung schaffte.

Maria Sibylla Merian

■ »Ingwergewächs und Castnia-Motten«. Kupferstich koloriert nach Gouache von Maria Sibylla Merian, entstanden während ihrer Reise nach Surinam 1699–1701. Das Buch *Metamorphosis Insectorum Surinamensium* wurde 1705 in Amsterdam veröffentlicht.

»Es ist vollbracht«, denkt sie und lächelt unwillkürlich, während die Küste Surinams vor ihren Augen am Horizont verschwimmt. »Ich habe sie alle gesehen und habe sie festgehalten: gezeichnet und gemalt. Ich habe sie gesammelt, beobachtet und ihr Leben studiert; die Leuchtzikaden und die Goldkäfer, die Ameisen und die Kolibris, die Vogelspinnen und die Tropenfalter – alle.« Sie schüttelt über sich selbst den Kopf, als sie daran denkt, wie lange sie mit dieser Reise gezögert hat. Keinen Monat zu früh ist sie

■ Vermutlich ein Selbstbildnis der Maria Sibylla Merian.

gefahren, denn das Leben in den Tropen ist hart, und sie ist nicht die Jüngste. Dass sie sich die Malaria einfangen musste – das war ein herber Schlag. Dieses Fieber, diese Schwäche! Aber es wird vorübergehen, und zu Hause in Amsterdam werden ihr die Besucher die Türen einrennen, um ihre Schätze zu bestaunen. Es war im Jahre 1701: Maria Sibylla geschiedene Graff, geborene Merian, befand sich auf der Heimreise von Niederländisch-Guayana nach Holland. Sie war 54 Jahre alt und eine europäische Berühmtheit: Die Tochter des ebenfalls weltweit bekannten Kupferstechers und Verlegers Matthäus Merian hatte sich zunächst als Zeichnerin und Koloristin einen Namen gemacht: ihr *Blumenbuch*, 1675–1680 in drei Teilen als Stickvorlage für Damen mit Geschmack erschienen, erregte seiner ungewöhnlichen Kunstfertigkeit und Detailgenauigkeit wegen einige Aufmerksamkeit. Mit dem 1679 folgenden *Raupenbuch* kam ein Echo nicht nur vonseiten der Kunstfreunde, sondern auch vonseiten der Wissenschaft: die Merianin hatte nämlich, sozusagen als Nebenprodukt ihrer Arbeit, die Insektenkunde (Entomologie) begründet. Würmer, Käfer, Raupen und ähnliches Gewimmel galten zu ihrer Zeit als schlammgeborenes Teufelsgezücht, das der wissenschaftlichen Neugier eines Christenmenschen unwürdig war. Maria Sibylla Merian aber kannte solche Vorurteile nicht. Wo sie beobachtete, da zeichnete sie, und wo sie zeichnete, da beobachtete sie. Die naturwissenschaftliche Neugier des 17. Jahrhunderts, in dem man begann, die religiösen Scheuklappen abzulegen, hatte sich auch dieser zeichnerisch und forscherisch hochbegabten Frau bemächtigt. Nie liebäugelt Maria Sibylla mit dem barocken Zeitgeschmack. Überladene Arrangements liegen ihr fern: Sie zeichnet – exakt, naturgetreu und geduldig –, was sie sieht. Und da sie genau hinsieht, geschieht das Wunder, dass ihre Tulpen, Anemonen und Schlüs-

■ *oben* »Fledermausapfel und Gottesanbeterin«.
unten »Passionsblume und Insekten«.
Beide Kupferstiche entstanden während der Surinam-Reise.

selblumen vom Blatt weg duften und atmen, dass ihre Spinnen, Schnecken und Mücken sich zu bewegen scheinen. Plötzlich stellt sich dem Betrachter die Frage: Wie leben diese Tiere eigentlich? Und je länger die Merianin als Zeichnerin arbeitet, desto stärker beschäftigt auch sie diese Frage.

Als Maria Sibylla 1647 in Frankfurt am Main geboren wird, neigt sich der Dreißigjährige Krieg seinem Ende zu. Frankfurt hat seinen Glanz verloren, Hunger und Pest haben die Bevölkerung dezimiert. Maria ist drei Jahre alt, da stirbt ihr Vater. Ihre zeichnerische Begabung scheint schon früh offensichtlich geworden zu sein, denn der alte Merian soll ihr eine bedeutende Zukunft prophezeit haben. Mutter Merian, ein eher schlichtes Gemüt, hält nichts vom Ehrgeiz der Tochter. Glücklicherweise heiratet sie nach dem Tod ihres ersten Mannes den Blumenmaler Jacob Marrell, der das Talent seiner Stieftochter erkennt. Er sorgt für eine Ausbildung des Mädchens im Zeichnen und Kupferstechen. 18-jährig heira-

■ *oben* »Zedratzitrone und Bockkäfer« von Maria S. Merian.
unten Schwarze Sklaven bei der Zuckerrohrernte in Surinam.

tet Maria den Marrell-Schüler Johann Andreas Graff. Drei Jahre später kommt das erste Kind, die Tochter Johanna Helena, zur Welt. Die Familie übersiedelt nach Nürnberg. Unermüdlich ist Maria Sibylla tätig: als Zeichnerin, Kupferstecherin, Verlegerin, Inhaberin einer Malschule, als Entwicklerin und Vermarkterin wasserfester Farben, als Insektenforscherin, Mutter und Hausfrau. 1678 wird die zweite Tochter, Dorothea Henriette, geboren. Beide Töchter werden später Blumenmalerinnen und Graveurinnen.

Wie hielt es Maria Sibylla mit der Religion? Sie war eine gläubige Protestantin, schwärmerisch der Natur zugewandt, in der sich Gott offenbarte. Naturmystische Begeisterung und aufklärerischer Forschergeist, kindliche Ehrfurcht vor dem Zauber der Fauna und nüchterne Entomologie schlossen sich in ihren Augen nicht aus. Ein Hang zur Weltflucht und das Scheitern ihrer Ehe mit Graff – ihr Mann sah sich von seiner Frau beruflich in den Schatten gestellt – führten sie 1685 in den Schoß der asketischen Labadisten-Sekte nach Wieuwerd in Holland. Dort lebte man in einer Art Kommune und war vor allem bedürfnislos und fromm.

Und hier hört Maria Sibylla von der phantastischen Kleintier-

■ Porträt der Malerin und Kupferstecherin. Radierung von Johann Rudolf Schellenberg 1769/79.

■ Titelblatt des Buches *Der Raupen wunderbare Verwandlung und sonderbare Blumennahrung* …

Der volle Titel des *Raupenbuches* (1679) lautet: *Der Raupen wunderbare Verwandlung und sonderbare Blumennahrung, worinnen durch eine neue Erfindung der Raupen, Würmer, Sommervöglein (d. i.: Schmetterlinge), Motten, Fliegen und anderer dergleichen Tierlein Ursprung, Speisen und Veränderungen … fleißig untersucht, kürzlich beschrieben und nach dem Leben abgemalt, ins Kupfer gestochen und selbst verlegt von M. S. Graffin, Matthäus Merians des Älteren selig Tochter.*

■ »Korallenbaum und Seidenspinner« von Maria Sibylla Merian.

■ Kreidelithographie, 1813, von Maximilian Franck nach einem zeitgenössischem Bildnis der Merian.

fauna Surinams – labadistische Missionare berichten nach ihrer Rückkehr aus der Kolonie davon. Die Insektenforscherin ist beeindruckt und neugierig und von dem Wunsch beseelt, selbst durch den Dschungel zu streifen und das tropische Getier zu beobachten. Sie verlässt die Sekte und geht nach Amsterdam, wo ein hohes wissenschaftliches Niveau und das freieste politische Klima Europas herrschen sowie hoch entwickelte Technik zur Verfügung steht. Hier freut sie sich am Erfolg ihres *Raupenbuches* (1679–1683) und wird von vielen Bewunderern aufgesucht, unter denen, wie phantasievolle Biographen mutmaßen, der eine oder andere Freund, vielleicht sogar die große Liebe, zu finden gewesen ist. Genau weiß man es nicht, denn die Quellen sind lückenhaft. Aber man wünscht es der Merianin von Herzen.

Einige Jahre wartet sie noch. Dann macht sie ihr Testament und schifft sich mit der jüngeren Tochter Dorothea auf einem Frachter nach Mittelamerika ein. Hier wird sie das unschätzbare Material für ihr drittes großes Buch, die *Wunderbare Verwandlung der Insekten Surinams* finden, das Werk, das sie unter die Pioniere der modernen Naturforschung einreiht. Surinam ist nicht nur Forschungsfeld für sie, sondern auch Erfahrungsfeld für eines der größten humanen Probleme jener Zeit: die Sklaverei. Entsetzt über das, was sie sieht, interveniert Maria Sibylla Merian bei den örtlichen Autoritäten. Vergebens. Die herrschende Pflanzerpartei hat nichts als ihren Zuckerrohrprofit im Sinn, und die Europäerin muss sich mit der freundlichen Förderung der ihr unmittelbar unterstellten Indianer und Schwarzen begnügen.

Zurück in Amsterdam, schließt sie ihr Werk ab und genießt ihren Ruhm. Man bestaunt die exotische Kleintierwelt, die sie mittels der ihr eigenen Farbgebung in nie gesehener Leuchtkraft und Sattheit zu Papier gebracht hat. – Merians Gesundheit stellt sich jedoch nicht ganz wieder her. 1717 stirbt sie, betreut von Dorothea und deren Familie.

MARIA SIBYLLA MERIAN

 LEBEN UND WERK

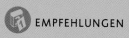 **EMPFEHLUNGEN**

Maria Sibylla Merian wurde am 2. April 1647 in Frankfurt am Main geboren als Tochter des schweizerischen Verlegers Matthäus Merian, der mit seinen noch heute bekannten, in Kupfer gestochenen Stadtplänen und -ansichten berühmt wurde. Ihr Vater starb, als sie drei Jahre alt war. Im Jahr darauf heiratete ihre Mutter den Blumenmaler Jacob Marrell, der das Talent seiner Stieftocher erkannte und förderte. Er gab ihr Malstunden und ließ sie, da er oft auf Reisen war, daneben von Abraham Mignon, einem seiner Schüler, unterrichten. Sie malte mit Öl- und Wasserfarben und beherrschte das Kupferstechen schon mit elf Jahren. Von dem Besuch einer Seidenraupenzucht brachte Maria Sibylla Merian einige Raupen in kleinen Kisten mit nach Hause und beobachtete die Entstehung und Verwandlung des Seidenwurms. Mit dreizehn Jahren zeichnete sie erstmals die Entwicklung der Seidenraupe und fügte eine kurze Beschreibung hinzu. So begann sie ihre naturwissenschaftlichen Studien und legte damit den Grundstock für ihr gesamtes Werk. 1665 heiratete sie den Architekturmaler Johann Andreas Graff, der, als sie noch ein Kind war, fünf Jahre lang bei Jacob Marrell gerlernt hatte. Ihre Töchter Johanna Helena und Dorothea Henriette wurden 1668 und 1678 geboren. Zwei Jahre nach der Geburt ihrer ersten Tochter zog die Familie nach Nürnberg um. Dort gründete Maria Sibylla Merian eine Stick- und Malschule, stellte selbst Farben her und organisierte einen Handel mit den zum Malen notwendigen Utensilien. Die Arbeit in ihrer Schule regte sie zu ihrem ersten Buch, dem *Blumenbuch* an, das in den Jahren 1675–1679 in drei Teilen erschien. Die jeweils zwölf Abbildungen waren als Stickvorlagen gedacht. 1679 und 1683 erschienen die beiden Bände ihres bahnbrechenden wissenschaftlichen Werkes *Der Raupen wunderbare Verwandlung*, in das ihre Beobachtungen und Studien aus zwanzig Jahren eingingen. Maria Sibylla Merian kehrte 1681 zurück nach Frankfurt, und einige Jahre später – ihre Ehe war inzwischen zerbrochen – siedelte sie nach Holland über. Mit ihrer jüngeren Tochter unternahm sie eine zweijährige Forschungsreise in die niederländische Kolonie Surinam im Nordosten Lateinamerikas. Aus ihren Tier- und Pflanzenbeobachtungen im Urwald entstand ein neues Buch, das sie *Metamorphosis insectorum Surinamensium*, »die Verwandlung der surinamischen Insekten«, nannte. Nur kurze Zeit nach seinem Erscheinen im Jahre 1705 war es weithin berühmt. Maria Sibylla Merian starb am 13. Januar 1717 in Amsterdam. Sechs Pflanzen, neun Schmetterlinge und zwei Wanzen wurden später nach der großen Naturforscherin und Künstlerin benannt.

Lesenswert:
Maria Sibylla Merian: *Das kleine Blumenbuch*. Frankfurt/Main 1984.
Neues Blumenbuch, München 1999.
Das kleine Buch der Tropenwunder, Frankfurt/Main 1999.
Das Insektenbuch. Metamorphosis insectorum Surinamensium, Frankfurt/Main 1999.

Charlotte Kerner: *Seidenraupe, Dschungelblüte. Die Lebensgeschichte der Maria Sibylla Merian*, Weinheim 1998.

Ingrid Möller: *Ein Schmetterling aus Surinam. Die Kindheit der Maria Sibylla Merian*. Roman, Weinheim 1997 (ab 10 Jahre).

Helmut Kaiser: *Maria Sibylla Merian. Eine Biographie*, Düsseldorf/Zürich 1997.

Utta Keppler: *Die Falterfrau. Maria Sibylla Merian*. Biographischer Roman, München 1999.

 AUF DEN PUNKT GEBRACHT

Eine Frau, die genau hinsah, wo andere sich ekelten, und so zur Begründerin der Insektologie wurde.

Katharina die Große

■ Eigenhändiger Brief der Großfürstin Katharina Alexejewna, der späteren Katharina II., an die Kaiserin Elisabeth Petrowna in französischer Sprache vom September 1744.

Es war Sommer, aber in der Kirche fror Katharina – trotz der vielen Menschen, die sie umgaben. Sie zitterte. Denn ein Traum würde sich erfüllen: Sie sollte zur Zarin ausgerufen werden. Jetzt und hier und auf Lebenszeit.

Katharina II. regierte nach diesem Tag im Juni 1762 noch 34 Jahre lang und sollte zu den Großen unter den gekrönten Häuptern ihrer Zeit zählen. Aber wer hätte damals in St. Petersburg eine solche Prognose gewagt? Ihr Mann, der rechtmäßige Zar Peter III., lebte noch. Der unfähige und allzu preußenfreundliche Enkel Peters des Großen war in einem Staatsstreich entmachtet und festgesetzt worden. Und wo stand geschrieben, dass seine Gemahlin die Nachfolge auf dem Zarenthron antreten dürfte? Allenfalls hätte man ihr die Regentschaft für den damals achtjährigen Sohn Paul antragen können. Doch gewisse Kreise aus Adel, Militär und Geistlichkeit wollten Katharina auf dem Thron und schufen vollendete Tatsachen. Die neue Zarin zog in den Winterpalast ein. Sie war dreiunddreißig Jahre alt. Kurz darauf wurde ihr Mann Peter – mit dem sie sich nie verstanden hatte und von dem wahrscheinlich keines ihrer drei Kinder war – in seinem Gefängnis umgebracht. Diese Tat warf einen blutigen Schatten auf Katharina. Sie ließ den Mord vertuschen und verbreitete die Meldung, ihr Mann sei an einer Kolik verstorben.

■ Katharina die Große am Sarg der Kaiserin Elisabeth Petrowna im Januar 1762. Gemälde von Nikolai Nikolajewitsch Gay, 1874. Tretjakow Galerie, Moskau.

KATHARINA DIE GROSSE

Eine Krone hatte sich die deutsche Prinzessin Sophie von Anhalt-Zerbst schon als Kind gewünscht. Sie war in Stettin zur Welt gekommen – als Tochter eines hohen, aber besitzlosen Aristokraten, der in preußischem Militärdienst war. Ihre Mutter entstammte dem Hause Holstein-Gottorp. Nach dem Ableben des Fürsten von Anhalt-Zerbst konnte Sophies Familie auf das anhaltinische Schloss übersiedeln, wo die Prinzessin ihre späte Kindheit verlebte. Sie war ein gelehriges, eigensinniges und selbstbewusstes Mädchen. Ihre Mutter kümmerte sich nicht viel um sie, aber mit ihrem Vater verband sie eine zärtliche Zuneigung. Er war es denn auch, der zunächst nein sagte, als seine 15-jährige Tochter eine Einladung ins ferne Moskau erhielt.

In Russland hatten nach dem Tod Peters des Großen im Jahre 1725 nur mäßig tüchtige Herrscher den Zarenthron innegehabt. Ein Putsch folgte dem anderen. Den einflussreichen Adelscliquen ging es dabei um Erhalt und Ausbau ihrer Privilegien. Schwache Zaren waren willkommen – ließen sie sich doch leichter von den Hofleuten und Grundherren manipulieren. Auch Peters Tochter Elisabeth, die im Jahre 1744 regierte, war keine weitblickende Kaiserin. Außer in diesem einen Punkt: Sie wollte, da selbst unverheiratet, dem Volk beizeiten einen Nachfolger präsentieren. Dazu hatte sie ihren Neffen Karl Peter Ulrich ausersehen, einen Enkel Peters des Großen. Als er sechzehn Jahre alt geworden war, wollte sie ihn verheiraten, um den eigenen Thron durch eine kaiserliche Familie abzustützen. Brautwerber zogen durch ganz Europa.

So kam 1744 auch ein Kurier nach Anhalt-Zerbst. Friedrich II. von Preußen höchstselbst hatte die Russen auf Prinzessin Sophie aufmerksam gemacht – nachdem er ultimativ entschieden hatte, dass für seine eigenen Schwestern keine russische

■ »Katharina die Große als Gesetzgeberin«. Gemälde von Dimitri Grigorjewitsch Lewitzki um 1783. Tretjakow-Galerie, Moskau.

Auf Grigorij Alexandrowitsch Potemkin, Feldmarschall und Günstling Katharinas, geht die Bezeichnung: »Potemkinsche Dörfer« zurück. Anlässlich einer Reise der Zarin in den Süden (1787) ließ Potemkin entlang des Dnjepr-Flusses, auf dem der Hof in sieben Luxusgaleeren entlangschiffte, glänzende Häuserfassaden errichten und winkende Menschen aufmarschieren, um Wohlstand und Zufriedenheit vorzutäuschen – eine Praxis, die zum Beispiel in der DDR noch bis in die 1980er Jahre gepflegt wurde.

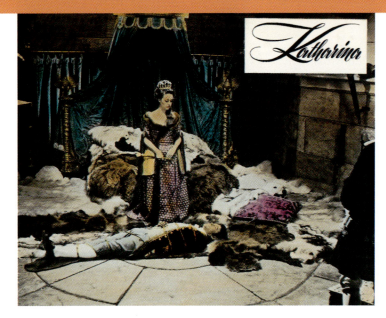

■ Jeanne Moreau als Katharina die Große in der Gordon-Flemyng-Verfilmung von 1978.

■ Bericht des Wiener Botschafters Graf Mercy d'Argenteau an den österreichischen Kanzler Kaunitz im Juli 1762 über die »Eigentliche Caracterenbeschaffenheit der neuen rußischen Kayßerin« in Zahlen verschlüsselt und in Wien transkribiert.

Heirat in Frage kam. Im Schloss zu Zerbst herrschte helle Aufregung, nachdem der Eilbote seine Briefe entrollt hatte. »Als wir vom Tisch aufgestanden waren«, schreibt Katharina in ihren Lebenserinnerungen, »schlossen sich meine Eltern ein, und es gab großes Gelaufe im Hause. Dieser und jener wurde gerufen, aber mir sagte man kein Wort.« Erst nach drei Tagen erfuhr Sophie, was los war: Man würde nach Rußland reisen, um vom dortigen Thronfolger, Großfürst Peter, empfangen zu werden! Eine allerhöchste Hochzeit stand in Aussicht.

Es ging alles sehr schnell. Nach beschwerlicher Reise landete man erst in St. Petersburg – Sophie reiste mit ihrer Mutter – und zog dann weiter nach Moskau. Elisabeth war mit der zukünftigen Frau ihres Neffen hoch zufrieden, der Neffe selbst zeigte Sophie die kalte Schulter. Doch war dies nicht ganz ernst zu nehmen, denn er war erst sechzehn und einfach zu unreif. Sophie trat zum orthodoxen Glauben über und erhielt den Namen Katharina. Sie lernte Russisch. Es kam zur Verlobung. Später, nach der Hochzeit, hieß es Abschied von der Mutter zu nehmen. Den Vater und ihre Heimat sah die 15-Jährige nie wieder.

Wie stand sie das bloß alles durch? Ihre Memoiren geben Auskunft, sprechen von ihrem Kummer über die Verluste, von ihrer Enttäuschung über das abweisende Verhalten ihres Verlobten. Aber in

Katharina, einer intelligenten, willensstarken, gut aussehenden jungen Frau, regte sich offenbar schon früh ein erstaunliches Machtbewusstsein. »In Wahrheit«, bekannte sie, »lag mir an der russischen Krone mehr als an seiner (Peters) Person.« 1745 fand die Vermählung statt. Die Ehe wurde auf geradezu desaströse Weise unglücklich. Katharina tröstete sich jedoch mit Liebhabern, fand Geschmack am Hofleben, interessierte sich für ihr neues Land. Obwohl man Zurückhaltung von ihr erwartete, mischte sie sich in Staatsangelegenheiten ein. Sie las viel: Tacitus, Diderot, Montesquieu. Nach und nach entwickelte sie Vorstellungen von Reformen, die Russland brauchte. 1761 starb Elisabeth. Peter III. bestieg den Thron, von dem er schon ein Jahr später wieder vertrieben wurde. Jetzt war Katharina die Zarin. Sie wusste, was sie für Russland tun wollte: Verwaltung und Justiz sollten reformiert werden, die Prinzipien der europäischen Aufklärung auch in Russland Geltung erlangen und ihre Untertanen endlich in den Genuss von Gerechtigkeit und Freiheit kommen.

Aber Katharina setzte nicht einen einzigen ihrer ehrgeizigen Pläne um. Die Rechtsreform blieb Papier, die Aufklärung löbliche Absicht und die Freiheit ein Traum der immer schlimmer ausgebeuteten Bauern. Die Zarin wollte viel, blieb aber den adligen Gruppierungen, die ihr zur Macht verholfen hatten, verpflichtet. Das bedeutete in der Praxis: Sie schaffte die letzten Rechte der Leibeigenen, zum Beispiel dass sie einen grausamen Grundherren verlassen durften, auch noch ab, stärkte die Autokratie, ließ Aufrührer hinrichten und befreite die Angehörigen der besitzenden Klassen von allen Abgaben und Verpflichtungen gegenüber Hof und Staat. Für die Bauernaufstände, die sich bis zu regelrechten Kriegen steigerten, hatte sie nicht das geringste Verständnis, sie reagierte mit äußerster Härte. Außenpolitisch war sie – mit ihren Generälen, darunter ihr Günstling Orlow – erfolgreich. Die Teilung Polens und der Sieg in zwei türkischen Kriegen verschafften ihr territorialen Zugewinn. Auch verstand sie es, sich auf der

■ Szene aus dem Film *Die große Zarin* von Josef von Sternberg, 1934, mit Marlene Dietrich als Katharina.

> »Als am 6. November 1796 ein Schlaganfall Katharina hinwegnahm, vergaß man daher wohl über dem äußeren Glanz ihrer Regierung, dass das Reich in seinem Inneren ein wildes Chaos darstellte, dass die Knechtung der leibeigenen Bauern zu ihrer Zeit ihre schlimmste Höhe erreichte.«
>
> ERICH BOEHME in der Einleitung der ersten deutschen Ausgabe von Katharinas Memoiren, 1913

europäischen Bühne als hoch gebildete und reformwillige Staatslenkerin zu inszenieren. Voltaire, mit dem sie korrespondierte, bewunderte sie, Goethe fand anerkennende Worte. Im Innern aber, im Lande selbst, richtete sie nichts Gutes aus. Mütterchen Russland stöhnte während ihrer Regierungszeit ärger denn je. Als die französische Revolution ausbrach, erschrak Katharina bis ins Mark. Um »die Pariser Pest« daran zu hindern, Russland anzustecken, verschärfte sie die Zensur und schickte Kritiker der russischen Zustände nach Sibirien.

An der Aufgabe, den russischen Staat zu reformieren, sind vor und nach Katharina noch viele gescheitert. Sie hatte wohl keine echte Chance. Immerhin brachte sie das Volksschulwesen voran und führte die Pockenimpfung ein. Auch den sich entwickelnden Zeitschriftenmarkt förderte sie durch eigene (anonyme) Beiträge. Schreiben war ihre Leidenschaft. Es gibt etliche Theaterstücke aus ihrer Feder. Und auf der Bühne des Lebens blieb Katharina die Große stets eine starke Frau, eine machtbewusste Monarchin, eine geschäftige Politikerin und eine begabte Selbstdarstellerin.

■ »Reiterbildnis Katharinas der Großen«. Gemälde um 1770 von Vigilius Erichsen. Musée des Beaux-Arts, Chartres.

KATHARINA DIE GROSSE

 LEBEN UND WERK

Kaiserin Elisabeth, die ab 1741 Russland regierte, sorgte schon bald nach der Regierungsübernahme für ihre Nachfolge. Sie holte ihren Neffen, den späteren Peter III., aus Holstein-Gottorp nach Russland und wählte Sophie Friederike Auguste Prinzessin von Anhalt-Zerbst, die spätere Katharina II., zu seiner Frau. So ging Katharina, die am 2. Mai 1729 in Stettin geboren wurde, 1744 nach Russland und heiratete im Jahr darauf den Thronfolger. Sie beschäftigte sich knapp zwanzig Jahre lang intensiv mit dem Studium des Landes und seiner Geschichte, lernte die russische Sprache, konvertierte zum russisch-orthodoxen Glauben. Sie galt als eine außergewöhnlich gebildete und belesene Frau. Die Regierungszeit Peters III. dauerte nur sechs Monate; im Juli 1762 stürzte ihn Katharina durch eine Palastrevolution, und kurze Zeit später wurde er umgebracht. Ob und inwieweit seine Frau an der Ermordung beteiligt war, ist ungeklärt. Jedenfalls übernahm sie die Alleinherrschaft über Russland. In den Jahren nach der Machtergreifung ging es ihr vordergründig um die Stabilisierung ihrer keineswegs unangefochtenen Stellung. Sie verstand es, ihre Macht durch geschicktes Taktieren im Umfeld des Hofes und der höheren Verwaltung sowie durch ihren Austausch mit Vertretern der französischen Aufklärung wie etwa den Philosophen Voltaire und Denis Diderot zu festigen. 1767 berief Katharina II. eine Kommission ein, der sie ihre »Große Instruktion« vorlegte, eine Anleitung für ein neues Gesetzbuch im Geiste der Aufklärung. Die Arbeit der Kommission wurde aber bald eingestellt, und es heißt, Katharina II. habe mit diesem Projekt nur die Absicht verfolgt, ihre Herrschaft im Innern weiter zu stabilisieren und ihr Prestige in Europa zu steigern. Ihre anfänglichen liberalen Reformpläne konnte sie nicht umsetzen, da ihre Machtposition in hohem Maße vom Adel abhängig war und sie ihm zunehmend Privilegien einräumen musste. Die Bauern verloren ihre letzten Rechte; auf Unruhen reagierte die Zarin mit härtesten Maßnahmen und verschärfte dadurch nur die Spannungen. Gemessen an der politischen Wirklichkeit war der europäische Ruhm Katharinas II. nicht gerechtfertigt. Aber St. Petersburg erlebte unter ihrer Herrschaft eine kulturelle Blüte. Katharina II. war eine leidenschaftliche Kunstsammlerin und hatte den Ehrgeiz, die bedeutendsten Sammlungen Europas in ihrer Stadt zu vereinen. 1764 erwarb sie den eigentlichen Grundstock für die Bildersammlung der Eremitage. Bei ihrem Tod umfasste ihre Kollektion fast viertausend Bilder. In der Baukunst vollzog sich unter ihrer Regentschaft allmählich der Übergang vom späten Barock zum Klassizismus. Katharina II. starb am 17. November 1796 in Zarskoje Selo.

 EMPFEHLUNGEN

Lesenswert:
Katharina die Große: *Memoiren*, Frankfurt/Main 1996.

Katharina die Große/Voltaire: *Monsieur, Madame. Der Briefwechsel zwischen der Zarin und dem Philosophen.* Übersetzt, herausgegeben und mit einer Einführung von Hans Schumann, Stuttgart 1991.

Reinhold Neumann-Hoditz: *Katharina II. die Große*, Reinbek 1988.

Isabel de Madariaga: *Katharina die Große. Das Leben der russischen Kaiserin*, München 1996.

Sehenswert:
Die große Zarin (The Scarlett Empress). Regie: Josef von Sternberg; mit Marlene Dietrich, John Logde, Luise Dresser, Sam Jaffe, USA 1934.

Besuchenswert:
Die Eremitage, eines der größten Museen der Welt, mit weltberühmten Bildern, Dworzowaja Nabereschnaja 32–36, St. Petersburg, und die umliegenden Sommerresidenzen der Zaren wie Peterhof, Zsarskoje Selo und Petro Pavlovsk.

 AUF DEN PUNKT GEBRACHT

Eine preußische Prinzessin, die im Intrigendschungel um den Zarenthron politisch überlebte und ihre Macht mehrte.

Mary Wollstonecraft

Heiraten? Nein. Liebe braucht keinen Stempel. Und: Was ist der Stempel wert, wenn die Liebe erlischt? Freiheit beginnt im Kleinen. Und so, wie der Geist die Freiheit braucht, um zu erkennen, kann auch das Herz nicht ohne sie schlagen und lieben ... Mary legt die Hand auf ihren Leib. Sie ist mit ihrem zweiten Kind schwanger. William, der Vater des Babys, das sie erwartet, hat die Ehe als Besitzverhältnis beschrieben, unwürdig eines liebenden Paares. Mary denkt wie er. Aber werden die Kinder das auch so sehen? Noch versteht Fanny – ihr erstes Kind – nicht, was die Leute sagen. Aber bald schon wird sie mit Wörtern wie »Bastard« und »illegitim« Herabsetzung und Schmerz verbinden. Sie wird den Preis für eine Entscheidung zahlen, die sie nicht selbst getroffen hat. Und dieses noch ungeborene Kind ... William fasst ihre Hand. Und sagt: »Lass es uns tun. Ich bestelle morgen das Aufgebot. An unseren Gefühlen wird sich nichts ändern.« Bald darauf, im März 1797, heiraten Mary Wollstonecraft und William Godwin. Sie tun es der Kinder wegen. Aber sie selbst, Freigeister und Revolutionäre, halten gar nichts von der staatlichen und kirchlichen Beglaubigung einer Leidenschaft. Und sie treffen Vorsorge: Neben der gemeinsamen Wohnung soll es Rückzugsräume für beide geben, Freundschaften und Arbeitsverhältnisse sollen ohne Einmischung des anderen geschlossen werden können. Sie suchen persönliche Bewegungsfreiheit trotz Ehe. »Ich fühle mich noch immer unabhängig«, schreibt Mary, »ich werde weiterhin meine eigenen Ideen und Prinzipien entwickeln und sie an meine Kinder weitergeben, auch wenn mein Ehemann sie ablehnt.«
Mary Wollstonecraft wurde im Jahre 1759 in einer Vorstadt Lon-

■ Mary Wollstonecraft, zeitgenössischer Stich.

> »Die Zeit ist reif für eine Revolution weiblicher Sitten, die den Frauen die verlorene Würde wiedergibt, damit sie als Teil der Menschheit daran arbeiten können, durch eigene Veränderung die Welt zu verändern.«
>
> Mary Wollstonecraft in *Plädoyer für die Rechte der Frau*

dons geboren. Ihr Vater, der ein kleines Erbe rasch durchgebracht hatte, versuchte sich erfolglos als Geschäftsmann. An eine Ausbildung der Tochter war nicht zu denken. Mary flüchtet oft aus dem häuslichen Kreis; der Vater trinkt und schlägt die Mutter. Bei den Eltern von Freundinnen und bei Nachbarn erhält das intelligente Kind Anregungen: Sie bildet sich weiter, so gut sie kann. Sobald sie alt genug ist, nimmt sie schlecht bezahlte Stellungen als Gesellschafterin und Hauslehrerin an. Zusammen mit Freundinnen gründet sie eine Schule, die sie jedoch bald wieder schließen muss; sie versucht sich an Übersetzungen und beginnt ihren ersten Roman. Der Kontakt mit ihrem Verle-

■ Die junge Mary Wollstonecraft. Zeitgenössisches Porträt.

ger Joseph Johnson, einem liberalen Geist und unkonventionellen Mann, der einen Zirkel fortschrittlich denkender Menschen um sich schart – unter ihnen der Schweizer Maler Henry Füssli und der Sozialphilosoph William Godwin –, kommt ihr in mehr als einer Hinsicht zugute. Der Druck ihres Erstlings, *Mary, A Fiction*, bringt ihr zumindest ein wenig Geld ein, und sie knüpft Verbindungen zu Zeitgenossen, die im Zeichen der Aufklärung wirken: raus aus den Gefängnissen von Religion, Hierarchie, Ungleichheit und Unwissenheit. Lasst uns wagen, die Menschen frei, gleich und brüderlich zu denken. Die Amerikaner und die Franzosen haben es vorgemacht.

Es gehörte im 18. Jahrhundert viel Mut dazu, als ledige Frau in einem Intellektuellenzirkel zu verkehren, Bücher zu schreiben und an politischen Debatten mitzuwirken. Mary Wollstonecraft besaß diesen Mut. In ihrer ersten Polemik wendete sich gegen den Reaktionär Edmund Burke, der die Ziele der französischen Revolution heftig bekämpfte. Zwar applaudierten die Mitglieder von Johnsons Kreis ihr begeistert, aber hier galt die etablierte Alltagsmoral ja auch nichts. Doch Marys Familie, ihre Vermieterin und der Ladeninhaber an der Ecke sahen die Sache ganz

■ Zeitgenössisches Porträt von Mary Shelley, der Tochter von Mary Wollstonecraft. Mary Shelley war mit dem Dichter Percy B. Shelley verheiratet.

anders. Für Mary war das nur ein Grund mehr, ihre republikanischen und egalitären Überzeugungen zu formulieren. In einer zweiten Kampfschrift geht es ihr um die Benachteiligung der Frauen, vor allem auf dem Felde der Bildung. Ihr *Plädoyer für die Rechte der Frau*, das bis heute als Bibel der Emanzipation gilt, erschien 1792.

Mary besucht auch deshalb so gern die Treffen bei Johnson, weil sie sich in den Maler Füssli verliebt hat. Die Chancen für eine Erfüllung dieser Liebe stehen allerdings schlecht. Füssli ist verheiratet, und er entscheidet sich für seine Ehe.

Inzwischen ist die französische Revolution in eine neue Phase eingetreten, und es herrscht der Terror. Ängstliche Naturen fahren jetzt lieber nicht nach Paris. Mary jedoch fährt. Sie braucht Abstand von London, von Johnsons Zirkeln und vor allem von Henry. In Paris kennt man sie, ihr Buch über die Rechte der Frauen wird hier diskutiert, und sie findet bald Aufnahme in intellektuellen und politischen Kreisen, die den Girondisten nahe stehen. Sie ist in ihrem Element. Weiterdenken, etwas Neues herausfinden, zu Ende denken – das ist es, was sie braucht, was sie kann und was sie glücklich macht. Dass Frauen nicht auf die Rolle als Gattin und Mutter reduziert werden dürfen, dass auch sie etwas lernen, beruflich tätig sein und eigenes Geld verdienen müssen, dass sie politisch mitbestimmen und eine »bürgerliche Existenz im Staate« führen sollen – das ist ihr Anliegen, und sie trägt es mit Feuer vor, wobei auch die fortschrittlichen Franzosen ihr keineswegs immer zustimmen. Der Gedanke von der Gleichheit der Geschlechter war auch im Kontext der »grande revolution« keineswegs populär. Aber er war möglich geworden.

Wie ungleich Männer und Frauen faktisch lebten, erfuhr Mary am eigenen Leibe. Für einen jungen Mann war die Liaison mit einer Frau, die von ihm schwanger wurde, damals nicht von großer Bedeutung; an seiner Laufbahn, seiner Reputation, seiner Stellung in der Welt brauchte sich nichts zu ändern. Aber wie stand es mit der Frau? Mary war vor der Liebe geflüchtet, nur um ihr aufs Neue zu begegnen. Der Erwählte hieß Gilbert Imlay, war Amerikaner und hatte sich als Buchautor in Paris einen Namen gemacht. Es entwickelte sich eine Liebschaft, die auf Marys Seite von starken Gefühlen erfüllt war. Doch Imlay ist ein Herzensbrecher. Schon bald hat er eine andere. Mary ist schwanger, will den Freund nicht unter Druck setzen und sieht sich zur gleichen Zeit von Verhaftung bedroht, da die Girondisten gejagt werden. Sie muss sich verstecken. Imlay hält sie hin und geht auf Geschäftsreisen. Sie schenkt einer Tochter das

■ Zeitgenössisches Porträt der Mary Wollstonecraft von Samuel John Stump.

Als *Girondisten* bezeichnete man die gemäßigten Vertreter des Jakobinerclubs, der den Verlauf der französischen Revolution entscheidend mitbestimmte. Ziel war die Republik. Die Girondisten stellten etliche der ersten revolutionären Minister. Sie alle waren Abgeordnete des Departements Gironde – daher der Name. Später, unter der Herrschaft Robespierres, wurden die Girondisten als Feinde der Revolution kaltgestellt, verfolgt, verhaftet, viele auch hingerichtet. Nach dem Ende der Schreckensherrschaft kehrten einige der überlebenden Girondisten in die Politik zurück.

■ Mary Wollstonecraft porträtiert von John Opie um 1790. London, Tate Gallery.

Leben, verbringt einen harten Winter im hungernden Paris. Schließlich erkennt sie, dass sie den Geliebten verloren hat. Sie kehrt nach London zurück, schreibt Gilbert einen Abschiedsbrief, in dem sie ihren Selbstmord ankündigt. Tatsächlich stürzt sie sich in die Themse, wird aber gerettet. Inzwischen ist sie 36 Jahre alt. Sie hat eine Reihe von Büchern geschrieben, und sie schreibt weiter. Literatur und Politik sind ihr Leben. Sie besucht alte Bekannte und frischt die Freundschaft mit William Godwin auf. Es wird mehr daraus. Mit ihm macht sie endlich die Erfahrung, dass Erotik und Geborgenheit sich nicht ausschließen müssen. Das Wichtigste aber bleibt für dieses Paar der geistige Austausch, die Neugier auf das Argument des anderen, die Debatte.

Wenige Monate nach ihrer Heirat im Jahr 1797 kommt die Tochter Mary zur Welt. Die Eltern sind glücklich. Aber die Mutter erholt sich nicht; 38-jährig stirbt sie im Kindbett.

Fast scheint es, als wäre Mary Wollstonecraft in ihrer und Godwins Tochter wiedergeboren. Auch diese Mary erweist sich später als klug und wissbegierig, folgt gegen Sitte und Anstand ihrem Geliebten, dem Dichter Percy B. Shelley, bekommt »illegitime« Kinder und wird Schriftstellerin. Sie ist die Autorin des berühmten *Frankenstein*.

MARY WOLLSTONECRAFT

 LEBEN UND WERK

 EMPFEHLUNGEN

Die Schriftstellerin und Frauenrechtlerin Mary Wollstonecraft – die in vielen Nachschlagewerken unter Ihrem Ehenamen Mary Godwin zu finden ist – wurde am 27. April 1759 bei London als zweites von sechs Kindern geboren. Nur wenige Jahre bekam sie die Gelegenheit, eine Schule zu besuchen, und sie verschaffte sich ihr Wissen hauptsächlich aus Büchern. Schon früh war sie auf sich selbst gestellt; um ihren Lebensunterhalt zu verdienen, arbeitete sie als Gesellschafterin und Gouvernante. Mit 24 Jahren gründete sie mit ihrer Schwester Eliza und ihrer Freundin Fanny Blood eine Schule. Nachdem diese nur zwei Jahre später aus finanziellen Gründen schließen musste, veröffentlichte Mary Wollstonecraft ihre Schulerfahrungen in einem Erziehungsbuch für Mädchen. Sie forderte darin die Verbesserung der weiblichen Bildung. Im Jahr darauf erschien ihr erster Roman: *Mary, Eine Fiktion*, in dem sie das Thema ihres ersten Buches literarisch aufgriff. Sie zog nach London, arbeitete dort für den Verleger Joseph Johnson als Rezensentin und schrieb ein weiteres pädagogisches Buch mit dem Titel *Wahre Geschichten vom wirklichen Leben*. Mary Wollstonecraft vermittelt darin ihre Erziehungsideale in Form von Lehrgeschichten, erzählt von einer engagierten Gouvernante. Ihrer Schrift *Verteidigung der Menschenrechte (A Vindication of the Rights of Men*, 1790) folgte bald (1792) mit dem leidenschaftlichen *Plädoyer für die Rechte der Frau (Vindication of the Rights of Women)* ihr bekanntestes Werk. Durch diese Veröffentlichung berühmt geworden, ging sie mit 33 Jahren nach Paris, um die französische Revolution aus der Nähe mitzuerleben; sie verfasste die Studie *Eine historische und moralische Ansicht des Ursprungs und Fortgangs der Französischen Revolution (A Historical and Moral View of the French Revolution*, 1794). In Paris verliebte sie sich in den Amerikaner Gilbert Imlay, der sie jedoch bald nach der Geburt ihrer Tochter Fanny verließ. Bevor Mary Wollstonecraft schließlich nach London zurückkehrte, machte sie eine Reise nach Skandinavien, die sie in einem später viel gelesenen Bericht festhielt. 1797 heiratete sie den Schriftsteller William Godwin (1756–1836). Die Geburt ihrer zweiten Tochter Mary überlebte sie nur um wenige Tage. Sie verstarb am 10. September 1797. Nach ihrem Tod gab William Godwin ihre Werke in vier Bänden heraus und schrieb ihre Biographie. In den nachfolgenden anderthalb Jahrhunderten wurde Mary Wollstonecraft allerdings eher Verachtung als Anerkennung zuteil. In ihren aufrührerischen Schriften und ihrem für damalige Verhältnisse anstößigen Lebensstil sah man einen Angriff auf die weibliche Tugend. Erst im Zuge der Frauenbewegung in der zweiten Hälfte des 20. Jahrhunderts wurde ihre Rolle als Begründerin der Frauenrechtsbewegung vielfach hervorgehoben.

Lesenswert:
Mary Wollstonecraft: *Ein Plädoyer für die Rechte der Frau*. Mit einem Nachwort von Barbara Sichtermann, Weimar 1999.
Reisen in Skandinavien, Passau 1991.
Maria or The Wrongs of Women. CD-ROM, Andelsbuch 1999.

Mary Wollstonecraft / William Godwin: *Das Unrecht der Frauen. Erinnerungen an Mary Wollstonecraft*, Berlin 1993.

Jane Moore: *Mary Wollstonecraft*, Northcote House Publishers 1999.

Frances Sherwood: *Verstand und Leidenschaft*. Frankfurt 1995.

Mary Shelley: *Frankenstein oder Der moderne Prometheus*, Frankfurt/Main 1999.

 AUF DEN PUNKT GEBRACHT

Dass in der Zeit des großen Umbruchs nach der französischen Revolution auch die Frauenfrage gestellt wurde, ist unter anderem das Verdienst dieser Engländerin.

Caroline Schlegel-Schelling

■ Caroline geb. Michaelis, 1784 verehelichte Böhmer, 1796 verehelichte Schlegel, 1803 verehelichte Schelling. Gemälde von Johann Friedrich August Tischbein d.J. von 1798. Schiller-Nationalmuseum, Marbach.

Die Gastgeberin stellt noch einen Stuhl in den Salon. Sie überprüft die Blumen, die Kerzen, die Getränke, sie schürt das Feuer. Das alles macht sie selbst, sie macht es gern. Man ist hier in einem bürgerlichen Haushalt, für reichlich Personal fehlen die Mittel. Auch ihre Frisur richtet die Dame des Hauses allein. Bei der Spange im Nacken hilft ihr die Tochter. Es schellt. Der erste Gast. Die zierliche Frau zuckt leicht zusammen.

Caroline, verwitwete Böhmer und seit fast drei Jahren verheiratet mit dem Literaten August Wilhelm Schlegel, führt in Jena ein geselliges Haus von großzügiger Gastlichkeit. Erst später nennt man die diskutierfreudigen Runden, die sich im »Haus am Roten Turm« zusammenfanden, den »Jenaer Kreis«. Damals sind es für Caroline schlicht Freunde, Verwandte, Kollegen ihres Mannes. Die heute noch bekannten Namen lauten Ludwig Tieck, Novalis, Friedrich Schlegel, Dorothea Veit und Friedrich Joseph Schelling, ein sehr junger Philosoph, der auf Betreiben Goethes eine Professur an der Universität erhalten hatte. In diesen Jüngling verliebt sich Caroline leidenschaftlich. Sie kann es selbst nicht fassen, ist sie doch längst über die Blüte ihrer Jahre hinaus, und der Feuerkopf, dem ihre Liebe gilt, zwölf Jahre jünger. Aber was soll sie machen? Sie kann ihr Gefühl nicht verleugnen. Das hat sie nie getan.

Caroline war der weibliche Mittelpunkt des »Jenaer Kreises«, nicht nur wegen ihrer mädchenhaften Figur und ihrer erotischen Ausstrahlung. Sie konnte reden. Sie hatte Ideen. Es ging ihr um Wissen und Weisheit, Poesie und Sprache, Entwürfe für die Zukunft, und sie verkörperte damit die Ideale des frühromantischen Aufbruchs. Man suchte eine Literatur, eine Kunst, die atmete und voller Leben war.

Im Jahre 1763 kommt sie in Göttingen zur Welt. Ihr Vater Johann Michaelis ist ein angesehener Gelehrter; das Kind saugt sozusagen beim Mittagessen das Wissen seiner Zeit in sich auf. Bald beherrscht sie Fremdsprachen, liest ausdauernd, interessiert sich für alles. Die Beschränkungen, die ihr als Mädchen auferlegt sind, ärgern sie zwar – aber sie nimmt sie hin. Von dem rebellisch-frühfeministischen Gedankengut, das ihre Epoche im Gefolge der französischen Revolution bereitstellt, will sie nicht viel wissen. »Man schätzt ein Frauenzimmer nur nach dem, was sie als Frauenzimmer ist«, stellt schon die 18-Jährige fest.

In ihrer Jugend ist sie äußerlich angepasst. Sie wehrt sich nicht einmal, als es ans Heiraten geht und ihr der Bruder einen Freund und Nachbarn als Gatten aussucht: den Arzt Johann Böhmer. Sie nimmt ihn, zieht mit ihm nach Clausthal; Liebe ist es von ihrer Seite nicht, aber Sympathie ist da und die Bereitschaft, ein Leben als Arztfrau und Mutter zu führen. Eine Tochter, Auguste, wird geboren. Das zweite Mädchen, Theresa, stirbt früh. Caroline ist zum dritten Mal schwanger, als ihr Mann einer Infektion erliegt. Sie trauert, geht zurück nach Göttingen, bringt einen Jungen zur Welt und begreift plötzlich, dass sie frei ist.

Der Neubeginn verläuft zunächst schmerzlich: Ihr kleines Kind wird nur ein paar Wochen alt. Caroline nimmt Auguste bei der Hand und geht nach Mainz, zu ihrer Freundin Therese, die mit einem Vorkämpfer der Demokratie, Georg Forster, verheiratet ist. Dort erlebt die junge Frau die Kämpfe um die Stadt mit. Man schreibt das Jahr 1792, der revolutionäre Funke ist von Frankreich übergesprungen, Mainz wird Republik und als solche von den Franzosen verteidigt. Die Politik zieht Caroline in ihren Bann, sie verkehrt in Jakobinerklubs und tanzt mit den Welschen. Aber die Euphorie dauert nicht lange; die Preussen erobern Mainz zurück und legen es in Schutt und Asche. Caroline, als Republikanerin verfolgt, muss flüchten, wird gefasst und als Aufrührerin interniert. In äußerster Ver-

■ Titelseite des 1. Bandes und 1. Stücks von 1798 der Zeitschrift *Athenaeum* hrg. von August Wilhelm und Friedrich Schlegel.

■ Porträt des Schriftstellers, Übersetzers und Philosophen August Wilhelm Schlegel gemalt von A. Hoheneck.

■ Turbulente Sitzung des Jakobiner-Klubs im Jakobinerkloster in der Rue St. Honoré in Paris. Kupferstich von 1796.

zweiflung bittet sie ihren Bruder um Hilfe, der auch gleich herbeieilt und ihre Freilassung erwirkt. Und noch jemand erscheint, um ihr beizustehen und zwar mitsamt seinem Bruder Friedrich: August Wilhelm Schlegel, den sie als jungen Studiosus im Hause ihres Vaters kennen gelernt hatte und der sie seitdem schwärmerisch verehrt. Beistand braucht Caroline in der Tat, denn sie ist nicht nur auf der Flucht und genötigt, für die kleine Auguste zu sorgen, sondern auch noch schwanger: von einem französischen Leutnant, den sie bei den Forsters kennen gelernt hatte und der noch nicht mal zwanzig war! Sie vertraut sich den Brüdern Schlegel an, reist mit ihnen unter falschem Namen nach Sachsen, wo sie sich im Städtchen Lucka nahe Leipzig einquartiert. Dort bringt sie ihr »Kind der Glut und Nacht«, einen Sohn, zur Welt. Sie gibt ihn in Pflege und sucht mit Auguste nach einer neuen Heimat. Sobald sie etwas gefunden hat, will sie das Kind zu sich nehmen. Aber der Kleine wird nur siebzehn Monate alt.

August Wilhelm Schlegel hat um die viel Ältere geworben, Friedrich Schlegel sich in die Schwangere verliebt. In seinem Roman *Lucinde* würdigt er sie als »Frau, die einzig war und die meinen Geist zum ersten Mal ganz und in der Mitte traf«. Caroline aber empfindet nur Freundschaft für die Brüder – und Dankbarkeit.

> Die Jakobiner – so genannt nach dem Jakobinerkloster in der Rue St. Honoré in Paris, wo der Verein sich erstmals traf – waren Mitglieder eines revolutionären politischen Klubs, der im Verlauf der Grande Révolution von 1789 alle Fragen der Monarchie, der Verfassung und der Republik diskutierte. Er bereitete die Berufung des Nationalkonvents vor. Unter Robespierre griffen die Jakobiner zu Mitteln des Terrors, was ihren Ruf als Freiheitskämpfer beschädigte. 1794 wurde der Klub geschlossen, ein Reorganisationsversuch unter dem Direktorium 1799 misslang. – Erkennungszeichen der Jakobiner war die rote Mütze.

Und das zu Recht. Denn die Loyalität der Schlegels für die »gefallene Frau« und Umstürzlerin, als die Caroline weithin verteufelt und gemieden wurde, war nicht selbstverständlich. Sie heiratet August Wilhelm und geht mit ihm nach Jena.
Den Denker Schlegel reizt das intellektuelle Klima des Städtchens, die Nähe Humboldts, Herders, Goethes. Auch Schiller wird man treffen – dessen Gedichte allerdings von Caroline mit Spott bedacht werden. August Wilhelm wird seine Shakespeare-Übersetzungen überarbeiten – und von seiner Frau darin bestärkt werden, sich den »ganzen« Shakespeare zuzutrauen. Caroline wird sich als Kritikerin einen Namen machen. Friedrich wird kommen, mit seiner Dorothea. Man wird zusammenleben und -arbeiten in einer romantischen Kommune; demokratische Ideen werden diskutiert, eine Zeitschrift gegründet, der »Jenaer Kreis« entsteht … Und so könnte alles gut ausgehen, wäre da nicht – die Liebe.
Bislang kannte Caroline die Liebe noch nicht. Ihre Ehen waren Bündnisse mit Sinn und Nutzen, aber keine Liebesbindungen. Ihre Seitensprünge waren Abenteuer mit Charme und Lust, aber ohne tiefes Gefühl. Und jetzt kommt plötzlich alles zusammen. Der Mann, der in ihr Herz, Sinne und Geist zugleich berührt, heißt Friedrich Schelling. August Wilhelm

■ »Beschießung von Mainz am 5. Juli 1793«. Zeitgenössischer Kupferstich von Johann Martin Will
■ Deckblatt des »Protokolls der Freunde der Freiheit und Gleichheit« vom Mainzer Jakobiner-Klub 1793.

■ Porträt des jungen Philosophen Friedrich Schelling. Pastell um 1801/02 von Christian Friedrich Tieck. Schiller-Nationalmuseum, Marbach.

Schlegel zieht sich verletzt zurück. Empört reagiert auch sein Bruder Friedrich: Hat er nicht einst auf die Angebetete verzichtet, damit sein Bruder sie heiraten konnte, und nun ... Der Klatsch blüht; »Dame Luzifer«, wie Schiller die Madame Schlegel betitelt, ist mal wieder für einen Skandal gut. Aber noch hält sie an ihrer Ehe fest. Erst als auf einer Reise mit Schelling die 15-jährige Auguste, die längst als jüngstes, aber nicht unbedeutendes Mitglied des »Jenaer Kreises« gelten darf, an der Ruhr erkrankt und stirbt, ist für Caroline wieder eine Epoche zu Ende. Sie kommt sehr schwer über den Verlust ihres ersten und letzten Kindes hinweg. Ist dieser Tod eine Strafe für den Ehebruch? Caroline versucht den so viel jüngeren Geliebten in die Rolle eines »Sohnes« abzudrängen, sie glaubt, kein Recht mehr darauf zu haben, in seinem Arm zu liegen. Aber glücklicherweise halten beide diese konstruierte Entfernung nicht ein. Caroline wird von Schlegel geschieden und heiratet Schelling in ihrem vierzigsten Jahr. Die Zeit an seiner Seite – das Paar lebt in Würzburg, später in München – stellt sie ganz in den Dienst an seinem Werk. Sie stirbt – viel zu früh, nach sechs Jahren Ehe mit ihrem »herrlichen Menschen« – an derselben Krankheit, die ihr auch die Tochter genommen hatte.

> »Wäre sie mir nicht gewesen, was sie war, ich müsste als Mensch sie beweinen, trauern, dass dieses Meisterstück der Geister nicht mehr ist, dieses seltne Weib von männlicher Seelengröße, von dem schärfsten Geist, mit der Weisheit des weiblichsten, zartesten, liebevollsten Herzen vereinigt. O etwas der Art kommt nie wieder.«
> FRIEDRICH SCHELLING an Carolines Bruder Philipp, kurz nach dem Tod seiner Frau

CAROLINE SCHLEGEL-SCHELLING

 LEBEN UND WERK

Die Kindheit und Jugend der am 2. September 1763 in Göttingen geborenen Caroline Schlegel-Schelling waren geprägt von der geistig anregenden Atmosphäre ihres Elternhauses, in dem ihr Vater, der international bekannte Orientalist Johann David Michaelis, so berühmte Gäste wie Lichtenberg, Lessing und Goethe empfing. Vor diesem Hintergrund empfand Caroline Schlegel-Schelling ihr angepasstes Hausfrauen- und Mutterdasein in der Provinzstadt Clausthal an der Seite des Arztes Johann Böhmer, den sie mit zwanzig Jahren geheiratet hatte, als einengend und langweilig. Nach dem frühen Tod ihres Mannes lehnte sie eine neue Bindung ab. Auch zwei ihrer drei Kinder starben früh. Auf der Suche nach einem neuen, eigenständigen Leben zog sie mit ihrer Tochter Auguste nach Mainz. Dort lebte ihre Freundin Therese. Sie war mit Georg Forster verheiratet, der 1792 für die von den Franzosen ausgerufene Mainzer Republik eintrat. Im Haus ihrer Freunde begegnete Caroline Schlegel-Schelling deutschen und französischen Republikanern, nahm an Sitzungen des Mainzer Jakobinerklubs teil und begeisterte sich für die Ideen der bürgerlichen Revolution. Als die preußischen Truppen Mainz zurückeroberten, wurde sie als Republikanerin 1793 verhaftet und in Königstein im Taunus inhaftiert. Ihr Bruder konnte ihre Freilassung erreichen. Wieder auf freiem Fuß, standen ihr die Brüder August Wilhelm und Friedrich Schlegel zur Seite; sie erwartete ein Kind von einem Franzosen, das sie heimlich in Leipzig zur Welt brachte. Es starb nur wenige Monate nach der Geburt. 1796 heiratete sie den Schriftsteller und Literaturkritiker August Wilhelm Schlegel und ging mit ihm nach Jena. Ihr Haus wurde zum gesellschaftlichen Zentrum der Jenaer Frühromantiker. Caroline Schlegel-Schelling stand nicht nur als Gastgeberin im Mittelpunkt des Kreises, sondern ebenso als geistige Anregerin und vielfache Vermittlerin und beeinflusste das Frauen- und Menschenbild der Gruppe. Sie arbeitete an der Zeitschrift *Athenäum* mit, schrieb Rezensionen belletristischer Werke, vor allem aber unterstützte sie die Arbeit Schlegels, beteiligte sich an seiner ersten Shakespeare-Übersetzung und mehreren Aufsätzen. 1801 trennte sie sich von ihm und heiratete 1803 den wesentlich jüngeren Philosophen Friedrich Wilhelm Schelling, mit dem sie nach Würzburg zog. Am 7. September 1809 starb sie im Alter von sechsundvierzig Jahren auf einer Reise in Maulbronn. Von ihren schriftlichen Arbeiten sind einzig ihre Briefe erhalten – davon über vierhundert.

 EMPFEHLUNGEN

Lesenswert:
Caroline Schlegel-Schelling: *Die Kunst zu leben*. Herausgegeben und mit einem Essay von Sigrid Damm, Frankfurt 1997.

Margarete Susman: *Frauen der Romantik*, Frankfurt/Main 1996.

Brigitte Struzyk: *Caroline unterm Freiheitsbaum*. Roman, Berlin 1988.

Petra Plättner: *Das Grab der Caroline Schlegel-Schelling in Maulbronn*, Marbach 1993.

Friedrich Schlegel: *Lucinde*, Frankfurt/Main 1985.

Besuchenswert:
Die Festung Königstein im Taunus, wo Caroline gefangen gehalten wurde.

 AUF DEN PUNKT GEBRACHT

Die Literatin und Salonière überzeugte durch Klugheit, Schönheit, Charakter und Herz. Mehr ist nicht möglich.

Madame de Staël

Die französische Revolution hatte den Terror entbunden und deshalb bei Zeitgenossen und Nachgeborenen Ängste und Verwünschungen ausgelöst. Aber es gab ja auch die Losungen der Freiheit, der Gleichheit und der Brüderlichkeit ... Die standen nun am Horizont der Menschheitsgeschichte und weckten Hoffnungen in aller Welt. Als die Franzosen die Guillotine abgebaut hatten und sich nach innerem Frieden sehnten, erschien Napoleon und gab ihnen ihr Selbstbewusstsein als »grande nation« zurück. Aber er forderte einen Preis dafür. Die Ideale der Freiheit und Gleichheit und der Traum von der Republik sollten neben das Fallbeil ins Zeughaus wandern. Er machte aus Frankreich einen modernen Militärstaat, aber keine Demokratie. Von den Franzosen verlangte er Gehorsam. Die meisten waren auch dazu bereit. Die Anarchie hatte sie bis ins Mark erschreckt. Jetzt priesen sie die Ordnung. Und brachten gern jedes Opfer dafür.

■ Zeitgenössisches Gemälde der Mme. de Staël von François Gerard. Chateau de Coppet, Coppet (Schweiz).

Eine Minderheit verteidigte jedoch die Ideale der Revolution und versuchte sogar, Bonaparte auf sie einzuschwören. Zu ihnen gehörte Madame de Staël. Diese außergewöhnlich kluge, gebildete und tapfere Frau wollte die Republik nicht aufgeben, und sie glaubte an den Geist der Aufklärung. Napoleons kriegerische Gelüste schienen ihr unvereinbar mit dem Selbstbestimmungsrecht der benachbarten Nationen, und seine kaiserlichen Ambitionen verletzten ihren Sinn für republikanische Freiheiten. Also versuchte sie Einfluss auf den Emporkömmling zu nehmen. Doch dieser erkannte in ihr eine gefährliche Widersacherin und ging mit

■ Jacques de Saint-Pierre liest aus seinem Hirtenroman »Paul et Virginie« im Salon der Suzanne Necker in Paris. Neben Mme. Necker ihr Töchterchen Germaine, nachmals Mme. de Staël. Kolorierter Holzstich um 1880.

drastischen Mitteln gegen sie vor. Wer war diese schwierige Dame eigentlich?

Sie wurde als Germaine Necker 1766 geboren; ihr Vater war ein vermögender Bankier und Finanzminister Ludwigs XVI. In seinem Hause verkehrten die illustren Geister seiner Zeit, und die kleine Germaine soll schon im zarten Alter zu d'Alembert und Diderot auf den Schoß gekrabbelt sein und den großen Aufklärern manche Frage gestellt haben. Ihre Klugheit verblüffte alle. Doch leider wurde sie nicht hübsch. Porträts zeigen ein eher grob geschnittenes Gesicht, und sie neigte später zu Fülle und Schwerfälligkeit. Aber ihre übergroßen Augen sollen einen magischen Glanz ausgestrahlt haben. Mit ihnen lockte sie Männer und Frauen in ihren Bann, und mit ihrer ungeheuer intensiven und interessanten Konversation band sie ihre Mitmenschen an sich – viele für immer.

Wie die meisten Frauen ihres Standes ging auch Germaine Necker eine sogenannte konventionelle Ehe ein – sie heiratete den Mann, den man ihr zuführte, einen gewissen Erik Magnus von Staël-Holstein. Der schwedische König hatte den Baron zu

»*Die Liebe macht das wahre Leben aus, der Ruhm ist nur die glänzende Nachtseite.*«
GERMAINE DE STAËL

seinem Botschafter in Paris ernannt. Also hatte er immerhin einen interessanten Posten. Und Germaine konnte sich »Gesandtin« nennen. Aber darüber hinaus bedeutete dieser Mann ihr nichts. Sie kam jedoch mit ihm aus. Immerhin gab er ihr, was sie brauchte, um all die schriftstellerischen und politischen Aktivitäten zu entfalten, zu denen es sie drängte: den Schutz und die Würde des Ehestandes.

Germaine de Staël war nicht nur klug und schriftstellerisch begabt, sie war auch eine sehr leidenschaftliche Frau. Es war in der damaligen Zeit trotz des vorübergehenden Tugendterrors durchaus normal, dass Eheleute einander ignorierten. Heirat bedeutete nicht Liebe, bedeutete aber auch nicht Verzicht auf Liebe. Ehefrauen, sofern hochstehend, durften flirten. Wenn sie fremdgingen, mussten sie darauf achten, dass es nicht auffiel. Ehemänner hatten sowieso alle Freiheiten. Madame de Staël nun war reich – und zwar sehr. Also wagten ihre Freunde nur hinter vorgehaltener Hand über sie zu lästern – wussten sie doch nicht, ob sie die einflussreiche Frau noch einmal brauchen würden. Und Germaine nutzte die Lage aus.

Wahrscheinlich ist keins ihrer Kinder von ihrem Mann. Ihre erste große Liebe hieß Louis de Narbonne; er war ein romantischer Traumprinz und mutmaßlich der Vater ihrer Söhne Auguste und Albert. Dann traf sie Benjamin Constant, einen Schriftsteller, der ihr geistig gewachsen war. Sie hielt ihn für »einen der hervorragenden Köpfe Europas«, und er sagte von ihr: »Ich habe selten eine solche Vereinigung von erstaunlichen und anziehenden Qualitäten gesehen, so viel Brillanz und Scharfsinn.« Lange Zeit waren die beiden ein Paar, die gemeinsame Tochter Albertine war bekannt für ihren Vorwitz und rothaarig wie ihr Vater. Nachdem Monsieur de Staël gestorben war, hätte Germaine ihren Benjamin heiraten können, was dieser auch gewünscht zu haben schien. Aber sie zog es vor,

■ Anne-Louise-Germaine Necker, Baronne de Staël-Holstein, genannt Mme. de Staël. Lithographie, 1833, nach einem Gemälde von Elisabeth Vigee-Lebrun.

verwitwete Baronin zu bleiben und ihr Vermögen selbst zu verwalten.

Madame de Staël erregte nicht nur durch ihre Lebensführung Aufsehen, sondern auch durch ihr Werk. Als ihr Roman *Delphine* erschien, hielt Paris den Atem an. Ging sie jetzt nicht zu weit, die Wortgewaltige? Forderte sie doch freies Ausleben der Leidenschaften für beide Geschlechter – und eine Ermöglichung der Ehescheidung! Bonaparte schäumte. Er hatte genug von dieser ewig protestierenden Protestantin, die der Pariser Gesellschaft den Geschmack an der Restitution aristokratischer Werte verdarb und in deren Salon an der Rue de Bac alle möglichen Opponenten zusammenkamen. Kurzerhand verbannte er sie aus der Hauptstadt. De Staël zog sich auf das väterliche Schloss Coppet am Genfer See zurück und hielt dort Hof. Freunde, Bewunderer, Liebhaber saßen ihr zu Füßen, aber die verstoßene Gesandtin verzehrte sich vor Sehnsucht nach Paris. Auch ihre daheim gebliebenen Freunde litten unter der Trennung. Juliette Récamier, Herzensfreundin der Madame de Staël und ebenfalls eine namhafte Salonière, schrieb ihr: »Es ist sehr schwer, sich daran zu gewöhnen, Sie nicht mehr zu sehen, wenn man das Glück gehabt hat, in Ihrer Nähe zu leben.«

Die Verbannte ist rastlos – jetzt kann, ja muss sie reisen. In Deutschland ist die Gegnerin Napoleons nur zu willkommen; in Weimar und Berlin wird sie von mächtigen Gelehrten und Politikern empfangen. Goethe schreibt ihr: »Sonnabend komme ich, um mich Ihnen ganz zu widmen, und ich hoffe, dass Sie das Diner bei mir mit Herrn und Frau von Schiller einnehmen wollen. Meine Ungeduld, Sie, Madame, zu sehen, wächst von Tag zu Tag, und Sie würden mit einem alten Freund sicherlich zufrieden sein, könnten Sie lesen, was in meiner Seele vorgeht.« Und noch eine Eroberung macht Madame de Staël in Deutschland, und diese heißt August Wilhelm Schlegel. Der Gelehrte ist so begeistert von ihr, dass er nicht von ihrer Seite weicht, und auch sie schätzt sein Wissen und seine inspirierende Unterhaltung über die Maßen. Als Lehrer ihrer Kinder begleitet er sie

■ Goethe porträtiert von Josef Stieler im Jahre 1828. Neue Pinakothek, München.

■ Der Dichter, Übersetzer, Literaturhistoriker und Kritiker August Wilhelm Schlegel. Gemälde von Johann Friedrich August Tischbein um 1790.

zurück in die Schweiz. Sie nimmt Eindrücke mit nach Hause, die sie später zu ihrem viel diskutierten Deutschlandbuch zusammenfassen wird.

Das Schweizer Schloss der liberalen Dame wird nachgerade zu einer Hochburg des Widerstandes gegen Napoleon. Dieser schlägt jetzt noch einmal zu. Er verbannt de Staël nicht nur aus Paris, sondern ganz aus ihrem Heimatland. Und er unterdrückt ihr Deutschlandbuch. Das komfortable Exil in Coppet wird für Germaine de Staël immer drückender. Sie reist nach Schweden und Russland, spricht in Sankt Petersburg mit Zar Alexander und wird eine, wenn auch inoffizielle, Gesandtin des republikanischen Frankreich. Man schätzt sie hoch, schließt von der Gefahr, die sie für den Kaiser der Franzosen darstellt, auf ihre Bedeutung. Und in der Tat hat der freie kritische Geist, der in Germaine de Staël wohnte, seine Spur auf nicht minder nachhaltige Weise durch Europa gezogen als das napoleonische Militär mit seinen Verwüstungen. Germaine konnte erst nach Napoleons Niederlage, 1814, heimkehren. Ihr blieben nur noch wenige Jahre. Vom Opium zerstört starb sie 1817.

> »Ich wanderte in tiefer Traurigkeit durch die Straßen des schönen Petersburg, das vielleicht bald die Beute des Siegers sein würde. Wenn ich des Abends von den Inseln der Newa heimkehrte und die Zinnen der Zitadelle in der Abendsonne schimmern sah und die herrlichen Marmorpaläste bewunderte, die das Ufer des Stromes zieren, dachte ich daran, wie sich dies alles vielleicht bald dem Stolz eines Mannes beugen müsste, der wie Satan einst auf der Spitze des Berges sagen würde: Alle Reiche der Erde sind mein.«
>
> GERMAINE DE STAËL

MADAME DE STAËL

 LEBEN UND WERK

Die Schriftstellerin Anne Louise Germaine Baronne de Staël-Holstein, bekannt als Madame de Staël, wurde am 22. April 1766 in Paris geboren. Sie war die Tochter von Jacques Necker, dem Bankier und Finanzminister unter Ludwig XVI. In dem berühmten Salon ihrer Mutter, der Schweizer Schriftstellerin Suzanne Curchod, kam sie bereits in ihrer Jugend mit bedeutenden Vertretern der französischen Aufklärung in Kontakt und übte sich in Konversation. 1786 wurde sie mit dem schwedischen Botschafter in Paris, dem Baron von Staël-Holstein, verheiratet. Stark beeindruckt von den Schriften Jean-Jacques Rousseaus, widmete sie diesem ihre erste literaturkritische Arbeit von 1788: *Über Rousseaus Charakter und Schriften* (Lettres sur les écrits et le caractère de Jean-Jacques Rousseau). Begeistert begrüßte sie den Ausbruch der Französischen Revolution, die sie anfangs auch unterstützte. Während der Jahre des Terrors zog sie sich auf das väterliche Schloss Coppet am Genfer See zurück, wo ihre langjährige Beziehung zu dem französischen Schriftsteller Benjamin Constant ihren Anfang nahm. Zurück in Paris, gründete sie einen eigenen Salon, der nicht nur ein literarisches Zentrum bildete, sondern sich zum internationalen Treffpunkt der liberalen Opposition gegen Napoleon entwickelte. Die andauernde politische Gegnerschaft zwischen Napoleon und Germaine de Staël führte schließlich zu ihrer Verbannung aus Paris, zu der das Erscheinen ihres gesellschaftskritischen Briefromans *Delphine* im Jahre 1802 einen letzten Anstoß gegeben hatte. Germaine de Staël verlagerte ihren Salon ins Schloss Coppet, wo sich Vertreter der intellektuellen Elite aus ganz Europa um sie versammelten. Sie begann zu reisen, hielt sich einige Monate in Weimar auf und traf dort alles, was Rang und Namen hatte, einschließlich Johann Wolfgang von Goethe, Friedrich Schiller, Christoph Martin Wieland und die Brüder Schlegel, von denen ihr August Wilhelm von Schlegel besonders nahe stand. Er begleitete sie nach Coppet, wurde der Lehrer ihrer Kinder und blieb bis zu ihrem Tod ihr literarischer Berater. Weitere Reisen führten sie nach England, Italien, Schweden und Russland und machten sie zu einer Berühmtheit des intellektuellen Europa. Mit ihrem Werk *Über Deutschland* (De l'Allemagne), das 1810 erschien und in der ersten Auflage von Napoleon beschlagnahmt wurde, trug sie zur Verbreitung der deutschen Romantiker bei und prägte nachhaltig das Deutschlandbild der Franzosen in den folgenden Jahrzehnten. Mit ihrem zweiten großen Roman, *Corinna oder Italien* (Corinne ou l'Italie, 1807) trat sie erneut für die Emanzipation der Frau ein. Germaine de Staël starb am 14. Juli 1817 in Paris.

 **EMPFEHLUNGEN**

Lesenswert:
Germaine de Staël: *Über Deutschland*. Mit einem Register, Anmerkungen und einer Bilddokumentation. Herausgegeben und mit einem Nachwort versehen von Monika Bosse, Frankfurt/Main 1992.

Günter Barudio: *Madame de Staël und Benjamin Constant. Spiele mit dem Feuer*, Berlin 1996.

 AUF DEN PUNKT GEBRACHT

Sie war die prominenteste Widersacherin Napoleons. Und obwohl er sie verbannte, siegte letztlich ihr freiheitlicher Geist über ihn.

Jane Austen

»Es riecht gut« murmelte sie, »und es sieht fein aus. Jetzt ist es da, mein Baby, mein gutes Kind. *Sense and Sensibility* (Vernunft und Gefühl) ist der passende Name. Hat Klang und Rhythmus. Ja, es ist alles, wie es ein soll. ›By a Lady‹ als Angabe für die Autorenschaft macht sich gut – es ist kurz und bündig und doch eine Spur geheimnisvoll. Nun mal los, Leute! Geht und kauft dieses Buch. Fünfzehn Schilling sind nicht die Welt. Ich möchte es in der Kasse klimpern hören. Und ihr – ihr werdet euren Spaß mit den Dashwood-Mädchen haben.«

■ Eines der ganz wenigen Porträts von Jane Austen. Zeitgenössische Miniatur von Andrew of Maidenhead.

Man schrieb das Jahr 1811, als Miss Jane Austen ihren ersten Roman als gedrucktes Buch in Händen hielt. Die Autorin war sechsunddreißig Jahre alt und ledig – für die damalige Zeit ein spätes Mädchen und auf dem Heiratsmarkt nicht mehr vermittelbar. Das machte der schlanken Frau mit den großen braunen Augen und dem schönen Lockenhaar aber nicht viel aus. Ihre Position in der Gesellschaft war respektabel: Sie führte ein bescheidenes, aber nettes Haus mit ihrer ebenfalls unverheirateten Schwester – und schrieb Romane. Das wussten nur wenige. Aber um den Ruhm war es Miss Austen auch kaum zu tun. Sie wollte gelesen werden, aber ihr Name musste nicht auf dem Titelblatt stehen. Sie wollte Geld verdienen, das auch, denn nach dem Tod ihres Vaters, eines Landpfarrers, hatten die Töchter Austen nur geringe und unsichere Einkünfte; die Verwandtschaft musste für sie aufkommen. Und sie wollte vor allem schreiben: Das, was sie als teilnehmende Beobachterin der oberen Mittelschicht Englands erlebt hatte, wollte sie in Literatur verwandeln. Dafür brauchte sie weder Mann noch Kind.

Kann man über die Ehe schreiben, ohne selbst eine geführt zu haben? Kann man den Zauber der Erotik in einem Roman entstehen lassen, ohne ihm

■ Szene aus dem Film *Jane Austen in Manhattan* von James Ivory (1980). In den Hauptrollen Anne Baxter, Robert Powell und Sean Young.

selbst mit Haut und Haaren anheim gefallen zu sein? Kann man als Blinder Farben schildern? Selbstverständlich – das Talent eines Dichters besteht in nichts anderem. Irgendwelche Erfahrungen macht jeder Mensch. Der dichterisch Begabte versetzt sich obendrein in fremde Lagen, erfühlt die Regungen anderer und schildert sie. Schließlich gibt es so etwas wie Phantasie. In Jane Austens Fall war diese ausgesprochen schöpferisch.

Dennoch ist jeder begabte Mensch ein Kind seiner Zeit und gestaltet das, was er sieht, hört, erfährt. Diese Bedingung ließ Jane Austens Zeitgenossen daran zweifeln, dass die nette kleine Pastorentochter, die England nie und ihr Heim selten verlassen hat, spannende Bücher habe schreiben können. War ihr Horizont nicht allzu eng? Eine Frau, wenig bemittelt, allein, festgehalten im öden Kreislauf häuslicher Verrichtungen – was um Himmels willen konnte die zu sagen haben?

Wer so fragt, hat nicht begriffen, worauf es bei jeder Art schriftstellerischer Tätigkeit

> »Jane war einfach witzig, eloquent und hatte ein wunderbares Gefühl für Timing. Die Sätze kommen daherstolziert, bis die Autorin ihnen im richtigen Moment ein Bein stellt und die Perücke in den Dreck fliegt.«
>
> ELSEMARIE MALETZKE

■ Dieses Bild von Jane Austen stammt aus dem 1904 erschienenen Buch »Jane Austen, Her Homes And Her Friends«.

■ Jane Austens letztes Wohnhaus in Chawton in Hampshire ist heute das Jane-Austen-Museum. Dort steht auch ihr Schreibpult.

Nachdem Jane Austens Autorenschaft öffentlich geworden war (1813), interessierte sich auch der Regent und nachmalige König Georg IV. für das Werk der schreibenden Dame. Sein Bibliothekar bat Miss Austen um eine Widmung in ihrem nächsten Buch. Die Autorin erschrak, denn sie fürchtete Konsequenzen für den Inhalt. Sie schrieb einen vorsichtigen Brief, dessen Inhalt sich mit »Muss ich wirklich?« kurz fassen ließe. Am Ende erschien *Emma* tatsächlich mit einer knappen, aber ehrerbietigen Widmung an den Regenten.

im Grunde ankommt. Jane Austen arbeitete nach derselben Devise, die auch ihren bedeutenden Zeitgenossen, den französischen Schriftsteller Stendhal, geleitet hatte: Das Einzige, was ihn interessiere, hat er einmal bekannt, sei »die Analyse des menschlichen Herzens«. Darum ging es auch Jane Austen. Und sie hatte die allerbesten Voraussetzungen für ein Gelingen dieses Vorhabens.

Sie lebte in einem sozialen Kreis, der über Jahrzehnte bei aller Bewegung gleichförmig blieb und ihr, der Beobachterin und Analytikerin, das Material bot, aus dem sie ihr Werk formte. Austen ist eine Tochter des 18. Jahrhunderts. Zwar fallen in ihre Lebenszeit die französische Revolution und die napoleonischen Kriege, aber in England war das Bürgertum längst zu jener Macht gelangt, die in Frankreich erst erobert werden musste. Die Verhältnisse unter Georg III. blieben trotz kriegerischer Verwicklungen einigermaßen stabil, und die Sitten und Gebräuche unter den begüterten Schichten und denjenigen, die gerade noch genügend Mittel hatten, ihnen nachzueifern, waren hoch formalisiert, streng und künstlich. Manieren, Kleiderordnung, Gesprächsführung, Kontakte – für alles gab es Vorschriften und Verbote, die Regeln für das soziale Miteinander waren ein Dickicht, in dem sich kaum jemand auskannte. Die Menschen schlugen sich mit mehr oder weniger Geschicklichkeit durch, sie heuchelten, wie es die Etikette verlangte – aber sie waren natürlich wie eh und je auch die Opfer ihrer Leidenschaften, Ängste und Affekte. Austen nun beobachtet die menschlichen Wesen in diesem Kampf: sich anzupassen und doch sie selbst zu bleiben, der Sitte Genüge zu tun und zugleich das eigene Herz nicht zu verleugnen, den Anstand zu wahren und doch zu seinen Gefühlen zu stehen. Sie beschreibt die Menschen bei ihrer Jagd nach dem Erfolg, der für Frauen in der Jagd nach einem vermögenden Gatten bestand. Ihr fällt auf, wie sehr die tradierten Konventionen Dummheit und Lüge fördern. Sie platziert ihre Heldinnen zwischen die Stühle. Dort verbrennen sie sich den Mund, bringen sich durch Ungestüm, Intelligenz oder Frechheit um alle Chancen – und kriegen am Ende mit Glück und durch die Gnade ihrer Schöpferin doch noch den Richtigen. Waren für diese Literatur Weltreisen und Abenteuer nötig? Keineswegs.

Austens Literatur ist anfangs – und zwischenzeitlich immer wieder – als seichtes Frauengeplauder missverstanden worden, weil man nicht gleich begriff, wie tief ihre »Analyse ...« ging, und darüber hinaus auch erst einen Sinn für ihre Schlichtheit und ihren Humor entwickeln musste. Inzwischen ist sie als große Schriftstellerin, als Klassikerin der englischen Literatur anerkannt, und just unsere Epoche hat einen ganzen Reigen graziöser und geistreicher Kostümfilme aus ihrem Literaturfundus hervorgezaubert. Nach *Sense and Sensibility* erschien 1813 der Erfolgsroman *Pride and Prejudice* (Stolz und Vorurteil). Beide Bücher verkauften sich gut, wenn auch der Umsatz von damals mit dem heutigen keinen Vergleich aushält. *Emma*, *Mansfield Park* und – posthum – *Persuasion* (Überredung), erweckten weniger Aufmerksamkeit. Alle Romane waren die Frucht geduldiger Präzisionsarbeit und langen Feilens; keineswegs hat Austen, wie manchmal angenommen wird, ihre Bücher aus dem Ärmel geschüttelt. Für die ersten beiden gab es Vorläufer, die viele Jahre zuvor entstanden und von Austen immer wieder umgearbeitet worden waren.

Jane hatte sechs Brüder und eine Schwester. Im Pfarrhaus gab es

■ Die feine Gesellschaft: »Frederick, der Prince of Wales, mit seinen Schwestern Anna, Amalie und Karoline beim Musizieren in Kew Garden«. Gemälde, 1733, von Philippe Mercier.

■ »Der Ehevertrag«. Gemälde von William Hogarth, 1744. National Gallery, London. Solche Bilder hingen, vielfach reproduziert, auch noch zu Zeiten von Jane Austen in vielen bürgerlichen britischen Häusern.

Bücher, und auch die Mädchen lernten daraus. Die Eltern werden als nicht sehr liebevoll geschildert, aber die Geschwister waren einander zugetan, und es wurde viel Theater gespielt, musiziert, gelesen. Als phantasiereiche Tante war Jane in der Großfamilie bei ihren zahlreichen Nichten und Neffen sehr geschätzt und häufig zu Wöchnerinnen und an die Betten kranker Kinder unterwegs. Die Austens waren nicht reich, das heißt knapp mit Personal, sodass Jane von Kind an mit anpacken musste. Dass sie zwischendurch die Zeit fand, an einem (einbeinigen und wackeligen) kleinen Tisch unsterbliche Werke von schönster satirischer Delikatesse zu schreiben, ist neben ihrer großen Begabung das Wunder ihrer Existenz.

JANE AUSTEN

 LEBEN UND WERK

Jane Austen wurde am 16. Dezember 1775 im Pfarrhaus von Steventon in der südenglischen Grafschaft Hampshire geboren. Sie war das siebte Kind in der Familie. Als Sechsjährige schickten die Eltern sie gemeinsam mit ihrer einzigen, knapp zwei Jahre älteren Schwester Cassandra für einige Monate in ein Mädchenpensionat nach Oxford. Etwas später besuchten beide anderthalb Jahre die Abbey School in Reading. Ungefähr mit zwölf begann Jane Austen zu schreiben, angeregt durch Laientheateraufführungen der Familie, die im Pfarrhaus seit 1782 regelmäßig vor versammelter Verwandtschaft, Freunden und Nachbarn stattfanden. Zwischen 1787 und 1793 verfasste Jane Austen neunundzwanzig kleine Stücke. In der Zeit von ihrem achtzehnten bis fünfundzwanzigsten Lebensjahr schrieb sie die ersten Fassungen von drei ihrer insgesamt sechs großen Romane, auf die sich später ihr Ruhm gründete: *Gefühl und Verstand (Sense and Sensibility)*, *Stolz und Vorurteil (Pride and Prejudice)* und *Die Abtei von Northanger (Northanger Abbey)*. 1801 zog die Familie Austen nach Bath, einem damals mondänen Modekurort. Die fünf Jahre, die Jane Austen an dem Ort lebte, waren für sie eine unerfreuliche Zeit. An den gesellschaftlichen Ereignissen wie Bällen und Parties nahm sie eher distanziert teil. Sie fühlte sich von den »dümmlichen Abendveranstaltungen« abgestoßen und verachtete den Dünkel der in Bath versammelten Familien. 1803 verkaufte sie dem Londoner Verlag Richard Crosby & Son ihr Manuskript von *Susan*, auf dessen Veröffentlichung sie jedoch vergeblich wartete: Erst ein halbes Jahr nach ihrem Tod erschien es unter dem Titel *Die Abtei von Northanger*. Den Umzug von Bath nach Southampton im Jahr 1806 erlebte sie wie eine Befreiung. Ab 1809 wohnte sie in Chawton in Hampshire und verbrachte dort die letzten acht Jahre ihres Lebens. 1810 erschien als erster Roman *Gefühl und Verstand* – anonym. Schon nach einem halben Jahr war die Erstauflage von zirka 1000 Exemplaren vergriffen. 1813 kam ihr nächster Roman *Stolz und Vorurteil* heraus, mit dem Zusatz *Ein Roman in drei Bänden, vom Autor von Gefühl und Verstand*. Auch er war in wenigen Monaten ausverkauft. Es folgten 1814 und 1816 die Romane *Mansfield Park* und *Emma*. Seit 1816 verschlechterte sich Jane Austens Gesundheitszustand. Am 18. Juli 1817 starb sie im Alter von nur einundvierzig Jahren an einer Krankheit, von der man heute annimmt, dass es die Addisonsche Krankheit gewesen sei. Jane Austen wurde in der Kathedrale von Winchester beigesetzt. Nach ihrem Tod gab ihr Bruder Henry die Romane *Die Abtei von Northanger* und *Persuasion* – in der deutschen Übersetzung unter dem Titel *Anne Elliot* bekannt – heraus und versah sie mit einer biographischen Notiz.

 **EMPFEHLUNGEN**

Lesenswert:
Jane Austen: *Stolz und Vorurteil*. Roman, Frankfurt/Main 2000.
Vernunft und Gefühl. Roman, Berlin 1998.
Mansfield Park. Roman, Frankfurt/Main 2000.
Emma. Roman, Frankfurt/Main 1998.
Anne Elliot. Roman, Frankfurt/Main 1994.

Elsemarie Maletzke: *Jane Austen. Eine Biographie*, München 1999.

Angelika Beck: *Jane Austen. Leben in Texten und Bildern*, Frankfurt/Main 1995.

Hörenswert:
Jane Austen: *Northanger Abbey*. Read by Juliet Stevenson, Naxos 1994. 2 Audio-CDs.

Sehenswert:
Pride and Prejudice (Stolz und Vorurteil). Regie: Robert Z. Leonard; mit Laurence Olivier, Greer Garson, Edmund Gwenn, Mary Boland, USA 1940.

Sense and Sensibility (Sinn und Sinnlichkeit). Regie: Ang Lee; mit Emma Thompson, Alan Rickman, Kate Winslet, Hugh Grant, USA 1995.

Emma. Regie: Douglas McGrath; mit Gwyneth Paltrow, Jeremy Northam, Toni Collette, Greta Scacchi, USA 1996.

 AUF DEN PUNKT GEBRACHT

Eine kleine Dame aus der Provinz schrieb Weltliteratur, deren Delikatesse bis heute verblüfft.

Clara Schumann

Als Clara Wieck am 13. September 1819 das Licht der Welt erblickt, hat ihr Vater Friedrich, der in Leipzig ein Musikwarengeschäft betreibt, ihre Laufbahn längst vorgezeichnet. Sie soll Klaviervirtuosin werden.

Wieck hat keine Vorurteile gegenüber der Leistungfähigkeit von Mädchen und geht mit viel Ehrgeiz an Claras Ausbildung. Sie lernt Kadenzen improvisieren, noch bevor sie Noten lesen kann, dann Musiktheorie, Partiturenlesen, Harmonielehre und Kontrapunkt. Sie spielt Geige und natürlich Klavier. Zur Schule geht sie nur etwa anderthalb Jahre. Sie macht die Erfahrung, dass nur gute Leistungen am Instrument ihr Anerkennung und Liebe sichern.

■ Porträt der jungen Clara Wieck im Jahr 1840, dem Jahr der Eheschließung mit Robert Schumann. Kolorierte Lithographie von Diez, 1840.

Wiecks Hoffnungen auf Claras Laufbahn erfüllen sich. Ihr erstes Solokonzert gibt sie im Leipziger Gewandhaus mit gerade mal elf Jahren. Auf Konzertreisen übernimmt ihr Vater alle organisatorischen Aufgaben, unermüdlich in dem Eifer, sie bekannt zu machen. Aber er behält auch alle ihre Einnahmen.

Als sie fünfzehn ist, lässt die sonst so verschlossene Clara mit dem traurig-ernsthaften, unverwandten Blick ein gesteigertes Interesse für einen anderen Schüler ihres Vaters erkennen: den neun Jahre älteren Komponisten Robert Schumann. Wieck ist sofort alarmiert. Er fürchtet, seine Tochter könnte von der Musik abgelenkt werden, und nicht zu Unrecht hält er Schumann für undiszipliniert und wenig gefestigt. Doch trotz seiner Bemühungen, Clara von Robert Schumann fern zu halten, entwickelt sich zwischen den beiden eine tiefe Liebe.

Es beginnt ein jahrelanger Kampf zwischen Schumann und seinem Lehrer. Die Lage ist heikel: Clara ist von Wieck abhängig. Und Robert ist hin und her gerissen zwischen tiefer Verehrung und brennendem Hass gegen den Übervater.

Fast ein Jahr haben die frisch Verliebten so gut wie keinen Kontakt. Clara geht auf Tournee nach Ost- und Norddeutschland. Wie es sich für eine Solo-Künstlerin gehört, komponiert sie, und ein Heft mit *Gesammelten Werken* steht kurz vor der Veröffentlichung. In ihrem Konzert-Repertoire finden sich neben Schumanns Werken vor allem Bach, Beethoven und Chopin, zu dessen Ruhm sie nicht unwesentlich beiträgt. Wieck triumphiert auf der ganzen Linie. Schumann ist der Verzweiflung nahe. Nach anderthalb Jahren erhält er zum ersten Mal wieder Post von Clara, allerdings heimlich und über Dritte.

Eine Tournee nach Österreich wird für Clara zum Triumph; in Wien gibt es an den Konzertkassen einen solchen Tumult, dass die Polizei einschreiten muss. Claras Selbstvertrauen wächst.

Als sie neunzehn ist, reist sie ohne ihren Vater und ohne seine Zustimmung nach Paris, übernimmt das Management selbst und stellt fest, dass sie allein zurechtkommt, auch wenn sie sich manchmal einsam fühlt. Sie gibt Konzerte, trifft Friedrich Kalkbrenner, Heinrich Heine und Alexandre Dumas. Am 15. Juni unterschreibt sie bei einem Notar in Paris ihre Einwilligung zur

■ »Romance varie pour le Piano« von Clara Wieck. Titelblatt des Notendrucks Leipzig (F. Hofmeister) 1833 mit einer Widmung an Robert Schumann.

■ Clara Schumann mit ihrem Mann Robert Schumann um 1850, nachträglich kolorierte Lithographie.

■ Programmzettel eines Clara-Schumann-Konzerts im Leipziger Gewandhaus am 31. März 1841.

> »Was ist wohl schöner als seine Gefühle in Töne kleiden; welcher Trost in trüben Stunden (…) und welch erhabenes Gefühl, die Kunst so zu treiben, dass man sein Leben dafür lässt.«
> CLARA SCHUMANN

Heirat mit Schumann; es ist klar, dass sie und Robert gegen Wieck prozessieren müssen, um seine Zustimmung zu umgehen.

Als sie zurückkehrt, auf die schrecklichsten Zornesausbrüche ihres Vaters gefasst, findet sie die heimatliche Haustür verschlossen. Das ist der Bruch mit Wieck. Sie hat viel verloren: die häusliche Sicherheit, den väterlichen Schutz, ihre Tagebücher und Kleider, die Noten und den Flügel. Aber sie hat auch gewonnen: Das Gericht erteilt die Heiratserlaubnis. In Weimar spielt sie zum letzten Mal als Clara Wieck.

Die erste Zeit ihrer Ehe in Leipzig ist für die Schumanns die Erfüllung eines Traumes. Sie führen ein gemeinsames Ehetagebuch, musizieren, machen lange Spaziergänge, geben sich ganz ihrem Glück hin. Besucher gehen aus und ein; Felix Mendelssohn erbietet sich, Robert Schumanns erste Symphonie uraufzuführen. Ein Jahr nach der Hochzeit kommt Claras erstes und am freudigsten erwartetes Kind zur Welt: Marie. Doch schon bald widmet sie sich wieder ganz der Musik. Zwischen 1840 und 1854 gibt sie über 139 öffentliche Konzerte und ist so gut wie immer schwanger. Ihr Mann steht ihrem Ehrgeiz sehr ambivalent gegenüber; einerseits respektiert und bewundert er ihre Kunst, andererseits möchte er, dass sie zu Hause bei ihm und den Kindern ist. Doch Clara lässt sich nicht beirren. 1844 startet sie eine lang ersehnte Tournee nach Petersburg. Robert begleitet sie. In Decken gewickelt fahren sie wochenlang mit Kutsche und Schlitten durch die verschneiten Wälder Russlands. Die 23-jährige Clara spielt vor Zar und Zarin, und im Rausch des Erfolges entgeht ihr die Ernsthaftigkeit von Ro-

■ Szene aus Peter Schamonis Film *Frühlingssinfonie*: v.l.n.r. André Heller als Felix Mendelssohn-Bartholdy, Herbert Grönemeyer als Robert Schumann, Nastassja Kinski als Clara Wieck und Rolf Hoppe als Friedrich Wieck.

berts beginnendem Nervenleiden. Nach ihrer Rückkehr und Roberts körperlich-geistigem Zusammenbruch entschließen die beiden sich, nach Dresden überzusiedeln. Das Klima soll Roberts Gesundheit zugute kommen. Clara pflegt ihren Mann, kümmert sich um den Haushalt – und komponiert ihre Präludien und Fugen, ihr *Trio in g-Moll* und viele, bis heute noch unveröffentlichte Stücke. Nachdem sich Robert gefangen hat, setzt das Ehepaar seine Zusammenarbeit fort: Clara erstellt für ihn die Klavierauszüge seiner Orchesterkompositionen und bringt sämtliche seiner Klavierwerke zur Uraufführung. Aber sie leidet auch, wenn sie nicht genug zum Üben kommt, und ein schwerer Schlag ist für sie der frühe Tod Felix Mendelssohn-Bartholdys.

Nachdem der jüngste Sohn gestorben und Clara erneut schwanger ist, zieht die Familie noch einmal um, diesmal nach Düsseldorf, wo Schumann eine Stelle als städtischer Musikdirektor angenommen hat. Clara ist stolz auf ihr glänzendes Spiel beim Niederrheinischen Musikfest, auf dem die langjährige Freundschaft und Zusammenarbeit mit dem Geiger Joseph Joachim beginnt. Auf dessen Empfehlung besucht sie der zwanzigjährige Johannes Brahms und spielt seine eigenen Kompositionen vor. Die Schumanns sind von dem jungen Genie begeistert. Durch ihn erleben sie noch einmal etwas von der Aufbruchstimmung und dem Glück ihrer ersten Zeit in Leipzig.

Doch dann sinkt Robert wieder in geistige Umnachtung. Nach einem Selbstmordversuch, den man vor Clara zu verheimlichen sucht, geht er in eine Heilanstalt nach Endenich. Die Ärzte isolieren ihn. Es gibt einen Briefwechsel, doch Clara fühlt sich nicht in der Lage, ihn zu sehen, gequält von der Angst, er könnte nicht mehr er selbst sein. Kurz vor seinem Ende kommt es dann doch noch einmal zu einem Wiedersehen. Er erkennt sie und schlingt seinen Arm um sie.

■ Szene aus dem Film *Clara Schumanns große Liebe* von Clarence Brown, 1947, mit Katherine Hepburn als Clara Schumann und Paul Henreid als Robert Schumann.

■ Faksimile eines eigenhändigen Briefes an Emil Naumann. Frankfurt am Main, 21. Mai 1885.

Während dieser Zeit ist Brahms an Claras Seite. Beider Gefühle gehen über Freundschaft hinaus. Sie unternehmen eine lange Rheinreise, auf der Brahms seine Befürchtung, dass es für ihn und Clara keine gemeinsame Zukunft geben könne, offen ausspricht und einen Schlussstrich zieht. Im Stillen liebt er Clara für immer – und auch sie ist eifersüchtig, wenn er sich für andere Frauen interessiert. Ihre Bindung hält bis zuletzt, trotz einiger Krisen. Alle Briefe von Clara an ihn vor 1858 werden später vernichtet.

1857 verlässt sie Düsseldorf und geht nach Berlin. Sie arbeitet mit großem Erfolg als Virtuosin, Herausgeberin und Lehrerin, ihre Zeit als Komponistin aber ist mit Robert Schumanns Tod zu Ende. Sie verdient gut, doch aufgrund der vielen Menschen, die sie versorgt – einschließlich der Witwe ihres Sohnes Ferdinand und deren sechs Kinder – ist sie nie wirklich wohlhabend. Sternstunden der späten Zeit sind ihr fünfzigstes und sechzigstes Konzertjubiläum im Leipziger Gewandhaus, bei denen ein endloser Blumenregen auf die Bühne niedergeht. Als 72-Jährige hat Clara Schumann ihren letzten Auftritt – mit Brahms' *Variationen für zwei Klaviere über ein Thema von Joseph Haydn*.

Auf dem Totenbett wünscht sie sich von ihrem Enkel Ferdinand Robert Schumanns *Intermezzi op. 4* – dann die *Fis-Dur-Romanze op. 28*. Diese Musik war es, die ihr im Leben das Meiste bedeutete. Und sie erklingt, als sie stirbt.

■ Die 56-jährige Clara Schumann am Klavier. Photographie um 1875

CLARA SCHUMANN

 LEBEN UND WERK

Clara Schumann wurde am 13. September 1819 als Tochter des Klavierlehrers Friedrich Wieck in Leipzig geboren. Ab dem sechsten Lebensjahr, nach der Trennung ihrer Eltern, lebte sie bei ihrem Vater, der sie täglich im Klavierspiel unterrichtete. Mit acht begann sie zu komponieren. 1828 trat sie zum ersten Mal im Gewandhaus auf, zwei Jahre später gab sie dort ihr erstes selbstständiges Konzert. Bald darauf ging sie mit ihrem Vater auf Tournee. In Weimar spielte sie Goethe vor und hielt sich nach mehreren Konzerten in anderen deutschen Städten zwei Monate in Paris auf. Die Leitung des Gewandhauses übernahm 1835 Felix Mendelssohn-Bartholdy, mit dem Clara Schumann von da an oft zusammen auftrat. 1837 verlobte sie sich mit Robert Schumann, den sie seit ihrem zehnten Lebensjahr kannte. Friedrich Wieck lehnte die Verbindung ab und trennte die beiden, indem er mit seiner Tochter nach Wien fuhr. Dort erlebte sie größte Erfolge, unter anderem mit Beethovens *f-Moll-Sonate*: Erstmals nach dem Tod des Komponisten zehn Jahre zuvor war eine seiner Sonaten wieder öffentlich gespielt worden. Der Schriftsteller Franz Grillparzer drückte seine Begeisterung in einem Gedicht mit dem Titel *Clara Wieck und Beethoven (f-Moll-Sonate)* aus. Nach mehreren ausverkauften Konzerten in Wien wurde sie zur K.K. Kammervirtuosin ernannt. Anfang 1839 reiste Clara Schumann für ein halbes Jahr ohne ihren Vater nach Paris, nahm Gesangsunterricht, lernte Französisch und gab Konzerte. Sie unterschrieb ein Gesuch an das Appellationsgericht, um die Heirat mit Robert Schumann ohne die Einwilligung des Vaters durchzusetzen. Die Hochzeit fand im September 1840 in der Nähe von Leipzig statt. Ein Jahr später wurde ihr erstes von acht Kindern geboren. Clara Schumann unternahm weiterhin Konzertreisen. 1844 reiste sie mit ihrem Mann erstmals nach Russland. Fünf Jahre lebten sie in Dresden, dann zogen sie nach Düsseldorf, wo Robert Schumann eine Stelle als Musikdirektor antrat. Anfang der 1850er Jahre zeigten sich bei ihm die ersten Anzeichen einer Nervenkrankheit. Nach einem Selbstmordversuch ging er 1854 in eine Heilanstalt bei Bonn, wo er zwei Jahre später starb. Wichtig wurde in dieser Zeit für Clara Schumann die Freundschaft mit Johannes Brahms. Nach dem Tod ihres Mannes lebte sie in Berlin und in Lichtenthal bei Baden-Baden, bis sie sich in Frankfurt/Main niederließ, wo sie von 1878 bis 1892 am Hochschen Konservatorium unterrichtete. Auf ihren zahlreichen Konzertreisen durch Europa wurde sie begeistert gefeiert. Clara Schumann starb am 20. Mai 1896.

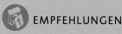 **EMPFEHLUNGEN**

Lesenswert:
Clara Schumann/Robert Schumann: *Briefwechsel. 1832–1838*, Bd. 1, Frankfurt/Main 1984.
Briefwechsel. 1839, Bd. 2, Frankfurt/Main 1987.
Nancy B. Reich: *Clara Schumann. Romantik als Schicksal. Eine Biographie*, Reinbek 1995.
Frauen mit Flügeln. Lebensberichte berühmter Pianistinnen. Von Clara Schumann bis Clara Haskil. Herausgegeben von Monica Steegmann und Eva Rieger, Frankfurt/Main 1996.

Hörenswert:
Clara Schumann: *Klavierkonzert Nr. 1 op. 7; Klaviertrio op. 17; 3 Romanzen für Violine und Klavier op. 22*. Klavier: Veronica Jochum, Bamberger Symphoniker/ Silverstein, 1996.
Clara Schumann: *Klavierwerke*. Klavier: Veronica Jochum, 1996.
Clara Schumann: *Sämtliche Lieder*. Gabriele Fontana und Konstanze Eickhorst, 1993.

Sehenswert:
Frühlingssinfonie. Regie: Peter Schamoni; mit Herbert Grönemeyer, Nastassja Kinski, Rolf Hoppe, Bernhard Wicki, André Heller, Gidon Kremer, BRD 1983.

 AUF DEN PUNKT GEBRACHT

Sie errang großen Ruhm als Pianistin, volles Glück als Frau und Mutter – aber es gab auch viel Leid.

George Eliot

»*Ich wusste, was dieser Schritt mich kosten würde, und ich bin bereit, die Zurückweisung durch meine Freunde ohne Groll und Bitterkeit zu tragen. Ich habe mich in dem Menschen, an den ich mich gebunden habe, nicht getäuscht. Er ist das Opfer wert, das ich auf mich genommen habe, und meine einzige Sorge ist, dass er gerecht beurteilt wird.*« So schreibt eine Frau an einen Bekannten – sie bittet um ein gerechtes Urteil, gibt aber zu verstehen, dass sie an ihrem Entschluss festhalten wird und nichts bereut. Dazu gehörte viel Mut, denn der »Schritt«, den die Frau gegangen ist, hat sie in die unbehagliche Zone eines illegitimen Lebenswandels geführt, manche sagten: in die »Schande«. Sie hatte ihr Herz einem verheirateten Mann geschenkt und sich dazu entschlossen, für immer mit ihm zusammenzuleben. Als was? Als sein Kebsweib, seine Konkubine? So wurde in der Gesellschaft geflüstert. Für sie selbst aber und für ihren Liebsten hieß dies: als seine Frau.

■ George Eliot (eigentlich Mary Ann Evans). Zeitgenössisches Gemälde.

Heute sind Ehen ohne Trauschein normal. Im viktorianischen Zeitalter waren sie ein Skandal. Als der Londoner Literat, Goethe-Biograph und Naturforscher George Henry Lewes 1851 die Essayistin und Feuerbach-Übersetzerin Marian Evans kennen lernt, ist er seit vielen Jahren verheiratet und Vater eines Reigens munterer Kinder. Aber nur drei davon sind auch von ihm gezeugt worden. Seine Frau Agnes hat sich lange schon einem anderen Mann zugewandt – ermutigt übrigens durch den eigenen Gatten, der, wie es damals in Literaten- und Künstlerkreisen nicht selten vorkam, »freie Liebe« praktizieren wollte und auch seiner Frau alle Freiheit gönnte. Als diese dann ein Kind nach dem anderen von ihrem Geliebten empfängt, nimmt die Ehe Schaden, eine Scheidung aber ist nicht möglich.

Das Herz des Mr. Lewes ist frei, als er Miss Evans trifft. Diese Dame – mit Anfang dreißig längst jenseits des idealen Heiratsalters – ist keine engstirnige Person und hat Verständnis für Mr. Lewes' Lage.

Vielleicht reizt sie der Ruch sexueller Freizügigkeit, der Lewes und seinen Freundeskreis umweht. Wie auch immer: Sie hat schon einige Male unglücklich und vergeblich geliebt und ist reif für die endgültige Erfüllung. Die schenkt ihr Mr. Lewes – und zwar in mehrfacher Hinsicht. Denn außer dass sie die berühmteste wilde Ehe des 19. Jahrhunderts führen, unterstützt George Henry Lewes seine Lebensgefährtin auch in ihrem literarischen Schaffen. Er spielte diese Rolle gern und ohne Minderwertigkeitsgefühl; neidlos akzeptierte er ihr überlegenes Talent. Freunde und Verwandte, die sich zunächst naserümpfend von dem Paar abwendeten, müssen anerkennen, dass auch nicht-sanktionierte Zweisamkeiten zum Guten führen können. Und so manche sittsame Bekannte sucht später, als »Mrs Lewes« unter dem Namen George Eliot Weltruhm erlangt hat, doch Kontakt zu der großen Frau – wilde Ehe hin oder her. Sogar die Königin bittet um ein Autogramm.

■ George Eliot – Porträtzeichnung von Sir Frederick William Burton (1816–1900). London, National Portrait Gallery.

Mary Ann Evans war die Tochter eines Gutsverwalters. Sie hatte Geschwister und Halbgeschwister, verlor früh die Mutter, lernte gut, hing sehr am Vater, las alles und fühlte sich wenig zur Hauswirtschaft hingezogen. Ihre Chancen auf dem Heiratsmarkt wurden obendrein durch ein grob-männliches Aussehen geschmälert. So pflegte sie ihren alten Vater und stürzte sich nach dessen Tod auf ihre wahren Interessen: die Welt der Gedanken. Sie befasste sich mit Philosophie, lernte Fremdsprachen, übersetzte Spinoza, David Friedrich Strauß und Feuerbach, schrieb Kritiken und Essays. Ein solches Leben als freischaffende Intellektuelle war selbst im geistig beweglichen London für eine alleinstehende Frau schwer zu bewerkstelligen – aber Miss Evans, die ihren Vornamen in Marian umgewandelt hatte, schaffte es. Sie war bald eine geachtete Autorin und verdiente ihren Lebensunterhalt selbst.

Nach der Begegnung mit Lewes – der als zärtlich-einfühlend und witzig-anregend geschildert wird – spürt Marian neue Kräfte in sich wachsen. Sie möchte erzählen! Lewes, dessen Urteil sie vertraut, lobt die ersten Proben und ermutigt sie. Und einmal in Marsch gesetzt, legt die Schriftstellerin Marian Evans-Lewes los und schreibt und schreibt. Über ihre ersten Fortsetzungsge-

»*George Eliot erfasst in ihrem zweiten Zugriff einen großen Strauß der Hauptelemente der menschlichen Natur und ordnet sie lose zusammen mit einem weitherzigen und wohltätigen Verständnis, das nicht nur ihre Gestalten frisch und frei erhalten hat, sondern ihnen unerwartet auch Macht über unser Lachen und unsere Tränen gibt.*«
VIRGINIA WOOLF
über George Eliot

schichten verhandelt Lewes mit dem Verleger Blackwood; er gibt als männliches Pseudonym »George Eliot« an und schildert den sich dahinter verbergenden Schriftsteller als ein scheues Wesen, das erst aus der Deckung heraustreten würde, wenn ein Vertrag locke. Blackwood beißt an und beweist eine gute Nase: George Eliot wird das beste Pferd in seinem Stall. Schon der erste große Roman *Adam Bede* wird ein Bestseller, die folgenden Bücher *Die Mühle am Floss*, *Bruder Jakob*, *Felix Holt* und endlich *Middlemarch*, das als Hauptwerk gilt, begeistern ein wachsendes Lesepublikum und machen George Lewes und George Eliot zu einem wohlhabenden Paar.

Eliot – die als erste bedeutende Vertreterin des psychologisch-sozialen Romans in England gilt – schildert Szenen aus der englischen Provinz – des Lebens, wie sie es kennt mit seinen verpassten Möglichkeiten und verhehlten Sehnsüchten und würzt das Ganze mit einem kräftigen Schuss gedanklicher, moralischer Reflexion. Sie möchte das Leben zeigen, wie es ist – nicht wie es sein soll, zugleich aber ihrer Leserschaft etwas mit auf den Weg geben: Einsicht, Gefühlstiefe und – ja, auch Spaß. Sie will Toleranz lehren, aber auch die Fähigkeit, das Schicksal anzunehmen und für andere da zu sein. Ihre Leser danken ihr die Mühe mit treuem Interesse, wobei die Kritik auch manchmal heftig zuschlägt.

George Eliot war eine sehr empfindliche Frau, ein wenig auch eine kapriziöse Diva; sorgsam schirmte Lewes sie vor falschen Freunden ab und passte auf, dass sie keine Verrisse zu Gesicht bekam. Beide litten an einer instabilen Gesundheit, die sie zu ausgedehnten Badereisen auf den Kontinent trieb. In ihrem Londoner Haus verkehrten eine Menge Geistesgrößen, darunter Herbert Spencer und Henry James, auch Freunde von Karl Marx. Eliot korrespondierte mit Thackeray, Tennyson, Swinburne, Harriet Beecher-Stowe und traf Cosima Wagner.

Obwohl es George Eliot ist, die als die anfälligere gilt, stirbt Lewes zuerst: wahrscheinlich an Darmkrebs. Seine Witwe, damals 59, ist tief erschüttert. Lange mag sie niemanden sehen, auch ans Schreiben ist nicht mehr zu denken. Nach dem Trauerjahr heiratet sie, diesmal regulär und offiziell: einen jungen Bewunderer, der jedoch mit der Rolle des Prinzgemahls überfordert ist. Aber ihr Leben als Mrs Cross dauert nur kurz. Ein gutes halbes Jahr nach der Hochzeit folgt sie ihrem Lewes in den Tod. Es war wohl das Herz.

GEORGE ELIOT

 LEBEN UND WERK

George Eliot, die als eine der ersten modernen Romanautoren Großbritanniens gilt, wurde am 22. November 1819 als Mary Ann Evans in Warwickshire in Mittelengland geboren. Ihre Kindheit, die sie in ländlicher Abgeschiedenheit verbrachte, stand unter dem starken Einfluss ihres Vaters, eines strenggläubigen Methodisten. 1841 zog sie nach Coventry, wo sie mit freidenkerischen intellektuellen Kreisen in Kontakt kam und sich von der engen Religiosität ihrer Erziehung lossagte. Sie begann sich mit bibelkritischen und positivistischen Schriften zu beschäftigen und übersetzte die bahnbrechenden Werke *Das Wesen des Christentums* des Philosophen Ludwig Feuerbach (1804–1872) und *Das Leben Jesu, kritisch betrachtet* aus der Feder des evangelischen Theologen David Friedrich Strauß (1808–1874). Einige Jahre später ließ sie sich in London nieder und schrieb eine Reihe von Essays und Rezensionen für die renommierte liberale *Westminster Review*, deren Mitherausgeberin sie auch von 1851 bis 1854 war. Von 1854 an lebte sie mit dem Kritiker und Schriftsteller George Henry Lewes zusammen. Auf seine Anregung hin begann sie längere Erzählungen zu schreiben und veröffentlichte 1859 schließlich ihren ersten von insgesamt sieben Romanen, *Adam Bede*, der sofort ein großer Erfolg wurde. Die Geschichte spielt zu Beginn des 19. Jahrhunderts in ihrer Heimat, der Grafschaft Warwickshire. Bereits hier zeigen sich manche ihrer literarischen Eigenheiten, für die sie später berühmt wurde, wie das große psychologische Einfühlungsvermögen, aus dem heraus sie die Gefühls- und Gedankenwelt ihrer Romanfiguren darstellt. Im Jahr darauf folgte mit *Die Mühle am Floss* (*The Mill on the Floss*) ihr lange Zeit beliebtester Roman, der als eines der frühesten Beispiele des großen englischen Gesellschaftsromans gilt. In die Schilderung der Kindheit und Jugend der Hauptperson Maggie ließ Georges Eliot viele ihrer eigenen Erinnerungen einfließen. Nach dem nächsten, ihrem kürzesten Roman *Silas Marner, der Weber von Raveloe* (*Silas Marner, the Weaver of Raveloe*, 1861) veröffentlichte sie im Jahr 1862/63 den historischen Roman *Romola*, der Ende des 15. Jahrhunderts in Florenz spielt. Ihr vorletzter Roman *Middlemarch. Eine Studie über das Leben in der Provinz* (*Middlemarch. A Study of Provincial Life*), der 1871/72 erschien, ist ein breit angelegter Gesellschaftsroman und gilt als ihr bedeutendstes Werk. In der psychologisch ausgefeilten Darstellung einer großen Anzahl von Figuren spiegelt sich die krisenhafte Phase Englands nach 1830. Nach dem Tod von George Henry Lewes 1878 heiratete George Eliot den amerikanischen Bankier John W. Cross. Sie starb kurz darauf, am 22. Dezember 1880, in London.

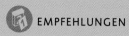 **EMPFEHLUNGEN**

Lesenswert:
George Eliot: *Die Mühle am Floss*. Roman, Stuttgart 1983.
Silas Marner. Die Geschichte des Webers von Raveloe. Roman, München 1999.
Middlemarch. Eine Studie über das Leben aus der Provinz. Roman, Stuttgart 1985.
Romola. Historischer Roman aus dem Florenz der Renaissance, Bergisch-Gladbach 1998.

Elsemarie Maletzke: *George Eliot. Eine Biographie*, Frankfurt/Main 1997.

Hörenswert:
George Eliot: *The Mill on the Floss*. Read by Sara Kestelman, Naxos 1997. 4 Audio-CDs.

George Eliot: *Silas Marner*. Read by Freda Dowie, Naxos 1994. 2 Audio-CDs.

George Eliot: *Middlemarch*. Read by Carole Boyd, Naxos 1999. 6 Audio-CDs.

Sehenswert:
Middlemarch. Regie: Anthony Page; mit Juliet Aubrey, Robert Hardy, Douglas Hodge. Großbritannien 1994.

 AUF DEN PUNKT GEBRACHT

Unter männlichem Pseudonym schrieb sie erschütternde Romane; als Gefährtin eines verheirateten Mannes lebte sie ein unkonventionelles Leben.

Carmen

Sie »war eine seltsame und wilde Schönheit; ihr Gesicht, das anfangs erstaunte, konnte man nicht vergessen. Namentlich ihre Augen hatten einen zugleich wollüstigen und wilden Ausdruck, der in keines anderen Menschen Gesicht wiederkehrte.«

Carmencita ist eine Gitana, eine Zigeunerin. Sie ist klein, zierlich, gewandt, gewitzt und mutig, und sie kann zaubern. Wahrsagen und stehlen gehören auch zu ihren Künsten. Sie lebt in Andalusien, in Sevilla, wo sie in einer Zigarettenfabrik arbeitet. Nebenbei gehört sie einer Schmugglerbande an, »Geschäfte« führen sie häufig nach Gibraltar, wo sie wohlhabende Ausländer, meist Briten, aufspürt, betört, bestiehlt oder ihren Kumpanen zutreibt. Als Gitana gehorcht Carmen den Gesetzen ihres Volkes, und diese gebieten ihr, von den Fremden, den »Payllos«, zu leben. Ein Unrechtsbewusstsein fehlt ihr, wenn sie – wie alle sonstigen Angehörigen ihres Stammes – raubt und schmuggelt. Bei Carmen aber hat es damit nicht sein Bewenden. Anders als die übrigen Nomadenfrauen folgt sie keineswegs brav dem früh ihr angetrauten Gatten und widmet sich ganz seinem Wohlergehen. Sie kennt keine Treue. Loyalität zu ihren Kumpanen – ja, die bindet auch sie. Aber mit wem sie schläft, das entscheidet sie allein. Wer ihr gefällt, wird ihr »Minchorrô«, ihr Geliebter. Weder Ehemann noch Stamm haben ihr da dreinzureden. Was ihre Sprunghaftigkeit, ihre Lust an der Verführung und ihren erotischen Eigenwillen betrifft, so kennt sie gleichfalls kein Unrechtsbewusstsein. Im Gegenteil – bliebe sie auch nur einen Tag bei einem Freund, den sie nicht mehr begehrt, oder zögerte sie nur einen Tag, den Mann, den sie zum Minchorrô erwählt hat, zu locken und zu verzaubern – es wäre

■ Illustration auf dem Titelblatt des Notendrucks *Carmen, Opera de Georges Bizet* aus dem Jahre 1906.

für sie das schlimmste Unrecht, das sie gegen sich selbst begehen könnte. Und so wurde Carmen der Inbegriff weiblicher Freiheit in der Liebe.

Sie ist eine literarische Erscheinung von düsterem Glanz und entsprang einer 1845 erschienen Novelle des französischen Dichters Prosper Mérimée. Einige Jahrzehnte später komponierte George Bizet seine gleichnamige Oper. Im Jahre 1873 wurde sie uraufgeführt und fiel erst einmal durch. Heute ist sie die meistgespielte Oper der ganzen Welt – der arme Bizet hat davon allerdings nichts mehr mitbekommen. Er starb ziemlich bald nach dem anfänglichen Misserfolg.

Die Geschichte Carmens ist auch die ihres Geliebten Don José. Dieser Jüngling aus gutem Hause, ein Baske, muss wegen Totschlags aus seiner Heimat fliehen und taucht in Sevilla beim Militär unter. Er ist tüchtig und bringt es zu was; schon winkt eine Beförderung. Da soll er die Zigeunerin Carmen, die in der Zigarettenfabrik einer Kollegin mit dem Messer zu Leibe gerückt ist, in die Arrestzelle führen. Doch Carmen lässt ihren Zauber wirken. Bei Mérimée sind die Hexenkünste der Gitana eine Metapher für ihre Reize, bei Bizet ist es die Musik, die singende Carmen (Carmen heißt: das Lied), die Don José den Kopf verdreht – es läuft alles auf dasselbe hinaus: »Ich war toll und achtete auf nichts mehr«, erzählt José. Und er lässt sie laufen. Darauf wird er ins Gefängnis gesteckt und kann die Beförderung vergessen.

Als er frei kommt, wartet Carmen auf ihn. »Ich weiß, was ich dir schuldig bin«, sagt sie und fügt hinzu, dass sie ihn liebt. Die Geschichte einer »amour fou« beginnt. Mal läuft sie davon, mal lauert sie ihm auf, mal wartet er umsonst, mal ist sie schon vor ihm da – stets bereit, zu lachen, zu tollen und ihm eine Nase zu drehen. Es ist für beide eine große Leidenschaft, und als Carmen ihren

> »Man wird zum Schurken, ohne es zu merken. Ein hübsches Mädchen verdreht einem den Kopf, man schlägt sich ihretwegen, ein Unglück geschieht, man muss in die Berge flüchten, und aus dem Schmuggler wird ein Räuber, eh' man's gedacht.«
> Aus *Carmen* von PROSPER MÉRIMÉE:

■ Mit diesem Plakat wurde 1918 für Ernst Lubitschs Film *Carmen* geworben.

■ Filmplakat um 1917 mit der Opernsängerin Geraldine Farrar in der Titelrolle.

■ Die berühmte Opernsängerin Emmy Destinn als Carmen mit Ernst Kraus als Don José. Berlin, 1906.

Liebsten, während er Wache steht, dazu überredet, die Augen zuzudrücken, wenn ihre Spießgesellen mit der Konterbande anrücken, kann er nicht anders als ja sagen. So gerät er selbst unter die Räuber. Und der Weg in die Ehrbarkeit ist endgültig verbaut, als er Carmens »Rom«, ihren Mann, einen besonders mordlustigen Gesellen, niedersticht.

In der Oper hat man den Ehemann weggelassen, in der Novelle spielt er auch keine große Rolle. Wichtig ist nur Don Josés Eifersucht, die immer glühender wird, je besser er Carmen kennt, und die ihn mit fataler Zwangsläufigkeit von der Geliebten entfernt. »Nimm dich in Acht«, sagt sie zu José, »wenn man mir verbietet, etwas zu tun, ist es bald getan.«

Je stärker José seine »Romi«, seine Frau, bedrängt, nur ihn anzusehen und gar mit ihm ein bürgerliches Leben im verlockenden Amerika zu beginnen, umso öfter entzieht sie sich ihm – ihr Gefühl erlischt, die Leidenschaft auch, sie möchte ihn loswerden. Ein hübscher Picador aus der Stierkampfszene erregt ihre

Neugier, sie trifft sich heimlich mit ihm. Und doch weiß sie, dass Don José ihr Schicksal ist, dass sie zusammen sterben werden: »erst ich, dann er«. Sie hat es im Kaffeesatz und in den Karten gelesen, und sie fügt sich in ihr Los.

José kriegt Wind von der Geschichte mit dem Picador, und er stellt Carmen zur Rede. Ihr letztes Wortgefecht endet, wie die Zigeunerin es voraussah: in der Novelle wie in der Oper. »Ich liebe dich nicht mehr«, sagt sie zu ihm. »Du aber liebst mich noch und wirst mich töten.« Er bettelt und fleht um ihre Liebe – vergeblich. In einer Aufwallung von Wut und Selbsthass erkennt er, dass er dieser Frau, die ihm ins Gesicht lacht, sein Leben geopfert hat. Er zieht sein Messer. Sie reisst sich den Ring, den er ihr einst gab, vom Finger und wirft ihn von sich. Er sticht auf sie ein. Sie stirbt in seinen Armen. Er begräbt sie noch im Wald, sucht den Ring und legt ihn in ihr Grab. Dann stellt er sich. Denn auch sein Leben ist nun zu Ende. Das Todesurteil erwartet ihn.

Den Normen des 19. Jahrhunderts gemäß wird die sexuell eigenmächtige Frau für ihre unerhörte Freiheit streng zur Rechenschaft gezogen. Es versteht sich, dass Carmen sterben muss. Dennoch kommt sie, anders als so manche andere Ehebrecherin und sinnliche Hexe jener Zeit, ohne moralisches Verdammungsurteil davon. Im Gegenteil, man hat diese Frau gefeiert, in ihr die Wiederauferstehung einer natürlichen Promiskuität verehrt, die das gezähmte Muttchen des bürgerlichen Zeitalters wie auch den steifen Herrn mit seiner verschwitzten Doppelmoral das Fürchten lehren sollte. »Die Liebe als Fatum«, jubelte Friedrich Nietzsche mit Blick auf Carmen, »als Fatalität, zynisch, unschuldig, grausam – und eben darin Natur!« Und wie er ergötzten sich auch andere sublime Geister, die so gar nichts von einem Don José an sich hatten, an den Schöpfungen Mérimées und Bizets, an der furiosen Gitana mit den Kastagnetten, die über alle Bedenken, Gebote, Moralen und Grenzen hinwegtanzt.

■ Laura del Sol und Antonio Gades in dem hochgelobten spanischen Film *Carmen* von Carlos Saura aus dem Jahre 1983.

■ Die Sängerin Julia Migenes-Johnson als Carmen und Plácido Domingo als Don José in dem französisch-italienischen Film von Francesco Rosi aus dem Jahre 1984.

Es ist kein Zufall, dass Carmen eine Zigeunerin ist. In eine Angehörige dieses rätselhaften Wandervölkchens, dessen Herkunft und Zukunft unklar ist, konnte man alles Mögliche hineinprojizieren: Wildheit, Sinnlichkeit, Amoralität. So ist Carmen eher eine Art Idee, eine Erscheinung oder ein Dämon als eine wirkliche Frau – entsprechend unverbindlich-wohlig konnten Leser und Opernbesucher sich bei ihrer Geschichte gruseln, denn sie mussten nicht fürchten, dass ihre echten Schwestern an der nächsten Straßenecke auf sie warteten, um sie zu verderben. Zugleich aber spricht aus der Figur der Carmen auch die Sehnsucht der Männer nach der »femme fatale«, die anders ist als ihre eigenen spießigen Ehegattinnen und die als Verkörperung einer Liebe, die keine Rücksicht nimmt, ihr Leben umkrempeln könnte. In den achtziger Jahren des 20. Jahrhunderts gab es nach der Verfilmung des Stoffes durch Carlos Saura eine regelrechte Carmen-Mode, die bis zu Fächern, Fransentüchern und Flamenco-Kursen ging: eine Reaktion vielleicht auf die gewandelte Zeit, die sexuelle Autonomie auf Seiten der Frau nicht mehr unter Strafe stellt, und obendrein eine Hommage an eine unvergängliche Figur.

CARMEN

 QUELLE UND DARSTELLUNGEN

Carmen ist die wohl bekannteste Novelle des französischen Schriftstellers Prosper Mérimée (1803–1870). Schon als Kind kam er erstmals nach Spanien. Mehr als für sein Studium der Rechtswissenschaften interessierte er sich für Literatur und nahm an verschiedenen literarischen Zirkeln teil. Er lernte dabei die Schriftsteller Benjamin Constant (1767–1830), Victor Hugo (1802–1885) und vor allem Stendhal (1783–1842) kennen, mit dem er eng befreundet war. Mit Anfang zwanzig veröffentlichte er eine Sammlung von kurzen romantisch-sarkastischen Theaterstücken und einige Balladen. Es folgten mehrere anonym publizierte Werke, darunter ein historischer Roman. Eine Spanienreise im Jahr 1830 bildete den Anfang einer Reihe von Auslandsaufenthalten; in der Folgezeit kam er unter anderem nach England, Deutschland, Österreich und Italien. Von 1834 an war Prosper Mérimée als Inspektor der historischen Denkmäler in ganz Frankreich unterwegs. Er verfasste Abhandlungen über die inspizierten Bauwerke und erreichte durch seinen Einsatz bei der Pariser Verwaltung den Erhalt vieler historischer Gebäude. 1844 wurde er zum Mitglied der Académie française gewählt, knapp zehn Jahre später zum Senator im Zweiten Kaiserreich ernannt. Die Novelle Carmen, 1845 erstmals in der Zeitschrift Revue des deux mondes erschienen, war die letzte mehrerer kurzer Geschichten, die Prosper Mérimée zwischen 1829 und 1846 geschrieben hatte und denen er seinen Platz unter den Meistern in der französischen Literaturgeschichte zwischen Romantik und Realismus verdankt. Nur langsam konnte sich die Novelle durchsetzen, und auch die Opernfassung des französischen Komponisten Georges Bizet (1838–1875) stieß bei der Uraufführung drei Jahrzehnte später, am 3. März 1875, zunächst auf Unverständnis. Das Pariser Publikum zeigte sich befremdet, gleichgültig, kühl. Drei Monate später starb Georges Bizet, und lange hielt sich die Legende, dass der Misserfolg von Carmen die Ursache seines frühen Todes gewesen sei. Noch im selben Jahr begann mit einer stürmisch bejubelten Aufführung an der Wiener Hofoper eine beispiellose Erfolgsserie in den berühmtesten Opernhäusern der Welt. Die Titelrolle wurde zu einer der meistbegehrten Gesangspartien, an der sich alle großen Sängerinnen versuchten – nicht nur Mezzosopranistinnen, in deren Repertoire sie eigentlich gehört, sondern auch Sopranistinnen und Altistinnen. Am Anfang einer Reihe von Verfilmungen der Novelle stand die Stummfilmfassung von Ernst Lubitsch aus dem Jahre 1918. Anfang der 1980er Jahre bewirkte der Carmen-Mythos einen regelrechten Boom in der Filmwelt. Außer Carlos Sauras Carmen entstanden unter anderem Jean Luc Godards Prénom: Carmen und Francesco Rosis Verfilmung der Oper Carmen.

 EMPFEHLUNGEN

Lesenswert:
Prosper Mérimée: Carmen. Französisch/Deutsch, München 1995.

Georges Bizet: Carmen. Oper in 4 Akten. Französisch/Deutsch, Stuttgart 1997.

Hörenswert:
Prosper Mérimée: Carmen. Gelesen von Ernst-August Schepmann, Deutsche Grammophon. 2 Audiocassetten.

George Bizet: Carmen. Mit Jessye Norman, Mirella Freni, Neil Shicoff, Simon Estes. Orchestre National de France/Ozawa. 1989. 3 Audio-CDs.

Sehenswert:
Carmen. Regie: Ernst Lubitsch; mit Pola Negri, Harry Liedtke, Leopold von Ledebur, Grete Diercks, Deutschland 1918.

Carmen. Regie: Carlos Saura; mit Antonio Gades, Laura del Sol, Cristina Hoyos, Juan Antonio Jiménez, Sebastián Moreno, José Yepes, Paco de Lucía, Spanien 1983.

Carmen. Regie: Francesco Rosi; mit Julia Migenes, Placido Domingo, Ruggero Raimondi, Faith Esham, Susan Daniel, Frankreich/Italien 1983.

 AUF DEN PUNKT GEBRACHT

Sie ist eine pure Männerphantasie: wild, schön, sündhaft. Aber heutzutage ist sie auch eine Frauenphantasie: Viele Mädchen wären gern wie Carmen.

Emma Bovary

»Madame Bovary«, schrieb Jean-Paul Sartre, »die in Entsetzen und Verdammung stirbt, ist echt tragisch. Weil es ihr Schicksal ist, dass sie in unerträglicher Erfahrung die reale Unmöglichkeit, ein Mensch zu sein, durchlebt.«

Als Gustave Flauberts Roman 1857 erschien, löste er einen Skandal aus. Es gab einen Prozess wegen angeblicher Sittenwidrigkeit, aber das Buch siegte, durfte verkauft werden und ist bis heute auf dem Buchmarkt präsent. Zwar ist der Skandal ausgestanden, aber Madame Bovary, die titelgebende Hauptfigur des wohl berühmtesten Romans seiner Zeit, gibt immer noch Anlass zu mancherlei Rätselraten.

■ Emma Bovary, Gustave Flauberts Romangestalt, in einer zeitgenössischen Illustration.

Flaubert soll auf die Frage, wer sich denn wohl hinter Emma Bovary verberge, geantwortet haben: »Moi. Ich selbst.« Vielleicht wollte er damit sagen, dass Emma eben nur irgendein Mensch sei. Und so hat er sie auch geschildert, als eine ganz normale Frau in mittleren Provinzverhältnissen. Sie lebt auch ein ziemlich normales Leben. Sie heiratet, bekommt ein Kind, betrügt ihren Mann und verschuldet sich. Was ist daran ungewöhnlich? Und doch geht sie, wie Sartre sagt, so schreckenvoll zugrunde, dass man nach ihrem Tod beziehungsweise nach der Lektüre des Buches nicht einfach zur Tagesordnung übergehen kann. Was erzählt uns Flaubert über und durch Emma? Die hübsche Bauerntochter heiratet den verwitweten Landarzt Charles Bovary. Sie liebt ihn nicht, akzeptiert ihn aber und stellt sich das Arztfrauenleben vielleicht ganz heiter vor. Was weiß sie denn schon, dieses von Nonnen aufgezogene junge Ding! Das Leben auf dem Dorf nimmt seinen

Lauf, Charles ist gut zu ihr, ein Töchterchen wird geboren – aber was Emma im Innern fühlt, ist grausame Enttäuschung. Das soll das Leben sein? So sehen Liebe, Glück und Erfüllung aus? Sie langweilt sich zu Tode. Und sucht verzweifelt nach Auswegen: in der Literatur, in der Religion, in der Pflege ihrer Familie. Nichts davon befriedigt sie. Sie wird sogar ein wenig wunderlich vor lauter innerer Leere. Dem Werben des jungen Anwaltsgehilfen Léon Dupuis gibt sie allerdings nicht nach.

Doch dann wechselt der nahe Gutshof den Besitzer. Der neue Herr – Rodolphe – ist galant und vergnügungssüchtig, er macht der Arztfrau den Hof. Emma wird seine Geliebte. Zum ersten Mal in ihrem Leben ist sie glücklich.

Aber das Abenteuer reicht ihr nicht. Sie bestürmt Rodolphe, mit ihr zu fliehen. Dieser willigt erst ein, lässt sie aber dann im entscheidenden Moment sitzen. Emma ist am Boden zerstört. Sie erkrankt ernsthaft und erholt sich erst Monate später.

■ »Der Landarzt« Holzstich nach Gemälde von Hermann Kretzschmer, 1881. So mag es auch im Arbeitsleben des Landarztes Charles Bovary zugegangen sein.

■ Gustave Flaubert, Porträtaufnahme um 1870.

Nach ihrer Genesung kommt es zu einer Wiederbegegnung mit Léon. Eine wunderbare, geheime Liebschaft beginnt. Die beiden passen zusammen. Sie sind kunstbegeistert, jung, verrückt, verliebt. In der nahen Stadt Rouen, wohin Emma einmal wöchentlich reist – ihr Vorwand: Klavierstunden – inszenieren sie ihr romantisches Verhältnis. Aber es ist nicht von Dauer. Allerlei Querelen, aber auch Überdruss, zerstören ihr Glück.

Emma liebt seit jeher schöne Kleider. Und sie weiß sie zu tragen! Dies nutzt ein fahrender Händler aus, der auf Kredit liefert. Plötzlich will er all sein Geld, und Emma hat nichts mehr. Sie bittet um Aufschub. Sie geht so weit, ihren Ex-Liebhaber, den Gutsherren Rodolphe, um ein Darlehen zu bitten. Auch Léon fleht sie an. Niemand will ihr helfen. Da geht sie hin und vergiftet sich mit Arsenik. Ihr Mann, der ja Arzt ist, sieht sie elendiglich verenden. Ob er von ihren Eskapaden wusste oder nicht, lässt Flaubert offen. Wahrscheinlich ist, dass er alles ahnte und aus Liebe schwieg. Bald nach ihrem Tod stirbt auch er.

Wenn man nach der Lektüre des Buches die Augen schließt und sich Madame Bovary vorstellt, so sieht man sie auch am Fenster sitzen und sticken oder vor dem Spiegel stehen und ihr Haar aufstecken – aber vor allem sieht man sie laufen. Immer wieder schildert Flaubert sie unterwegs; flüchtend, fahrend, in Bewegung, in Unruhe, in Panik, getrieben.

»Im Grunde ihrer Seele aber wartete sie darauf, dass etwas geschähe. Wie eine schiffbrüchige Mannschaft ließ sie ihre verzweifelten Blicke über die Ödnis ihres Lebens schweifen und suchte im fernen Dunst des Horizonts nach einem weißen Segel.«
Aus GUSTAVE FLAUBERT: *Madame Bovary*

»Sie zog sich rasch an und huschte auf Katzenpfoten die kleine Treppe hinab, die zum Bach führte. Dann ging es quer über die gepflügten Felder, wo sie mit ihren kleinen Stiefelchen alle Augenblicke stecken blieb und stolperte. Wenn sie auf die Weide kam, hatte sie Angst vor den Ochsen und begann zu laufen, dass das Seidentuch flatterte, das sie sich um den Kopf geknotet hatte. Atemlos, mit geröteten Wangen und ganz nach Tau und Luft und frischem Grün duftend, kam sie bei Rodolphe an.«

Wohin läuft Emma und wovor davon? Bemerkenswert ist, dass sie überhaupt läuft, dass sie sich diese fliegende Bewegung herausnimmt, denn die Sitte ihrer Zeit wollte die Frau still, unbeweglich und fest eingebunden in Verhaltensnormen. *Madame Bovary* erschien zur Zeit der bürgerlichen Restauration unter Louis Bonaparte und war von einem Autor verfasst, der soziales Engagement in der Literatur für unkünstlerisch hielt. Aber seine Emma ist im Aufbruch, sie ist außer Atem. Und was sie gegen allen Anstand in Bewegung hält, ist das sexuelle Begehren. Das Bild der laufenden Emma ist das der »läufigen Frau«. Und das Panische in ihrer Bewegung, das »Fort-Müssen«, ist die Gewalt des Triebes.

Darin lag das Anstößige dieses Skandalromans, das war es, was viele Zeitgenossen aufschreien und nach einem Verbot verlangen ließ. Hier will eine Frau Mensch sein, und das heißt auch: sie will sich in die körperliche Liebe stürzen, wobei sie letztlich gegen Mauern rennt, errichtet aus doppelter Moral. Frauen waren Objekte und gefälligst ohne eigene Bedürfnisse. Ferner war auch die Ehescheidung im Second Empire wieder unmöglich gemacht worden – was den Männern nicht so viel aus-

■ Isabelle Huppert als Mme. Bovary in der recht kühlen französischen Verfilmung des Regisseurs Claude Chabrol von 1990.

■ Valentine Tessier spielte die Mme. Bovary in der ersten Verfilmung des Stoffes aus dem Jahre 1933 unter der Regie von Jean Renoir.

machte, denn sie durften ohne Angst um ihren Ruf fremdgehen. Dass die Gestalt, die einen ganzen Roman lang unterwegs ist, ihre sinnliche Begierde zu befriedigen, weiblichen Geschlechts war, verstieß gegen ein Tabu. Die französische Revolution hatte den sexuell aktiven und gesellschaftlich einflussreichen Damen des Adels die ehrbare Bürgerin entgegengesetzt, die – gerade in Liebesangelegenheiten – eher passiv blieb; die Restauration zur Zeit Flauberts begann laut und erfolgreich infrage zu stellen, ob Frauen jenseits ihres Status als Objekte männlicher Lust überhaupt in einem subjektiven Sinne sexuelle Wesen seien. Die Bovary ist eindeutig ein sexuelles Subjekt. Sie ist es, der »vor Begierde fast der Atem wegbleibt« und die losläuft, ihr Objekt zu fassen. Zwar kann sie gegen die Umstände nicht an, als deren Opfer sie schließlich zugrunde geht. Aber sie hat einen Entwurf ihrer selbst, den sie verwirklichen will, sie findet sich nicht mit dem Status quo ab. Im Klima der Restauration war Emma Bovary, die selbstbewusst laufende, leidend-läufige Frau, eine unglaubliche Provokation.

Doch es steckt etwas drin in Emmas Tragödie, das über ihre Zeit hinausgreift. Denn was diese Frau zum Laufen, Hasten, Rasen und schließlich in den Selbstmord treibt, ist nicht nur der Stachel unbefriedigter Sexualität. Der Pfahl in ihrem Fleisch ist wohl die Ahnung, dass auch die Sexualität sie nicht befriedigen wird, dass auch der Sinnenrausch ihre Begierde nicht stillt. Es ist, als sollte alles für Emma Lust sein, unausschöpfbar, und als wüsste sie doch zugleich, dass Lust nicht alles ist, wäre jedoch unfähig, sich damit abzufinden. »Und im Genuss verschmacht ihr vor Begierde ...«, dieses Goethe-Wort passt sehr gut zu Emma. Sie ist ein schlichtes Mädchen, eitel, verträumt, spießig und kokett, aber sie nimmt ihre tiefsten Sehnsüchte, die ja die meisten Menschen irgendwann in sich ersticken, so ernst, dass sie alles dafür hingibt.

MADAME BOVARY

 ## QUELLE UND DARSTELLUNGEN

Gustave Flauberts erste Veröffentlichung, der Roman *Madame Bovary*, wurde für Gustave Flaubert auf Anhieb ein großer Erfolg. Am 12. Dezember 1821 in Rouen geboren, hatte er bereits mit fünfzehn zu schreiben begonnen, seine beiden Jugendwerke *Erinnerungen eines Narren* (*Mémoires d'un fou*) und *November* (*Novembre*) erschienen jedoch erst posthum Anfang des 20. Jahrhunderts. Das dritte Werk, *Die Versuchung des heiligen Antonius* (*La tentation de Saint-Antoine*), war das erste, das er für brauchbar und druckfertig hielt. Nach Abschluss der intensiven Arbeit an diesem Text lud er zwei enge Freunde, die Schriftsteller Maxime Ducamp und Louis Bouilhet, zu einer Lesung ein, um ihr Urteil zu hören. Gustave Flaubert las vier Tage lang jeweils acht Stunden ohne Pause, während seine Zuhörer sich an die Abmachung hielten, ihn nicht zu unterbrechen. Am Ende der ermüdenden Lesung fiel das Urteil hart aus – eine Veröffentlichung kam nicht mehr in Betracht. Seine Freunde schlugen ihm vor, sich ein einfacheres, alltäglicheres und weniger hoch gegriffenes Thema vorzunehmen, wie etwa die Affäre Delamare, von der die Tagespresse berichtet hatte: Ein Sanitätsoffizier war – so war zu lesen gewesen – von seiner jungen zweiten Frau betrogen und um sein Geld gebracht worden. Gustave Flaubert ging zunächst für achtzehn Monate auf Reisen und durchfuhr den Orient. Am Ufer des Nils beschloss er, die Heldin seines nächsten Romans Madame Bovary zu nennen. Von 1851 bis 1856 saß er täglich mit großer Mühe und Geduld an seinem neuen Werk. Seine Korrespondenz gibt genauen Aufschluss über die Entstehung des Romans, und seine Manuskripte und Skizzenbücher, die später veröffentlicht wurden, dokumentieren die zahllosen Überarbeitungen des Textes. Als *Madame Bovary* von Oktober 1856 an als Vorabdruck in der *Revue de Paris* erschien, zog dieser bald die Aufmerksamkeit der staatlichen Zensurbehörden auf sich. Im Januar 1857 kam es zu einem aufsehenerregenden Prozess gegen den Autor und die Herausgeber der *Revue de Paris* wegen des Verstoßes »gegen die öffentliche Moral, die guten Sitten und die Religion«. Der Prozess endete jedoch mit Freispruch. Die Buchausgabe im April profitierte, was die Verkaufszahlen anging, von dem Skandal um den Roman; nur wenige nahmen zu diesem Zeitpunkt auch seine literarische Qualität wahr, die ihm später den Rang eines der bedeutendsten Werke der Weltliteratur einbrachte. Gustave Flaubert – am 8. Mai 1880 in Croisset gestorben – ist in die Literaturgeschichte als Überwinder der Romantik und Begründer des Realismus in Frankreich eingegangen. *Madame Bovary* wurde mehrfach verfilmt und auch vertont, z. B. von dem schweizer Komponisten Heinrich Sutermeister, der die Geschichte zu einer Oper verarbeitete. Sie wurde 1967 in Zürich uraufgeführt.

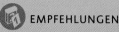 ## EMPFEHLUNGEN

Lesenswert:
Gustave Flaubert: *Madame Bovary*, Frankfurt/Main 1998.

Jean de La Varende: *Gustave Flaubert*. Mit Selbstzeugnissen und Bilddokumenten, Reinbek 1996.

Hörenswert:
Gustave Flaubert: *Madame Bovary*. Gelesen von Gert Westphal, Deutsche Grammophon 1987. 10 Audiocassetten.

Sehenswert:
Madame Bovary. Regie: Vincente Minnelli; mit Jennifer Jones, James Mason, Ven Heflin. USA 1949.

Madame Bovary. Regie: Claude Chabrol; mit Isabel Huppert, Jean-François Balmer, Christophe Malavoy, Frankreich 1991.

 ### AUF DEN PUNKT GEBRACHT

Sie ist nur ein Provinzdämchen und lebt dennoch ganz für ihre Lust und Liebe. Und stirbt sogar dafür.

Eleonora Duse

Der Applaus brandet auf. Still und aufrecht steht die Schauspielerin hinter dem noch geschlossenen Vorhang. Also doch! Paris, dieses anspruchsvolle, arrogante, heikle Publikum, das trotzig an seinen gewohnten Vorlieben festhält – jetzt klatscht, jetzt jubelt es für sie, die Fremde, die Italienerin. Kann es wahr sein? Vorige Woche noch hat dasselbe Publikum sie äußerst kühl aufgenommen und ihr allen Mut geraubt. Aber dies hier ist eine Ovation, eindeutig. Der Vorhang rauscht in die Höhe, das Licht strahlt auf, und Eleonora Duse tritt einen Schritt vor, um sich zu verbeugen. »Ich habe gesiegt«, denkt sie und spürt Tränen hochsteigen, »Ich habe gesiegt mit ihm, mit D'Annunzio.«

Als Eleonora Duse im Jahre 1897 ihren Durchbruch in Paris feierte, war sie längst eine weltberühmte Schauspielerin; sie hatte Tourneen in aller Herren Länder hinter sich, und überall waren die Kritiker des Lobes voll. Aber Frankreich war stur geblieben. Es hatte nämlich seine eigene Theaterprinzessin, die unvergleichliche Sarah Bernhardt. Und wer aus weiter Ferne kam, um sich mit ihr zu vergleichen, bekam erst einmal einen Denkzettel, das waren die Pariser ihrer Primadonna schuldig. Aber diesmal fegte die Duse alle Bedenken hinweg. In *Der Traum eines Frühlingsmorgens* von Gabriele D'Annunzio eroberte sie die Herzen der theaterbegeisterten Franzosen. Eleonora Duse und Sarah Bernhardt waren zwar gleichrangige Diven, aber sie standen für zwei völlig gegensätzliche Theaterauffassungen. Die Französin pflegte die Tradition, sie stand für Artistik, Illusion,

■ Postkarte mit Porträtaufnahme der Duse, um 1895.

■ Außenansicht der Oper in Paris: Hier feierte die Duse ihre größten Erfolge. Photographie um 1888.

■ Sarah Bernhardt 1876 auf einem Gemälde von Georges Clairin. Sie war die große »Gegenspielerin« der Duse.

Virtuosität, Künstlichkeit. Ganz anders die Italienerin. Die Duse hatte, als sie ihre eigene Schauspieltruppe gründete, mit der Überlieferung gebrochen. Ihr Theater sollte das Leben spiegeln, wie es wirklich war, anstatt ein geschöntes Klischee vorzuführen – ihr Darstellungsstil war innige Natürlichkeit. Sie verzichtete auf Schminke, Perücken und Blumen aus Papier; bei ihr gab es echte Seide, schwere Möbel und Rosen aus dem Garten. Auch ihre Tränen kamen von innen. Großen Ruhm errang eine Szene, in der sie einen ehemaligen Liebhaber wieder traf und langsam und wahrhaftig errötete.

Es versteht sich, dass dieser auf wahren Empfindungen beruhende Ausdruck ein Höchstmaß an Einsatz und Konzentration erforderte. Eleonora, die obendrein noch an einer Tuberkulose litt, balancierte ihr Leben lang am Rande des physischen Zusammenbruchs. Aber ihre Darbietungen waren überwältigend. Sie riss die kühlsten und klügsten Köpfe ihrer Zeit zu wahren Begeisterungsstürmen hin.

Persönlich war Eleonora Duse ein bescheidener, zurückhaltender, sehr nachdenklicher und feinfühliger Mensch. Sie war ein

■ Eleonora Duse – Radierung um 1895 von Ludwig Kühn.

Kind des Theaters; ihr Vater leitete eine Wandertruppe in der Lombardei. Ihr erster großer Erfolg ist Shakespeares Julia in der Arena von Verona, damals ist sie fünfzehn Jahre alt. Mit zwanzig gehört sie einer neapolitanischen Truppe an und verliebt sich in Martino Cafiero, einen prominenten Journalisten. Dieser verlässt sie, als sie schwanger wird. Ihr Kind, ein kleiner Junge, stirbt bald nach der Geburt. Trost findet sie bei ihrem Kollegen Tebaldo Checchi, den sie heiratet und mit dem sie eine Tochter hat: Enrichetta. Ihre Laufbahn entwickelt sich anfangs zögerlich: Ihr direktes, klares Spiel ist ungewohnt. Aber nach und nach überzeugt sie ihr Publikum. Als ihre erste große Auslandstournee sie 1885 nach Südamerika führt, hat sie sich als eigenwillige, ausdrucksstarke Schauspielerin durchgesetzt.

Ein Problem ist und bleibt für die Duse der Spielplan. Sie will in modernen, aufwühlenden Stücken auftreten und scheitert mit diesem Ehrgeiz am Konservatismus des Publikums. Das möchte sie ständig als Kameliendame sehen. Auch andere französische Salonstücke werden verlangt – und dann natürlich Goldoni und manchmal Shakespeare. So gern die Schauspielerin die Klassiker gibt und sich in Goldonis *Wirtin* auch von ihrer heiteren Seite zeigt – das

> »Sie äugelt und schlendert – und wendet sich, eh man's noch glaubt, und ein Arm fährt durch die Luft, die Taille biegt sich, und ihre Stimme streichelt ... Sie liegt in einem Stuhl, sie neckt, sie grüßt, sie dankt, sie zwinkert mit dem Mund, mit dunklen Augen. Und alle diese Anmut ist in jedem Augenblick erschütternd. Das war nicht und kommt nie wieder. Es ist der Gipfel. Das Wunder der letzten Schönheit des Südens.«
> Der gefürchtete Kritiker und Duse-Verehrer
> ALFRED KERR 1894

genügt ihr nicht. Sie sehnt sich nach einem italienischen Drama, das Konflikte ihrer Zeit aufgreift. Und da es das nicht gibt, kämpft sie erst einmal für Ibsen, dessen Düsternis aber ihre Landsleute abschreckt.

In Südamerika verliebt sich Eleonora in ihren Partner Flavio Andò und verlässt ihren Ehemann. Zurück in Italien macht sie sich an die Gründung einer eigenen Truppe. Das bedeutet: Sie ist jetzt auch eine Geschäftsfrau, muss kalkulieren, Gagen auszahlen und investieren. Ihr Leben lang hat die Prinzipalin Geldsorgen, obwohl sie keinerlei persönlichen Aufwand treibt. Aber Theaterproduktionen sind ein teures Vergnügen.

Ihre Beziehung zu Andò hält nicht lange. Ein anderer Mann tritt in ihr Leben: der Literat und Librettist Arrigo Boito. Er sorgt dafür, dass ein Mangel, den sie sehr als schmerzlich empfindet, behoben wird: Er vermittelt ihr *Bildung*. Das Komödiantenkind war nicht recht zur Schule gegangen, sie weiß viel zu wenig über die Welt, die Menschen und die Literatur. Dankbar nimmt sie Boitos Bücherpakete entgegen, und er beantwortet alle ihre Fragen. Sie leben für eine Weile zusammen in Venedig, und an seiner Seite träumt sie sogar davon, das Theater aufzugeben und mit ihm und ihrem Kind einfach die Schönheit der Lagunenstadt zu genießen.

■ Der italienische Komponist, Schriftsteller und Librettist Arrigo Boito. Porträtaufnahme, um 1910.

Es folgen die Jahre ihrer größten Erfolge. Tourneen führen sie um die ganze Welt, auch nach Russland und Nordamerika, und überall wird sie enthusiastisch gefeiert. Nur ein unerfüllter Wunsch bleibt: Das aufwühlende Zeitstück ist noch nicht im Repertoire. Da trifft der große Bühnenstar im Jahre 1895 den ebenfalls berühmten Schriftsteller Gabriele D'Annunzio – in Venedig, der Stadt der Liebe. Beide verbindet bald eine tiefe Leidenschaft, die von viel Gefühl, Sinnlichkeit und geteilter Kunstbegeisterung getragen wird. Sie ist sechs-, er einunddreißig Jahre alt, beide sind verheiratet und leben getrennt von ihren Gatten, beide verlassen einen Lebenspartner, um nur noch füreinander da zu sein: Eleonora ihren

■ Eleonora Duse Anfang der zwanziger Jahre. Die über 60-Jährige spielt zu dieser Zeit die Titelrolle in Ibsens *Frau vom Meer*.

■ Der italienische Dichter Gabriele D'Annunzio. Porträtaufnahme, um 1914.

»*Ich bin die Sklavin meiner Eigenart, die es mir nicht erlaubt, eine Rolle nur zu spielen, sondern mich zwingt, mit ihr zu leiden. Deshalb habe ich, wenn ich nach Hause komme, nur den Wunsch, alles, was mit meiner Arbeit zusammenhängt, zu vergessen. Sie können sich leicht vorstellen, dass Interviews mit Journalisten nicht dazu beitragen, dass ich vergessen kann. Ich habe eine große Abneigung gegen Publicity.*«
ELEONORA DUSE gegenüber einer amerikanischen Journalistin, die vergebens um ein Interview gebeten hatte

Freund Boito, D'Annunzio eine neapolitanische Prinzessin, mit der er sogar eine Tochter hat. Endlich, so glaubt die Duse, hat sie den Mann gefunden, den sie rückhaltlos lieben kann und der dem italienischem Theater das zeitgenössische Drama schenken wird.

Darin irrt sie sich. D'Annunzio schreibt eine Reihe von Stücken für sie, aber keines überzeugt das Publikum. Es gibt Ausnahmen, so der Erfolg des *Frühlingsmorgens* in Paris, aber auf Dauer können sich die pathetischen, schwer eingängigen Stücke des Romanciers D'Annunzio nicht durchsetzen. Die Duse kämpft unermüdlich für das Werk ihres geliebten Dichters und opfert dabei ihr gesamtes Vermögen.

1900 veröffentlicht D'Annunzio den Roman *Feuer*, in dem er Eleonora als verhärmte Geliebte eines gefeierten Dichters porträtiert, die ihr Schicksal annimmt und einer Jüngeren weicht. Das Buch wird wegen seiner Nähe zum wirklichen Leben ein Riesenerfolg, die Beziehung, die es schildert, zerbricht. – Eleonora Duse geht weiter auf Tournee, sie dreht sogar einen Film, und sie gibt trotz des Zerwürfnisses ihren Glauben an D'Annunzio als Dichter niemals auf. Während einer Gastspielreise wirft die Tuberkulose sie endgültig nieder. Sie stirbt in Pittsburgh, wird aber nach Italien überführt und in ihrer Wahlheimat Asolo, nahe Venedig, beigesetzt.

ELEONORA DUSE

 LEBEN UND WERK

Eleonora Duse, geboren am 3. November 1858 in Vigevano in Norditalien, stammte aus einer Schauspielerfamilie und stand erstmals mit vier Jahren auf der Bühne. Mit fünfzehn spielte sie in Verona die Rolle der Julia in Shakespeares Drama *Romeo und Julia* – ihre Erinnerungen an diese Aufführung verarbeitete der Schriftsteller Gabriele d'Annunzio (1863–1938), mit dem Eleonora Duse später eine leidenschaftliche Liebesbeziehung verband, in seinem Roman *Das Feuer*. Als erste Schauspielerin in der berühmten Truppe von Ernesto Rossi erlangte sie internationalen Ruhm. Sie heiratete den Schauspieler Tebaldo Checchi; 1882 wurde ihre Tochter Enrichetta geboren. Nachdem sie von ihrer ersten Auslandstournee im Jahre 1895 aus Südamerika zurückgekehrt war, gründete sie ihre eigene Theatertruppe, die »Dramatica Compagnia della Città di Roma«, und feierte mit ihr große Erfolge in Russland, Wien, Berlin, London, Paris und den USA. Der Dichter Anton Tschechow, der sie 1891 bei einem Gastspiel in St. Petersburg in Shakespeares *Cleopatra* sah, schrieb an seine Schwester: »Ich verstehe kein Italienisch, aber sie hat so gespielt, dass es mir vorkam, als verstünde ich jedes Wort. Welch wunderbare Schauspielerin! Ich habe noch nie zuvor etwas Gleichartiges gesehen.« Eleonora Duse war berühmt für ihre Begabung, sich mit außergewöhnlicher Intensität mit den von ihr dargestellten Frauengestalten zu identifizieren. Begeisterte Kritiken schrieben unter anderen der Theaterkritiker Alfred Kerr (1867–1948), der österreichische Dichter Hugo von Hofmannsthal (1874–1929) und der irische Schriftsteller und Kritiker George Bernard Shaw (1856– 1950), der einmal bemerkte, er verdanke einzig ihr die Einsicht, dass es sich bei der Schauspielerei um eine hohe Kunst handele. In den Jahren von 1897 bis 1904 richtete sich ihre Aufmerksamkeit hauptsächlich auf die Stücke D'Annunzios (1863–1938), mit dem sie nicht nur eine Liebesbeziehung, sondern auch eine intensive künstlerische Zusammenarbeit verband. 1909, im Alter von 51 Jahren, zog sich Eleonora Duse nach einer gefeierten Aufführung von Henrik Ibsens (1828–1906) Drama *Die Frau vom Meer* in Berlin von der Bühne zurück. Erst 1921 trat sie – mit demselben Stück – wieder im Theater auf. Sie starb am 21. April 1924 bei einem Gastspielaufenthalt in Pittsburgh. Der einzige Film, in dem Eleonora Duse je eine Rolle übernahm, war der Stummfilm *Cenere* (Asche, 1916) von Febo Mari und Arturo Ambrosio, nach einem Buch der sardischen Romanschriftstellerin Grazia Deledda (1871–1936).

 EMPFEHLUNGEN

Lesenswert:

Doris Maurer: *Eleonora Duse*, Reinbek 1988.

Hugo von Hofmannsthal: *Eleonora Duse*. In: *Gesammelte Werke in zehn Einzelbänden. Reden und Aufsätze I, 1891–1913*, Frankfurt/Main 1985.

Theaterfrauen. Fünfzehn Porträts. Herausgegeben von Ursula May, Frankfurt/Main 1998.

Ilsedore B. Jonas: *Rainer Maria Rilke und die Duse*, Frankfurt/Main 1993.

Gabriele D'Annunzio: *Das Feuer*. Roman, Berlin 1999.

Sehenswert:

Eleonora Duse. Regie: Filippo Walter Ratti; mit Elisa Cegani als Eleonora Duse. Italien 1947.

 AUF DEN PUNKT GEBRACHT

Sie befreite die Schauspielkunst ihrer Zeit von den Manierismen und überzeugte durch Natürlichkeit – die aber große Kunst war.

Lou Andreas-Salomé

■ Die junge Lou von Salomé, Atelierphoto.

Sie wollte frei sein, um zu erkennen – das war ihr Lebenszweck. Alle anderen Wünsche mussten sich diesem Leitziel unterordnen. Selten wohl ist ein wissbegieriger Mensch der erkenntnissehnsüchtigen Unbedingtheit seiner Jugend ein Leben lang so treu geblieben wie die Schriftstellerin Lou Andreas-Salomé. Nicht einmal die Liebe konnte sie ihrem frei gewählten Regiment, der Wahrheitssuche, für länger entreißen.

Ihre Publikationen wirken heute altmodisch. Sie schrieb Betrachtungen über Henrik Ibsen, Friedrich Nietzsche, Rainer Maria Rilke und Sigmund Freud; den drei Letzteren war sie auch persönlich als Freundin, Diskussionspartnerin und Schülerin (Freud) verbunden. Außerdem hat sie Romane verfasst, Reisebücher, Tagebücher und einen *Lebensrückblick*. Heutigen Lesern fällt die Lektüre schwer – allzu verschlüsselt, verkomplizierend, verschnörkelt klingt ihre dem literarischen Jugendstil zuzurechnende Sprache. Aber das schmälert keineswegs Lou Andreas-Salomés Bedeutung als Denkerin, die ihren Lebensweg fernab aller Konvention kühn nach eigenen Vorstellungen gestaltete. Weshalb die häufiger gemachte Bemerkung, ihr Ruhm sei nur ein Abglanz des Ruhms ihrer Männer, nichts als ein dummer Spruch ist. Man darf nicht nur darauf schauen, was und wie sie geschrieben hat, sondern muss auch auf das achten, was sie gedacht und angeregt und wie sie gelebt hat.

Louise Salomé kommt 1861 in St. Petersburg zur Welt. Ihr Vater, dessen Abstammung auf die Hugenotten zurückgeht, ist ein zaristischer General, die Mutter eine Deutsche. Das Mädchen erlebt eine wohlbehütete Kindheit. Der Papa ist in das Kind vernarrt, die großen Brüder beobachten es mit Interesse. Besonders mädchenhaft benimmt sich die Kleine ja nicht. Und sie lässt sich nichts sagen ... Als Siebzehnjährige gerät Louise mit den Grundsätzen ihrer protestantischen Religion in Widerstreit. Sie verweigert ihre Einsegnung und wendet sich einem undogmatischen Prediger namens Hendrik Gillot zu. Dieser Mann bringt ihr das eigenständige Denken bei. Sie wird ihn ein Leben lang zu den Köpfen zählen, die einen prägenden Einfluss auf sie hatten. Als er mit ihr nicht nur denken will, sondern ihr einen Antrag macht, flüchtet sie entsetzt. Sie geht zum Studieren nach Zürich, dem einzigen Ort, an dem zur damaligen Zeit ein Frauenstudium möglich war, und belegt dort Theologie, Philosophie und Kunstgeschichte.

Gillot hatte das Mädchen Lou genannt, und sie behält diesen Namen bei. Auch die Scheu vor Erotik und körperlicher Berührung wird lange bleiben. Was sie selbst später eine Entwicklungsverzögerung nennt, nutzt sie jetzt aus, um sich ganz und gar ihre persönliche Freiheit zu erhalten. Erotik heißt Liebe, Bindung, Familie, Unterordnung unter einen Mann: So sah das normale Schicksal einer Frau aus. Für Lou kam so ein Leben nicht infrage. Also vermeidet sie schon den ersten Schritt. Stattdessen schreibt sie: Gedichte, Abhandlungen, Erzählungen.

Noch wird Lou überallhin von ihrer Mutter begleitet. Als höhe-

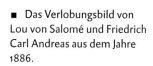
■ Das Verlobungsbild von Lou von Salomé und Friedrich Carl Andreas aus dem Jahre 1886.

■ Das berühmt gewordene Photo »Die Frau mit der Peitsche« aus dem Jahre 1882 mit Friedrich Nietzsche und Paul Reé.

■ Lou Andreas-Salomé im Jahr 1895 in St. Petersburg mit Frieda von Bülow.

■ Lou Andreas Salomé und Rainer Maria Rilke im Sommer 1897 im »Fahnensattlerhaus« in Wolfratshausen.

re Tochter kann sie nicht allein umherreisen, zumal sie ihre Ziele weit steckt. Teils aus Gesundheitsgründen, teils aus Neugier bereist sie Italien und Deutschland. Sie findet rasch Zugang zu avantgardistischen Intellektuellenzirkeln und stürzt sich in die Debatten um die Kunst und Moral des modernen Menschen, der keinen Gott mehr kennt. Sie lernt den Philosophen Paul Rée kennen, mit dem sie später zusammenleben wird, bald darauf Friedrich Nietzsche. Dieser ist damals noch keine Berühmtheit und glücklich über eine ebenbürtige Gesprächspartnerin. Natürlich passiert, was passieren muss: Beide Männer verlieben sich in das bildhübsche Mädchen und werben um sie. Aber für Lou kommt die Ehe nicht in Betracht, auch kein Verhältnis auf Probe. Sie will mit den interessanten Männern reden und ihre Gedanken austauschen, das erregt sie genug. Auch mit Rée teilt sie später nur den Tisch und manche Überzeugung, nicht das Bett. Außenstehende glauben natürlich an eine wilde Ehe. Lou ficht das nicht an.

Doch dann, 1887, heiratet sie den in Berlin lebenden Iranisten Friedrich Carl Andreas. Den geistigen Erwecker ihrer Jugend, Gillot, bittet sie, den Bund zu segnen. An Friedrich Andreas wird Lou festhalten – obwohl auch er (so heißt es) nur ihr engster Vertrauter und nicht ihr Bettpartner ist. Und obwohl sie sich bald darauf heftig in den Sozialisten Georg Ledebour verliebt. Aber Andreas kämpft siegreich um sie.

Und sie, die jetzt auch in Berlin wohnt, reist wieder: nach Paris und München. In der Stadt an der Isar, die um die Jahrhundertwende Magnet für freie Geister ist, trifft sie 1897 den

■ Die faszinierende Lou Andreas-Salomé.

21-jährigen, damals völlig unbekannten Dichter René Rilke. Sie ist fünfzehn Jahre älter, eine namhafte Literatin und zunächst nur als mütterlich-überlegene Kritikerin an Rilke interessiert. Aber dann eröffnet der junge Schwärmer und Poet ihr endlich das Reich fleischlicher Lüste. Staunend erfährt sie, dass der Geist durch die Erfüllung sinnlicher Begier nicht lahmgelegt wird – ganz im Gegenteil. Und sie überlässt sich dem Feuer dieser wunderbar ungleichen Beziehung. Sie tauft ihn Rainer, und er nimmt den Namen an.

Aber sie will in dieser Liebe nicht versinken. Sie will auch Andreas nicht opfern. Nach drei Jahren, in denen Lou und Rainer viel zusammen geschrieben, gesprochen, geschlafen und gelacht haben und auch gereist sind – zweimal nach Russland, in Lous Heimat, danach schrieb Rilke sein *Stundenbuch* –, schickt Lou ihren Geliebten fort. Es kommt ganz plötzlich. Sie will auch keine Briefe, kein Wiedersehen. Rainer war ein Anschlag auf ihre Freiheit, und die ist ihr teurer als alles. Der junge Mann, der

■ Lou Andreas-Salomés Haus »Loufried« in Göttingen am Hainberg.

> »Ursprünglich war es kein anderes Interesse als das ganz neutral sachliche (...). Dann kam aber, belebend und persönlich wirksam, der Umstand hinzu, einer werdenden Wissenschaft gegenüber zu stehen und gewissermaßen immer wieder am Anfang zu sein – und dadurch in einem steigend intimen Verhältnis zu ihren Problemen. Das Dritte und Persönlichste, das den Ausschlag gab, ist aber (...) dieses erstrahlende Umfänglicherwerden des eigenen Lebens durch das Sich-Herantasten an die Wurzeln.«
> LOUS ANDREAS-SALOMÉ, In der Schule bei Freud

■ Anna Freud, die Tochter von Sigmund Freud und Freundin von Lou, im Jahre 1934 mit ihrem Vater.

■ Lou-Andreas Salomé in ihrem Haus »Loufried«.

ihretwegen nach Berlin gezogen war, bleibt verzweifelt zurück. Am Ende sehen sie sich aber dann doch wieder und halten sich die Freundschaft.

Lou Andreas-Salomé ist nur glücklich, wenn ihr Geist in Bewegung ist, wenn sie nachdenken, umdenken, neue Erfahrungen machen kann und wenn ihr als Schriftstellerin ein Werk gelingt. Trotz ihrer Neigung zu philosophischer Spekulation und kalter Theorie ist es am Ende die menschliche Seele mit ihren Abgründen, die sie am stärksten fasziniert. Sie wendet sich der Psychoanalyse zu. Ihrer Lust an intellektueller Durchdringung öffnet sich damit ein neues, weites Feld. 1912/13 verbringt sie ein Studienjahr bei Sigmund Freud in Wien.

Freud war, wie Lou, ein Vernunftmensch, der beim rationalen Zergliedern seines Gegenstandes, der Seele, auf das Unbewusste, Triebhafte, Vernunftferne gestoßen war. Auch Lou war in ihrem Denken immer wieder unter die dünne Kruste zivilisierten Verhaltens in das Reich der Leidenschaften vorgedrungen. Es ist also kein Wunder, dass sie sich ganz dieser neuen Wissenschaft verschrieb und bis zu ihrem Tod 1937 als Analytikerin und Autorin psychologischer Bücher tätig war. Ihr Spezialgebiet wurde der Narzissmus.

LOU ANDREAS-SALOMÉ

 LEBEN UND WERK

Bis heute verbindet sich mit ihrem Namen der Ruf der »Femme fatale«. Die Schriftstellerin Lou Andreas-Salomé wird oft in einem Atemzug mit ihren berühmten Freunden genannt, und das Interesse gilt daher auch häufig stärker ihren legendären Beziehungen und ihrem unkonventionellen freien Lebensstil als ihrem vielseitigen Werk. Die 1861 in St. Petersburg geborene Louise Salomé verließ ihre Geburtsstadt mit siebzehn Jahren, um in Zürich Theologie, Philosophie und Kunstgeschichte zu studieren. Nach zwei Semestern gab sie ihr Studium auf und ging nach einem Aufenthalt in Rom nach Berlin, wo sie engagiert an den kulturphilosophischen Debatten der dortigen Intellektuellenkreise teilnahm. In ihrem ersten Roman *Im Kampf um Gott* (1885), von dem sie sich später wieder distanzierte, thematisierte sie die eigenen religiösen Zweifel. 1887 heiratete sie den Professor für Iranistik Friedrich Carl Andreas. Kurz danach nahm sie ihre schriftstellerische Tätigkeit wieder auf und brachte ihren ausgeprägten Unabhängigkeitssinn in ihren Werken zum Ausdruck. Ihre Erzählungen *Fenitschka* und *Eine Ausschweifung*, beide 1898 entstanden, machen deutlich, mit welchen Schwierigkeiten Frauen konfrontiert werden, wenn sich ihre Lebensführung außerhalb der gesellschaftlichen Normen bewegt. Die literarische Heldin Fenitschka, eine ungezwungene, emanzipierte Frau, stellt die konventionelle Rolle der Frau infrage, indem sie sich durch ihr geisteswissenschaftliches Studium in der Schweiz »nicht nur Wissen, sondern ein Stück Leben« erobert. Aus den Reisen nach Russland, die Lou Andreas-Salomé im Frühling 1899 und Sommer 1900 gemeinsam mit Rainer Maria Rilke (1875–1926) unternahm, ging das Buch *Rodinka, Russische Erinnerung* hervor, das sie zwanzig Jahre später mit der Widmung »An Anna Freud, ihr zu erzählen von dem, was ich am tiefsten geliebt habe« veröffentlichte. Neben Romanen, Erzählungen und Erinnerungen schrieb sie Essays, und schon früh offenbarte sich in ihren Werken ihr Interesse an der Psychologie, wie z. B. in dem Aufsatz *Henrik Ibsens Frauengestalten* (1892) oder ihren Büchern *Nietzsche in seinen Werken* (1894), *Ruth* (1895), *Ma* (1901), *Das Haus* (1919), und *Rainer Maria Rilke* (1928). Im Jahre 1911 trat sie in Kontakt zu dem Wiener Kreis der Psychoanalytiker. Von ihren Erfahrungen als Schülerin Sigmund Freuds (1856–1939) berichten ihre posthum veröffentlichten Tagebuchaufzeichnungen *In der Schule bei Freud* (1912/13). Sie schrieb Aufsätze wie z.B. *Narzißmus als Doppelrichtung* (1921). Nach dem Studium bei Freud arbeitete sie bis zu ihrem Tod 1937 in einer eigenen Praxis in Göttingen als Psychoanalytikerin. Ebenfalls aus dem Nachlass wurde ihr *Lebensrückblick* veröffentlicht.

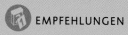 **EMPFEHLUNGEN**

Lesenswert:
Lou Andreas-Salomé: *Lebensrückblick. Grundriss einiger Lebenserinnerungen*. Aus dem Nachlass herausgegeben von Ernst Pfeiffer, Frankfurt/Main.

Fenitschka/Eine Ausschweifung, Berlin 1993.
Amor/Jutta/Die Tarnkappe. 3 Dichtungen, Frankfurt/Main 1981.
Nietzsche in seinen Werken. Essay, Frankfurt/Main 2000.

Rainer Maria Rilke/Lou Andreas-Salomé: *Briefwechsel*, Frankfurt/Main 1989.

Sigmund Freud/Lou Andreas-Salomé: *Briefwechsel*. Herausgegeben von Ernst Pfeiffer, Frankfurt/Main 1981.

Linde Salber: *Lou Andreas-Salomé*. Mit Selbstzeugnissen und Bilddokumenten, Reinbek 1990.

 AUF DEN PUNKT GEBRACHT

Erkenntnis war für sie die höchste Lust und die Freiheit, nach Erkenntnis zu streben, ihr höchstes Ziel.

Marie Curie

■ Marie Curie im Jahre 1894 als 27-Jährige.

1919. Der Krieg ist zu Ende, aber die Opfer werden nicht wieder lebendig. Im Pariser Laboratorium der Madame Curie fehlen die Mitarbeiter. Sie hat kein Geld. Sie weiß nicht, wie es weitergehen soll. Ja, sie ist hoch geehrt, immerhin hat sie das Radium entdeckt und zwei Nobelpreise erhalten. Man kennt ihren Namen nicht nur unter Physikern.

Aber was nützt ihr das alles, wenn sie ohne Mittel dasteht? Ihr Mann ist nicht mehr am Leben. Ihr einziges Kapital sind ihre Töchter, die sich zu tüchtigen Mitarbeiterinnen entwickelt haben. Aber auch sie brauchen Geräte und Rohstoff, um experimentieren zu können.

Es gibt Momente, da helfen nur Engel. Und so ein Moment war im Leben Marie Curies jetzt gekommen. Die Tür ging auf, und eine Journalistin trat ein. Normalerweise gab die Forscherin keine Interviews, strikte Fachdebatten ausgenommen, aber diese Amerikanerin hatte so hartnäckig um einen Termin gebeten, dass Marie schließlich weich geworden war.

Da stand die junge Frau und sah sich um. Statt draufloszufragen, schwieg sie und blickte die große Physikerin mit einem Gemisch aus Ehrfurcht und Neugier an. Marie Mattingley-Meloney war ihr Name. Und als sie Madame Curie nach ihrer Arbeit fragte, wies diese nur seufzend auf das kaputte Labor und die leeren Stühle.

Meloney hatte Verbindungen, sie wusste, wie man Geld auftreibt. Ein Jahr später haben sich die Arbeitsbedingungen der Marie Curie von Grund auf geändert. Sie fährt nach Amerika, erhält Radium, ihr Labor wird instand gesetzt. Ab jetzt wird sie ihre Forschung ungehindert, mit ganzer Kraft und besten Aussichten fortsetzen können. Mrs Me-

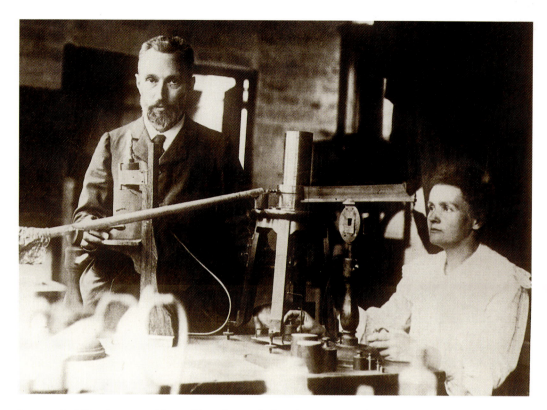

■ Das Ehepaar Marie und Pierre Curie im gemeinsamen Laboratorium, um 1900.

loney wird ihr eine enge Freundin sein, und sie reist sogar noch einmal nach Amerika. Wie angenehm könnte ihr Leben mit den Töchtern, den Enkelkindern und der sie noch immer ganz erfüllenden Laborarbeit sein, wäre da nicht diese Augenkrankheit. Und das Ohrenklingen. Das Nierenversagen. Überhaupt diese dauernde Schwäche …

Maria Salomee Sklodowska, 1867 geboren, ist das jüngste Kind einer polnischen Lehrerfamilie. Sie wächst in Warschau auf, interessiert sich früh für die Naturwissenschaften und würde am liebsten sofort nach dem Schulabschluss ins Ausland gehen, um dort zu studieren. In Polen ist dies für Frauen unmöglich; aber auf ihr Traumziel Paris als Studienort muss Marie lange warten. Sie entspricht nicht dem Typus der heutigen Karrierefrau. Niemals täte sie einen Schritt, der die Familie belasten würde. Konflikte müssen eben durchgestanden werden; »Lösungen«, bei denen das Herz oder der Kopf auf der Strecke bleiben, kommen nicht infrage. Und jetzt braucht die Schwester Bronja Geld für ihr Medizinstudium.

Fürs Erste also bleibt Maria in der Heimat und arbeitet als Haus-

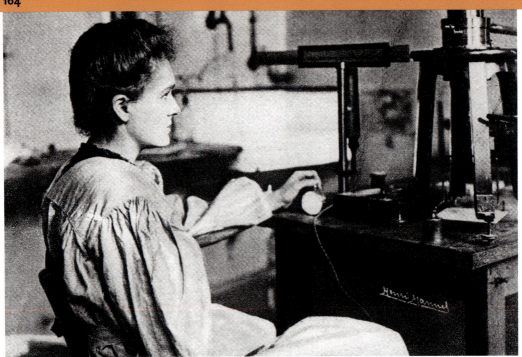

■ Undatierte Aufnahme der jungen Marie in ihrem Laboratorium.

lehrerin. Auf dem Lande organisiert sie sogar eine Dorfschule für Bauernkinder. Ihr Engagement imponiert dem Gutsbesitzersohn, der sich in sie verliebt. Auch Maria vergisst um des jungen Mannes willen ihre angeborene Schüchternheit, die beiden denken ans Heiraten. Aber der Gutsherr sagt nein, die Braut ist nicht standesgemäß. So endet Marias erste Liebe unglücklich. Inzwischen hat Bronja ihr Studium in Paris abgeschlossen. Sie drängt Maria: »Bitte komm!« Also packt die 24-Jährige ihre Koffer, reist nach Frankreich, ändert ihren Vornamen in Marie und schreibt sich an der Sorbonne ein. Zwei Jahre später schließt sie das Physikstudium mit Auszeichnung ab. Ein Stipendium ermöglicht ihr ein Zweitstudium: Mathematik. Auch hier übertrifft Marie mit ihren Leistungen fast alle Mitstudenten.

Die junge Polin sieht blass und mager aus, das ist kein Wunder. Sie lebt nur für ihre Studien, vernachlässigt sich selbst, isst zu wenig, arbeitet zu viel. Die besessene Physikerin ist dabei, sich aufzureiben, da tritt ein Mensch in ihr Leben, der bereit und fähig ist, für sie zu sorgen: Pierre Curie. Er ist genauso mit Leib und Seele Physiker

> »Ich hätte gerne die Gaben eines Schriftstellers gehabt, um die ewige Studentin darzustellen, von der Einstein sagte: ›Madame Curie ist unter allen berühmten Menschen der einzige, den der Ruhm nicht verdorben hat‹, die wie eine Fremde dem Lauf des eigenen Lebens folgte, unbefangen, natürlich, fast unempfindlich gegen ihr eigenes Schicksal.«
> Aus Eve Curies Schrift *Madame Curie* von 1937

wie sie, beide haben immer nur die nächste Versuchsanordnung im Kopf.

Aber die Liebe verwandelt jeden, sogar Physiker. Sie lässt die Menschen über sich selbst hinauswachsen, und sie bringt Pierre und Marie Curie dazu, miteinander an die frische Luft zu gehen und warme Mahlzeiten einzunehmen ...

Pierre sieht die bezaubernd hübsche, äußerst schlicht gekleidete junge Polin an der Uni und schreibt ihr Briefe. Sie wehrt ab, will sich nach der ersten herben Enttäuschung nicht noch einmal auf ein Verhältnis einlassen. Aber jetzt kommt die Wissenschaft dazu. Zum Kuppler taugt sie so gut wie jede andere Leidenschaft. Pierre hat ähnliche Spezialinteressen wie Marie. Im Gespräch über Pyro- und Piezo-Elektrizität kommen die beiden einander näher. Jetzt weiß Marie: Er ist der Richtige. Sie heiraten 1895. Er ist sechsunddreißig, sie achtundzwanzig Jahre alt. An ihre Warschauer Schulfreundin schreibt die junge Madame Curie: »Es ist mir sehr schmerzlich, für immer in Paris zu bleiben, aber was soll ich tun? Das Schicksal hat es gewollt, dass wir uns tief verbunden fühlen und den Gedanken, uns zu trennen, nicht ertragen können.«

Geld und Glanz bedeuten den Curies nichts. Sie leben bescheiden, ihr Urlaub besteht aus Radtouren in die Umgebung. Kurz nach der Geburt ihrer ersten Tochter Irène im Jahre 1897 geht Marie wieder ins Labor. Ihr Kind wird derweil vom Großvater väterlicherseits betreut – eine seltene und in diesem Falle sehr glückliche Familienkonstellation. Marie bereitet ihre Doktorarbeit vor. Thema: *Die natürliche Strahlung des Uran*, die Antoine Henri Becquerel kurz zuvor entdeckt hat. Sie isoliert die Elemente Polonium – das auf ihren Wunsch nach ihrem Geburtsland benannt wird – und Radi-

■ Marie Curie mit ihren zwei Töchtern Irene und Eve, das Photo entstand 1905.

> Der Begriff »Radioaktivität« geht auf Marie Curie zurück. Sie benutzte ihn erstmals 1898 in einer wissenschaftlichen Veröffentlichung. Der Begriff bezeichnet die Eigenschaft bestimmter chemischer Elemente oder Isotope, dauernd Energie in Form von Strahlung auszusenden.

■ Marie Curie um 1900 im Laboratorium. Zu dieser Zeit war sie damit beschäftigt die Elemente Polonium und Radium zu isolieren.

um. Pierre gibt seine Versuche mit Kristallen auf und schließt sich ihrer Forschung an. Obwohl beider Gesundheitszustand zu wünschen übrig lässt, arbeiten sie von früh bis spät in einem Labor, das nichts anderes als ein Schuppen ist mit undichtem Dach. Marie ist 1903 erneut schwanger, das Kind kommt zu früh und stirbt bald nach der Geburt. Ende des Jahres erhält das Ehepaar Curie gemeinsam mit Henri Becquerel den Nobelpreis für Physik.

Ein Jahr danach wird Marie von einem gesunden Mädchen entbunden. Die kleine Eve ist gerade fünf Monate alt, als ihr Vater bei einem Unfall ums Leben kommt. Marie ist untröstlich. Ihr Leben scheint stillzustehen. Und gewinnt dann doch noch einmal enormes Tempo: Sie erhält eine Professur, den Nobelpreis für Chemie, durch Unterstützung amerikanischer Geldgeber endlich ein leistungsfähiges Laboratorium und genießt weltweite Anerkennung. Gesund wird sie nicht mehr. Dass sie strahlenkrank ist, ahnt sie. Aber will sie es glauben? Sie wünscht sich so sehr, dass die Kraft, die sie entdeckt und beschrieben hat, segensreich sei. Marie Curie stirbt 1934 an permiziöser Anämie infolge Kontaminierung durch Radium. Albert Einstein würdigt ihre Leistungen in einer Gedenkschrift.

MARIE CURIE

 LEBEN UND WERK

Marie Curie wurde 1903 als erste Frau mit dem Nobelpreis ausgezeichnet. 1911 erhielt sie ihn zum zweiten Mal und ist damit eine von nur drei Personen, denen der Nobelpreis zweifach verliehen wurde. Sie wurde am 7. November 1867 in Warschau geboren. Ihr Vater unterrichtete an einem Gymnasium Physik und Mathematik, ihre Mutter unterhielt ein Mädchenpensionat. Als beste Schülerin ihres Jahrgangs schloss sie 1883 das Gymnasium ab. Da ihr als Frau der Zugang zur Universität in eigenen Land verwehrt und an den Besuch einer ausländischen Hochschule aufgrund der knappen finanziellen Lage der Familie zunächst nicht zu denken war, arbeitete sie einige Jahre als Gouvernante und Lehrerin und unterstützte mit ihrem Einkommen das Medizinstudium ihrer Schwester Bronia in Paris. 1891 konnte sie ihr folgen und studierte an der Sorbonne Physik und Mathematik. Sie heiratete den Physiker Pierre Curie, und 1897 wurde ihre Tochter Irène geboren. In ihrer Doktorarbeit untersuchte Marie Curie die von dem Physikprofessor Antoine Henri Becquerel soeben entdeckte natürliche Strahlung des Uran. Es gelang ihr, die radioaktiven Elemente Polonium und Radium gemeinsam mit ihrem Mann zu isolieren, wofür die beiden zusammen mit A. H. Becquerel den Nobelpreis für Physik erhielten. 1904 wurde ihre zweite Tochter Eve geboren. Nachdem Pierre Curie 1906 tödlich verunglückt war, übernahm Marie Curie seine Professur an der Sorbonne. Sie untersuchte die physikalischen, chemischen und biologischen Wirkungen von radioaktiver Strahlung und erhielt für die Reindarstellung des Radiums und die Erforschung seiner Eigenschaften den Nobelpreis für Chemie. Ihre Vorlesungen über Radioaktivität waren weltberühmt. Ein weiterer Erfolg war die Errichtung des Radium-Instituts im Jahre 1914 mit einer physikalischen und einer medizinischen Abteilung. Die Leitung der physikalischen Abteilung übernahm Marie Curie selbst. Während des Ersten Weltkriegs organisierte sie den Röntgendienst des Roten Kreuzes, richtete mobile radiologische Stationen ein, fuhr selbst in die Lazarette und bildete zusammen mit ihrer Tochter Irène Ärzte und Krankenschwestern aus. Nach Kriegsende konnte sie mit Unterstützung der amerikanischen Journalistin Marie Mattingley-Meloney die Forschungsarbeit an ihrem Institut aufnehmen. Sie starb am 4. Juli 1934 in der Schweiz. 1995 wurden Marie und Pierre Curie in das Panthéon nach Paris überführt. Ihre Tochter Irène Joliot-Curie und deren Mann Frédéric, die wie die Eltern Curie eine Forschungsgemeinschaft bildeten, erhielten 1935 für die Entdeckung der künstlichen Radioaktivität den Nobelpreis für Chemie. Marie Curies Tochter Eve schrieb die Biographie ihrer Mutter.

 EMPFEHLUNGEN

Lesenswert:
Marie Curie: *Die Entdeckung des Radiums. Untersuchungen über die radioaktiven Substanzen*, Frankfurt/Main 1999.

Eve Curie: *Madame Curie. Eine Biographie*, Frankfurt/Main 2000.

Peter Ksoll / Fritz Vögtle: *Marie Curie. Mit Selbstzeugnissen und Bilddokumenten*, Reinbek 2000.

Susan Quinn: *Marie Curie*. Aus dem Amerikanischen von Isabella König, Frankfurt/Main 1999.

Paul Strathern: *Curie und die Radioaktivität*, Frankfurt/Main 1999.

Charlotte Kerner (Hrsg.): *Madame Curie und ihre Schwestern. Frauen, die den Nobelpreis bekamen*, Weinheim 1997 (ab 14 Jahre).

Hörenswert:
Günter Schmitz: *Menschen, die die Welt veränderten – Marie Curie*. Kassette, Bella Musica Edition 2000.

Sehenswert:
Madame Curie. Regie: Nesrin LeRoy; mit Greer Garson, Walter Pidgeon, u. a. USA 1943.

 AUF DEN PUNKT GEBRACHT

Als Physikerin und Chemikerin entdeckte die hoch begabte Wissenschaftlerin Neuland – und wurde mit zwei Nobelpreisen geehrt.

Rosa Luxemburg

Sie war kleinwüchsig, und sie war eine Frau. Sie war eine Jüdin, und sie stammte aus Polen. Lauter Merkmale, die sie nicht gerade dazu ausersahen, irgendwo an die erste Stelle zu treten. Und doch tat sie es. Rosa Luxemburg wurde die Staatsfeindin Nr. 1 des Deutschen Reiches.

Die Welt verdankt ihr eine der scharfsinnigsten Analysen deutscher Zustände in jenen Jahren, ferner das Beispiel äußerster Entschlossenheit auf dem Felde politischer Subversion und persönlichen Mutes und schließlich den historischen Satz: »Freiheit ist immer die Freiheit des Andersdenkenden.« Sie fiel auf dem Felde des Klassenkampfes, da, wo er in viehischen Mord ausartete. Als Krieg und Revolution das Reich erschütterten, stellte die Staatsfeindin Nr. 1 eine zu charismatische Gefahr dar, als dass sie hätte überleben dürfen.

■ Rosa Luxemburg während eines Spaziergangs in Berlin im Jahre 1914, kurz vor dem Ersten Weltkrieg.

Zur Lebenszeit Rosa Luxemburgs (1871–1919) war die Arbeiterbewegung – und das hieß ja auch: der Kampf für gleiches Wahlrecht, Demokratie und Organisationsfreiheit – noch illegal. Sozialisten wurden verfolgt, Arbeiterbünde tagten heimlich und Gewerkschaften kämpften um die ersten Rechte der Lohnabhängigen. Wer sich wie Rosa Luxemburg für die Sache des Sozialismus einsetzte, stand automatisch mit einem Bein im Gefängnis. Sie saß unter anderem in Zwickau im Kerker, in Warschau, in Berlin und in Breslau. Sie saß wegen Majestätsbeleidigung, Aufstachelung zu Gewalttätigkeiten, Gefährdung des öffentlichen Friedens, Hoch- und Landesverrat. Und was hatte sie getan? Reden gehalten, Artikel geschrieben, Zeitschriften herausgebracht und Tagungen organisiert, bei denen es immer um das Eine ging: die besitzlosen Klassen zu ermutigen, um einer neuen sozialistischen Gesellschaftsordnung willen aufzustehen, die herrschenden Klassen zu enteignen und die Macht zu ergreifen – mit allen Mitteln, legalen und illegalen, politischen und gewaltsamen. Immer wieder musste Rosa Luxem-

burg flüchten, sich verstecken, neue Decknamen wählen, in den Untergrund gehen. Und dann tauchte sie wieder auf, stand für ihre Überzeugung ein, redete, hob die Faust und beschwor die proletarische Revolution. Es war ein Leben »under cover« und auf der Barrikade, im Versteck und auf der Rednertribüne, im Gefängnis, vor Gericht und in den Schlagzeilen. Frieden erlebte sie so gut wie nie. An die Erfüllung ihrer ganz normal-menschlichen Träume – Ferien, ein Kind mit dem Geliebten Leo Jogiches, ein Garten – war nicht zu denken.

Rosa kam im Kreis Lublin als Tochter eines jüdischen Holzhändlers zur Welt. Sie ging in Warschau zur Schule, lernte gut und schnell und fand schon als junges Mädchen Anschluss an konspirative linke Gruppen. In einem Heuwagen versteckt verließ sie mit siebzehn ihre Heimat, ihr Ziel hieß Zürich, wo sie Philosophie studieren wollte. Hier lernt sie Leo Jogiches kennen, einen Revolutionär aus Wilna, der denkt wie sie. Ihre Doktorarbeit schreibt Rosa im Fach Nationalökonomie; sie verblüfft durch großes Wissen und brillanten Stil.

Eine Scheinehe mit einem Deutschen verhilft ihr zur preußischen Staatsangehörigkeit. Jetzt kann sie endlich dorthin übersiedeln, wo die Sozialdemokratie trotz Verfolgung am weitesten entwickelt und die Arbeiterbewegung am lebendigsten ist: nach Deutschland.

Sie wird Chefredakteurin der *Sächsischen Arbeiter-Zeitung* in Dresden, nimmt an den SPD-Parteitagen in Stuttgart, Hanno-

■ Rosa Luxemburg auf dem Rednerpult.

■ Der russische Revolutionär Leo Jogiches, geboren 1867 in Wilna, war der Geliebte Rosa Luxemburgs. Sechzehn Jahre währt die Liebesbeziehung der beiden Berufsrevolutionäre. Am 10. März 1919 wird Leo Jogiches in einem Berliner Gefängnis von »Ordnungskräften« in seiner Zelle erschlagen.

Rosa Luxemburgs Decknamen waren: Gracchus (nach dem altrömischen Sozialrevolutionär), Hierodus, Józef Chinura, Junius (Pseudonym eines englischen Regierungskritikers aus dem 18. Jahrhundert, dessen Identität unbekannt blieb), Juvenis, Maciej Rozga, Mortimer, R. Kruszynska, Spartacus (nach dem altrömischen Sklavenbefreier).

■ Der Soldat Runge (Tischmitte), einer der Mörder Rosa Luxemburgs, im Hotel Eden.

■ Porträt-Büste Rosa Luxemburgs, 1919. Staatliches Russisches Museum, St. Petersburg.

»Ordnung herrscht in Berlin. Ihr stumpfen Schergen! Eure Ordnung ist auf Sand gebaut. Die Revolution wird sich morgen schon ›rasselnd wieder in die Höh' richten‹ und zu Eurem Schrecken mit Posaunenklang verkünden: Ich war, ich bin, ich werde sein!«
Aus ROSA LUXEMBURGS letztem Artikel vom 14. Januar 1919

ver, Mainz und München teil, tritt bei den großen Kongressen der Internationale auf und erwirbt sich bald einen Ruf als feurige Agitatorin und schlagfertige Debattenrednerin. Die russische Revolution von 1905 zieht beide, Luxemburg und Jogiches, ins Geschehen. Das Paar reist unter falschem Namen Richtung Osten und wird in Warschau von der russischen Geheimpolizei gestellt. Sie kommt gegen Kaution frei, er flieht. Rosa beginnt eine Tätigkeit als Lehrerin an der neuen Parteischule in Berlin. Sie lässt kaum einen Sozialistenkongress aus, verfasst Bücher: agitatorische, historische, nationalökonomische Schriften, inspiriert vom Marxismus. Ihre Freunde und Weggefährten, aber auch Gegner heißen Karl Kautsky, Franz Mehring, Rudolf Hilferding, Karl Liebknecht – die klassischen Köpfe und Kämpen der Sozialdemokratie, von denen jedoch kaum einer Rosa Luxemburgs Radikalität und Konsequenz besaß.

1914 beginnt der Weltkrieg – den zu verhindern Rosa all ihre Kräfte bis aufs Äußerste angespannt hat. Als sie sieht, wie selbst ihre treuesten Genossen dem chauvinistischen Geist der Zeit erliegen, bricht eine Welt für sie zusammen. Den größten Teil des Krieges verbringt sie im Gefängnis. Sofort nach ihrer Entlassung 1918 stürzt sie sich in die Organisationsarbeit: Es gilt, die versprengten Kräfte der Parteilinken zu versammeln, um jetzt, wo der Krieg verloren ist, die Revolution zu gewinnen. Sie eilt nach Berlin und gründet den Spartakusbund, aus dem später die KPD hervorgeht. Die Zeit drängt, die Massen sind in Aufruhr. Wegen der Verhaftungsgefahr wechselt Rosa Luxemburg von einer konspirativen Wohnung zur nächsten. Aber in Berlin muss sie bleiben, hier muss sich bald viel entscheiden. Schließlich wird sie von den Häschern – einem Freikorpskommando mit Mordauftrag – verhaftet, misshandelt und im Hotel Eden verhört. Anschließend verfrachtet man sie und Karl Liebknecht in einen Wagen, vorgeblich, um sie zu einem weiteren Verhör zu fahren. Aber beide werden unterwegs erschlagen, ihre Leichen in den Landwehrkanal geworfen. Die Mörder kamen davon.

ROSA LUXEMBURG

 LEBEN UND WERK

Rosa Luxemburg wurde am 5. März 1871 in der Kleinstadt Zamosc, südöstlich von Lublin, im russischen Teil Polens geboren. Sie war das fünfte Kind eines jüdischen Holzhändlers. Ihre Kindheit und Jugend verbrachte sie in Warschau. Schon als Gymnasiastin engagierte sie sich in illegalen Zirkeln und schloss sich der sozialistischen Bewegung »Proletariat« an. Wegen drohender Verhaftung floh sie 1889 in die Schweiz und schrieb sich an der philosophischen Fakultät der Universität Zürich ein. Im Studium lernte sie den aus einer wohlhabenden jüdischen Familie stammenden Litauer Leo Jogiches kennen, der sich bereits seit mehreren Jahren darum bemühte, jüdische Arbeiter und Intellektuelle für den Kampf gegen den Zarismus zu gewinnen und zu organisieren. Außer der sechzehn Jahre anhaltenden Liebesbeziehung nahm damit eine enge politische Zusammenarbeit ihren Anfang. Rosa Luxemburg wechselte das Fach, studierte Nationalökonomie und promovierte 1898 mit einer Arbeit über *Die industrielle Entwicklung Polens*. Aus der Ferne verfolgte sie intensiv die Entwicklung der polnischen Arbeiterbewegung und unterstützte die Bildung neuer sozialistischer Organisationen und die Vorbereitungen von Aktionen durch zahlreiche Artikel. 1893 gründete sie mit Leo Jogiches die Sozialdemokratie des Königreichs Polen und Litauen (SDKPiL). Nach Abschluss ihres Studiums nahm Rosa Luxemburg mittels einer Scheinehe die deutsche Staatsbürgerschaft an, zog nach Berlin und wurde Mitglied der SPD. Aufgrund ihrer zahlreichen engagierten Diskussionsbeiträge und Reden, Artikel und Schriften wurde ihr innerhalb kurzer Zeit eine herausragende Rolle in der SPD zuteil. Als führende Vertreterin des linken Flügels bekämpfte sie den Revisionismus Eduard Bernsteins und verteidigte den revolutionären Standpunkt. In der ersten Russischen Revolution von 1905 reisten Rosa Luxemburg und Leo Jogiches nach Warschau, um am revolutionären Kampf teilzunehmen; sie wurden vorübergehend inhaftiert. Von 1907 bis 1914 war Rosa Luxemburg Dozentin an der Parteischule der SPD in Berlin. Sie trat entschieden gegen den drohenden Krieg ein, gegen den anwachsenden Nationalismus und die Verherrlichung des Militärs. Zusammen mit Karl Liebknecht und Clara Zetkin versuchte sie die Kriegsgegner in der SPD zu organisieren und gründete 1916 die antimilitaristische Gruppe Internationale, aus der während der Novemberrevolution 1918 der Spartakusbund, kurze Zeit später die KPD entstand. Beinahe den ganzen Krieg über war Rosa Luxemburg in Haft. Am 15. Januar 1919, nach dem niedergeschlagenen Spartakusaufstand, wurden sie und Karl Liebknecht von rechtsradikalen Freikorpsoffizieren verhaftet und ermordet.

 EMPFEHLUNGEN

Lesenswert:
Rosa Luxemburg: *Politische Schriften*. Mit einem Vorwort und herausgegeben von Ossip K. Flechtheim, Frankfurt/M. 1987.
Ich umarme Sie in großer Sehnsucht. Briefe aus dem Gefängnis 1915–1918, Bonn 1996.

Helmut Hirsch: *Rosa Luxemburg*. Mit Selbstzeugnissen und Bilddokumenten, Reinbek 1995.

Annelies Laschitza: *Im Lebensrausch, trotz allem. Rosa Luxemburg. Eine Biographie*, Berlin 2000.

Rosa Luxemburg. BilderLesebuch. Herausgegeben von Kristine von Soden, Berlin 1995.

Maria Seidemann: *Rosa Luxemburg und Leo Jogiches. Die Liebe in den Zeiten der Revolution*, Berlin 1998.

Hörenswert:
Rosa Luxemburg: *Briefe an Freunde*. »Ich war, ich bin, ich werde sein«. Ausgewählt und gesprochen von Ernie Wilhelmi, Ricophon 1998. Audio-CD.

Sehenswert:
Rosa Luxemburg. Regie: Margarethe von Trotta; mit Barbara Sukowa, Daniel Olbrychski, Otto Sander, Doris Schade, CSSR/BRD 1986.

 AUF DEN PUNKT GEBRACHT

Eine Intellektuelle auf den Barrikaden – und zwischendurch im Zuchthaus. Ihr verdankt die Welt die Vision, dass Freiheit und Sozialismus zusammengehen können.

Maria Montessori

»Das Kind wollten wir schützen und haben erkannt, dass wir selber Schutz brauchen. Wir haben nach Methoden zur Erziehung und Bildung des Kindes gesucht und wissen jetzt, dass das Kind unser Lehrmeister ist. Bilden kann dieser Lehrmeister uns nicht, aber er kann uns wie keiner sonst unsere Natur und unsere Möglichkeiten zeigen. Darum zieht das Kind uns an: uns als Individuen, als Glieder der menschlichen Gesellschaft und zum Wohle der ganzen Menschheit.«   MARIA MONTESSORI

■ Maria Montessori, Porträt-aufnahme um 1920.

Die Kinder waren wie Sträflinge in dem engen Raum zusammengepfercht; es gab nichts, womit sie sich hätten beschäftigen können, kein Spielzeug, überhaupt keine Gegenstände. Die kleinen Wesen hockten einfach nur da und starrten die Ärztin angstvoll an. Sie waren schwachsinnig, und sie hatten so, ohne irgendeine Stimulation, nicht die mindeste Chance, aus der Irrenanstalt entlassen zu werden. »Die unglücklichen Geschöpfe«, schrieb die Beobachterin später, »mussten gleichsam neu erschaffen werden, um ihren Platz in einer zivilen Gesellschaft wieder einnehmen zu können. Ihnen zur Unabhängigkeit von der Hilfe anderer und zur Menschenwürde zu verhelfen, das war eine Aufgabe, die so an mein Herz appellierte, dass ich jahrelang nicht von ihr loskam.«

Maria Montessori begann als Ärztin. Im Jahre 1897 war sie Assistentin an der Psychiatrischen Klinik in Rom, wo sie hautnah das Elend geistig behinderter Kinder miterleben konnte. Die kleinen Patienten wurden in der Anstalt einfach nur aufbewahrt und von Erzieherinnen beaufsichtigt, die sich ablehnend verhielten. Dr. Montessori erkannte, dass die Kinder verloren waren – wenn man sich ihrer nicht mit besonderer Sorgfalt annahm, – und mit der richtigen Methode: Über die Sinne, vor allem über den Tastsinn, musste man zu ihrem Verstand vordringen. Maria Montessori experimentierte mit diesen Kindern, und ihre Vermutungen bestätigten sich: Wenn man ihnen etwas in die Hand gab, wenn man sie greifen, tasten, fühlen, ausprobieren, malen und machen ließ, erwachten sie aus ihrer Erstarrung, und die allzu zappeligen lernten es, sich zu konzentrieren. Aber das richtige Material in den Händen der Kinder reichte nicht aus. Sie brauchten auch eine Umgebung, die sie als Persönlichkeiten respektierte, brauchten Tische und Stühle, die ihrem Körperwuchs angepasst waren, und helle Räume … Und schließlich brauchten sie Lehrerinnen, von denen sie sich ernst genommen fühlten, zu denen sie Vertrauen fassen konnten. »Der Lehrer schwachsinniger Kinder gerät in eine Art Apathie: Er denkt, dass er minderwertige Menschen erzieht, und deshalb gelingt ihm ihre Erziehung nicht … Man muss vielmehr verstehen, in der Seele des Kindes den darin schlummernden Menschen anzusprechen. Ich hatte diese Intuition, und ich glaube, dass nicht das didaktische Material allein, sondern diese meine Stimme, die sie anrief, die Kinder weckte und dazu antrieb, das Material zu benutzen und sich selbst zu erziehen.«

■ Die Ärztin und Pädagogin im Jahr 1926.

■ Geschirrspülen in einem Montessori-Kinderhaus in Hamburg, um 1925.

■ Spiele zur Schulung des Tastsinns im Montessori-Kinderhaus in Hamburg, um 1925.

Nach ihren Erfolgen mit gestörten Kindern wandte Montessori dieselben Prinzipien der Erziehung und des Umgangs auf gesunde Kinder an – und siehe da, wieder zeigte sich, dass die Nervösen ruhig wurden und die Stumpfen lebhaft. Später baute die römische Ärztin, die von der Medizin auf die Pädagogik umsattelte, ihre Ideen zur Entwicklung der kindlichen Persönlichkeit zu der weltberühmten Montessori-Methode aus, die ihr bald überall begeisterte Anhänger verschaffen sollte. Ihr Ziel war es, die Kinder ohne Drill und Druck zu sich selbst kommen zu lassen. Dafür erfand sie eigene »didaktische Materialien«, z. B. verschieden dicke und lange Zylinder, die in passende Hohlformen gesteckt werden mussten. Auch wohlbehütet aufgewachsene Kinder waren, fand Montessori, oft verstört oder verschlossen, weil die Eltern zu viel, zu wenig oder das Falsche zur falschen Zeit von ihnen erwarteten.

Was ihre eigenen Eltern betraf, so hat Maria Montessori Glück gehabt. Sie wurde im Jahre 1870, dem Jahr der Einigung Italiens, in der Provinz Ancona geboren. Ihr Vater war Finanzbeamter, ihre Mutter entstammte einer Gutsbesitzerfamilie. Maria ist das einzige Kind und braucht die Zuwendung ihrer Eltern nicht zu teilen. Zeugen schildern sie als selbstbewusstes und ehrgeiziges kleines Mädchen. Als sie fünf Jahre alt ist, zieht die Familie nach Rom. Hier geht Maria zur Schule; sie liest viel und interessiert sich für Mathematik. Sie macht den Abschluss am technisch-naturwissenschaftlichen Zweig der Oberschule, was kaum einem Mädchen zu jener Zeit gelang. Nachdem sie ursprünglich Ingenieurin werden will, fühlt sie sich dann doch mehr zur Medizin hingezogen, immatrikuliert sich unter großen Vorbehalten ihres Vaters an der Hochschule und beendet das Studium im Jahre 1896 als erste promovierte Medizinerin Italiens.

Maria ist ein schönes Mädchen mit einer Neigung zur Üppigkeit. Zu jener Zeit, als sie, eben fertig mit dem Studium, auf die eingesperrten geistig behinderten Kinder trifft und erstmals darü-

> »Es sind zwei Dinge zu tun: Erstens eine Kenntnis von Gott und allen Dingen der Religion zu geben. Zweitens die verborgenen Kräfte des Kindes zu erkennen, zu bewundern und ihnen zu dienen und demütig zur Seite zu treten, mit der Intention der Mitarbeit, so dass die Personalität des Kindes mit seiner inneren Gegenwart immer vor uns steht.«
>
> MARIA MONTESSORI

ber nachdenkt, wie man ein Kind aus dem inneren Gefängnis seiner Ängste und Blockaden befreien könnte, ist sie in den Psychiater Giuseppe Montesano verliebt, mit dem sie eng zusammenarbeitet. Sie bekommt ein Kind von diesem Kollegen, Sohn Mario. Es gibt kaum Zeugnisse über diese Zeit, die Biographen rätseln, warum das Paar nicht geheiratet hat. Mario hat später erklärt, dass seine beiden Eltern einander lebenslange Ehelosigkeit geschworen hätten, dass aber nur Maria den Schwur gehalten, ihr Geliebter jedoch sich anderweitig gebunden habe. Darüber sei es zum Bruch gekommen. Wie auch immer es wirklich war – Mario wuchs nicht bei der Mutter, sondern bei Pflegeeltern auf, und Maria hatte den Makel der nichtehelichen Mutterschaft zu tragen, was im Italien des 19. Jahrhunderts keine Kleinigkeit war. Aber Montessori zog Kraft aus ihrem Unglück. Sie stürzte sich in die Arbeit. Ein neues Betätigungsfeld hatte sich ihr eröffnet: die Pädagogik. Als 1900 die Liga für die Erziehung behinderter Kinder eine Modellschule zur Ausbildung von Lehrern gründet, wird Montessori die Leitung angetragen. Sie nimmt an. Allmählich wird sie bekannt. 1907 eröffnet sie das erste Kinderhaus, die Casa dei Bambini. Und sie fängt an, ihre Erfahrungen niederzuschreiben. *Il metodo della pedagogia scientifica*, das erste Buch (1909), wird ein überwältigender Erfolg.

Vier Jahre später nimmt sie den inzwischen fünfzehnjährigen Mario zu sich – er ist nun ihr Gehilfe und Gefährte. Überall will man die Erfinderin einer

■ Maria Montessori im April 1951.

■ Maria Montessori bei einem Vortrag in Rom am 4. April 1951, ein Jahr vor ihrem Tod.

neuen, kindgerechten Erziehungsmethode kennen lernen, und so reist Maria Montessori um die Welt. 1916 siedelt sie nach Barcelona um; 1924 trifft sie Mussolini. Sie überzeugt auch den Duce; an den italienischen Schulen herrscht jetzt ihre Methode vor. Montessori-Kongresse werden in Helsingør, Nizza und Amsterdam abgehalten, schließlich auch in Rom. Aber das Einverständnis mit den Faschisten endet bald; Montessori ist viel zu eigenständig, um den Einfluss der Politik auf ihre Arbeit zu ertragen. Die deutschen Faschisten lehnen ihren Ansatz ab, auch die italienischen schließen ihre Schulen. Der spanische Bürgerkrieg vertreibt Montessori aus Barcelona; sie lässt sich in Amsterdam nieder. Von dort aus lenkt sie ein weltumspannendes Netzwerk von Kindergärten, Schulen und wissenschaftlichen Instituten, die von ihrer Pädagogik inspiriert sind. Eine Zeit lang lebt sie in Indien; nach dem Krieg kann sie dafür sorgen, dass ihr Werk und ihre Methode in Italien wiederbelebt werden. Sie war, das darf nicht vergessen werden, eine gläubige Katholikin, die im hilflosen, herumgestoßenen Kind niemand anderen erblickte als Jesus Christus: »Das Kind ist der ewige Messias, der immer wieder unter die gefallenen Menschen zurückkehrt, um sie ins Himmelreich zu führen.«

MARIA MONTESSORI

 LEBEN UND WERK

Maria Montessori, am 31. August 1870 in Chiaravalle bei Ancona in Italien geboren, verbrachte ihre Kindheit von ihrem sechsten Lebensjahr an in Rom. Nach der Grundschulzeit besuchte sie eine naturwissenschaftlich-technische Sekundarschule. Als sie 1890 ihren Abschluss machte, war ihr Berufsziel, Ärztin zu werden. Im Anschluss an ein vormedizinisches naturwissenschaftliches Studium von zwei Jahren an der Universität Rom konnte sie sich 1892 für das Fach Medizin einschreiben. Im Sommer 1896 verteidigte sie ihre Doktorarbeit *Ein klinischer Beitrag zum Studium des Verfolgungswahns* und wurde als erste Ärztin Italiens. Im selben Jahr nahm sie am Internationalen Frauenkongress in Berlin teil und erregte Aufsehen durch ihre Vorträge zur Emanzipation der italienischen Frau. Als Assistenzärztin an der Psychiatrischen Universitätsklinik in Rom besuchte sie Anstalten, in denen geistig behinderte Menschen unter katastrophalen Bedingungen untergebracht waren. Auf dem nationalen Pädagogenkongress 1898 forderte sie insbesondere die Reform der Erziehung geistig behinderter Kinder. Angeregt durch die bahnbrechenden Schriften der Ärzte Jean-Marc Gaspard Itard, der als Begründer der Heilpädagogik gilt, und seines Schülers Edouard Séguin erforschte sie die Möglichkeiten, die Sinne der kleinen Patienten zu schulen und durch Eigentätigkeit mit speziell entwickelten didaktischen Materialien Lernanreize zu schaffen. Aus der Beziehung zu ihrem Arztkollegen Giuseppe Montesano ging ihr Sohn Mario hervor, der in einer Pflegefamilie aufwuchs. Als er fünfzehn war, nahm Maria Montessori ihn zu sich; er unterstützte sie später in ihrer Arbeit und widmete sich nach ihrem Tod weiter der Montessori-Pädagogik. 1907 wurde in Rom das erste Kinderhaus (Casa dei bambini) zur Betreuung von Kindern zwischen zwei und sechs Jahren eröffnet. Maria Montessori übernahm die Leitung und ergriff die Gelegenheit, ihre Erfahrungen und Erkenntnisse aus der pädagogischen Arbeit mit geistig behinderten Kindern auf gesunde Kinder zu übertragen. Ihre Erfolge führten bald zur Gründung weiterer Kinderhäuser, und mit der Veröffentlichung ihres ersten Buches (*Die Methode der wissenschaftlichen Pädagogik, angewandt in der Erziehung des Kindes in der Casa Bambini*) 1909 begann die internationale Ausbreitung der Kinderhäuser und Montessori-Schulen. Maria Montessori widmete sich von da an ganz der Ausbildung von Erziehern und Lehrern. Sie reiste zu Vorträgen durch Europa und Amerika und unterstützte aktiv die Einrichtung neuer Schulen. Sie lebte und arbeitete in Spanien, Holland und Indien und verfasste zahlreiche Schriften. Am 6. Mai 1952 starb sie im holländischen Nordwijk aan Zee.

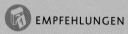 **EMPFEHLUNGEN**

Lesenswert:
Maria Montessori: *Die Entdeckung des Kindes*, Freiburg 1996.
Schule des Kindes. Montessori-Erziehung in der Grundschule, Freiburg 1995.
Das kreative Kind. Der absorbierende Geist, Freiburg 1996.
Kinder sind anders, München 1999.
Kleine Schriften:
Band 1: *Kosmische Erziehung*, Freiburg 1996.
Band 2: *Die Macht der Schwachen*, Freiburg 1992.
Band 3: *Dem Leben helfen*, Freiburg 1992.
Band 4: *Gott und das Kind*, Freiburg 1995.

Rita Kramer: *Maria Montessori. Leben und Werk einer großen Frau*, Frankfurt/Main 1995.

Helmut Heiland: *Maria Montessori. Mit Selbstzeugnissen und Bilddokumenten*, Reinbek 1997.

 AUF DEN PUNKT GEBRACHT

Das Leiden internierter geistig behinderter Kinder griff ihr ans Herz. Aus ihrer Therapie erwuchs ein völlig neues Erziehungskonzept.

Alexandra Kollontai

■ Die elegante Alexandra Kollontai im Jahre 1905 als 33-Jährige.

»Mexiko? So fern, so fremd. Die Sprache … Und das Klima … Das Temperament der Menschen … Werde ich dort Fuß fassen? Werde ich meinem Lande nützen? Wenn nicht ich, wer sonst? Klimaumstellungen habe ich doch immer ganz gut verkraftet, und die Menschen werde ich schon zu nehmen wissen. Immerhin haben sie in Mexiko gerade eine Revolution erlebt, sie haben den Sturz des Alten und den Glauben an das Neue im Blut – ganz wie mein Volk. Wir werden uns etwas zu sagen haben! Also los!«

Die schöne dunkelhaarige Dame mit dem Kurzhaarschnitt wird in Mexiko womöglich nicht einmal auffallen. Und sie wird alle Hände voll zu tun haben. Denn für ihr Land, die nachrevolutionäre Sowjetunion, ist nichts wichtiger als ein Netz befreundeter Staaten, mit denen Handelsabkommen geschlossen werden können. Es gibt nicht viele Anwärter auf einen so anspruchsvollen Posten. Alexandra Kollontai hat an der Seite Lenins für den Sieg der bolschewistischen Partei gekämpft, sie war die erste Ministerin im jungen Sowjetstaat und sie hat diplomatische Erfahrung im Ausland. Es wird schon gut gehen.

Im Herbst 1926 erhielt Alexandra Michailowna Kollontai ihre Ernennung als Botschafterin und schiffte sich bald darauf nach Mexiko ein.

Es ging nicht gut. Mexiko selbst hatte seinen neuen Kurs noch nicht gefunden, Kollontais Kompetenzen waren unklar definiert, die amerikanische Presse eröffnete einen polemischen Propagandafeldzug gegen sie, und bei allfälligen Attentaten und Überfällen geriet sie selbst in die Schusslinie. Nach einem halben Jahr rief Moskau sie zurück. Sie sollte wieder auf ihren vorherigen Botschafterposten in Norwegen zurückkehren. So blieb Mexiko eine Episode – aber eine typische. Alexandra Kollontai hat ihr Leben lang keine Angst vor der Veränderung gekannt. Sie war eine außergewöhnlich mutige Frau; weite Reisen, körperliche Strapazen, Gefahr und Entbehrung schreckten sie nicht. Sie hatte eine Aufgabe, eine Mission: Das war die proletarische Revolution, die Befreiung der Arbeiterschaft und der unterdrückten Bauern. Und das war die Befreiung der Frau aus dem Gefängnis von Haus und Ehe und aus der Unterordnung unter den Mann. Diese großen Anliegen der Moderne hatte sie auf ihre ganz persönliche Fahne geschrieben, und sie folgte dieser Fahne unbeirrt ein reiches, abenteuerliches Leben lang. Ihre feministischen Kampfschriften sind heute noch interessant zu lesen, ihre leidenschaftlichen Aufrufe an die Frauen der Welt, aus der Abhängigkeit vom Mann herauszutreten, eine eigene Meinung zu haben, einen Beruf zu ergreifen und eigenes Geld zu verdienen, wurden weltweit gehört, jedoch erst in der zweiten Hälfte des 20. Jahrhunderts wirklich in die Praxis umgesetzt. Für Alexandra Kollontai war die Befreiung der Frau unauflöslich verknüpft mit der Befreiung der Arbeiter, und das hieß für die Bolschewistin: Diktatur des Proletariats, Führung durch die Kommunistische Partei. Sie, die Kämpferin und Aktivistin der ersten Stunde, hat die Gefahr einer Parteidiktatur früh erkannt und sich in der »Arbeiteropposition«, die mehr Mitbestimmung an der Basis einklagte, gegen diese Gefahr gestemmt. Vergebens. Sie musste sich persönlich bei Lenin für ihre »Linksabweichung« entschuldigen. Später, als unter Stalin der Terror das Land regierte, saß sie als Gesandte im Ausland und beobachtete die Verhältnisse in ihrem Land nur aus der Ferne. Außerdem rechtfertigte offenbar in ihren Augen der Druck des anti-sowjetischen, imperialistischen Auslandes die Unterdrückung jeglicher Opposition. Nur so kann man sich die Nibelungentreue erklären, mit der Alexandra Kollontai zu Sowjetrussland auch in dessen finsterster Epoche stand.

Geboren wurde sie 1872 in St. Petersburg als Tochter eines hohen zaristischen Generals. Die Eltern wollten sie reich verheiraten,

■ Undatierte Porträtaufnahme

»Wenn man mich fragte, welche die größte und denkwürdigste Stunde in meinem Leben gewesen sei, würde ich ohne zu zögern antworten: Das war jene Nacht, als das russische Proletariat in Stadt und Land durch die Stimmen seiner Deputierten erklärte: Die provisorische Regierung ist gestürzt ... Die ganze Macht geht allerorts an die Sowjets der Arbeiter- und Bauerndeputierten über ...«
ALEXANDRA KOLLONTAI

■ Alexandra Kollontai um 1920 in Russland.

einen entsprechenden Kandidaten lehnte sie ab. Stattdessen verliebte sie sich in ihren Cousin Wladimir. Die Eltern waren gegen die Verbindung, fügten sich aber. Alexandra heiratete ihren Wladimir und bekam ein Jahr später einen Sohn. Und so hätte ihr Leben ruhig und friedlich weiterlaufen können, wenn nicht ..., ja wenn die Zeiten nicht so bewegt gewesen wären.

Die zaristische Autokratie ist politisch erledigt, die Lage der immer noch weitgehend rechtlosen Bauern menschenunwürdig, das Land weit zurückgeblieben und rettungslos sozial zerklüftet. Alexandra reist mit ihrem Mann zu den Schwiegereltern, sie lernt das Landleben kennen, seine Primitivität, seine Hoffnungslosigkeit. Zugleich nutzt sie die Angebote der Stadt: Sie liest, sie lernt, sie gerät in Kontakt mit Sozialisten. Es ist wie eine Neugeburt für sie. Das alte Leben fällt von ihr ab – auch ihre Ehe zerbricht, denn Wladimir will ihren Weg nicht mitgehen. Für Alexandra gibt es jetzt nur noch eins: die soziale Revolution. Sie knüpft Verbindungen zu illegalen Zirkeln, lernt Sprachen, bildet sich in sozialistischer Theorie, Geschichte und Politik. Sie ist jetzt sechsundzwanzig und schreibt ihre ersten Artikel für die revolutionäre Untergrundpresse.

Die Revolution von 1905 treibt sie zu den Parteileuten um Lenin. Immer wieder versucht sie, Frauenbewegung und Sozialismus

> »Nein. Meiner Veranlagung nach bin ich eher international infolge meiner Erziehung und durch die Fähigkeit, die Psychologie anderer Völker zu verstehen. Ich unterteile die Welt nicht nach Nationalitäten, sondern nach Klassenmerkmalen. In keinem Land, in dem ich lebte, fühlte ich mich fremd. Dagegen war ich sehr einsam im Milieu des russischen Adels ...«
> ALEXANDRA KOLLONTAI auf die Frage: »Sind Sie eine typisch russische Natur?«

strategisch zu verbinden. 1909 flüchtet sie nach Deutschland und lebt lange in Berlin. Sie lernt Rosa Luxemburg kennen und später Clara Zetkin. Auf den großen Frauenkongressen, die damals in Stuttgart und Kopenhagen stattfinden, ist sie eine gesuchte Rednerin.

In Berlin wird Alexandra Kollontai verhaftet – sie flieht nach Norwegen. Hier bietet man der Exilantin eine Heimat, hier kann sie endlich zur Ruhe kommen und weiter ihre Bücher und Artikel schreiben. Aber nicht lange. In Europa wütet der Weltkrieg.

■ Alexandra Kollontai als sowjetische Gesandtin in Schweden im Jahre 1931 in Stockholm.

■ Alexandra Kollontai, 1943 zur sowjetischen Botschafterin für Schweden ernannt, in ihrer Wohnung in Stockholm.

Kollontai erhält eine Einladung von den amerikanischen Sozialisten und reist in die Staaten, um dort ihre Sicht der Weltlage und der sozialistischen Perspektive vorzutragen. Sie absolviert regelrechte Tourneen in Sachen Revolution. Dann wird im Jahre 1917 der Zar gestürzt, und die »provisorische Regierung« unter Kerenski ist an der Macht. Kollontai reist in die russische Heimat und streitet mit Lenin für den Sieg der Bolschewiki. Nach seiner Machtergreifung wird sie Ministerin für Soziales.

Im Frühjahr 1917 lernt sie den sehr viel jüngeren Matrosen Pawel Dybenko kennen. Er möchte sie unbedingt heiraten. Sie sagt aus Liebe ja – trotz ihrer Vorbehalte gegen die Ehe – und fördert seine militärische Karriere.

Der Bürgerkrieg tobt – auch Alexandra Kollontai geht an die Front, um den Soldaten Mut zuzusprechen. Ihr Mann lebt inzwischen in Odessa, ist dort Chef des Militärbezirks. Seine Bedeutung und sein Einfluss steigen ihm zu Kopf, er leistet sich eine Villa und eine Equipage und meint, ihm stünde auch eine Geliebte zu. Da trennt sich Alexandra von ihm. Er versucht, sich das Leben zu nehmen. Sie wartet noch, bis er wieder genesen ist, dann akzeptiert sie gern den Posten als Botschafterin in Norwegen. Später, nach dem Intermezzo in Mexiko, wird sie auch noch Botschafterin in Schweden. Würdig vertritt sie das sowjetische Russland, wird seine Repräsentantin beim Völkerbund. Am Zustandekommen des Waffenstillstands mit Finnland im Zweiten Weltkrieg ist sie maßgeblich beteiligt. Ihre letzten Jahre verbringt sie in Moskau, wobei sie bis zum Schluss eine wichtige Funktion als offizielle Beraterin des sowjetischen Außenministeriums erfüllt.

ALEXANDRA KOLLONTAI

 LEBEN UND WERK

Alexandra Michailowna Kollontai, am 19. März 1872 in Sankt Petersburg geboren, war die Tochter eines zaristischen Generals. Sie wurde im Haus ihrer Eltern privat unterrichtet und machte mit sechzehn Jahren als Externe das Abitur an einem Jungengymnasium. Schon früh befasste sie sich intensiv mit der russischen Literatur und interessierte sich für politische und soziale Fragen. Sie besuchte häufig Vorträge und begann, selbst Erzählungen zu schreiben. Gegen den Willen ihrer Familie heiratete sie 1893 ihren Cousin Wladimir Kollontai, einen jungen mittellosen Ingenieur. Ein längerer Aufenthalt bei ihren Schwiegereltern, die in einfachen, beengten Verhältnissen in Tiflis lebten, konfrontierte Alexandra Kollontai erstmals mit völlig anderen Lebensbedingungen. Zum Schlüsselerlebnis wurde für sie einige Zeit später der Besuch einer der größten Textilfabriken Russlands in Narwa. Die katastrophalen Lebens- und Arbeitsbedingungen der Arbeiter weckten ihr Bewusstsein für soziale Ungerechtigkeiten und führten zu einer intensiven Auseinandersetzung mit dem Marxismus. Nach fünf Jahren Ehe verließ Alexandra Kollontai ihren Mann und studierte in der Schweiz einige Monate Volkswirtschaft. Zurück in Sankt Petersburg, schloss sie sich der sozialdemokratischen Partei an und setzte sich mit der revolutionären Bewegung Russlands auseinander. Zur Zeit des Ausbruchs der Revolution von 1905 hatte sie sich bereits als engagierte Publizistin und Rednerin einen Namen erworben. Ihre Aktivitäten und Schriften konzentrierten sich zunehmend auf die Frauenfrage. Von 1908 bis 1917 lebte Alexandra Kollontai im Exil und setzte sich unermüdlich mit dem Thema der Frauenemanzipation auseinander. Sie verfasste weitere Schriften und unternahm Agitationsreisen in mehrere Länder Europas und Amerikas. Einige Jahre lebte sie in Deutschland, wo sie Kontakt zu Karl Liebknecht, Rosa Luxemburg und Clara Zetkin hatte. Als sie nach knapp zehn Jahren in die gerade gegründete Sowjetunion zurückkam, wurde sie Volkskommissarin für Sozialfürsorge und damit Mitglied des Zentralkomitees. Sie trat für ein soziales Gesundheitswesen, bessere Arbeitsbedingungen für Frauen und legale Abtreibung und Scheidung ein. Ihre offen vertretene freizügige Sexualmoral brachte ihr viel Kritik ein und führte zu Konflikten mit Parteikollegen. Von 1922 bis 1945 war sie Botschafterin der Sowjetunion in Norwegen, Mexiko und Schweden. Wie in ihren theoretischen Schriften setzte sich Alexandra Kollontai auch in einigen Erzählungen und ihren autobiographischen Aufzeichnungen für die Gleichberechtigung und Unabhängigkeit der Frau ein. Sie starb am 9. März 1952 in Moskau.

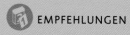 **EMPFEHLUNGEN**

Lesenswert:
Alexandra Kollontai: *Wege der Liebe*, Berlin 1992.
Autobiographie einer sexuell emanzipierten Kommunistin, Berlin 1991.
Die Situation der Frau in der gesellschaftlichen Entwicklung. 14 Vorlesungen von Arbeiterinnen und Bäuerinnen an der Sverdlov-Universität 1921, Frankfurt/Main 1975.

 AUF DEN PUNKT GEBRACHT

Sie lebte für die Befreiung der Frauen, der Arbeiter und ihrer Heimat Russland. Sie war die erste Ministerin und Botschafterin der Sowjetunion.

Anna Karenina

- Leo Tolstoi. Gemälde von Iwan Nikolajewitsch Kramskoi, 1873. Tretjakow Galerie, Moskau.
- Greta Garbo als Anna Karenina in der gleichnamigen Verfilmung von Clarence Brown aus dem Jahre 1935.

Es gibt nur drei Romane, die man unbedingt gelesen haben muss: *Anna Karenina*, *Anna Karenina* und *Anna Karenina*. Wer das gesagt hat? Egal. Jedenfalls führt eine Lesereise ins 19. Jahrhundert, da sind sich die Literaturhistoriker einig, zuerst zu Tolstoi und zu *Anna Karenina*.

Das Buch beginnt mit einer Ehekrise: Annas Bruder hat seine Frau mit der Gouvernante betrogen, und es endet mit einem Genrebild: eine junge Mutter, die ihr Kind badet, ein Vater, der seine Gefühle für das Neugeborene prüft. Dazwischen die Geschichten dreier Familien, die alle verwandt und verschwägert sind und zur russischen Oberschicht gehören. Anna ist die Zentralfigur; sie ist kein junges Mädchen mehr, wenn der Roman beginnt, sondern eine verheiratete Madame mit einem achtjährigen Sohn; sie ist schön, klug, sensibel und gesellschaftlich aktiv, eine beliebte Frau, die überall gerne eingeladen wird. Nicht einmal sie selbst weiß, dass ihre Ehe mit dem korrekten, aber allzu trockenen Beamten Alexej Karenin sie nicht ausfüllt. Sie merkt es erst, als sie sich plötzlich heftig in einen anderen verliebt und genauso verzweifelt wie vergeblich gegen ihre Ge-

fühle kämpft. Schließlich erlischt ihr Widerstand, und sie gibt sich ihrer Leidenschaft hin. Sie verlässt Mann und Kind und geht mit dem Geliebten fort.

Jetzt beginnt ihr Leidensweg. Karenin verweigert die Scheidung, die gute Gesellschaft schneidet Anna. Niemand will mehr mit der gefallenen Frau gesehen werden, und ihr Kampf um Anerkennung endet in der Katastrophe. Sie schenkt einer Tochter das Leben, zieht sich ganz mit ihrem Gefährten zurück und zergeht vor Schuld und Angst: Was, wenn der Geliebte sich von ihr abwendet? Er ist alles, was ihr blieb ...

»Er« heißt Alexej Wronskij, ist ein lediger, gut aussehender Offizier und seiner zauberhaften Geliebten aufrichtig zugetan. Man rügt ihn, weil er Anna verführt hat, aber er kann weiter in der Gesellschaft verkehren, und der Kameraderie unter Soldaten, Spielern und Pferdesportlern haben Frauengeschichten noch nie geschadet. Während Annas Welt immer enger wird, bis es nur noch Wronskij darin gibt, kann ihr Geliebter sein altes Leben fortsetzen. Und obwohl er sich zärtlich um sie bemüht, vermag er ihren

> »Alle glücklichen Familien gleichen einander, jede unglückliche Familie dagegen ist unglücklich auf ihre besondere Art.« Dieser Anfangssatz von *Anna Karenina* wurde von Tolstoi erst später hinzugefügt. Ursprünglich begann der Roman konventioneller mit dem zweiten Satz: »Alles ging drunter und drüber im Hause Oblonskijs. Die Frau war dahinter gekommen, dass ihr Gatte mit einer Französin ein Verhältnis ...« Bis dann Anna, eine geborene Oblonskaja, anreist, um die Ehe zu kitten ... und ihre eigene zu zerstören.

■ Szene aus derselben Verfilmung mit Basil Rathbone als Alexej und Frederic March als Wronski.

■ Sophie Marceau als Anna Karenina und Sean Bean als Wronski in der amerikanischen Neuverfilmung des Stoffs von Bernard Rose aus dem Jahre 1996.

tiefsten Kummer nicht zu lindern: den Verlust ihres Sohnes und den Verlust ihrer Ehre. Die Angst, auch ihn noch zu verlieren, erfüllt sie ganz und steigert sich ins Wahnhafte. Auf dem Petersburger Bahnhof in Moskau hat sie den stattlichen Wronskij einst zum ersten Mal gesehen: Es war eine Zufallsbegegnung und fast Liebe auf den ersten Blick. Und ebenfalls auf einem Bahnsteig schließt Anna mit dem Leben ab, das ihr zur Qual geworden ist. Sie wirft sich vor einen Zug.

Selten wohl hat ein Schriftsteller eine Frauengestalt geschaffen, die so sympathisch, so strahlend und gutherzig und doch so zum Leiden verdammt ist wie Anna. Schon bei ihrem ersten Auftritt im Roman ist sie ganz Herz und Güte: Sie reist von St. Petersburg nach Moskau, um die Ehe ihres Bruders zu kitten. Was ihr natürlich gelingt. Auf einem Ball trifft sie Wronskij wieder, und das Unheil nimmt seinen Lauf.

Das Wunderbare an Tolstois Anna ist, dass sie keine »femme fatale« ist, keine Tricks anwendet, keine Koketterie betreibt. Sie will eigentlich nicht vom Weg abkommen – vom Weg der ehrbaren Frau, den sie für richtig hält. Und als die Liebe über sie hereinbricht und sie von diesem Weg wegtreibt, sträubt sie sich mit allen Kräften. Aber die Gegenkräfte, die sie zu Wronskij ziehen, sind stärker. Anna und Wronskij können einander nicht lange ausweichen. Und schließlich ist Anna auch nur ein Mensch, der das Glück sucht. Sie findet es in Wronskijs Armen. Und jetzt will sie es behalten. Und verteidigen. Gegen ihren Mann, gegen die Gesellschaft, gegen die Welt, die sie verurteilt. Aber sie hat keine Chance. Und so treibt ihre »Verfehlung«, die für sie die Erfüllung war, Anna ins Verderben.

Wäre die Geschichte glimpflich ausgegangen, wenn Annas Gatte sich nicht quer gestellt und die »haute volée« sich menschlicher gezeigt hätte? Vielleicht. Aber dann hätte Tolstoi sie wohl nicht erzählt. Das Faszinierende an Annas Tragödie ist das Zwanghafte: Jeder ihrer Schritte ist notwendig und nachvollziehbar, und jeder führt sie ein Stück weiter erst auf das Glück und später auf den Untergang zu.

Als Anna sich in Wronskij verliebt und auch äußerlich von ihrem Mann abrückt, weiß Karenin, dieser pedantische Staatsbeamte, nicht, was er tun soll. Plötzlich, schreibt Tolstoi, habe er nicht mehr mit Akten und Fällen zu tun gehabt, sondern mit dem Leben. Und das ist unberechenbar, es kennt Wechselfälle, Leidenschaften und Gefahr. Karenin ist darauf nicht vorbereitet. Er ist eine Kreatur seines Amtes und deshalb so erfolgreich. Also leugnet er erst einmal die Realität und wartet darauf, dass »das Leben« sich wieder verzieht und ihn in Ruhe lässt. Aber daraus wird nichts. Anna gibt sich keine Mühe, den Ehebruch zu verheimlichen, und sie erwartet ein Kind von ihrem Geliebten. Der Skandal ist da, Karenin muss handeln. Er sieht sich um, sucht nach einem Stück »Leben« in seinem Umkreis, das er Anna entgegensetzen kann. Und er entdeckt seinen Sohn. Was immer er in Zukunft tun wird – er ist großmütig, er bietet ihr Ver-

■ Szene aus der Neuverfilmung mit Sophie Marceau. Trotz der üppigen Ausstattung kann der Film gegen das Original mit Greta Garbo nicht ankommen.

■ Sophie Marceau als Anna Karenina kurz vor ihrem Freitod.

gebung an –, nie wird er ihr den Jungen überlassen. Ihre Liebe zu Wronskij, so stark sie ist, wird dieses Opfer – den Verzicht auf ihr Kind – am Ende nicht aushalten.

Wer kann trockenen Auges die Szene lesen, in der Anna vor den Zug springt? »*Und das Licht, bei dessen Schein sie in dem von Jammer und Weh, von Trug und Bosheit ausgefüllten Buche des Seins gelesen hatte, loderte noch einmal heller denn jemals auf, erleuchtete ihr alles, was vorher in Finsternis gehüllt gewesen, knisterte, ward dunkler und dunkler und erlosch für immer.*«

Der Roman ist mit Annas Tod noch nicht zu Ende, die »Hinterbliebenen« aus den verschiedenen untereinander verschwägerten Familien werden noch ein Stück begleitet – auch Wronskij, der in den Krieg zieht, um dort den Tod zu suchen. Das große Familienepos, das Tolstoi um Annas Tragödie herum aufbaut, ist trotz heiterer Passagen insgesamt von einem skeptischen Grundton getragen. Denn egal, wie tolerant die Menschen, wie liberal die Gesetze und wie permissiv die Umgangsstile sind: Sobald die große Leidenschaft ins Spiel kommt, sind die Ordnung, das Vertrauen und die Normalität und damit auch der Zusammenhalt einer Familie bedroht. Das ist es, was Tolstoi mit Annas Schicksal zeigt. Diese loyale Gattin und gute Mutter bringt eine Welt zum Einsturz. Leidenschaft ist nicht wählbar oder abwählbar und nicht mit dem Willen zu steuern. Sie zieht auf wie schweres Wetter und überrollt Kinder, Ehepartner und Unbeteiligte. Und manchmal auch die, die von ihr besessen sind.

ANNA KARENINA

 QUELLE UND DARSTELLUNGEN

Nach Abschluss seiner fünfjährigen Arbeit an Krieg und Frieden, dem ersten seiner großen Romane, der in der Zeit der Napoleonischen Kriege von 1805 bis 1812 spielt, hatte der russische Schriftsteller Leo Nikolajewitsch Tolstoi (1828–1910) den Plan, einen weiteren historischen Roman zu schreiben, diesmal über Peter den Großen. Ende 1872 begann er, Material zu sammeln und sich intensiv mit dem Thema auseinander zu setzen, gab dieses Vorhaben aber nach wenigen Monaten auf. Seit dem Frühjahr 1873 verfolgte er dann die Idee, die Gegenwart in einem Roman zu thematisieren. In dieser Zeit entstanden die ersten Entwürfe zu Anna Karenina, blieben aber liegen. Tolstoi wandte sich zunächst einem anderen Bereich zu, der ihn immer wieder beschäftigt hatte, nämlich der Pädagogik. Er schrieb unter anderem Lesebücher für Kinder, gründete auf dem Land eine Schule, in der er selbst unterrichtete, trat für die Verbesserung der Schulen in seinem Bezirk ein und sprach sich in theoretischen Texten gegen die traditionellen pädagogischen Entwürfe aus. Nach zwei Jahren wandte er sich erneut seinem begonnenen Roman zu. Immer wieder veranlassten ihn Zweifel an seinem neuen Werk, es mehrmals umzuschreiben und die Arbeit zu unterbrechen. Im Jahre 1875 erschien Anna Karenina in Fortsetzungen in der Zeitschrift Der russische Bote. Auch für die Buchausgabe im Jahr 1878 nahm Tolstoi noch einmal eine Überarbeitung des Romans vor. Das Werk war schon zum Zeitpunkt seines Erscheinens ein bedeutendes literarisches Ereignis. In Fjodor Dostojewskijs (1821–1881) Tagebuch eines Schriftstellers kann man eine begeisterte Würdigung des Romans lesen, als ein Kunstwerk, »dem die europäischen Literaturen der Gegenwart nichts Gleichwertiges gegenüberstellen können«. Anna Karenina wurde oftmals verfilmt. Die ersten beiden Verfilmungen entstanden 1910 und 1914 in Russland, bis 1920 folgten weitere in den USA, Italien, Deutschland und Ungarn. In Edmund Gouldings Stummfilm Love (USA 1927) spielte Greta Garbo die Rolle der Anna Karenina, und sie übernahm diese ein zweites Mal 1935 unter der Regie von Clarence Brown. Jedes Jahrzehnt des 20. Jahrhunderts brachte mindestens eine neue Anna Karenina-Verfilmung hervor. In jüngster Zeit verfilmte Bernard Rose den Roman (USA 1996). Auch musikalisch wurde der Stoff bearbeitet. Der ungarische Violinvirtuose und Komponist Jenö Hubay (1858–1937) schrieb eine Oper; der russische Komponist und Pianist Rodion Schtschedrin (geboren 1932) komponierte ein Ballett – die Uraufführung fand 1972 in Moskau statt. Von dem Ballett gibt es eine Film-Adaption aus dem Jahre 1974 mit Maja Plisetskaja als Anna Karenina und Alexander Godunow in der Rolle des Wronskij.

 EMPFEHLUNGEN

Lesenswert:
Leo N. Tolstoi: Anna Karenina, München 1998.

Hörenswert:
Anna Karenina. Hörspiel nach dem Roman von Leo Tolstoi. Regie: Gert Westphal. Gesprochen von Herta Zietemann, Heinz Klingenberg, Anne Bruck, Wolfgang Engels. Originalaufnahme Radio Bremen 1951, Litraton 1999. 2 Audio-CDs.

Rodion Schtschedrin: Anna Karenina. Ballettmusik. Orchester des Bolschoi Theaters/Simonow. 1994. 2 Audio-CDs.

Sehenswert:
Anna Karenina. Regie: Clarence Brown; mit Greta Garbo, Fredric March, Maureen O'Sullivan, Freddie Bartholomew, USA 1935.

Anna Karenina. Regie: Alexander Sarchi; mit Tatjana Samoilowa, Nikolai Grizenko, Wassili Lanowoi, Juri Jakowlow, Boris Goldajew. Musik: Rodion Schtschedrin. UdSSR 1967.

Anna Karenina. Regie: Simon Langton; mit Jacqueline Bisset, Paul Scofield, Christopher Reeve, USA 1985.

 AUF DEN PUNKT GEBRACHT

Die liebenswürdigste Frau der Literaturgeschichte – und dennoch wird sie vom Schicksal grausam behandelt.

Paula Modersohn-Becker

»Ich komme mir oft vor wie ein Hohlzylinder, in welchem der Dampfkolben mit rasender Schnelligkeit auf und ab geht.«
So spricht die zwanzigjährige Paula Becker. Vier Jahre später in Paris: »Ich gehe durch diese große Stadt, ich blicke in tausend Augen. Ganz selten finde ich da eine Seele. Man winkt sich mit den Augen, grüßt sich, und ein jeder geht wieder seinen einsamen Weg …«
Das hört man nicht oft, dass ein junger Mensch in der Stadt der Liebe so empfindet. Paula Becker ist hin- und hergerissen zwischen tiefer Schwermut, die auf ihre Umgebung manchmal befremdlich wirkt, und unbändiger Lebensfreude. Die Traurigkeit hat sie vom Vater Karl Woldemar, dem sie besonders nahe steht. Und wie er verlangt sie viel von sich und anderen. Sie ist scheu und kann sehr einsilbig sein, aber wenn sie sich wohlfühlt, sprüht sie vor Humor. Ihre Mutter ist eher eine optimistische Natur: In einer Adelsfamilie aufgewachsen, betrachtet sie das Leben von der heiteren Seite. Paula spricht mit ihr wie mit einer Freundin. Mit ihren Eltern, besonders dem Vater, bleibt sie lebenslang in Briefkontakt. Der vertrauliche Ton und das Gespräch von Gleich zu Gleich waren damals für Eltern und Kinder nicht selbstverständlich. In der behaglichen Atmosphäre des Beckerschen Hauses spielen Musik, Dichtung und Malerei eine wichtige Rolle. Goethe, nicht Gott, ist die Leitfigur. Die Bibel aber gilt als wichtiges Buch, und die Sonntagsruhe wird – weil man um die wohltuende Wirkung weiß – eingehalten. Doch damit ist der Konvention auch schon Genüge getan.
Paula wird 1876 im noch jungen Kaiserreich in Dresden geboren. Sie hat fünf Ge-

■ Paula Modersohn-Becker
»Porträt in Landschaft«,
um 1900 in Worpswede

■ »Sommerabend«. Gemälde von Heinrich Vogeler, 1905. v.l.n.r. Paula Becker, Agnes Wulff, Otto Modersohn, Clara Westhoff, Martha Vogeler, ihr Bruder Martin Schröder, Franz Vogeler und Heinrich Vogeler selbst vor dem Barkenhoff in Worpswede.

schwister, mit denen sie sich gut versteht – die Familienbande werden ihr ein Leben lang wichtig sein. Zwölf Jahre ist sie alt, als die Familie nach Bremen übersiedelt, der Ingenieur Becker wird Baurat bei der Eisenbahn. Wegen Krankheit muss er sich frühpensionieren lassen – er stirbt bald nach Paulas Hochzeit. Mathilde Becker führt auch in der Hansestadt ein offenes Haus und gibt mit Begeisterung Feste, zu denen auch die Kinder stets einen Beitrag leisten müssen. Durch diesen Umgang entwickelt die kleine Paula ein ausgeprägtes Selbstbewusstein. Ihr sicheres Auftreten sollte ihr als Frau und Künstlerin später noch manche Probleme bereiten. Die Umwelt reagierte unbeholfen bis ablehnend auf selbstbewusste Frauen, die die Kunst in den Mittelpunkt ihres Lebens stellten – nicht etwa die Familie oder wenigstens die Liebe.

Als Siebzehnjährige geht Paula für ein Jahr zu einer Tante nach England, wo sie auch ersten Zeichenunterricht erhält. Es kommt zum Zerwürfnis, weil von ihr Unterordnung erwartet wird. »Mein Stolz ist mein Bestes! Nun kann ich aber Demütigungen nicht ertragen ...«

Wieder zu Hause, muss Paula auf Wunsch des Vaters eine zweijährige Lehrerinnenausbildung absolvieren – für den Brotberuf, denn parallel dazu ermöglicht er ihr auch Malunterricht, den

■ »Selbstbildnis am 6. Hochzeitstag« Paula Modersohn-Becker, 1906.

sie »prachtvoll« findet. Einen ungeliebten Kochkurs muss sie außerdem besuchen, denn sie soll ja später ihrem Mann eine vollwertige Ehefrau sein. Nach bestandenem Lehrerinnenexamen wirft ihr der Vater, als sie nicht gleich an die Schule will, Trägheit vor – auch aus Sorge, denn das Geld ist knapp. Sie möchte sich aber erst einmal in der Welt umschauen und ausprobieren – immerhin ist sie erst zwanzig. Als sie nach Berlin darf, um in der Malschule des »Vereins der Berliner Künstlerinnen« zwei Jahre zu lernen, stellt sich bei ihr »glühendes Interesse und Verlangen« ein. Frauen werden noch nicht mit Männern zusammen ausgebildet. Deshalb gründet man für sie eigene Institute. Die Lehrer sind hauptsächlich Männer. Und männliche Akte sind nur in Badehose zu haben. Für Paula wird es eine arbeitsreiche Zeit – acht Stunden täglich malt sie in der Schule. Abwechslungen bieten die Ausflüge – auch nach Worpswede. Ein Jahr zuvor war sie bereits dort gewesen; die Künstlerkolonie war schon bekannt, doch Paula beeindrucken deren Bilder nicht besonders. Doch die Landschaft – das flache, moorige Land mit den schwarzen Kanälen und seiner dörflichen Einsamkeit – packt sie so, dass sie kurzerhand dorthin zieht. Es ist aber auch das Selbstverständnis der Malergemeinde, das ihrem Wesen entgegenkommt. Die Künstler, die sich bewusst aus den Großstäd-

> »Begabt in der Kunst ist Paula sehr, ich bin erstaunt über ihre Fortschritte. Wenn sich damit doch mehr menschliche Tugenden verbänden! Das muss das schwerste für ein Frauenzimmer sein: geistig hoch, intelligent, und doch ganz Weib. Diese modernen Frauenzimmer können nicht wirklich lieben. Sie stolpern über ihre eigenen Beine. Mit all ihrer Intelligenz kommen sie immer weiter vom Ziele ab.«
>
> OTTO MODERSOHN, 1902

■ Paula Modersohn-Becker mit ihrem Mann Otto Modersohn im Jahre 1905.

■ »Selbstbildnis mit Blume in rechter Hand«. Paula Modersohn-Becker 1906/07.

ten und Akademien zurückgezogen haben, wollen nicht aggressiv provozieren oder sich aus der bürgerlichen Gesellschaft verabschieden. Sie betreten einfach neues Land – sie bilden eine »Kolonie«. Während der Urbarmachung bleibt zunächst keine Zeit, sich um eine neue Ordnung zu kümmern; man lernt und experimentiert, und erst allmählich bilden sich neue Verhaltensweisen und Normen heraus. In diesem Spannungsfeld wird die Persönlichkeit Paula Beckers, aber auch ihre Rolle als Frau und Tochter wieder auf die Probe gestellt. Ihre Ambivalenz ist symptomatisch für das weibliche Freiheitsstreben zu jener Zeit. Sie zieht die dunklen Farben dem Leuchten und Flimmern vor, sie liebt das Leben in der Welt, aber auch die Abgeschiedenheit, sie ist gern anregender Mittelpunkt und dann wieder verschlossen und wählerisch. Die Künstlerkollegen, insbesondere Otto Modersohn und Clara Westhoff (die bald Rainer Maria Rilke heiratet, mit dem auch Paula eine Freundschaft verbindet), bewundern die Anmut ihrer Kleidung, ihrer Haltung und Bewegung. Dabei liebt sie das Schlichte. Die Einfachheit der Landschaft und der Menschen in Worpswede machen einen starken Eindruck auf sie. Und doch wird es ihr bald zu eng – sie macht sich auf nach Paris.
Dort ist sie berauscht und bedrückt zugleich, lernt viel und fleißig und entdeckt ihre Wesensverwandtheit mit Cézanne, der gerade bekannt wird. Als sie nach einem halben Jahr zurückkommt, verlobt sie sich heimlich mit dem zehn Jahre älteren

> »Dass ich für mich brause immer, immerzu, nur manchmal ausruhend, um wieder dem Ziele nachzubrausen, das bitte ich dich zu bedenken, wenn ich manchmal liebearm erscheine. Es ist ein Konzentrieren meiner Kräfte auf das eine. Ich weiß nicht, ob man das noch Egoismus nennen darf. Jedenfalls ist es der adeligste.«
> PAULA MODERSOHN-BECKER
> an ihre Mutter

Otto Modersohn; seine Frau war erst wenige Monate zuvor gestorben. Von nun an signiert sie mit P.M.B. Ihr Verlobter wird ihr ein liebevoller Ehemann sein, der ihr die Freiheit gibt, die sie braucht, und doch ist Paula in ihrer Ehe nicht glücklich, fühlt sich eingeengt. Ein zu großer Teil ihrer Energie fließt in die Familie – Modersohn bringt eine Tochter in die Ehe mit – und den Haushalt. Trotz aller Disziplin kommt die Malerei zu kurz. Paula flüchtet für einige Wochen nach Paris und nimmt wieder Unterricht, obwohl sie künstlerisch schon eine Menge zu bieten hat. Aber noch ist sie nicht entdeckt worden; die Kritiker lehnen ihre Bilder als hässlich und düster ab, und sie verkauft fast nichts. Unter den Nationalsozialisten wird sie im Übrigen später als »entartete Künstlerin« diffamiert, und ihre Werke verschwinden aus den deutschen Museen.

In den nächsten Jahren wird sie noch mehrmals die französische Metropole besuchen. »Brausend« schafft sie viele ihrer schönsten Bilder. »Ich fange jetzt ein neues Leben an. Stört mich nicht, laßt mich gewähren. Es ist so wunderschön. Die letzte Woche habe ich gelebt wie im Rausche. Ich glaube, ich habe etwas vollbracht, was gut ist.« Otto Modersohn schickt ihr, was sie zum Leben braucht. Manchmal steht sie nachts auf, um ihre Bilder zu betrachten, und malt in der Frühe weiter. Sie ist rastlos und glücklich. Es ist, als fühle sie, dass ihre Lebenszeit knapp bemessen ist. Bei einem Besuch Ottos in Paris wird sie schwanger. Mutterschaft »und der Tod, das ist meine Religion, weil ich sie nicht fassen kann«, schreibt sie an ihn. Nicht die Ehe, aber das Muttersein empfindet sie als eine Vollendung ihrer Persönlichkeit – auch ihre vielen Kinderportraits drücken dies aus. Mit 31 Jahren bringt sie ihre Tochter Mathilde zur Welt. Drei Wochen später, als sie das erste Mal nach der Niederkunft aufstehen darf, stirbt sie an einer Embolie. »Wie schade«, sind ihre letzten Worte.

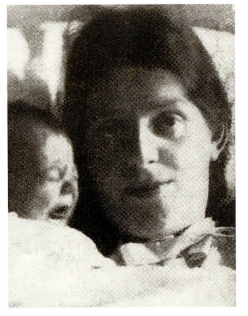

■ Paula Modersohn-Becker mit ihrer Tochter Mathilde.

PAULA MODERSOHN-BECKER

 LEBEN UND WERK

Paula Modersohn-Becker wurde am 8. Februar 1876 als drittes von sechs Geschwistern in Dresden geboren. Als sie zwölf Jahre alt war, zog die Familie nach Bremen. Mit sechzehn reiste Paula für ein halbes Jahr zu Verwandten nach England und erhielt in London ihren ersten Zeichenunterricht. Nach ihrer Rückkehr absolvierte sie eine zweijährige Lehrerinnenausbildung, daneben hatte sie Unterricht bei dem Maler Bernhard Wiegandt. 1896 ging sie nach Berlin und belegte einen Kurs an der Zeichen- und Malschule des Vereins der Berliner Künstlerinnen. Aus den geplanten sechs Wochen Kunststudium wurden zwei Jahre. Im Sommer 1897 besuchte sie erstmals die Künstlerkolonie in Worpswede. In das rund fünfundzwanzig Kilometer nordöstlich von Bremen gelegene Dorf am Rand eines großen Moorgebiets hatten sich seit 1889 Künstler zurückgezogen, darunter Fritz Mackensen, Otto Modersohn und Heinrich Vogeler. Im Anschluss an ihre Ausbildung in Berlin fuhr Paula Becker erneut nach Worpswede, diesmal, um dort zu bleiben. Sie nahm Malunterricht bei Fritz Mackensen und war eng befreundet mit der Bildhauerin Clara Westhoff, die bald Rainer Maria Rilke heiratete, aber nur wenige Jahre mit ihm zusammenlebte. Nachdem ihre anfängliche Begeisterung über ihr Leben und Arbeiten in Worpswede nachgelassen hatte und sie auf der Suche nach neuen Anregungen war, erfüllte sich Paula Becker im Jahr 1900 mit einer Reise nach Paris einen lang gehegten Wunsch. Sie belegte Kurse an der Akademie Cola Rossi und an der Ecole des Beaux Arts. Eine wichtige Entdeckung waren für sie die Bilder Paul Cézannes. Zurück in Worpswede, verlobte sie sich mit Otto Modersohn und heiratete ihn im Jahr darauf. Ihrem ersten Aufenthalt in Paris folgten regelmäßige längere Besuche in der europäischen Kunstmetropole. Innerhalb weniger Jahre fand sie zu ihrem Stil. Sie malte in dieser Zeit vor allem Menschenbilder, darunter viele Selbstporträts, und Stilleben. Als sie 1906 erneut nach Paris aufbrach, war sie entschlossen, die ihr zu eng gewordene Worpsweder Idylle ganz hinter sich zu lassen und ein neues Leben zu beginnen – anderthalb Jahre später kehrte sie jedoch zurück. Kurz nach der Geburt ihrer Tochter starb Paula Modersohn-Becker am 20. November 1907 an einer Embolie. In den Jahren nach 1900 waren von ihrer Hand über sechshundert Studien und Gemälde und mehr als tausend Zeichnungen entstanden. Zu ihren Lebzeiten wurden jedoch nur auf zwei Ausstellungen Bilder von ihr gezeigt. Bei der zeitgenössischen Kritik stieß ihre Kunst auf Unverständnis, im Dritten Reich wurde sie als »entartet« verfemt. Heute zählt sie zu den bedeutendsten Malern der Jahrhundertwende.

 EMPFEHLUNGEN

Lesenswert:
Liselotte von Reinken: *Paula Modersohn-Becker. Mit Selbstzeugnissen und Bilddokumenten*, Reinbek 1998.

Margret Steenfatt: *Ich, Paula. Die Lebensgeschichte der Paula Modersohn-Becker*, Weinheim 2000.

Günter Busch: *Paula Modersohn-Becker. Malerin – Zeichnerin. Bildband*, Frankfurt/Main 1981.

Marina Bohlmann-Modersohn: *Paula und Otto Modersohn*, Berlin 1999.

Sigrid Weltge-Wortmann: *Die ersten Maler in Worpswede. Eine Biographie des Künstlerdorfes und der Maler Fritz Mackensen, Otto Modersohn, Fritz Overbeck, Hans am Ende, Heinrich Vogeler und Paula Modersohn-Becker*, Worpswede 1987.

Hörenswert:
Ich, Paula Modersohn-Becker. Regie: Christiane Helle; mit Imogen Kogge, Udo Samel, Gerd Wameling. Der Audio Verlag 2000. Audio-CD.

Besuchenswert:
Das Künstlerdorf Worpswede bei Bremen.

 AUF DEN PUNKT GEBRACHT

Sie malte in Erdtönen – erst die Nachwelt entdeckte das Leben in ihren Bildern.

Virginia Woolf

> »Ich zweifle nicht daran, dass ich herausgefunden habe, wie ich es anfangen kann, etwas mit meiner eigenen Stimme zu sagen; und das interessiert mich so sehr, dass ich fühle, ich kann ohne Lob weitermachen.«
> VIRGINIA WOOLF, *Tagebuch*, Band II

■ Undatiertes Photo der jungen Virginia Woolf.

Es gibt noch mehr im Leben – das spürte sie –, als wir bewusst wahrnehmen und einander mitteilen. Hinter und zwischen den Zeilen des Alltags, wie er uns erscheint, wenn wir ihn abends beim Ausziehen unserer Strümpfe rekapitulieren, erstreckt sich ein Gespinst von Eindrücken, Vorstellungen, Wünschen und Reminiszenzen, von Ängsten und Assoziationen, in dem unser Seelenleben genauso verhaftet ist wie in unseren klaren Gedanken und zielstrebig verfolgten Absichten. Ich will versuchen, sagte sie sich, in das »Gespinst« hineinzustoßen und meine Romanfiguren von den spontanen Reaktionen ihres Gefühlslebens und ihrer Phantasie her beschreiben und lebendig werden lassen.

Das war das poetologische Programm der Schriftstellerin Virginia Woolf, und sie hat es in die Tat umgesetzt. Damit geriet sie in enge Nachbarschaft zu zwei anderen großen Romanciers ihrer Zeit: Marcel Proust und James Joyce. Auch diese Schriftsteller haben ihre (fiktiven oder teilautobiographischen) Figuren streng subjektiv, von »innen« her ins literarische Leben befördert, und auch sie wurden nicht auf Anhieb verstanden. Zu stark waren die Gewohnheiten des Lesepublikums auf den »auktorialen Erzähler« fixiert, der von oben auf das Gewimmel des von ihm selbst ersonnenen Romanpersonals herunterblickt und alles vorher weiß.

■ Virginia Woolf mit Lytton Strachery im Garten von Ottoline Morrell Haus in Garsington.

Virginia, 1882 in London geboren, wuchs in einer Intellektuellenfamilie auf, die ihr früh vielfältige Anregungen vermittelte. Der Vater Leslie Stephen, ebenfalls Schriftsteller, erzog seine Kinder liberal. Im Hause Stephen verkehrten Literaten, Kritiker und Dichter, aber auch Maler und Politiker. Es war immer viel los, und die Töchter – Virginia und ihre ältere Schwester Vanessa – durften und sollten dabei sein. Allerdings haben beide Mädchen – anders als ihre Brüder – keine schulische und auch keine universitäre Ausbildung erhalten. Derlei galt als überflüssig, da Mädchen für die Ehe erzogen wurden. So unterrichtete man sie zu Hause; dass in der Stephen-Familie jede Art Wissensdurst nach Möglichkeit gestillt und selbst Latein gelehrt wurde, war für Virginia ein Glück.

Dennoch hielt sie sich lange für wenig klug und kenntnislos. In Debatten saß Virginia, niedergedrückt von ihren Minderwertig-

■ Diese Aufnahme von Virginia Woolf machte Man Ray als sie etwa 45 Jahre alt war.

keitskomplexen, stets nur stumm dabei. Das blieb lange so, auch als die Stephen-Kinder nach dem Tod ihrer Eltern einen eigenen Salon eröffnet hatten, der als »Bloomsbury group« in die Geschichte eingegangen ist. Teilnehmer dieses Diskussionzirkels waren unter anderem Giles Lytton Strachey, Leonard Woolf und John Maynard Keynes.

In der »Bloomsbury group«, wo Virginia, anders als im Salon ihres Vaters, nicht mehr für die Versorgung der Gäste zuständig war und durch diese Servicepflichten am Mitdenken gehindert wurde, lernte sie jedoch rasch und überwand ihre Scheu.

Allerdings blieb ihr Selbstwertgefühl ein Leben lang schwankend und verletzlich – kein Wunder, wenn man bedenkt, dass sie nicht nur hypersensibel war, sondern auch unter einer Krankheit litt, die man heute wohl als Schizophrenie bezeichnen würde. Das Leiden verlief in Schüben. Es kündigte sich durch Unruhe, Schlaflosigkeit und Kopfschmerzen an; Virginia verlor alle Freude am Leben, aß nicht mehr, jammerte, quälte sich und andere und versuchte, sich umzubringen. Zwischen den Schüben war sie eine energische, fröhliche, unternehmungslustige Person, witzig und phantasievoll, eine bewunderte Gastgeberin. Ihre Erscheinung nahm für sie ein: sie war groß und schlank, in einem schmalen Gesicht leuchteten riesige runde Augen. Sie muss viel Charme besessen haben und hat manche Zeitgenossen in ihren Bann gezogen. Aber ihre Schüchternheit und ihr starkes Bedürfnis, allein zu sein, machten den Umgang mit ihr auch schwierig.

Das typisch Englische an ihr wird komplettiert durch ihre Abneigung gegen jegliche Körperlichkeit: No sex, we are British – das könnte für sie ein Motto gewesen sein. Aber sie so zu charakterisieren hieße sie zu karikieren, denn ihre Aversion richtete sich nur gegen das männliche Geschlecht – ausgelöst vielleicht durch die Übergriffe ihres wesentlich älteren Stiefbruders, der die 15-Jährige zu Zärtlichkeiten drängte, von denen man nicht genau weiß, wie weit sie gingen – von denen aber (laut Virginias Tagebuch) sicher ist, dass sie das Mädchen tief traumatisierten. In den Armen ihrer Freundin Vita Sackville-West lernte Virginia später die Lust kennen und ihren Körper mögen. Zur Ehe verhielt Virginia sich ambivalent. Einerseits wollte sie, seit sie in der »Bloomsbury group« das nötige Selbstbewusstsein erworben hatte, als Schriftstellerin unabhängig sein. Andererseits hätte sie gerne eine Familie gehabt und erschrak regelrecht, als sie sich mit neunundzwanzig als spätes Mädchen wiederfand. Dennoch war der Ehebund mit »Bloomsbury«-Gast Leonard Woolf kein Akt der Torschlusspanik. Die beiden passten zusammen – und sie verstanden sich vorzüglich. Leonard, ein Sozialist und Schriftsteller, verzichtet auf eine Karriere im Kolonialdienst, um Virginia zu heiraten. Die beiden ziehen in ein großes Haus und eröffnen einen Verlag, Hogarth Press, in dem sie Katherine Mansfield, Vita Sackville-West, T. S. Eliot – und natürlich Virginia Woolf herausbringen. Der Kleinverlag wird – entgegen der Warnungen besorgter Auguren – ein Erfolg, sogar im ökonomischen Sinne.

■ Virginias Ehemann Leonard Woolf in Monks House

Erfolgreich werden auch Virginias Bücher. Gleich ihr Erstling, *Voyage Out* (1915), wird gut aufgenommen. Auch die folgenden Werke, darunter der experimentelle Roman *Jacob's Room*, stoßen auf Interesse und verkaufen sich teilweise nicht schlecht. Aber die große Bedeutung der Woolfschen Erzählweise dringt erst nach und nach ins Bewusstsein der Leserschaft. Diese neue Erzählweise des inneren Monologs haben auch die Woolfs nicht immer gleich zu schätzen gewusst – wenn sie von jemand anders kam. James Joyce etwa wurde von Hogarth Press abgelehnt.

■ Virginia Woolf, undatierte Aufnahme.

Auf unheilvolle Weise waren Virginias depressive Schübe mit ihren kreativen Rauschzuständen verwoben – wenn die Inspiration kam und die Schriftstellerin wie besessen arbeitete, fühlte sie sich vollkommen glücklich. Kaum aber rundete sich das Werk und ging die Arbeit aufs Ende zu, nahten auch schon die Zweifel, ob das, was sie geschrieben hatte, gut war und Bestand haben würde; aus dem Glück wurde Verzweiflung, und der nächste schizoide Schub kündigte sich an.
In solchen Situationen war Leonard der Retter. Er sorgte dafür, dass sie nicht mehr in die psychiatrische Anstalt musste, wo sich ihr Zustand nur verschlimmerte. Er kümmerte sich um sie und richtete es so ein, dass sie während ihrer Genesungsphasen regelmäßig

■ Das berühmte Photo von Gisèle Freund zeigt Virginia Woolf wenige Jahre vor ihrem Tod.

arbeitete, um ihrem Alltag Stabilität zu verleihen.

Es gelang Leonard nicht, Virginia erotisch aufzutauen. Im Gegenteil, man darf vermuten, dass ein schwerer Krankheitsschub mit Selbstmordversuch bald nach der Eheschließung auch ein Resultat dieser Versuche war. Das Privileg, Virginia sexuell zu erregen, blieb Freundin Vita vorbehalten – zwischen beiden Frauen entwickelte sich eine langjährige, auch geistig und schriftstellerisch fruchtbare Beziehung, die Leonard bereitwillig tolerierte.

Zu Beginn des Zweiten Weltkrieges flüchteten die Woolfs aufs Land – immer in Angst vor deutschen Bomben oder gar einer deutschen Invasion: Leonard, der Jude war, hätte außer Landes gehen müssen. Zeitweilig hungerte das Paar, und bei einem Besuch in London stand Virginia erschüttert vor den Ruinen. Sie war nun eine anerkannte Schriftstellerin – aber mit ihrem Erfolg hatte sich auch ihre Krankheit verstärkt. Im März 1941 fühlt sie einen neuen Schub kommen und ertränkt sich in dem Fluss, der hinter ihrem Landhaus vorbeifliesst. Um auch gewiss unterzugehen, hatte sie sich dicke Steine in die Manteltaschen gestopft.

»Liebster, ich spüre genau, dass ich wieder wahnsinnig werde. Ich glaube, dass wir eine solche schreckliche Zeit nicht noch einmal durchmachen können. Und diesmal werde ich nicht wieder gesund werden. Ich höre Stimmen, und ich kann mich nicht konzentrieren. Darum tue ich, was mir in dieser Situation das Beste scheint. Du hast mir das größtmögliche Glück geschenkt. Du bist mir alles gewesen, was einem einer sein kann. Ich glaube nicht, dass zwei Menschen haben glücklicher sein können – bis die schreckliche Krankheit kam.«
VIRGINIA WOOLF, Abschiedsbrief an Leonard

VIRGINIA WOOLF

 ## LEBEN UND WERK

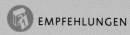 ## EMPFEHLUNGEN

Virginia Woolf wurde am 25. Januar 1882 in London als Tochter des Schriftstellers Sir Leslie Stephen und seiner Frau Julia Duckworth geboren. Sie wuchs mit sechs Geschwistern und Halbgeschwistern in der geistig anregenden Atmosphäre eines Hauses auf, in dem die großen Dichter und Denker des viktorianischen Zeitalters ein und aus gingen. Ihre Mutter starb, als sie dreizehn war. »Mit dem Tod meiner Mutter war das fröhliche, abwechslungsreiche Familienleben, das sie aufrechterhalten hatte, für immer zu Ende. Statt seiner senkte sich eine düstere Wolke auf uns herab.« Nach dem Tod des Vaters 1904 zog sie mit ihren Geschwistern in den Stadtteil Bloomsbury, wo ab 1905 die wöchentlichen Treffen der »Bloomsbury group« stattfanden, des legendären Freundeskreises aus Verlegern, Kritikern, Schriftstellern, Wissenschaftlern und Philosophen. Virginia Woolf schrieb ihre ersten Artikel für die Frauenbeilage des Guardian und unterrichtete unter anderem Geschichte am Morley College. 1912 heiratete sie den Literaturkritiker Leonard Woolf. Schwere Depressionen und psychische Zusammenbrüche veranlassten Virginia Woolfs Ärzte, sie wiederholt in eine Heilanstalt zu schicken, wodurch ihr Zustand sich eher noch verschlechterte. 1913 versuchte sie sich das Leben zu nehmen – bereits zum zweiten Mal. Ihr erster Roman *Die Fahrt hinaus* (*Voyage out*) erschien 1915; im selben Jahr begann sie, regelmäßig Tagebuch zu schreiben. Mit dem Kauf einer Druckpresse gründeten Virginia und Leonard Woolf 1917 den Verlag Hogarth Press, der neben zeitgenössischer englischer und amerikanischer Literatur und Übersetzungen aus dem Russischen unter anderem auch Werke Sigmund Freuds auf Englisch herausbrachte. Zu den wichtigsten Autoren des Verlags gehörte Virginia Woolf selbst; ab 1922, mit dem Roman *Jakobs Zimmer* (*Jacob's Room*), erschienen ihre Werke im eigenen Hause. Ihr nächster Roman *Mrs. Dalloway* gilt als ein Markstein der modernen Erzählkunst, in dem – vergleichbar mit James Joyces *Ulysses* und Marcel Prousts *Auf der Suche nach der verlorenen Zeit* – nicht die Handlung von Interesse ist, sondern das subjektive Erleben der Figuren, ihre Gedanken- und Gefühlsprozesse. Zu Virginia Woolfs beliebtesten Romanen zählen *Die Fahrt zum Leuchtturm* (*To the Lighthouse* 1927), dem sie ihre Familiengeschichte zugrunde legt, und *Die Wellen* (*The Waves* 1931). In *Orlando* (1928) erzählt sie – unter Verwendung vieler Details aus dem Leben ihrer Geliebten Vita Sackville-West – die Geschichte eines Phantasiegeschöpfs. Neben ihren insgesamt neun Romanen schrieb sie zahllose Geschichten, Skizzen, Essays und Rezensionen, Briefe und mehrere Bände Tagebücher. Virginia Woolf nahm sich am 28. März 1941 in der Ouse bei Lewes (Sussex) das Leben.

Lesenswert:
Virginia Woolf: *Mrs. Dalloway.* Roman, Frankfurt/Main 1999.
Zum Leuchtturm. Roman, Frankfurt/Main 1993.
Orlando. Eine Biographie. Roman, Frankfurt/Main 2000.
Die Wellen, Roman, Frankfurt/Main 1994.
Der gewöhnliche Leser I und II. Essays, Frankfurt/Main 1997.

Leonard Woolf: *Mein Leben mit Virginia Woolf. Erinnerungen,* Frankfurt/Main 1997.

Werner Waldmann: *Virginia Woolf. In Selbstzeugnissen und Bilddokumenten,* Reinbek 1994.

Hörenswert:
Edna O'Brian: *Virginia Woolf.* Gelesen von Tatja Seibt, Wolf-Dietrich Sprenger, Manfred Steffen u. a., Audio Verlag 2000. Audio-CD.

Virginia Woolf: *Ein Zimmer für sich allein.* Gelesen von Gisela Zoch-Westphal, Litraton 1995. 2 Audio-CDs.

Sehenswert:
Mrs. Dalloway. Regie: Marleen Gorris; mit Vanessa Redgrave, Natascha McElhone, Rupert Graves, Michael Kitchen, Alan Cox, Lena Headey, Sarah Badel, Amelia Bullmore, Robert Portal, John Standing, GB 1997.

 ## AUF DEN PUNKT GEBRACHT

So zart besaitet und gefährdet durch eine seelische Krankheit, wie sie war, hatte sie doch die Kraft, neue literarische Ausdrucksformen zu ersinnen.

Coco Chanel

Man muss sich das mal vorstellen: die Taille so eng geschnürt, dass Luftholen zum Problem wird; die Robe darüber ebenfalls streng auf Figur geschnitten, sodass Rippen und Magen noch einmal zusammengedrückt werden; das Dekolleté großzügig mit nicht gerade pflegeleichten Rüschen bestückt; die Röcke mehrlagig und auf dem Boden schleppend. Und die Hüte: mit Blumensträußen auf den breiten Krempen, Obst und Vogelfedern; mit langen dichten Nadeln in der Frisur verankert. So liefen die Frauen im Jahre 1883 herum – das heißt, sie liefen eigentlich nicht, sondern sie stöckelten in ihren Knopfstiefelchen, ängstlich darum bemüht, nirgends mit dem Hutrand anzustoßen, die eine Hand mit dem Raffen der Röcke beschäftigt, damit nicht allzu viel Straßenstaub mitgeschleift würde, die andere ein Beutelchen umklammernd, das Riechsalz enthielt …

Denn des eng geschnürten Korsetts wegen kam es öfters vor, dass eine Dame mitten auf der Straße in Ohnmacht fiel. Irgendjemand musste mit dieser entwürdigenden Zirkusvorstellung ein Ende machen. Dieser Jemand wurde 1883 geboren. Er war eine Frau und hieß Gabrielle Chasnel, besser bekannt als Coco Chanel.

■ Porträtaufnahme der 26-jährigen Modeschöpferin Coco Chanel im Jahre 1909.

»Was wusste ich schon von meinem Beruf? Nichts. War ich mir der Revolution, die ich anzetteln würde, bewusst? Auf keinen Fall. Eine Welt ging unter, eine andere sollte geboren werden. Ich war einfach da, bekam meine Chance und nahm sie wahr. Ich war so alt wie das Jahrhundert. Es wandte sich irgendwie an mich, was das Entwickeln eines neuen Kleidungsstils betraf. Gefragt waren Einfachheit, Bequemlichkeit und Klarheit. Ich habe all das schon immer bevorzugt – ohne Absicht. Die wahren Erfolge sind immer Zufälle.«

COCO CHANEL über ihre Karriere

Der Modeschöpferin Coco Chanel verdankt das 20. Jahrhundert eine weibliche Silhouette, die Zartheit mit Entschiedenheit, Grazie mit Kühle und Lieblichkeit mit Sportlichkeit paarte. Frauen waren in der »Belle Époque« zu Kleiderpuppen heruntergekommen, die komplizierte Toiletten, monströse Hüte und wertvolle Colliers herumzeigen mussten und damit, sofern sie zu den betuchten Schichten gehörten, auch weitgehend ausgefüllt waren. Der Erste Weltkrieg kehrte das Unterste zuoberst: materiell, sozial und ästhetisch. In dieser Stunde Null trat im Feld der Mode Coco Chanel auf und verhalf den Frauen in aller Welt zu einer neuen Würde: In ihren Kostümen mit den schmalen Röcken und losen Jacken konnte frau laufen, atmen, gut aussehen – und Karriere machen. Es war eine Kleidung zum Wohlfühlen und Aufsteigen: schlicht, lässig, eine Spur androgyn und doch feminin. Sie gestattete Beweglichkeit, forderte aber auch Distanz und Respekt. Sie war bequem und zugleich stilvoll-streng. In aller Welt verstanden die Frauen das Signal: Unser Körper ist uns zurückgegeben. Schluss mit Schnüren und Fischbein – wir wollen uns bewegen und vorwärtskommen, dabei allerdings doch Dame sein: Her mit dem Tweed-Kostüm, dem Jersey-Kostüm und den UnderstatementFarben Beige, Schwarz und Weiß.

■ Die Villa Coco Chanels.

Der Befreiungsschlag, den Chanel in der Mode für die Frauen führte, hält bis heute vor. Nie wieder hat man es gewagt, den weiblichen Körper so nachhaltig an der Bewegung zu hindern, wie vor ihrer Zeit. Was das Bauhaus für die Architektur leistete, vollbrachte Chanel für die Mode. *Form follows function*, und eine von Chanel angezogene Frau geht ihren Weg selbstbewusst und schlicht gewandet und ist dabei immer todchic.

Der Stil, den Chanel kreierte – das war sie selbst, war ihre eige-

■ Näherinnen bei der Arbeit im Nähsaal des Ateliers Chanel in Paris.

ne Persönlichkeit. Sie war das Kind armer Leute. Ihr Vater, ein fliegender Händler, steckte die 12-Jährige nach dem Tod der Mutter in ein Waisenhaus. Die kleine schwarzhaarige Gabrielle war dürr und schmal, zäh und aufsässig. Bravheit war nichts für sie – statt vom Nähen und Putzen wollte sie lieber vom Singen und Tanzen leben. Doch für eine Karriere als Showgirl reichte ihr Talent nicht aus; besser kam sie an, als sie sich die Haare kurz schnitt, in Männerhemden herumlief und für erste Kundinnen schlichte Hüte kreierte. 1913 eröffnet sie ein eigenes Modegeschäft in Deauville, 1915 einen Salon in Biarritz. Das Geld hat sie von ihrem Geliebten Arthur Capel, einem wohlhabenden englischen Geschäftsmann; sie wird ihm später jeden Franc zurückzahlen. Bald ist die Couturière und Selfmadefrau Chanel eine Kultfigur der Oberen Zehntausend – bewundert wegen der Strenge, Konsequenz und Anmut ihrer Mode, beliebt wegen ihrer gastgeberischen Großzügigkeit, gefürchtet wegen ihrer scharfen Zunge und galligen Bonmots. Als Unternehmerin lässt sie nie mit sich spaßen oder handeln. Bevor das Wort »knallhart« aufkommt, demonstriert sie, was es bedeutet: So wenig, wie sie im Ästhetischen je Kompromisse macht und stets die Perfektion anstrebt, kann sie als Geschäftsfrau nachgiebig sein. Ihre Konkurrenten macht sie (soweit möglich) fertig, ihre Partner zerrt sie vor Gericht, und ihre Arbeiterinnen beutet sie aus. Soziale Leistungen sind in ihren Augen gefährliche Gefühlsduselei.

Bevor Chanel 1921 ihr Pariser Unternehmen in der Rue Cambon 31 eröffnet, erleidet sie einen herben Schicksalsschlag: Arthur Capel kommt bei einem Autounfall ums Leben. Diesen Mann hat Coco, die ein reiches Liebesleben führte, allen anderen vorgezogen; er hat sie gefördert, »gemacht« und an sie geglaubt. Sie trauert lange um ihn. Dann flüchtet sie in die Arbeit. Ihre Erfolge lenken sie ab. Ihr erstes und bis heute berühmtestes Parfüm, die »N° 5«, wird 1922 auf den Markt gebracht. Der schlichte viereckige Flacon mit dem schwarz gerahmten Etikett, der nüchterne Name – ein Schlag ins Gesicht all der Erfinder so schwüler Bezeichnungen wie »Stern des Südens« oder »Rose des Serails« – ist typisch Chanel. Der Duft und die Marke machen sie reich.

In den 1930er und 1940er Jahren gehört Coco zur Künstlerszene um den Dichter Jean Cocteau, den Ballettmeister Sergej Diaghilew, den Maler Picasso und die Komponisten Honegger und Satie.

Cocos Privatleben wird von Gefährten und Liebhabern bestimmt, die ihr nicht immer gut tun. 1933 lebt sie mit Paul Iribe zusammen, einem Zeichner, Dekorateur und Werbemann mit Hollywood-Erfahrung, der ein rechts stehendes Periodikum namens *Le Témoin* (Der Zeuge) herausgibt. Coco steckt Geld in dieses Blatt, sein Geist ist auch der ihre – antisemitische Obertöne schrecken sie keineswegs. Dabei geht es mit der Marke Chanel weiter steil nach oben. Sie beschäftigt inzwischen fast 4000 Mitarbeiter und exportiert in alle Welt. Ihre Häuser, die sie sich nach und nach zugelegt hat, verkauft sie. Ihr Wohnsitz ist ab jetzt eine Suite im Ritz.

Als Paris im Zweiten Weltkrieg von den Deutschen besetzt wird, hat sie einen Nazi als Liebhaber. Sie ist schließlich so belastet, dass sie nach der Befreiung Frankreichs in die Schweiz flüchten muss. Es wird still um sie. Neue Modeschöpfer betreten die Szene: Cardin, Rabanne, Dior. Chanel sitzt weit vom Schuss und grollt. Sie kann den Newcomern das Feld nicht überlassen. Niemals! Obschon inzwischen eine alte Dame, ist sie kampflustig wie eh und je. Sie kehrt zurück nach Paris. Und das Unglaubliche geschieht: Coco schafft ihr Comeback. Auch die 1950er und 60er Jahre werden immer noch und wieder eine modische Chanel-Zeit sein. Coco kleidet

■ Coco Chanel im Jahre 1936.

An ihren Konkurrenten stört Coco Chanel alles, auch deren Homosexualität: »*Da alle Frauen den Schleim der Komplimente lieben und nur die Schwulen exzessiv schmeicheln können, sind Frauen ein gefundenes Fressen für sie. Dabei sind sie die Feinde der Frauen. Sie machen Mode für sie, weil sie einen perversen Spaß dabei empfinden, sie zu verkleiden. Wenn sie Frauen so wenig leiden können, sollen sie doch Männer anziehen.*«

Romy Schneider und Marlene Dietrich ein, ihre Linie wird für die eleganten Frauen in aller Welt verbindlich. Mademoiselle, wie sie sich nennen ließ, stirbt einsam, dem Morphium ergeben und hochbetagt in ihrem Bett im Ritz. Sie hat mehr erreicht, als eine Frau mit ihrer Herkunft und ihrem Hintergrund je zu träumen gewagt hätte. Sie war ästhetisch klug, geschäftlich hart, politisch blind und in ihrem Liebesleben vom Unglück verfolgt. Sie wurde steinreich und gab gerne. »Geld ist ein guter Diener«, soll sie gesagt haben, »und ein schlechter Meister«.

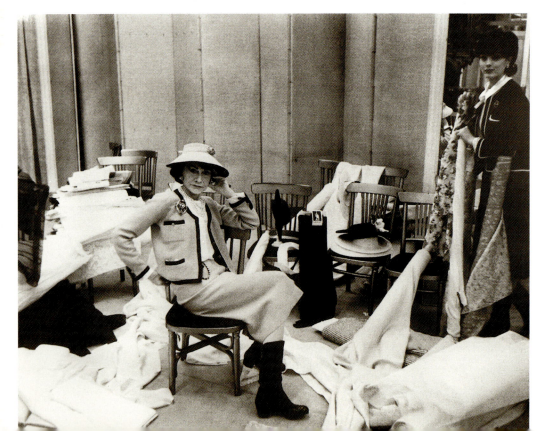

■ Coco Chanel nach ihrem Comeback in Paris 1957 bei der Auswahl von Stoffen für die neue Kollektion.

COCO CHANEL

 LEBEN UND WERK

Zeit ihres Lebens war sie bemüht, ihre Herkunft zu verschleiern, und erfand widersprüchliche Geschichten von ihrer Kindheit und Jugend. Coco Chanel, ihr eigentlicher Name war Gabrielle Chasnel, wurde am 19. August 1883 in Saumur an der Loire als Tochter eines Straßenhändlers geboren. Im Alter von zwölf Jahren, nach dem Tod ihrer Mutter, gab der Vater sie und ihre Schwester in ein Waisenhaus. Mit zwanzig nahm sie in der Garnisonsstadt Moulins in einem Geschäft für Aussteuer und Babywaren eine Stelle als Näherin und Verkäuferin an. Innerhalb kurzer Zeit war der Laden als Änderungsschneiderei unter den Offizieren des am Stadtrand stationierten Jägerregiments bekannt. Coco Chanel kündigte und wurde bald als Sängerin und Tänzerin zur Glanzfigur der Abendgesellschaften von Moulins. Einige Jahre richtete sie sich auf dem Landsitz eines Freundes in der Nähe von Paris ein und lebte als seine »Illegitime« ein luxuriöses Leben, bis sie den Engländer Arthur Capel kennen lernte, der sie nach Paris zog und sie ermutigte, ein eigenes Atelier zu eröffnen. Als die Schauspielerin Gabrielle Dorziat einen von Coco Chanel entworfenen Hut auf der Bühne trug, sprach sich der Name der Modeschöpferin herum – es war der Beginn von Coco Chanels Theaterarbeit. 1913 eröffnete sie von Arthur Capel unterstützt in dem Seebad Deauville eine Boutique, 1916 zeigte die amerikanische Modezeitschrift *Harper's Bazar* ihr erstes Modell, das reproduziert wurde, Chanels Hemdblusenkleid. Gleichzeitig beeinflusste sie die Mode durch ihren kurzen Haarschnitt. Coco Chanel war inzwischen eine bekannte Persönlichkeit. Anfang der 1920er Jahre kreierte sie ihr erstes, berühmtes Parfum mit dem schlichten Namen »Chanel N°5«, das nicht wie damals üblich in einem reich verzierten Flakon, sondern in einem glatten Kristallkubus angeboten wurde. Sie entwarf das »Kleine Schwarze« und Kostüme aus Jersey, führte dieses Material in die Haute Couture ein und erweiterte ihr Angebot durch Schmuck. Als ihre jahrelange Bindung an einen deutschen Baron und ihre konspirativen Beziehungen zu hochrangigen Nazis während des Zweiten Weltkriegs sie zunehmend unter Druck setzten, flüchtete sie 1944 in die Schweiz. Zehn Jahre später machte sie erneut mit ihrer Kollektion weltweit auf sich aufmerksam und schaffte es noch einmal, ihren Stil durchzusetzen. Coco Chanel starb am 10. Januar 1971 in Paris. Nach ihrem Tod übernahm das Designerteam Karl Lagerfeld die Führung des Hauses. Das Musical *Coco* von Alan Jay Lerner und André Previn, das 1969 in New York uraufgeführt wurde, beruht auf ihrer Lebensgeschichte.

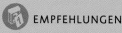 **EMPFEHLUNGEN**

Lesenswert:

Paul Morand/Coco Chanel: *Die Kunst, Chanel zu sein. Gespräche mit Coco Chanel*. Mit Illustrationen von Pablo Picasso, München 1998.

Katharina Zilkowski: *Coco Chanel. »Le style c'est moi«*, München 1998.

Edmonde Charles-Roux: *Coco Chanel. Ein Leben*, Frankfurt/Main 1997.

Chanel. Zahlreiche, meist farbige Abbildungen. Mit einem Text von François Baudot, München 1996.

 AUF DEN PUNKT GEBRACHT

Von ganz unten schaffte sie es nach ganz oben in der Modewelt: Das machte sie hart, auch gegen sich selbst.

Lise Meitner

»Wenn Professor Meitner sich mitten in einem wichtigen Experiment befindet, kann sie die Uhr vergessen. Sie lässt sich ein Stück Brot und ein paar Äpfel besorgen und hält dann oft bis in die frühen Morgenstunden durch. Sie isst nur wenig und neigt dabei der vegetarischen Kost zu. Sie trinkt gerne Kaffee und kümmert sich um die Blumen.« Das stand über sie in der Zeitung, als sie schon weltbekannt war. Der gängigen Vorstellung von einer Forscherin hat sie also entsprochen. Nur dass Frauen zu Beginn des 20. Jahrhunderts in der Forschung noch eine seltene Ausnahme waren.

Eine starke Neigung zu den Naturwissenschaften hat die 1878 in Wien geborene Lise Meitner sehr früh gespürt. Sie ist fasziniert von den schönen Farben, die auf einer Pfütze entstehen, wenn Öl darauf schwimmt. Aus ihrem naiven Erstaunen entwickelt sich ein Berufswunsch, den der Vater zwar finanziell unterstützt, aber von einer praktisch orientierten Bedingung abhängig macht: Zuerst soll sie eine Ausbildung in einem typischen Frauenberuf machen. Sie willigt ein und schließt eine Lehramtsausbildung für Französisch ab.

1901 beginnt sie endlich, Physik und Mathematik zu studieren. Von Anfang an fällt sie auf: Zunächst, weil sie als erste Frau eine Physikvorlesung besucht. Aber dann vor allem durch ihre Begabung. Im Frühjahr 1906 promoviert sie.

■ Die 80-jährige Lise Meitner am 3. November 1958 in Stockholm.

»Sie war immer bereit, etwas zu lernen und ihre Unkenntnis bei Dingen einzugestehen, die außerhalb ihres Bereichs lagen. In diesem Feld bewegte sie sich aber mit großer Sicherheit, überzeugt davon, dass der menschliche Geist mächtig genug ist, um die richtigen Schlüsse aus den Gesetzen der Natur zu ziehen. Wenn sie diese Überzeugung aber in die Irre lenkte, kam die Einsicht, dass etwas falsch war, wie ein Schock. Als ob die Natur unfair zu ihrer Arbeit war.«

OTTO ROBERT FISCHER

Hartnäckig hat sie die äußeren Widerstände überwunden und steht nunmehr vor der Entscheidung, in welchem Teilgebiet der Physik sie langfristig arbeiten will. Interessante Möglichkeiten gibt es zuhauf. Die Physik befindet sich im Umbruch; gerade hat der zuvor völlig unbekannte Einstein mit seiner These von der Relativität der Zeit für Furore gesorgt; und mit den immer genaueren Messinstrumenten stellen sich zahlreiche Fragen: Woraus bestehen die Dinge? Vielleicht aus Atomen? Und was sind Atome? Gibt es womöglich noch kleinere Teile?

Lise Meitner entscheidet sich für die Erforschung der Radioaktivität. Und als Ort kommt dafür ernsthaft nur die preußische Hauptstadt in Frage: Mit neunundzwanzig Jahren geht sie von Wien nach Berlin. In gelehrten Kreisen denkt man damals darüber nach, die Bildungsanstalten für Frauen zu öffnen. Das Beispiel Marie Curie bewies weiblichen Forscherinstinkt. Lise Meitner erhält – mit Sondergenehmigung – Zutritt zu den Kreisen um den hoch dekorierten Max Planck. Mehr noch: Als das Chemische Institut um eine Abteilung für radiochemische Forschungen erweitert wird, die Otto Hahn leiten soll, ist ihre Gelegenheit da. Hahn wählt sie zu seiner Kollegin; allerdings wird Lise Meitner, da der Institutsleiter Emil Fischer keine Frauen in den Institutsräumen duldet, in den Keller verbannt. Dort richtet sie ihr erstes Labor in der »Holzwerkstatt« ein – ein Name, den der Raum seiner eigentlichen Bestimmung verdankt und unter dem er berühmt werden sollte.

Mit der Verleihung des Nobelpreises an Ernest Rutherford für seine Erforschung des radioaktiven Zerfalls erfährt Lise Meitners Forschungsgebiet plötzlich eine Aufmerksamkeit, die es bis dahin nicht hatte. Ihre Arbeiten zur Radioaktivität werden ge-

■ Die Physikerin Lise Meitner im Jahre 1920 mit Otto Hahn.

lesen und auf Tagungen durchdiskutiert. Sie wird bekannt. Missverständnisse ergeben sich zwar: Rutherford etwa denkt, Lise sei ein Mann. In einem Bericht über einen ihrer Vorträge wird aus »kosmisch« »kosmetisch« gemacht. Aber bald wird sie zur Assistentin Max Plancks. Sie übernimmt Aufbau und Leitung des physikalischen Teils des neu gegründeten Kaiser-Wilhelm-Instituts für Chemie. Schließlich wird Einstein sie als »unsere Marie Curie« bezeichnen und sagen, sie wüsste auf ihrem Gebiet mehr als er auf seinem. Für die Naturforscherin ist dies insgesamt eine phantastische Zeit: »Die Radioaktivität und die Atomphysik machten unglaublich schnelle Fortschritte; nahezu jeden Monat gab es eine wunderbare, überraschende neue Entdeckung in einem der Laboratorien. Wenn unsere eigene Arbeit gutging, sangen wir zweistimmig, meistens Brahmslieder, wobei ich nur summen konnte, während Hahn eine sehr gute Singstimme hatte. Mit den jungen Kollegen am nahe gelegenen physikalischen Institut hatten wir menschlich und wissenschaftlich ein gutes Verhältnis. Sie kamen uns öfters besuchen, und es konnte passieren, dass sie durch das Fenster der Holzwerkstatt hereinstiegen, statt den üblichen Weg zu gehen. Kurz, wir waren jung, vergnügt und sorglos, vielleicht politisch zu sorglos.«

Vielleicht sind Forscher immer irgendwie weltfremd? Aber ihre Ergebnisse interessieren die Welt. Und als 1914 der Erste Weltkrieg beginnt, ist die Zeit der abgeschiedenen Forschung für immer vorbei. Noch hat Meitner eine akzeptable Rolle. Während Otto Hahn Gas als tödliche Waffe erprobt, wird sie als Frau und Spezialistin für Röntgenstrahlen gebraucht. Sie pflegt und behandelt hinter der Front die Verletzten.

Erst 1933 stößt sie mit anderen harten Realitäten zusammen. Hitler ist Reichskanzler geworden, und kurz darauf werden die Universitäten »gesäubert«: Ausgewiesene Regimegegner verschwinden; jüdische Forscher werden ohne Rücksicht auf Bedeutung und Verdienste entlassen. Nur ihre besondere Lage erlaubt Lise Meitner die gemeinsame weitere Arbeit mit Otto Hahn. Denn sie ist Jüdin. Aber sie hat auch eine österreichische

■ Lise Meitner 1927 – in diesem Jahr zieht sie von Wien nach Berlin.

■ Lise Meitner im Mai 1921 beim Radiumkongress Freiburg, Sachsen.

Staatsbürgerschaft, die sie vorläufig schützt. Zunächst glaubt sie sogar, hoffen zu dürfen. Hört Hitler kurz im Radio und schreibt an Hahn, er habe »sehr moderat geklungen, taktvoll und versöhnlich. Vielleicht entwickelt sich ja doch alles positiv, in Phasen des Übergangs gibt es immer mal wieder Fehler.« Dann wird der Professorin im September 1933 die Lehrerlaubnis entzogen. Doch statt zu flüchten, widmet sie sich mit Otto Hahn einem neuen Forschungsgebiet: der Erzeugung von Transuranen. Anders gesagt: Was passiert, wenn man Uran mit Neutronen beschießt? Ihre Arbeit geht langsam voran. Und was schwerer wiegt: Die gewohnten Modelle passen nicht zu den neu gewonnenen Daten. Immer neue Probleme türmen sich auf. Da kommt die Nachricht vom Einmarsch der Deutschen in Österreich am 12. März 1938. Meitner wartet noch einmal ab. Und als sie endlich ausreisen will, wird ihr die Erlaubnis verweigert. Fast 60-jährig muss sie Berlin heimlich verlassen und flieht über Holland nach Schweden.

In Stockholm vermisst sie vor allem eins: ihr Labor. Die Korrespondenz mit Otto Hahn muss genügen. In ihr ist von Resultaten die Rede, die es eigentlich nicht geben darf: Das mit Neutronen beschossene Uran hinterlässt seltsame Reste. »Vielleicht kannst Du irgendeine phantastische Erklärung vorschlagen«, fragt er an. Und sie findet sie schließlich. Zu Weihnachten 1938, auf einem Spaziergang mit ihrem Neffen. »Wir setzten uns auf einen Baumstamm. Dann begannen wir auf kleinen Zettel-

> »Der Jahrgang 1879 war für die Physik besonders prädestiniert. 1879 sind Einstein, Laue und Otto Hahn geboren. Und auch Lise Meitner muss man dazurechnen. Nur ist sie als vorwitziges kleines Mädchen schon im November 1878 zur Welt gekommen; sie hat ihre Zeit nicht abwarten können.«
> MAX PLANCK

■ Lise Meitner 1956 im Gespräch mit Fritz Strassmann (links) und Otto Hahn am Rande der Eröffnung des Max-Planck-Instituts in Mainz.

chen zu rechnen und fanden: Der Urankern glich einem wackelnden, instabilen Tropfen, der bei der geringsten Provokation, wie zum Beispiel beim Aufprall eines einzigen Neutrons, in zwei Teile zerfallen konnte.« Sie hatte die Kernspaltung entdeckt, indem sie die Daten, mit denen Otto Hahn als Chemiker nichts anfangen konnte, richtig interpretierte. Hatte sie nicht immer gesagt: »Hähnchen, sei still, von Physik verstehst du nichts!«? Und etwas anderes war ihr nicht entgangen: Bei der Spaltung entsteht in beträchtlichen Mengen Energie.

Die Nachricht wurde blitzschnell verbreitet und ihre Implikationen in zahllosen Labors sofort erfasst. Bald sollte sich zeigen, dass auch dieser Fortschritt eine Kehrseite hatte: Theoretisch war jetzt der Bau einer Atombombe möglich. In deren Entwicklung war Lise Meitner zwar nicht involviert. Aber sie hat das Projekt verteidigt und stand zu ihrer Verantwortung für das, was ihre Forschung ans Licht gebracht hatte. Schließlich war sie von Anfang an dabei gewesen. Oder, wie es der amerikanische Präsident Truman im Gespräch mit ihr einmal gesagt haben soll: »Sie sind also die kleine Dame, die uns diesen Mist eingebrockt hat.«

Den Nobelpreis für die Entdeckung der Kernspaltung 1944 erhielt Otto Hahn jedoch allein!

■ Am 11. Mai 1957 bekommt Lise Meitner die Ehrendoktorwürde der Freien Universität Berlin verliehen; rechts Dekan Scherhag und links Rektor Andreas Paulsen.

LISE MEITNER

 LEBEN UND WERK

Lise Meitner wurde am 7. November 1878 als Tochter eines Anwalts in Wien geboren. Nach ihrer Schulzeit ließ sie sich zur Französischlehrerein ausbilden und unterrichtete vorübergehend an einer Mädchenschule. Um Zugang zur Universität zu erhalten, bereitete sie sich privat auf die externe Matura an einem Jungengymnasium vor. Als sie 1902 ihr Studium in Physik, Mathematik und Philosophie begann, war sie eine der ersten Frauen, die überhaupt an der Universität von Wien zugelassen wurden. Sie hörte Vorlesungen bei dem Physiker Ludwig Boltzmann und promovierte 1906 als zweite Frau im Fach Physik mit einer Arbeit über die Wärmeleitung in inhomogenen Körpern. In den folgenden beiden Jahren arbeitete Lise Meitner weiter am Institut für theoretische Physik und widmete sich dem noch jungen Gebiet der Radioaktivität. 1907 ging sie nach Berlin, um die Vorlesungen von Max Planck zu hören und ihre Forschungen zur Radioaktivität fortzusetzen. Um praktisch arbeiten und experimentieren zu können, wandte sie sich an den achtundzwanzigjährigen Chemiker Otto Hahn, der am Institut für Chemie des Nobelpreisträgers Emil Fischer forschte. In einem kleinen Raum, der ursprünglich als Holzwerkstatt geplant war, führten sie ihre Strahlenmessungen durch. Es begann eine freundschaftliche Zusammenarbeit, die drei Jahrzehnte andauerte. 1912 bekam Lise Meitner eine Assistentenstelle bei Max Planck, im Jahr darauf wurde ihr an dem neu eröffneten Kaiser-Wilhelm-Institut für Chemie eine Stelle angeboten. Als dort 1918 eine Abteilung für physikalische Radioaktivität eingerichtet wurde, übernahm sie deren Leitung. Gemeinsam mit Otto Hahn entdeckte sie ein neues radioaktives Element, die Muttersubstanz des Actiniums, der sie den Namen Protactinium gaben. Ab 1922 war Lise Meitner Professorin für experimentelle Kernphysik an der Berliner Universität. 1933 entzogen ihr als Jüdin die Lehrbefugnis; fünf Jahre später floh sie nach Schweden. Mit Otto Hahn, der die mit ihr und Fritz Straßmann gemeinsam begonnenen Experimente in Berlin fortsetzte, stand sie in engem Briefkontakt. Die Forschungen führten, ein halbes Jahr, nachdem sie Deutschland verlassen musste, zur Entdeckung der Kernspaltung. Im Exil erarbeitete sie mit ihrem Neffen Otto Robert Frisch die physikalische Deutung der experimentellen Ergebnisse. Lise Meitner, die nach dem Krieg vielfach als Gastprofessorin auf Reisen war, erhielt zahlreiche Ehrungen – für die Entdeckung der Kernspaltung wurde jedoch nur Otto Hahn mit dem Chemie-Nobelpreis ausgezeichnet. Sie starb am 27. Oktober 1968 in Cambridge. 1994 wurde das 109. Element nach ihr Meitnerium genannt.

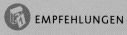 **EMPFEHLUNGEN**

Lesenswert:
Meitner an Otto Hahn. Briefe aus den Jahren 1912 bis 1924, Stuttgart 1992.

Charlotte Kerner: *Lise, Atomphysikerin. Die Lebensgeschichte der Lise Meitner,* Weinheim 1998.

Thomas Bührke: *Newtons Apfel. Sternstunden der Physik von Galilei bis Lise Meitner,* München 1997.

 AUF DEN PUNKT GEBRACHT

Sie musste vor Hitler fliehen und forschte im Exil weiter. Und stieß auf nichts Geringeres als die Kernspaltung.

Agatha Christie

Die 36-jährige Agatha Christie im Jahr 1926.

Wer kennt sie nicht, die beiden schrulligen Detektive Hercule Poirot und Miss Marple? In allen Ländern begeistern sich seit Jahrzehnten Leser jeglichen Alters für sie, und die Kriminalromane, in denen sie ihre Nachforschungen anstellen, haben eine vielhundertfache Millionenauflage erreicht. So populär jedoch deren Verfasserin ist, so unbekannt bleibt die Frau. Agatha Christie scheute Zeit ihres Lebens die Öffentlichkeit – nicht nur aus Bescheidenheit, auch aus Schüchternheit. Und weil sie wusste, dass sie nicht besonders talentiert darin war, sich im Scheinwerferlicht darzustellen. Christie war eine Perfektionstin, sie bewunderte jede Art von Könnerschaft und verachtete Pfusch.

> »Wenn man etwas nicht gut kann, ist es vernünftiger, es gar nicht erst zu versuchen, und ich sehe nicht ein, warum sich Schriftsteller in der Öffentlichkeit betätigen sollten – es gehört nicht zu ihrem Handwerk. Es gibt viele Berufe, für die persönliches Auftreten und public relations wichtig sind (…). Schriftsteller haben zu schreiben, nichts weiter. Es sind schüchterne und reservierte Geschöpfe – sie bedürfen der Ermutigung.«

Die erfolgreichste Autorin des 20. Jahrhunderts empfand sich selbst als Durchschnittsfrau. Sie entstammte zwar einem wohlhabenden Elternhaus, erhielt also eine gewisse Bildung und geistige Anregung, war jedoch zunächst ohne größeren Ehrgeiz und von offenbar schwachem Selbstvertrauen. Eigentlich wollte sie Opernsängerin werden, ihre Stimme war dafür aber anscheinend nicht kräftig genug. Ihre Mutter schlug daraufhin vor, es doch einmal mit Schreiben zu versuchen, was Agatha dann mit dem bekannten Erfolg tat. Es fiel ihr jedoch schwer, sich als professionelle Schriftstellerin zu begreifen. Ihr Beruf, das war für sie ihr Familienstand: Frau eines Mannes, Mutter einer Tochter, Vorsteherin eines Haushaltes. In ihrem Herzen blieb sie ein spätviktorianisches Mädchen – und doch griff manches, was sie dachte, und vieles, was sie tat, weit in die Zukunft vor. Agatha Christie-Mallowan wurde 1890 als Mary Clarissa Agatha Miller in Torquai, einem englischen Seebad, als Jüngste von drei Kindern geboren. In ihrer Kindheit spielen vor allem Frauen eine Rolle: die gutmütige ältliche Kinderfrau, die begabte große Schwester, die trotz ihrer Neigung zur Mystik heitere und energische Mutter, zwei beleibte Omas und Jane, die Köchin. Der Vater, ein Amerikaner, dem Christie ein »harmloses Gemüt« und eine große Liebenswürdigkeit bescheinigt, stirbt, als sie elf Jahre alt ist.

Die Welt der Frauen war das Haus – und das Haus blieb auch immer Agatha Christies Welt. Zu ihrer Zeit hatten Häuser einen Namen und gehörten wie Menschen zu einer Biographie, und Ashfield, das Haus ihrer Jugend, blieb lange der Dreh- und Angelpunkt von Agathas Welt. Damals wohnte man nicht in Häusern, um dieses und jenes zu tun, sondern man tat

■ Agatha Christie an der Schreibmaschine in ihrem Haus Greenway House in Devonshire im Januar 1953.

■ Szene aus *Der Wachsblumenstrauß*. Unvergessen Margaret Rutherford als Miss Marple und Stringer Davis als Mr. Stringer.

> »Ich schrieb Geschichten, wie andere junge Mädchen Kissenbezüge stickten oder von Meißner Porzellan Blumensträuße kopierten. Sollte jemand die Meinung äußern, ich würde schöpferischem Schrifttum zu geringen Wert beimessen, kann ich ihm nicht zustimmen. Schöpferische Kraft kann sich in vielerlei Form äußern: indem man stickt, leckere Speisen kocht, malt, zeichnet, meißelt oder schnitzt, komponiert – oder Bücher und Geschichten schreibt.«
>
> AGATHA CHRISTIE in ihrer Autobiographie

■ Undatierte Aufnahme. Im Jahr 2000 wurde Agatha Christie zur erfolgreichsten Schriftstellerin des 20. Jahrhunderts gewählt.

dieses und jenes, um in einem Haus zu leben. Auch die Schauplätze von Agathas Romanen sind Häuser: mit großen Speisezimmern, Bibliotheken, Wintergärten, Küchen, Kellern, Kammern, Erkern und Treppen. Und mit dem, was sie umgibt: Gärten, Parks, Pavillons, Seeufer, kleine verborgene Pfade vom Bootsschuppen zum Strand. Manchmal, wie etwa in dem Roman *Ruhe unsanft* (Sleeping murder) tritt ein Haus sogar als handelnde Person auf. Und so verwundert es auch nicht, dass Agatha Christie, als sie mit ihren Büchern genügend Geld verdiente, Häuser gesammelt hat.

Häuser waren damals jedoch nicht der Raum einer engen »Privatsphäre«, sondern Orte gesellschaftlichen Lebens, und sie boten ausreichend Inventar für spannende Kriminalromane: Liebe, Eifersucht, Intrige, Hochzeit, Geburt, Tod. Die Häuser lebten, anstatt wie heute nur zu funktionieren, und die Frauen regierten in ihnen, anstatt stereotype Dienstleistungen zu voll-

■ Auf einer Party am 14. April 1958 aus Anlass der 2239. Aufführung ihres Theaterstückes *Die Mausefalle*, das seit 1952 ununterbrochen im Londoner Ambassador Theater gegeben wird, überreichen die Schauspieler John Miles (links) und Richard Attenborough Agatha Christie eine Mausefalle inklusive Maus.

■ Die 67-jährige Agatha Christie mit der Schauspielerin Mary Law in einem Restaurant am 12. September 1957. Mary Law ist bereits die fünfte Protagonistin des Theaterstücks *Die Mausefalle*.

bringen. Natürlich galt das nur für die besitzenden Klassen; das aufregende Leben in den großen Häusern war nur durch die Ausbeutung eines großen Dienstbotenheeres möglich. Das weiß auch Christie, weshalb in ihren Büchern das Hauspersonal eine bedeutende Rolle spielt. Auch die Köchin, das Kindermädchen und nicht zuletzt der Gärtner können schließlich der Mörder gewesen sein ...

Als Agatha Christie ihren eigenen Hausstand gründet, an der Seite ihres Mannes Archie, den sie im Jahre 1914 heiratet, stört der Erste Weltkrieg gerade die viktorianische Behaglichkeit und zwingt vielen Großbürgern Einschränkungen ab. Archie Christie, ein Soldat und Flieger, tut sich schwer damit, im Zivilleben Fuß zu fassen. Das Paar lebt beengt. Agatha schreibt eher zum Spaß Detektivgeschichten – dass Bücher daraus werden und aus den Büchern eine Einkommensquelle, ist gar nicht unbedingt geplant. Aber es fügt sich glücklich, denn inzwischen ist Tochter Rosalind auf der Welt, und die Christies brauchen einen größeren finanziellen Spielraum.

Agatha ist glücklich. Sie hat einen Mann, den sie liebt, ein Kind – und nun kann sie auch noch aus einem Hobby einen Job machen ... Ihre Krimis kommen an. Die Leser verlangen nach mehr. Und Agatha setzt sich hin und schreibt. Mit Leidenschaft. Bald verdient sie mehr als ihr Mann. Und das Haus, das sie sich jetzt leisten kann, hat wieder einen viktorianischen Zuschnitt. Aber besonders schätzt die Häuslichkeit, wer sie gelegentlich hinter sich lassen kann. Und so geht auch Agatha Christie gerne auf Reisen. Als sich die Gelegenheit dazu bietet, begleitet sie Archie Christie auf eine Weltreise,

■ Agatha Christie mit 72 Jahren.

■ 1975 – Die 85-jährige Agatha Christie mit ihrem Ehemann Max Mallowan.

das Baby bleibt bei der Kinderfrau zurück. Auch die neben dem Tod ihrer Mutter (1926) einzige große Katastrophe in ihrem Leben, die Trennung von ihrem Mann, der sich in eine andere verliebt hat, überwindet sie durch eine Reise, indem sie allein in die Karibik und den Orient fährt. Nach Archies Auszug war sie im Übrigen elf Tage unauffindbar gewesen. Man hatte ihren Wagen leer in einem Straßengraben aufgefunden und eine polizeiliche Suchaktion gestartet, die nach eineinhalb Wochen eingestellt werden konnte: Agatha hatte sich in ihrem Schmerz über die gescheiterte Ehe einfach unter falschem Namen in einem Hotel einquartiert, wurde am Ende dann aber von Bediensteten erkannt.

Mit ihrem zweiten Ehemann, dem Archäologen Max Mallowan, geht sie immer wieder auf große Fahrt: nach Griechenland und Syrien, nach Russland und Irak. Auf diesen Reisen lebt sich die Schriftstellerin ganz unenglisch in fremde Welten ein, und sie erträgt in scheinbar völlig unweiblicher Gelassenheit größere Strapazen: Sandstürme, exotische Krankheiten, Notcamps im Freien, lange Fußmärsche. Agatha Christie hilft ihrem Mann bei seinen Ausgrabungen, so gut sie kann. Daneben schreibt sie an ihrer Autobiographie. 1952 wird in London ihr Theaterstück *Die Mausefalle* uraufgeführt, das seither täglich eine Vorstellung erlebt und ins *Guiness Buch der Rekorde* als »Stück, das am längsten ohne Unterbrechung gespielt wird« Eingang gefunden hat. Ort des Geschehens ist natürlich – ein Haus.

■ Marlene Dietrich und Charles Laughton in Billy Wilders Film *Zeugin der Anklage* nach einem Bühnenstück von Agatha Christie.

AGATHA CHRISTIE

 LEBEN UND WERK

In ihrer Autobiographie betont die am 15. September 1890 in Torquay an der Westküste Englands geborene Agatha Mary Clarissa Miller immer wieder ihre glückliche Kindheit. Sie liebte das Haus, in dem sie aufwuchs, über alles und machte inmitten der Dienstboten, die sie umgaben, ihre ersten sozialen Beobachtungen. Als Jugendliche lernte sie bei längeren Aufenthalten Paris und Kairo kennen und hegte die Hoffnung auf eine Karriere als Konzertpianistin oder Opernsängerin. Diesen Traum jedoch gab sie auf und begann, von ihrer Mutter angeregt, zu schreiben. 1912 traf sie auf einem Ball den Piloten Archibald Christie, den sie zwei Jahre später heiratete. Während des Ersten Weltkriegs arbeitete Agatha Christie als Krankenschwester und Apothekenhelferin beim freiwilligen Hilfskomitee in Torquay und lernte dabei verschiedene Gifte kennen – eine Kenntnis, die für viele ihrer Kriminalgeschichten nützlich war. 1918 zogen Agatha Christie und ihr Mann nach London um, und im Jahr darauf wurde ihre Tochter Rosalind geboren. Kurze Zeit später erschien Agatha Christies erster Roman *Das fehlende Glied in der Kette* (*The Mysterious Affair at Styles*). 1922 unternahm sie eine einjährige Weltreise, die sie nach Südafrika, Australien, Neuseeland, Kanada und in die USA führte. Zurück in England, schrieb sie weiter und wurde 1926 mit ihrem siebten Roman *Alibi* (*The Murder of Roger Ackroyd*) über Nacht berühmt. Dieser Roman zählt zusammen mit *Mord im Orientexpress* (*Murder on the Orient Express*, 1934) und *Zehn kleine Negerlein* (*Ten Little Niggers*, 1939) zu ihren Meisterwerken. Der Tod ihrer Mutter im selben Jahr und das Scheitern ihrer Ehe mit Archie bedeuten einen schweren Schock für sie, den sie vor allem durch Reisen zu überwinden sucht. 1930 erschien *Mord im Pfarrhaus* (*The Murder at the Vicarage*), der erste Roman mit Miss Marple, die durch Film und Fernsehen zum Inbegriff einer Detektivin wurde. Mit ihrer Figur untrennbar verbunden ist Margaret Rutherford (1892–1972), die die Rolle der Miss Marple in den vier Schwarzweissfilmen *16.50 Uhr ab Paddington* (*Murder, She Said*, 1961), *Der Wachsblumenstrauß* (*Murder at the Gallop*, 1963), *Vier Frauen und ein Mord* (*Murder Most Foul*, 1964), *Mörder ahoi!* (*Murder Ahoy!*, 1964) verkörperte. Agatha Christie heiratete 1930 noch ein zweites Mal und begleitete ihren Mann, den 15 Jahre jüngeren Archäologen Max Mallowan, auf seinen Orientreisen. In dieser Zeit begann sie auch ihre Autobiographie zu schreiben, die sie fünfzehn Jahre später in ihrem Haus in Wallingford bei Oxford beendete. Dort starb sie am 12. Januar 1976. Auch heute noch werden Agatha Christies Bücher jährlich millionenfach in aller Welt verkauft, die Verfilmungen ihrer Romane immer wieder im Fernsehen gezeigt, und ihr Theaterstück *Die Mausefalle* (*The Mousetrap*) ist in London seit Jahrzehnten eine zentrale Touristenattraktion.

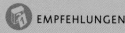 **EMPFEHLUNGEN**

Lesenswert:
Agatha Christie: *Meine gute alte Zeit. Autobiographie*, München 1995.
Zehn kleine Negerlein, München 1999.
Meistererzählungen, Zürich 1994.
Miss Marple. The Complete Short Stories. All 20 Miss Marple Short Stories in a Single Volume, London 1997.

Monika Gripenberg: *Agatha Christie*, Reinbek 1994.

Hörenswert:
Agatha Christie: *Murder at the Vicarage*. Englische Fassung. Regie: Enyd Williams. Gesprochen von June Whitfield, Francis Matthews, Der Hörverlag.

Sehenswert:
Zeugin der Anklage (*Witness for the Prosecution*). Regie: Billy Wilder; mit Charles Laughton, Tyrone Power, Marlene Dietrich, Elsa Lanchester, USA 1957.

16 Uhr 50 ab Paddington. Regie: George Pollock; mit Margaret Rutherford, GB 1962.

Mord im Orient-Express (*Murder on the Orient Express*). Regie: Sidney Lumet; mit Albert Finney, Lauren Bacall, Ingrid Bergman, Jacqueline Bisset, Sean Connery, Vanessa Redgrave, GB 1974.

 AUF DEN PUNKT GEBRACHT

Die Queen of Crime lebte ein unauffälliges Leben, hielt viel von der Familie und war eine ganz und gar bürgerliche Lady.

Dorothy Parker

Der Inbegriff einer neuen, kurzen, harten, sarkastischen Literatur Amerikas stand während der 1920er Jahre im New Yorker Hotel Algonquin und war ein Tisch. Hier versammelte sich, was damals in der Theaterwelt, in der Presse und auf dem Buchmarkt Rang und Namen hatte. Man traf sich, trank, aß, erzählte, diskutierte, klatschte, machte Witze und trank noch mehr. Dabei herrschte die Prohibition. Und kaum einer der begabten jungen Schriftsteller, Kritiker, Dichter und Schauspieler die allabendlich im »Gonk«, wie das Algonquin genannt wurde, zusammenkamen, hatte Geld. Aber egal. Die Münze, mit der gezahlt wurde, hieß Witz. Der Mehrwert, der für den Hotelier heraussprang, hieß Ruhm. Das reichte. Spät, sehr spät, oft erst am nächsten Morgen, wankten die »Roundtablers« nach Hause. Um am folgenden Abend mit einem Gedicht in der Tasche und einer neuen Eroberung an der Seite ins »Gonk« zurückzukehren. Unter den Roundtablern gab es nur eine einzige Frau, und sie war auch fast die Einzige, die bleibenden Ruhm erwarb: Dorothy Parker. Sie wurde 1893 als Dorothy Rothschild in der Nähe von New York geboren – leider gehörten ihre Eltern nicht zum betuchten Zweig der jüdischen Familie, aber wirklich arm waren sie auch nicht. Dorothy konnte ein gute Schule besuchen, ging jedoch vor der Zeit ab. Sie mochte sich nicht einfügen. Ihre Kindheit verlief unglücklich. Ein Grund lag im frühen Tod der Mutter, die der Vater durch eine völlig unpassende Stiefmutter ersetzt hatte. Einziger Trost waren eine Schwester, mit der sie sich gut verstand, und ihr Hund, den sie über alles liebte.

Als Miss Rothschild erwachsen war und ihren Platz in der Welt suchte, hatte sie nur eine einzige herausragende Fähigkeit: Sie konnte witzig sein. Es war kein Witz von der Sorte, der auf Parties die Leute in Laune und zum Prusten bringt – ganz im Gegenteil: Sie arbeitete mit bösen Pointen, giftigen Bonmots und galliger Schlagfertigkeit. Es war ihr egal, wie viel Porzellan sie dabei zerschlug und wie sehr sie andere verletzte. Sie war die »Lady of sarcastic sophistication«; am Runden Tisch des Algonquin stand sie für Salz und Pfeffer.

■ Jennifer Jason Leigh als Dorothy Parker in dem amerikanischen Film *Mrs. Parker und ihr lasterhafter Kreis* des Regisseurs Alan Rudolph 1994.

Aber konnte sie davon leben? Immer nur gerade eben so. Sie begann mit kleinen Gedichten und Geschichten, erhielt einen Job als Theaterkritikerin und bewies insbesondere in dieser Funktion Geschmack und Stilsicherheit. Leicht hatte sie es anfangs nicht. Aber nach einigen Jahren, als sich der typische Dorothy-Parker-Ton durchgesetzt und sie berühmt gemacht hatte, verkaufte sie ihre Gedichte, Kritiken, Kurzgeschichten und Betrachtungen an *Vogue*, *Life*, *Vanity Fair*, den *New Yorker* und *Cosmopolitan*. Auch Kurzgeschichten-Bände von ihr erschienen, sie schrieb ein Theaterstück (das durchfiel) und Drehbücher. Anfangs reichte das Geld nicht, weil sie nicht genug verkaufte, später, weil sie nicht genug schrieb. Sie war ein »Short-Distance-Writer« und gebunden an die kleine Form; Romanversuche scheiterten. Und sie arbeitete langsam, verzettelte sich und gab auf, zweifelte an der Bedeutung ihres Werks und war am Boden zerstört. Warum? Hatte sie eine Anlage zur Schwermut? Vielleicht. Der wichtigere Grund für ihren periodisch ausbrechenden Trübsinn und ihren Mangel an Disziplin war der Alkohol. Dorothy Parker war eine starke Trinkerin und ihr Leben lang abhängig.

Als sie 24 ist, hübsch, begabt und ehrgeizig, trifft sie ihren Traummann: Eddi Parker. Er ist Börsenmakler, lustig, freundlich, sexy. Die beiden heiraten, und Dorothy ist endlich ihren ungeliebten Nachnamen los. Kaum sind sie ein Ehepaar, reißt der Erste Weltkrieg sie auseinander. Eddi, der immer gern einen hob, wird in Europa morphiumsüchtig; er kommt schwer krank zurück. Dorothy hat bis jetzt überhaupt nicht getrunken; schon der Geruch von Alkohol hat sie abgestoßen. Jetzt aber wird sie Eddis Gefährtin an der Bar, der es vom Morphium zurück zum Whiskey schafft. Sie beginnt mit Cocktails und findet schnell zu den hochprozentigen Sachen. Eddi und sie verbindet bald vor allem die Sucht. Sie vernachlässigen ihr Heim, ihren Job, ihre Gesundheit, sie verwahrlosen. Sie streiten sich. Keiner von beiden hat die Kraft für einen Neuanfang. Schließlich geht Eddi.

■ Die 50-jährige Dorothy Parker im Jahr 1943.

■ Das legendäre New Yorker Hotel Algonquin.

Dorothy ist schon eine anerkannte Autorin; aber sie ist auch eine veritable Stadtneurotikerin, eine Säuferin und Schuldenmacherin, und sie kann nicht allein sein. Ihr Herz hinter dem Schutzschild aus zynischer Provokation hungert nach Liebe, Fürsorge, Anteilnahme. Sie verliebt sich bald wieder – in den wunderhübschen John Garrett, einen jungen Banker. Er sucht nur ein kurzes Vergnügen, sie den Mann fürs Leben. Er hat bald andere Mädchen; als sie schwanger wird, verlässt er sie. Sie treibt ab und schneidet sich die Pulsadern auf. Ja, sie wäre wohl untergegangen, die kleine New Yorker Dichterin mit der bösen Zunge, wäre da nicht der Runde Tisch im Algonquin gewesen und der Freundeskreis, der bei aller Oberflächlichkeit, die dort in den Beziehungen und den Gesprächen vorherrschte, doch niemanden verkommen ließ und auch Dorothy Halt bot.

Die Ära des Runden Tisches ging irgendwann zu Ende, wie auch Dorothys Phase einer wilden Promiskuität, in der sie noch zweimal versuchte, sich umzubringen, und einer Leberentzündung wegen ins Krankenhaus kam. Sie lernt vierzigjährig den viel jüngeren Autor und Schauspieler Alan Campbell kennen und heiratet ihn. Das Paar geht nach Kalifornien. Endlich hat Dorothy jemanden an ihrer Seite, der sie liebt und dafür sorgt, dass sie zwischen den Drinks etwas isst. Und mit den Drinks sparsamer umgeht. Doch sie verliert auch diesen Mann (er stirbt an einer versehentlichen Überdosis Schlafmittel) – allerdings erst nach langjähriger Gemeinsamkeit. Dorothy Parker ist viel gereist: nach Frankreich, in die Schweiz, nach Spanien. Auch als Reporterin hat sie gewirkt, so etwa im Spanischen Bürgerkrieg. Sie engagierte sich auf der Linken, demonstrierte für Sacco und Vanzetti und sammelte während der Hitlerdiktatur Geld für in die USA emigrierte Juden. Eine Parteigängerin der Kommunisten konnte sie nicht werden, dafür war sie im Herzen zu sehr Anarchistin. Aber sie bezog laut und mutig Stellung und verachtete diejenigen ihrer Freunde, die sich völlig im Ästhetischen verloren. Ihre Dichtung destillierte sie aus ihrem Leben: aus ihrer Einsamkeit, ihrer Angst, ihren Rausch- und Erschöpfungszuständen, ihrer Tierliebe, ihrer Verachtung gegenüber allen eitlen und dummen Zeitgenossen, ihren glücklichen Stunden und ihrer Empörung über das Los der Armen und Schwachen.

> Sacco und Vanzetti, Anarchisten italienischer Herkunft, wurden am 22. August 1927 in den USA wegen Mordes hingerichtet. Der Fall erregte weltweites Aufsehen – die Beweisführung war problematisch – und ist bis heute nicht geklärt. 1977 wurden sie vom Gouverneur von Massachusetts rehabilitiert.

■ »Hier liegt begraben die Asche der Dorothy Parker, Humoristin, Autorin, Kritikerin, Verteidigerin der Menschen- und Bürgerrechte. Als ihre Grabinschrift schlug sie »Excuse My Dust« vor. Diese Gedenkstätte ist ihrem edlen Geist gewidmet, der die Einzigartigkeit der Menschheit feierte und die unverbrüchlichen Freundschaftsbande zwischen Schwarzen und Juden. Gestiftet von der National Association for the Advancement of Colored People.
20. Oktober 1988«

DOROTHY PARKER

 LEBEN UND WERK

Dorothy Parker, geborene Rothschild, kam am 22. August 1893 in West End, New Jersey, zur Welt. Ihre Mutter starb, als sie vier Jahre alt war, ihre Stiefmutter blieb ihr stets fremd. Sie ging zunächst in New Jersey, später in New York zur Schule, verließ diese jedoch vorzeitig. Von 1916 bis 1920 arbeitete sie als Theater- und Literaturkritikerin für die Zeitschriften Vogue und Vanity Fair, von 1927 bis 1933 für die Kultur-Wochenzeitschrift The New Yorker, in der ihre Buchrezensionen unter dem Pseudonym »The Constant Reader« erschienen. Als Schriftstellerin machte sie anfangs vor allem durch ihre satirischen Gedichte auf sich aufmerksam. Ihr erster, 1926 erschienener Gedichtband Enough Rope wurde zu einem Bestseller. Es folgten die Sammlungen Sunset Gun (1928) und Death and Taxes (1931). Die größte Popularität erlangten jedoch ihre sarkastischhumorvollen Kurzgeschichten, die in mehreren Bänden zusammengefasst erschienen: Laments for the Living (1930), After Such Pleasures (1933) und Here Lies (1939). In ihren Geschichten thematisierte sie das Leben der Frauen aus der Oberschicht im Manhattan der 1920er und 1930er Jahre, die Beziehungen der Geschlechter sowie Enttäuschungen und Widersprüche der modernen Großstadtgesellschaft generell. Dorothy Parker schrieb auch Theaterstücke. Mit Elmar Rice verfasste sie das Drama Close Harmony (1924) – es kam 1989 auf Deutsch heraus unter dem Titel Close Harmony oder Die liebe Familie –, mit Ross Evans The Coast of Illyria (1949) und mit Arnaud d'Usseau das Stück Ladies of the Corridor (1953), in deutscher Übersetzung 1989 unter dem Titel Ladies im Hotel erschienen. Außerdem schrieb sie den Text zu Leonard Bernsteins Musical Candide, das 1956 in New York uraufgeführt wurde. Jahrzehntelang schrieb sie Drehbücher für Hollywood, teilweise gemeinsam mit ihrem zweiten Mann, dem Schauspieler Alan Campbell, und mit dem Schriftsteller George S. Kaufman. Mindestens ebenso wie durch ihre schriftstellerische Tätigkeit hatte Dorothy Parker sich durch ihre Persönlichkeit einen Namen erworben. Sie gehörte dem legendären Kreis von Schriftstellern und Künstlern an, der sich in den 1920er und 1930er Jahren regelmäßig im Algonquin Hotel in New York traf, wo Dorothy Parker zeitweise auch wohnte. Wegen ihres bissigen Humors war sie bewundert und gefürchtet. Dorothy Parker ist viel gereist, lebte 1926 ein halbes Jahr lang in Paris, war in der Schweiz und berichtete als Korrespondentin aus dem Spanischen Bürgerkrieg. Sie starb am 7. Juni 1967 in New York. Posthum erschienen ihre gesammelten Rezensionen aus dem New Yorker unter dem Titel The Constant Reader.

 EMPFEHLUNGEN

Lesenswert:
Dorothy Parker: New Yorker Geschichten. Gesammelte Erzählungen, Reinbek 1995.

Kevin Fitzpatrick/Inga Westerteicher: Mit Dorothy Parker in New York. Vorwort von Pike Biermann, edition ebersbach 2001.

Hörenswert:
Dorothy Parker: New Yorker Geschichten. Trost und Licht/ Sentiment/Zu schade. Gelesen von Gisela Zoch-Westphal, Litraton 2000. Audio-CD.

Autorinnen des 20. Jahrhunderts. Ein literarisch-musikalisches Hörstück. Texte von Else Lasker-Schüler, Djuna Barnes, Dorothy Parker unter anderen. Gesprochen von Hannelore Elsner, Susanne Lothar und Hanna Schygulla, steinbach sprechende bücher 1998. 3 Audio-CDs.

Sehenswert:
Mrs Parker and the Vicious Circle (Mrs Parker und ihr lasterhafter Kreis). Regie: Alan Rudolph; mit Jennifer Jason Leigh, Campbell Scott, Matthew Broderick, Andrew McCarthy, Jennifer Beals, Sam Robards, USA 1994.

 AUF DEN PUNKT GEBRACHT

Sie soff wie ein Kerl, fluchte wie ein Kutscher und dichtete wie eine verletzliche Frau.

Lulu

■ Susanne Lothar und Christian Redl in Peter Zadeks *Lulu*-Inszenierung. Aufführung des Deutschen Schauspielhauses Hamburg in der Freien Volksbühne im Rahmen des Theatertreffens Berlin 1988.

Was nimmt uns die Zivilisation? Was raubt sie uns an Spontaneität, Ursprünglichkeit, Direktheit und Lebenskraft? Laufen wir nicht alle als Sinnen- und Affektkrüppel durch diese unsere regulierte Welt, unfähig, uns aus vollem Herzen zu freuen oder zu fürchten, zu lieben oder zu hassen? Was wäre, wenn das Tier im Menschen, das animalische Urgeschöpf, sich wieder zu voller Größe aufrichtete? Könnten wir ihm in die Augen sehen? Könnten wir es ertragen?

Diese Frage beschäftigte mehrere Dichter um die Wende vom 19. zum 20. Jahrhundert. Die bürgerliche Zivilisation war in öden Formalien erstarrt, das »Unbehagen in der Kultur« (Freud) war verbreitet, und der Gedanke an die Opfer, die es gekostet hatte, das Zusammenleben der Menschen in jener künstlichen, höflichen, vorgestanzten Form zu gestalten, in der die Leute, Familien und Geschlechter einander in jener Zeit begegneten, lag nahe. Dekadenzempfinden machte sich breit. Man spürte: Das wahre Leben ist schärfer, wilder, gefährlicher und wahrer als das reale. Aber wo findet man es?

Zum Beispiel in der Dichtkunst. Oder im Theater. Der Schriftsteller Frank Wedekind wendete viele Jahre und sein ganzes Genie darauf, eine Figur zu schaffen, die sich im vollen Bewusstsein ihrer ungezähmten Natur durch den wohlgepflegten Garten unserer städtischen Kultur bewegt – und dabei eine Spur der Zerstörung hinter sich herzieht. Diese Figur sollte weiblich sein, sollte vom Kopf bis zum Zeh aus Erotik bestehen und Lulu heißen. Im Prolog tritt ein Tierbändiger auf:

»Hereinspaziert in die Menagerie,
Ihr stolzen Herren, ihr lebenslustigen Frauen,
Mit heißer Wollust und mit kaltem Grauen

Die unbeseelte Kreatur zu schauen,
Gebändigt durch das menschliche Genie.
Hereinspaziert, die Vorstellung beginnt! –
Auf zwei Personen kommt umsonst ein Kind.«

Und dann wird Lulu in einem Pierrot-Kostüm hereingetragen. Sie ist schön, sie ist jung, sie ist überwältigend sexy und absolut skrupellos. Natürlich hat sie Vorläuferinnen und Schwestern: Salome, Manon Lescaut, Carmen. All diesen Frauen ist gemeinsam, dass sie keine Moral haben und ganz aus ihren Instinkten leben. Und dass sie schön, jung und begehrenswert sind und deshalb die Männer ins Verderben locken.

Aber Frank Wedekind wollte mit Lulu einen ganz besonderen Typus in die Welt setzen, und wenn man die beiden Stücke, die ihr Leben erzählen, *Erdgeist* (uraufgeführt 1898) und *Die Büchse der Pandora* (uraufgeführt 1904) liest oder sieht, schrille, grelle, bizarre Werke, in denen von den Konventionen des bürgerlichen Anstands nichts übrig bleibt, stellt man fest, dass ihm das auch gelungen ist. Lulu ist Lulu. Dieses Weib, das so sehr Kunstfigur ist, dass es leicht zu einer Karikatur hätte erstarren können, besitzt Charakter. Wedekind hat es fertig gebracht, die gewissenlose Hure mit dem Hang zum Mord aus dem Klischee zu befreien und aus dem Monstrum das Menschliche hervorblitzen zu lassen.

■ Frank Wedekind, Porträtaufnahme um 1915.

Lulu ist auf der Straße groß geworden, unter Bettlern und Prostituierten. Sie hat früh gemerkt, dass auch sie Macht besitzt: ihren Sexappeal. Mit diesem Pfund wuchert sie – etwas anderes gibt es nicht für sie. Dabei ist sie nicht nur auf verschlagene, hinterlistige Art auf ihren Vorteil aus – sie ist intelligent und durchschaut ihre Opfer. Sie kann reden und sich darstellen und bezirzt ihre Liebhaber nicht nur durch ihre Erscheinung, sondern auch durch ihre Persönlichkeit. Sie ist keineswegs durchweg egomanisch und materialistisch. Äußerer Glanz bedeutet ihr nicht viel; und wenn sie zum Schluss zur Straße, von der sie gekommen ist, zurückkehrt, scheint ihr das fast zu gefallen. Und ihr Herz? Kann sie lieben? Wedekind legt sich hier nicht fest. Anfangs scheint es so, als ob sie dem Mann, der sie aus der Gosse holte, dem Zeitungszaren Dr. Schön, auch gefühlsmäßig ergeben sei. Sie sagt selbst einmal, er sei der Einzige, den sie je geliebt

■ Szene mit Nadja Tiller und Mario Adorf aus der österreichischen *Lulu*-Verfilmung von 1962. Buch und Regie Rolf Thiele.

habe. Aber als sie schließlich ihr Ziel erreicht hat und seine Frau ist, betrügt sie ihn genauso wie ihre vorherigen Ehemänner, und als der vielfach Gehörnte nicht mehr mit ihr leben und sie in den Selbstmord treiben will, bringt sie ihn um. Im Grunde bleibt ihr Herz uns verborgen – wie vielleicht sogar ihr selbst.

Was wir über Lulu erfahren, ist, dass sie ganz aus ihrem Trieb lebt. Sie gewährt sexuelle Gunst im Austausch für Schutz und Versorgung, und sie gewinnt durch ihre Attraktivität reputierliche Ehemänner. Aber sie treibt es mit ihren unzähligen Liebhabern auch aus Lust und Freude am Akt selbst. Sie will und muss sich pausenlos paaren – mit allen, die sich dazu bereit finden. Und da ihre Schönheit und erotische Aura jeden Mann – auch eine Frau – in ihren Bann ziehen, braucht sie nie lange zu warten, irgendeiner ist immer für sie da. Wäre Lulu nur ein berechnendes Luder, für das Sex nichts als ein Tauschmittel ist, hätte sie mit der Vielmännerei schon nach der

Es gibt von 1913 eine Ausgabe, in der *Erdgeist* und *Büchse der Pandora* zu einem Stück mit dem Titel *Lulu* zusammengefasst sind. Dafür wurden beide Einzelstücke gekürzt.

ersten Hochzeit aufgehört. Aber ihre Promiskuität ist eine Art animalische Selbstfeier, eine wollüstige Sucht, von der sie nicht los kann und will. Ihre Männer, die sie besitzen möchten, verzweifeln angesichts ihrer sexuellen Autonomie und büßen ihre törichten Unterwerfungsversuche mit dem Tod.

Wedekinds Zeichnung der Frau als Sex-Maschine, als »wildes Tier«, das von Paarungsakt zu Paarungsakt tanzt, hatte sicher mit der bürgerlichen Domestizierung der Frau seiner Zeit zu tun: durfte doch das keusche Weib als Lustmolch nicht gedacht werden, und selbst die Hure tat »es« nur um des Überlebens, nie um der »Sünde« selbst willen. Die Kritik an der bürgerlichen Doppelmoral ist in der zweiteiligen Tragödie unüberhörbar, weswegen es denn auch zu lang andauernden Zensurprozessen mit Aufführungsverboten um beide Stücke kam. Es steckt aber noch eine weitere Provokation in Wedekinds Lulu. Er beweist in ihr auch, dass die Entfesselung des Sexus dessen zerstörerische Kraft freilegt. Sex ist alles, was ich will, sagt Lulu, und indem sie dieser Devise folgt, verwandelt sie die Welt um sich herum in ein Schlachtfeld. Die menschliche Sexualität – egal jetzt, ob männlich oder weiblich – ist keineswegs immer und

■ Szene aus demselben Film; diesmal verzehrt sich O.E. Hasse nach Lulu.

Der Zensurprozess gegen Wedekind wurde 1903–1906 in drei Instanzen geführt. Er endete mit einem Verbot des Stückes. So wurden die ersten Aufführungen als geschlossene Veranstaltungen gegeben.

■ Szene aus der Oper *Lulu* mit Christiane Schäfer und Robert Gambill in der Inszenierung von Peter Mussbach, Salzburger Festspiele 1995.

überall auf Harmonie gestimmt. Auch ihre destruktiven Elemente sind menschlich.

Mit der »Femme fatale« wird in der Literatur stets hart abgerechnet. So auch mit Lulu. Dr. Schön holt sie von der Straße und verheiratet sie mit seinem Freund Dr. Goll, weil er selbst ein anständiges Mädchen heimführen will. Aber Lulu bleibt seine Geliebte. Als Goll hinter ihre Treulosigkeit kommt, trifft ihn der Schlag. Lulus zweiter Mann, der Maler Schwarz, entleibt sich, als er begreift, dass er sie nicht besitzen kann. Schließlich überzeugt Lulu ihren Mentor Schön, dass sie zusammengehören. Aber auch dieser erträgt es nicht, dass sie sein Haus in ein Bordell verwandelt …

Nach dem Mord an ihrem Mann wird Lulu verurteilt und kommt ins Gefängnis. Ihre Freunde, darunter der erwachsene Sohn Schöns aus erster Ehe, verhelfen ihr zur Flucht. Es beginnt ein Wanderleben in Angst vor der Polizei, das in einer elenden Dachkammer endet. Hier geht Lulu anschaffen wie in ihrer frühen Jugend und stirbt durch die Hand Jack the Rippers.

Wedekinds Stück ist in nicht-realistischen, spöttischharten Dialogen abgefasst, eine expressionistische Groteske voller Tiefschläge in Richtung bürgerliche Selbstgerechtigkeit und männliche Überheblichkeit. Im Mittelpunkt steht Lulu als Verkörperung der Sexualität in ihrer elementaren Schönheit und ihrem höllischen Schrecken. Wenn man das Stück gesehen hat, erkennt man – gut freudianisch – dass es nötig ist, den Trieb zu beschneiden, um die Zivilisation zu erhalten. Aber man bedauert es auch.

LULU

 ## QUELLE UND DARSTELLUNGEN

Die Zensur hat die Geschichte seiner Werke nachhaltig geprägt. Der Dramatiker, Lyriker und Erzähler Frank Wedekind, am 24. Juli 1864 in Hannover geboren, wurde zu Beginn des 20. Jahrhunderts zur Symbolfigur im Kampf gegen die behördliche Bevormundung künstlerischen Schaffens. 1898, im Jahr der Uraufführung des Stücks Der Erdgeist, des ersten Teils der so genannten Lulu-Tragödie – es war die erste Aufführung eines seiner Dramen überhaupt –, wurde er wegen Majestätsbeleidigung verfolgt. Der Grund war die Veröffentlichung zweier Gedichte, Satiren auf Kaiser Wilhelm II. Frank Wedekind floh angesichts der drohenden Verhaftung in die Schweiz. Im Jahr darauf beschloss er, sich den Behörden in Leipzig zu stellen, und saß seine Haftstrafe von sieben Monaten auf der Festung Königstein ab. An seinen Werken hat er vor Neuauflagen immer wieder Korrekturen oder Streichungen vorgenommen. Neben der Zensur hatte er sich auch der verlegerischen Politik zu beugen, die nicht selten direkt in die schriftstellerische Produktion eingriff. Überdies bewegte Frank Wedekind auch eigene Kritik zu Änderungen an seinen abgeschlossenen Texten, häufig angeregt durch Erfahrungen aus seiner Theaterarbeit als Dramaturg und Schauspieler. Viele Male war er selbst in seinen Stücken aufgetreten. So spielte er bei der Uraufführung des Dramas Der Erdgeist die Rolle des Dr. Schön und übernahm sie später auch in weiteren Inszenierungen. Die Büchse der Pandora, der zweite Teil seiner Lulu-Tragödie, erschien 1902 als Vorabdruck in einer Zeitschrift. Kurz nachdem das Stück am 1. Februar 1904 in Nürnberg uraufgeführt worden war, beschlagnahmte die Staatsanwaltschaft die erste Buchausgabe dieses Dramas. Frank Wedekind und sein Verleger wurden wegen Verbreitung unzüchtiger Schriften angeklagt. Der Prozess endete für beide mit dem Freispruch, in der letzten Verhandlung 1906 wurde jedoch die Vernichtung der noch vorhandenen Buchexemplare angeordnet. Ein besonders bedeutsames Ereignis war für Frank Wedekind die Aufführung der Büchse der Pandora durch den österreichischen Schriftsteller und Kritiker Karl Kraus 1903 in Wien – in einer geschlossenen Vorstellung. Frank Wedekind spielte Jack the Ripper. Wedekind starb am 2. März 1918. Lulu wurde mehrfach verfilmt. Eine der bedeutendsten Interpretationen der Tragödie ist die gleichnamige Oper des österreichischen Komponisten Alban Berg (1885–1935), die 1937 am Stadttheater Zürich uraufgeführt wurde.

 ## EMPFEHLUNGEN

Lesenswert:
Frank Wedekind: Lulu. Erdgeist und Die Büchse der Pandora, Stuttgart 1995.
Frühlings Erwachen. Eine Kindertragödie, Stuttgart 2000.
Frühlings Erwachen, CD-ROM für Windows, Stuttgart 1996.

Günther Seehaus: Frank Wedekind. Mit Selbstzeugnissen und Bilddokumenten, Reinbek 1993.

Hörenswert:
Alban Berg: Lulu. Orchester der Oper Paris unter der Leitung von Pierre Boulez. Mit Teresa Stratas. 1979. 3 Audio-CDs.

Sehenswert:
Die Büchse der Pandora. Regie: Georg Wilhelm Pabst. Nach dem gleichnamigen Theaterstück von Frank Wedekind; mit Louise Brooks, Fritz Kortner, Franz Lederer, Carl Goetz, Gustav Diessl, Deutschland 1929.

 ### AUF DEN PUNKT GEBRACHT

Als Weibsteufel ist sie bis heute auf der Bühne lebendig. Sie ist der Inbegriff für das Zerstörerische in der Erotik.

Marlene Dietrich

■ Marlene Dietrich im Frack, Rollenbild aus *Marokko*. Porträtphoto (Postkarte) 1930.

Die schönste Szene in *Marokko*, dem ersten Hollywood-Film der Dietrich, kommt gleich zu Beginn. Marlene, in Frack und Zylinder, singt vor den Gästen eines Nachtclubs. Während das Publikum klatscht, tritt sie an einen Tisch und küsst eine junge Dame. Marlenes Lächeln, als sie sich wieder aufrichtet und langsam die Lider hebt, ist wunderbar.

Es ist alles darin. Der berühmte ironische Zug, der leise Spott, ein Schuss Verachtung, ein gewisses »Was soll's?«. Es ist große Maskerade, Marlene weiß es, und sie zeigt, dass sie es weiß. Die amerikanische Filmkritikerin und Feministin Molly Haskell sagt von Marlene, sie sei »knowing«, wissend, geboren. Ihr Regisseur Josef von Sternberg habe daher stets Schwierigkeiten gehabt, sie in Szenen, in denen sie unschuldig oder ahnungslos zu sein habe, glaubhaft herauszubringen. Es sei deshalb auch nicht richtig, den Zauber des Stars in einem »Geheimnis« zu vermuten. Was die Dietrich umgebe, sei kein Mysterium, sondern die Souveränität und der lässige Stolz derer, die ein Rätsel gelöst haben. »She knows. And she knows, she knows.«

Was steckt hinter diesem Wissen? Das breite Publikum hat mit Marlene Dietrich seine Schwierigkeiten gehabt. Da waren die Beine und die Stimme, gut. Aber diese Hosen? Dieser zweideutige Sexappeal? Der Durchschnittskinogänger bevorzugt Reduktionen, die er für Eindeutigkeit hält. Wenn ein weiblicher Star Frack trägt, mit dunkler Stimme singt und Mädchen küsst – was soll man davon halten? Es war eher eine Minderheit im

Publikum, die das Androgyne an Marlene mochte. Die Mehrheit wusste nicht so recht. Sie ließ sich vorsingen: »Wenn ich mir was wünschen dürfte« – und bewunderte die Figur, sie nahm den Blick und das Lächeln eher verlegen in Kauf. Dieses Lächeln wusste zu viel. Marlene wusste um die Schwächen und Armseligkeiten der Leute, und sie akzeptierte sie. Sie wusste, dass das, was sie machte, Show war. Sie parodierte immer, was sie spielte, deshalb sind viele ihrer Auftritte komisch, ohne dass man lachen muss. Und sie wusste, als sie in *Marokko* nach jenem Kuss sich lächelnd aufrichtete, dass auch die Schranken zwischen den Geschlechtern ihr Scheinhaftes haben und dass man sie nicht immer ernst nehmen sollte.

Geboren wurde Marlene Dietrich 1901 in Berlin-Schöneberg. Ihr Vater war ein Polizeileutnant; er starb, als Marlene zehn Jahre alt war. Die Mutter führte ein drakonisches Regiment über ihre beiden Töchter. Früh internalisierte Marlene die preußischen Sekundärtugenden – insbesondere Disziplin und Genauigkeit sollten ihr später bei der Filmarbeit helfen. Als Mädchen wollte sie Geigerin werden, und sie brachte es immerhin zum Mitglied eines Orchesters, das Stummfilmvorführungen begleitete. Das reichte ihr aber nicht. Sie war ehrgeizig und wollte hoch hinaus.

■ Die kleine Marlene Dietrich um 1904.

Inzwischen barsten die Berliner Bühnen vor tollen Shows und verrückten Revuen. Die Goldenen Zwanziger waren angebrochen; nach dem verlorenen Weltkrieg und mitten in der ruinösen Inflation wollten die Berliner nichts als tanzen. Marlene stellte die Violine in die Ecke und besann sich auf ihre übrigen Stärken: die Beine, die Stimme, das Blondhaar. Sie erhielt auch allerlei kleine Rollen, reihte sich ein in die »Chorus Line«. Auch Filmrollen gab es. Im Grunde aber war das alles bloß Tingeltangel. Bis Sternberg kam.

Der amerikanische Filmregisseur wollte Heinrich Manns Roman *Professor Unrat* verfilmen; es ging um einen ältlichen Schulmeister, der einem Revuegirl verfällt. Als Sternberg nach Berlin kam, hatte er schon seinen Hauptdarsteller: Emil Jannings,

■ Marlene Dietrich mit Josef von Sternberg während der Dreharbeiten zu *Der blaue Engel*, 1930.

■ Marlene Dietrich mit Tochter Maria und Ehemann Rudolf Sieber um 1932.

er hatte einen Titel für den Film: *Der blaue Engel*, er hatte einen Komponisten: Friedrich Hollaender, – aber ihm fehlte das Mädchen.

Marlene hatte inzwischen geheiratet: Rudi Sieber, einen Produzenten und Regisseur, von dem sie sich nie scheiden ließ und der ihr auch eine Stütze blieb, als sie später getrennt lebten. Das Paar bekam bald eine Tochter. Nach der Babypause stürzte sich Marlene ins Getümmel. Es ging aufwärts. Die Rollen wurden besser, und die Kritiker schrieben nicht mehr nur über ihre Beine. Der Tonfilm setzte sich durch und revolutionierte die Filmwelt. Man fahndete nach Darstellern mit interessanten Stimmen. Plötzlich verbesserten sich Marlenes Chancen um hundert Prozent. Sie konnte singen. In ihrer Stimme vibrierte etwas.

Als Sternberg sie auf der Bühne sah, wusste er, wer seine Lola Lola sein sollte. Die Dietrich war zwar bekannt, aber kein Star und immerhin schon achtundzwanzig. Ins Kino sollte *Der Blaue Engel* die Leute wegen Emil Jannings locken. Doch es kam anders. Schon während der Dreharbeiten war klar: Wenn Lola singt, brennt die Leinwand. »Männer umschwirren mich, wie Motten das Licht«, hauchte die Dietrich, und das Publikum schmolz. Allen voran Regisseur Sternberg. Und er nahm Marlene, die sein Star war und in die er sich verliebte, mit nach Hollywood.

Insgesamt realisiert Sternberg sieben Filme mit Marlene, darunter die Meisterwerke *Shanghai Express* und *Die scharlachrote Kaiserin*, ein Historienstreifen über das Leben der Zarin Katharina II. Er kreiert das Image, das den deutschen Star zur Diva erhebt. Sternberg schminkt und beleuchtet sie so, dass sie als geheimnisvolle Sirene erscheint, die sich mit überlegener Ironie selbst enttarnt. Die Kunstfigur Marlene ist erschaf-

»Miss Dietrich zeichnet sich aus durch provokative Gelassenheit und eine wunderbar sparsam eingesetzte Ausdruckskraft. Ihr Gesang ist voller diskreter Anspielungen und wesentlich kühner in seinen Andeutungen als alles, was mit schwingenden Hüften und schrillen Stimmen zum Besten gegeben wird.«
AUS EINER ZEITGENÖSSISCHEN FILMREZENSION

fen, und sie erobert mit ihrer Schönheit und Frivolität die ganze Welt.

Sternberg hatte mit Marlene das folgsamste Wachs in seinen Händen – sie tat alles, was er von ihr verlangte, und unterwarf sich stets seiner Autorität. Aber nur als Schauspielerin, nicht als Frau, nur in der Arbeit, nicht im Leben. Die Spannungen zwischen beiden wurden unerträglich. Nach dem siebten Film gingen sie für immer auseinander.

Marlenes Stern stieg immer höher. Sie wurde ein Weltstar und drehte großartige Filme – sehr erfolgreich wurden *Engel* unter der Regie von Lubitsch, *Der große Bluff* von Henry Hathaway und *Die rote Lola* von Hitchcock. Die Nazis bemühten sich um sie, sie hätten gern einen blonden Star als Aushängeschild für die UFA gehabt, aber Marlene ließ sich nicht heim ins Reich locken. Stattdessen wurde sie 1937 US-Bürgerin, tanzte und sang im Krieg vor den GIs und nahm bei ihrer Arbeit für die Truppenbetreuung ein hartes Leben in verlausten Quartieren in Kauf. Sie blieb stets die selbstbewusste, autonome Preußin, die

■ Die Beine der Marlene.

■ Die Truppenbetreuerin Marlene Dietrich wird in New York von Marinesoldaten gefeiert.

■ Marlene Dietrich am 5. Mai 1960 während ihres Besuchs in Berlin.

sie von Beginn an gewesen war: ein Arbeitstier, zielstrebig, unermüdlich, zuverlässig und prompt. Ihr liebstes Hobby war Kochen. Und dann gab es da noch die Männer. Zu ihren Verehrern und Geliebten zählen berühmte Kollegen wie Gary Cooper und Jean Gabin, aber sie schenkte auch Schriftstellern und Regisseuren ihr Herz. Rudi Sieber und die Tochter mussten sich damit abfinden, dass Marlene ohne sie lebte. Aber die Verbindung riss nie ab.

In den 1960er Jahren startete Dietrich eine zweite Karriere als Sängerin – Tourneen führten sie rund um den Erdball. In Deutschland gedachte man ihrer mit gemischten Gefühlen – hatte sie nicht einst ihr Vaterland aufgegeben? Aber als die Berlinerin ihre Heimat besuchte, waren die begeisterten Fans in der Überzahl. Später zog sich Marlene nach Paris zurück. Sie hatte Publicity als notwendiges Übel ihrer Arbeit anerkannt – jetzt, als Privatperson, wollte sie von Reportern nichts wissen und verjagte neugierige Presseleute mit groben Flüchen. Sie wusste immer, wie sie sich zur Wehr und wie sie sich durchsetzen musste.

> »Marlene Dietrich parodiert die konventionellen Merkmale der männlichen Autorität und das Sexualrollen-Spiel, ohne ihre Glaubwürdigkeit als Frau zu zerstören. Ihre Zähigkeit und ihr Realismus sind nicht unattraktiv und antiromantisch; im Gegenteil, sie verschmäht nur die Blindheit der Liebe, ohne die Liebe selbst anzutasten. Sie nimmt männliche Attitüden an, nicht um das männliche Geschlecht zu diskreditieren, sondern um das Wertesystem der Kritik zu unterwerfen, durch das dieses Geschlecht sich selbst in falschen Stolz und Ehrsucht verirrt.«
>
> MOLLY HASKELL

MARLENE DIETRICH

 LEBEN UND WERK

Marlene Dietrich wurde am 27. Dezember 1901 in Berlin geboren. Ihre Schulzeit über spielte sie Geige und begann mit siebzehn zunächst eine Musikausbildung in Weimar und Berlin. Nach zwei Jahren wechselte sie auf Max Reinhardts Schauspielschule und trat nebenher in kleinen Rollen auf Berliner Bühnen auf. 1922 hatte sie ihren ersten kurzen Filmauftritt in Georg Jacobys Film So sind die Männer. Der Produzent Rudolf Sieber, ihr späterer Mann, wählte sie bald danach für eine kleine Rolle in John Mays Tragödie der Liebe aus. In den folgenden Jahren war sie regelmäßig in Nebenrollen auf der Leinwand zu sehen. 1929 erhielt sie dann unerwartet die Rolle, die sie über Nacht berühmt machte und ihr Image als Femme fatale begründete: die verruchte Nachtclubsängerin Lola Lola in Josef von Sternbergs Film Der blaue Engel. Direkt im Anschluss an diese Produktion ging Marlene Dietrich mit Josef von Sternberg nach Hollywood und wurde in den sechs Filmen Marokko (1930), X 27 (Dishonored, 1931), Shanghai-Express (1932), Die blonde Venus (1932), Das Hohe Lied (Song of Songs, 1933), Die scharlachrote Kaiserin (The Scarlet Empress, 1934) und Die spanische Tänzerin (The Devil Is a Woman, 1935) unter seiner Regie zum Weltstar. Nach dem Bruch mit Josef von Sternheim brachten ihr Filme wie Sehnsucht (Desire, 1935), und Ernst Lubitschs Engel (Angel, 1937), vor allem aber die Western-Komödie Der große Bluff (Destry Rides Again, 1939)

weitere große Erfolge. Marlene Dietrich, seit 1937 amerikanische Staatsbürgerin, äußerte sich vielfach öffentlich gegen den Nationalsozialismus. Während des Zweiten Weltkriegs trat sie mit ihren weltbekannten Liedern aus den Filmen in den Camp-Shows der United Service Organization auf, die 1941 zur Truppenbetreuung gegründet worden war. Weitere Höhepunkte ihrer Karriere als Schauspielerin feierte sie in den 1950er Jahren mit Filmen wie Alfreds Hitchcocks Die rote Lola (Stage Fright, 1950), Zeugin der Anklage (Witness for the Prosecution, 1957) unter der Regie von Billy Wilder, und mit Stanley Kramers Urteil von Nürnberg (Judgement at Nuremberg, 1961). In den 1960er Jahren zog sie sich vom Filmgeschäft zurück. Sie unternahm Tourneen mit Chansons und gab weltweit Konzerte. 1978 war sie ein letztes Mal in dem Film Schöner Gigolo, armer Gigolo an der Seite David Bowies zu sehen. Anschließend lebte sie zurückgezogen in Paris. Aus dem berühmten Interview von Maximilian Schell 1982 ging der Dokumentarfilm Marlene hervor, in dem nur ihre Stimme zu hören ist. Marlene Dietrich starb am 6. Mai 1992. Im Jahr darauf veröffentlichte ihre Tochter Maria Riva die Biographie Meine Mutter Marlene.
Die Verfilmung des Lebens von Marlene Dietrich durch Joseph Vilsmaier kam im Jahr 2000 in die Kinos.

 EMPFEHLUNGEN

Lesenswert:
Marlene Dietrich: Ich bin, Gott sei Dank, Berlinerin. Memoiren, Berlin 1998.

Maria Riva: Meine Mutter Marlene, München 2000.

Donald Spoto: Marlene Dietrich, München 2000.

Hörenswert:
Marlene Dietrich: Mythos und Legende, Aufnahmen 1928–65, EMI 1994. 3 Audio-CDs.

Sehenswert:
Der blaue Engel. Regie: Josef von Sternberg; mit Emil Jannings, Marlene Dietrich, Kurt Gerron, Rosa Valetti, Hans Albers, Deutschland 1929/30.

Morocco (Marokko – Herzen in Flammen). Regie: Josef von Sternberg; mit Marlene Dietrich, Gary Cooper, Adolphe Menjou, Ullrich Haupt, Juliette Compton, USA 1930.

Destry Rides Again (Der große Bluff). Regie: George Marshall; mit Marlene Dietrich, James Stewart, Charles Winninger, Brian Donlevy, Una Merkel, USA 1939.

Marlene. Regie: Maximilian Schell, BRD 1983.

 AUF DEN PUNKT GEBRACHT

Sie war der modernste Weltstar in den 30er und 40er Jahren des 20. Jahrhunderts: selbstironisch, unabhängig, schräg, mokant.

Hannah Arendt

Hannah Arendt, Porträtaufnahme 1927. Zu dieser Zeit studiert die 21-Jährige bei Karl Jaspers in Heidelberg Philosophie.

»Scheu und in sich gekehrt, mit auffallenden, schönen Gesichtszügen und einsamen Augen«, wurde die zwanzigjährige Hannah Arendt beschrieben. Sie »ragte sofort als außergewöhnlich, als einzigartig in einer bisher undefinierbaren Weise heraus.« Kein Wunder. Denn nicht allein durch ihre Erscheinung – auch und vor allem, weil sie als Frau in die Domäne der Männer eindrang, fiel sie auf. Sie hatte gerade begonnen, Philosophie zu studieren.

Hannah Arendt wurde 1906 in Hannover geboren, wuchs jedoch in Königsberg auf als einzige Tochter gutbürgerlicher jüdischer Eltern. Der frühe Tod des Vaters und der Erste Weltkrieg warfen einen Schatten auf ihre Schulzeit. Sie lebte mit ihrer Mutter zusammen, der sie eine »Erziehung ohne alle Vorurteile und mit allen Möglichkeiten verdankte«. »Man darf sich nicht ducken! Man muss sich wehren!«, hieß deren Devise. Nach Kriegsende wurde das Haus der Mutter zum Treffpunkt gemäßigter Sozialdemokraten.

Hannahs besonderes Interesse gilt von Jugend an der Philosophie; sie liest mit vierzehn Kants *Kritik der reinen Vernunft*, Kierkegaard, die klassischen griechischen Texte – im Original. Von ihrem nach dem Abitur 1924 in Marburg aufgenommenen Philosophiestudium ist sie jedoch enttäuscht. Nach den Zerrüttungen durch den Weltkrieg haben sich die meisten Lehrenden ins Traditionelle geflüchtet, und den Stoff »nicht so sehr vermittelt als durch bodenlose Langeweile erledigt«. Bis auf wenige Ausnahmen lehren sie über das Denken, statt denken zu lehren. Einen Lehrer gibt es jedoch, der aus allen hervorragt und der Hannah Arendts Leben in mehr als einer Hinsicht bestimmen wird.

»Sein Name reiste durch Deutschland wie das Gerücht vom heimlichen König.« Martin Heidegger – viel geschrieben hat der führende Vertreter der deutschen Existenzphilosophie bis dato noch nicht, dafür sind seine Vorlesungen in eingeweihten Kreisen berühmt. Auch Hannah Arendt sitzt unter seinen Hörern und ist begeistert. Die Begeisterung beruht auf Gegenseitigkeit, und aus dem gemeinsamen »leidenschaftlichen Denken« erwächst eine intensive Liebesgeschichte, die jedoch bald an den Realitäten zerschellt: Heidegger ist verheiratet. Und da er sich von Frau und Kindern nicht trennt, trennt Hannah Arendt sich von ihm. Nach ihrer Promotion bei Karl Jaspers in Heidelberg siedelt sie 1929 nach Berlin über, wo sie den Philosophen Günter Stern heiratet. Die Ehe wird 1937 geschieden werden.

Bisher stand das Politische in seiner Bedeutung für sie hinter der Philosophie zurück – das sollte sich jedoch ändern. Als Jüdin gerät Arendt ab 1933 ins Visier der Nationalsozialisten. Das Erwachen ist böse: »Schließlich schlug mir einer mit einem Hammer auf den Kopf, und ich fiel mir auf.« Sie muss sich ducken und gleichzeitig wehren. Über Prag, Genua und Genf flüchtet sie 1933 aus Berlin nach Paris. Es geht nur noch ums Überleben. Die Philosophie tritt in den Hintergrund. Sie organisiert die Auswanderung Jugendlicher nach Palästina, gesteht sich selbst jedoch nach einem Besuch in einem Kibbuz, »dass man dort nicht leben kann. Beherrschung durch den Nachbarn, darauf läuft es natürlich letztlich hinaus.«

In Paris tritt 1940 ein weiterer Mann in ihr Leben: Heinrich Blücher, ein philosophischer Autodidakt, politisch aktiv auf der Linken, und »masculini sui generis«, zu deutsch: ein Mann, der ihr gefällt. Außerdem lehrt er sie »politisch denken und historisch sehen«. Allerdings hat sie sich für die Liebe wiederum einen schlechten Zeitpunkt gesucht. Nach dem Einmarsch der Deutschen entgeht Hannah Arendt ihren Verfolgern nur knapp. Mit Heinrich Blücher und ihrer Mutter emigriert sie 1940 über Lissabon in die Vereinigten Staaten.

Der Anfang in der völlig neuen Umgebung ist schwer, vor allem weil sie nicht einfach den Mund hält. Sie plädiert im bislang neutralen Amerika für einen Krieg an der Seite Englands. Ja, sie fordert sogar eine jüdische Armee, die sich an der Befreiung Europas beteiligt. Für sie sind die Juden vor allem ein

■ Der Philosoph Martin Heidegger im Jahre 1959. Ein Jahr lang führen die Philosophiestudentin und spätere Totalitarismusforscherin Hannah Arendt und ihr Lehrer, der später vom Totalitarismus Verführte, Martin Heidegger, eine heimliche Beziehung.

»*Sie war leidenschaftlich moralisch, aber überhaupt nicht moralistisch. Was sie auch immer zu sagen hatte, war wichtig, oft provokativ, manchmal auch falsch, aber nie trivial, nie gleichgültig, nie mehr zu vergessen.*«

HANS JONAS über Hannah Arendt

■ Hannah Arendt 1955 bei einem Berlinbesuch.

europäisches Volk. Selbst als der Mord an den europäischen Juden bekannt wird, bleibt sie skeptisch gegenüber der Forderung nach einem jüdischen Staat in Palästina. Sie befürchtet nur eine neue Variante von Nationalismus, bei der sich das politische Denken nur um die militärische Strategie drehen würde. Genau genommen bleibt sie sich treu: Für gedankenloses politisches Handeln hat sie nichts übrig. Politik ist Handeln und Denken. Nicht irgendein Denken, sondern ein Denken im Sinne einer aufgeklärten, vernünftigen, für alle besseren Welt.

Sie beginnt, sich ausführlich mit

> »Bei antisemitischen Äußerungen des Lehrers war ich angewiesen, sofort aufzustehen, die Klasse zu verlassen, nach Hause zu kommen, alles genau zu Protokoll zu geben. Dann schrieb meine Mutter einen ihrer vielen eingeschriebenen Briefe. – Wenn es aber von Kindern kam, habe ich es zu Hause nicht erzählen dürfen. Das galt nicht. Was von Kindern kommt, dagegen wehrt man sich selber.«
>
> HANNAH ARENDT

dem Totalitarismus auseinander zu setzen. *Die Elemente der Schande – Antisemitismus, Imperialismus, Rassismus* oder *Die drei Säulen der Hölle* soll ihre Analyse ursprünglich heißen. Zuletzt heißt das Buch, das 1951 erscheint und als ihr Hauptwerk gilt, *Elemente und Ursprünge totalitärer Herrschaft*. Mit ihm wird sie plötzlich bekannt.

Philosophisch wird ihr politisches Denken indes mit einer anderen Arbeit, die sie berühmt machen wird. Als 1961 Adolf Eichmann, ein bei der Vernichtung der europäischen Juden hauptverantwortlicher Verwaltungsbeamter, in Israel vor Gericht steht, fährt sie als Korrespondentin einer amerikanischen Zeitung vor Ort. Ihre Beurteilung des Massenmörders ist durch und durch philosophisch und wird entsprechend kontrovers diskutiert: Nicht nur, was er getan hat – vor allem seine »Gedankenlosigkeit« ist es, die sie verwundert. Sie sieht in ihm weder den Teufel noch eine Bestie. Er ist in ihren Augen schlichtweg banal. Hannah Arendt hat das Wort von der ›Banalität des Bösen‹ geprägt und damit vor allem betont: Adolf Eichmann ist vieles, aber sicher kein Denker gewesen. Die Den-

■ Hannah Arendt in Berlin anlässlich ihres Vortrages über »Autoritäre und totalitäre Staatsformen« im Rahmen der Ernst-Reuter-Gedenk-Vorträge am 8. Dezember 1955.

- Hannah Arendt im Alter von acht Jahren mit ihrer Mutter Martha Arendt.

ker hat sie damit nicht vor dem Bösen zu retten versucht, eher »das Denken als solches« Denn sie hatte ihre eigenen Erfahrungen mit Denkern gemacht: Martin Heidegger war Philosoph und trotzdem zeitweise zum Nazi geworden.

Von ihr zur Rede gestellt, weicht er aus. Dennoch treffen und schreiben sie sich; ihrer Jugendliebe hält sie also die Treue. Aber Politik ist ein Thema, über das sie nicht ernsthaft sprechen. Hierfür hat sie einen anderen gefunden: den Philosophen und politischen Denker Karl Jaspers, ihren Doktorvater. Mit ihm zusammen erörtert sie in zahllosen Briefen die Entwicklung der Vereinigten Staaten und Europas – spannende Dokumente unruhiger Zeiten: Kalter Krieg und McCarthy, der Aufstand in Ungarn, Vietnam und natürlich die Studentenbewegung. Wieder gehören ihre Sympathien denen, die sich nicht ducken. »Mir scheint, die Kinder des nächsten Jahrhunderts werden das Jahr 1968 mal so lernen, wie wir das Jahr 1848.« Doch wie zuvor bleibt sie auf eine seltsame Weise im Abseits, bietet Daniel Cohn-Bendit Hilfe an, für den Fall, dass er in Schwierigkeiten geraten sollte – hat aber selber mit den theoretischen Köpfen der Studentenbewegung wenig am Hut.

Obwohl politisch hoch interessiert, ist Hannah Arendt doch immer Philosophin, das heißt: Liebhaberin der Weisheit, geblieben. Das letzte, kurz vor ihrem Tod am 4. Dezember 1975 vollendete Werk ist vielleicht deshalb auch dem reinen Denken gewidmet. »Was ›tun‹ wir, wenn wir nur denken? Wo sind wir, die wir gewöhnlich stets von unseren Mitmenschen umgeben sind, wenn wir mit niemandem als uns selbst zusammen sind?« Eine mögliche Antwort darauf hat sie vielleicht gegeben, als sie sich einmal selber beschrieb: »Ich fühle mich als das, was ich nun eben einmal bin, das Mädchen aus der Fremde.«

HANNAH ARENDT

 LEBEN UND WERK

Hannah Arendt, am 14. Oktober 1906 bei Hannover geboren, verbrachte ihre Kindheit ab dem fünften Lebensjahr in Königsberg. Als sie sieben war, starb ihr Vater nach jahrelanger Krankheit. Gegen Ende ihrer Schulzeit auf einem Mädchengymnasium schrieb sie ihre ersten Gedichte. Nach dem Abitur 1924 begann sie in Marburg Philosophie, Theologie und Griechisch zu studieren. Die Liebe zur Philosophie war für sie zu dieser Zeit untrennbar mit der Person ihres Professors Martin Heidegger verbunden, mit dem sie längere Zeit ein Verhältnis hatte. Ihr Studium setzte sie später in Heidelberg und Freiburg fort und schloss es 1928 bei Karl Jaspers ab mit einer Dissertation über den Liebesbegriff bei Augustinus. Wichtig war für sie in Heidelberg besonders die Begegnung mit Kurt Blumenfeld, einem der einflussreichsten Zionisten in Deutschland, der von da an ihr »Mentor in Sachen Politik« wurde. 1929 heiratete sie den Philosophen Günther Stern. Im selben Jahr begann Hannah Arendt – durch ein Stipendium der Notgemeinschaft der deutschen Wissenschaft unterstützt – mit der Arbeit an einer Biographie Rahel Varnhagens, die sie 1938 während ihres Exils in Frankreich beendete. Sie erschien erst zwanzig Jahre später und zunächst in englischer Übersetzung. 1933 wurde Hannah Arendt von der Gestapo verhaftet; nach ihrer Freilassung floh sie nach Frankreich. Bis zur Annahme der amerikanischen Staatsbürgerschaft 1951 war sie »Staatenlose«. In Paris arbeitete sie für Organisationen, die jüdischen Flüchtlingen halfen, nach Palästina auszuwandern. 1936 lernte sie Heinrich Blücher kennen, den sie vier Jahre später heiratete. Ende Mai 1940 wurde Hannah Arendt im südfranzösischen Frauenlager Gurs interniert, aus dem ihr nach einem Monat die Flucht gelang. Im April 1941 emigrierte sie mit ihrer Mutter und ihrem Mann in die USA und ließ sich in New York nieder. Dort schrieb sie in den folgenden drei Jahren unter anderem für die deutschsprachige Zeitung *Der Aufbau*. Sie war Cheflektorin im Salman Schocken Verlag und Direktorin der Jewish Cultural Reconstruction Organization zur Rettung jüdischen Kulturguts. Sie begann auch, sich mit dem Nationalsozialismus auseinander zu setzen. Ihr Buch *Elemente und Ursprünge des Totalitarismus* (*The Origins of Totalitarianism*), das 1951 erschien, machte sie schlagartig berühmt. Ab 1953 hielt sie Vorlesungen unter anderem in Princeton, Cambridge, Chicago und Berkeley. Als Berichterstatterin für den *New Yorker* nahm sie 1961/62 am Eichmann-Prozess teil und erregte weltweit Aufsehen mit ihrem Buch *Eichmann in Jerusalem. Ein Bericht von der Banalität des Bösen*. Hannah Arendt starb am 4. Dezember 1975 in New York. Sie wurde unter anderem mit dem Lessing-Preis der Stadt Hamburg ausgezeichnet.

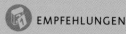 EMPFEHLUNGEN

Lesenswert:
Hannah Arendt: *Elemente und Ursprünge totaler Herrschaft*, München 1995.
Rahel Varnhagen. Lebensgeschichte einer deutschen Jüdin aus der Romantik, München 1997.
Vita activa oder Vom tätigen Leben, München 1994.
Über die Revolution, München 2000.
Eichmann in Jerusalem. Ein Bericht von der Banalität des Bösen, München 1995.
Macht und Gewalt, München 1995.
Das Urteilen. Texte zu Kants politischer Philosophie, München 1998.
Zur Zeit. Politische Essays, Hamburg 1999.

Hannah Arendt/Heinrich Blücher: *Briefe 1936–1968*, München 1999.

Elisabeth Young-Bruehl: *Hannah Arendt. Leben, Werk und Zeit*, Frankfurt/Main 2000.

Alois Prinz: *Beruf Philosophin oder Die Liebe zur Welt. Die Lebensgeschichte der Hannah Arendt*. Weinheim 1998.

Hörenswert:
Hannah Arendt: *Von Wahrheit und Politik. Reden und Gespräche, 1957–69*, Der Hör 1999. 5 Audio-CDs/4 Audiocassetten.

 AUF DEN PUNKT GEBRACHT

Da sie dem Holocaust entging, untersuchte und beschrieb sie seine Ursachen: als Philosophin, Historikerin, Zeitkritikerin.

Simone de Beauvoir

Die junge Simone de Beauvoir, undatierte Aufnahme.

Algerienkrieg 1954–62 (Algerischer Aufstand gegen die französische Herrschaft). Brennendes Haus eines Franzosen in Algier nach Beschuss durch Unabhängigkeitskämpfer im Dezember 1960.

»In meinem Leben«, hat Simone de Beauvoir einmal gesagt, »habe ich einen unbestreitbaren Erfolg zu verzeichnen: meine Beziehung zu Sartre.« Sie schrieb eine Reihe von Büchern, die große Beachtung fanden, darunter *Das andere Geschlecht*, das zu einem regelrechten Klassiker avancierte. Sie engagierte sich auf der Linken gegen den Algerienkrieg, gegen die Unterdrückung von Einzelnen, von Völkern, von Frauen, sie war einflussreich als Pariser Intellektuelle und Meinungsmacherin – aber als ihre größte Leistung sah sie, alles in allem, ihr Leben an der Seite Jean-Paul Sartres an. Wahrscheinlich ist die Einschätzung dieser ausgesprochen vernünftigen und realistischen Frau korrekt. Denn Simone de Beauvoir hat vor allem als *Partnerin* Geschichte gemacht. Sie bewies, dass Gleichberechtigung möglich ist, dass sich Ebenbürtigkeit – neben einem prominenten Denker – erkämpfen lässt, und dass Partnerschaft kein leeres Wort zu sein braucht. Sie nannte auch den Preis: keine Ehe, keine Kinder, keine häusliche Gemeinsamkeit, ein Preis, der in ihren Augen nicht zu hoch war.

Die meisten Frauen wollen und können nicht so leben wie Simone de Beauvoir: Sie wünschen sich Kinder, wollen, wenn der Richtige gekommen ist, gerne heiraten und bewegen sich auch beruflich nicht in intellektuellen Zirkeln. Dennoch war und ist die Wirkung der Simone de Beauvoir weit über akademische Zirkel hinaus lebendig: Frauen sehen in ihr eine erfolgreiche Schwester, die ihren Ehrgeiz nicht auf dem Altar der Mütterlichkeit opferte, die sich durchsetzte und Autorität genoss und dennoch ein erfülltes Liebesleben hatte.

Dieses Liebesleben fand – was die Reflexion darüber betraf – immer auch in der Öffentlichkeit statt. Auf diese Art und Weise war es mehr als eine Privatsache. De Beauvoir und Sartre wirkten als Figuren des öffentlichen Lebens, erörterten vor aller Welt die philosophische Frage: Kann man einander im Herzen treu sein und gleichwohl mit wechselnden Partnern erotische Abenteuer erleben? Das Pariser Denker-Paar hatte sich die Treue des Gefühls und des Geistes gelobt, sich aber großzügig die Freiheit des Seitensprungs eingeräumt. Füreinander, so formulierten sie es, seien sie »notwendig«, andere waren bloß »zufällig«, ohne deshalb unwichtig und verzichtbar zu sein. Sowohl Simone als auch Jean-Paul nahmen sich die Freiheit für etliche, zum Teil langjährige und leidenschaftliche Nebenbeziehungen, kehrten aber immer wieder zueinander zurück. Einfach war diese Verbindung von Beständigkeit und Libertinage nicht. Besonders die »Dritten« hatten darunter zu leiden, sie setzten viel ein und bekamen kaum eine wirkliche Chance. Dennoch lässt sich die Partnerschaft von Simone de Beauvoir und Jean-Paul Sartre als die Erfolgsgeschichte schreiben, auf die Simone anspielt: Sie waren einander, vor allem was den geistigen Austausch betraf, vollkommen ergeben, und ihr Ruhm als Paar gründet in dieser Treue.

Simone kam 1908 in Paris zur Welt. Der Vater war Jurist, das Elternhaus stockbürgerlich und streng katholisch. Die Eltern förderten jedoch Simones Wissensdurst und ließen sie gerne viel lernen. An eine Mitgift und »große« Heirat war mangels Vermögen sowieso nicht zu denken. Der Schritt an die Universität machte Simone frei: Wahrheit und Wissen lockten, sie betrieb ihr Studium der Philosophie mit Eifer, Disziplin und großem Erfolg.

1929 trifft sie Sartre; er ist Studienkollege, und die beiden umkreisen einander zunächst vorsichtig – sie sind fasziniert voneinander und zugleich misstrauisch. »Hübsch, aber scheußlich angezogen«, lautet Sartres erstes Urteil. Aber Äußerlichkeiten bedeuten beiden nichts. Für sie existieren nur die Reize und

■ Jean-Paul Sartre und Simone de Beauvoir im Jahre 1948.

Spannungen des geistigen Lebens, die Abenteuer der Gedanken. Als sie ein Paar werden, kommt die Sexualität hinzu, die, so Simone, für sie wichtiger ist als für ihn. Sie schließen zunächst einen »Pakt« auf zwei Jahre, den sie verlängern – bis dass der Tod sie scheidet.

Anfangs arbeiten beide als Lehrer. Simones Erfolg mit ihrem ersten Roman, *L'invitée* (*Sie kam und blieb*), ebnet ihr den Weg ins Leben als freie Schriftstellerin. Jetzt ist neben dem Lernen und Denken erst recht das Schreiben wichtig. Sartre und Beauvoir verlangen voneinander Ausdauer, Tiefe und Genauigkeit, sie prüfen und kritisieren alles, was der/die andere zu Papier bringt. Und die kreative Gemeinschaft trägt Früchte: Er entwickelt sich zu einem angesehenen Philosophen, zum Kopf des »Existenzialismus«, sie zu einer Romanschriftstellerin und Essayistin, der große Resonanz zuteil wird. Der Krieg trennt das Paar vorübergehend – und politisiert es. Sie engagieren sich für die sozialistische Idee, reisen um die Welt, verfassen Berichte, Pamphlete und Polemiken und gründen die Zeitschrift *Les temps modernes*.

1947, auf einer Amerikareise, lernt Simone den Schriftsteller Nelson Algren kennen und lieben. Er zeigt ihr das Land und möchte, dass sie bleibt. Sie aber ist doppelt gebunden – an Paris und an Sartre. Die Liebesgeschichte dauert vier Jahre – in ihrem Buch *L' Amérique au jour le jour* (*Amerika – Tag und Nacht*) und in ihren Memoiren erzählt sie davon. In die Zeit ihrer Bin-

■ Simone de Beauvoir mit Lelio Basso, während des Weltfriedenstribunals in Stockholm 1967.

■ Simone de Beauvoir und Jean-Paul Sartre in Paris 1968 beim Verteilen der maoistischen Zeitschrift »La cause du peuple«.

dung an Algren fällt auch die Arbeit an ihrem Meisterwerk *Le deuxième sexe* (*Das andere Geschlecht*), zu dem Sartre sie ermuntert und gedrängt hat.

Als Algren, der es nicht erträgt, »Dritter« zu sein, geht, glaubt Beauvoir nicht mehr an eine neue Liebe. Doch dann trifft sie Claude Lanzmann, einen Autor der *Temps modernes*. Der junge Jude und Marxist ist erst 25, Beauvoir fast 20 Jahre älter. Unter seinem Einfluss denkt sie politischer, ihr großer Roman *Die Mandarins von Paris* spiegelt neue Erfahrungen, nämlich die der Isolation und Einflusslosigkeit des Intellektuellen in einer von Gewalt und Willkür beherrschten Welt. Es ist ein Buch der Ent-

> »*In einer äußersten – manchmal lächerlichen, oft pathetischen – Anstrengung bemüht sich die gefangengehaltene Frau, ihr Gefängnis in einen glorreichen Himmel, ihre Fron in eine souveräne Freiheit zu verwandeln, wie wir es bei ihr im Narzißmus, in der Liebe, in der Mystik finden.*«
> SIMONE DE BEAUVOIR in *Das andere Geschlecht*

■ Simone de Beauvoir während einer Feier im Jahre 1985, ein Jahr später wird sie sterben.

■ Das gemeinsame Grab von Simone de Beauvoir und Jean-Paul Sartre auf dem Friedhof Montparnasse in Paris.

täuschung und der Skepsis – vielleicht weil die bekannte und vielgelesene Autorin erfahren hat, wie wenig Wort und Schrift ändern.

In den 70er Jahren entwickelt sich die neue Frauenbewegung, und in ihr ergreift Simone de Beauvoir militant Partei für »das andere Geschlecht«. Ihr gleichnamiges Buch wird jetzt überall diskutiert, sie selbst um Rat gebeten. Sie entzieht sich nicht. Sie warnt die Frauen vor der Ehe, ermutigt sie zu einem eigenen Leben, zu eigener Arbeit und eigenem Einkommen – zur Freiheit. Sie kämpft gegen den Abtreibungsparagraphen, ist Präsidentin der Liga für Frauenrechte und unterstützt Häuser für geschlagene Frauen.

Sie schreibt ihr Buch *La vieillesse* (*Das Alter*) und ihre Lebenserinnerungen. Sartre erkrankt; sie hält den Prozess seines körperlichen Verfalls literarisch fest. Oft hat man ihr unterstellt, sie habe den großen Mann, mit dem sie so viel verband, durch die Dokumentation seines Lebensendes in *Die Zeremonie des Abschieds* kleiner machen wollen. Aber das ist nicht richtig. Sie hat eingelöst, was beide sich vorgenommen und voneinander verlangt hatten: immer und unter allen Umständen aufrichtig zu sein. 1980 starb der Freund. Sie überlebte ihn um sechs Jahre.

SIMONE DE BEAUVOIR

 LEBEN UND WERK

Simone de Beauvoir wurde am 9. Januar 1908 in Paris geboren. Ihre Familie gehörte der französischen Bourgeoisie an, der Schicht, gegen die sie später heftig rebellierte. Mit fünf Jahren kam sie auf ein katholisches Mädcheninstitut, das sie 1925 mit dem »baccalauréat« abschloss. Wichtig wurde für sie in dieser Zeit ihre Mitschülerin Elisabeth Mabille, genannt Zaza, deren ausgeprägte Unabhängigkeit und Natürlichkeit sie tief beeindruckte. In dieser engen Freundschaft erfuhr sie »das Vergnügen des geistigen Austauschs und des täglichen Einanderverstehens«, was ihr im weiteren Leben zum unbedingten Bedürfnis wurde. Ihre Erinnerung an die Freundin ging ein in die *Memoiren einer Tochter aus gutem Hause* (*Mémoires d'une jeune fille rangée*, 1958). Simone de Beauvoir studierte Philosophie an der Sorbonne und bestand 1929 die »agrégation«, eine anspruchsvolle staatliche Prüfung zur Auswahl der besten Lehramtskandidaten, als Zweitbeste nach Jean-Paul Sartre. Nach Abschluss ihres Studiums zog sie bei ihren Eltern aus und genoss intensiv die lang ersehnte Freiheit. Die Freundschaft zu Sartre wurde zu einer Bindung, die ihr ganzes Leben über bestand. 1931 ging Simone de Beauvoir als Philosophielehrerin für ein Jahr nach Marseille, danach wurde sie in die Provinzstadt Rouen versetzt. 1936 bekam sie eine Stelle in Paris, wo Sartre und sie die Größen der Literatur- und Kunstwelt in ihrem Bekanntenkreis versammelten. Sie schrieb an ihrem ersten Roman *Sie kam und blieb* (*L'Invitée*), der 1943 erschien. Die Beziehung zwischen den Hauptfiguren Pierre und Françoise entspricht ganz den unkonventionellen Vorstellungen Simone de Beauvoirs von einem idealen Zusammenleben von Mann und Frau. Im selben Jahr aus dem Schuldienst entlassen, fand sie schnell eine neue Anstellung bei Radio Nationale als Programmgestalterin, widmete sich aber schon bald darauf ausschließlich dem Schreiben und einem aktiven gesellschaftlichen Leben. Sie ging oft auf Reisen, war unter anderem in Portugal, Tunesien, in der Schweiz, mehrfach in der UdSSR, in China, Brasilien und Kuba. Mit ihrem Werk – sie schrieb Romane, Erzählungen, Memoiren, philosophische Essays, Reiseberichte, Zeitungsartikel, Briefe – trug sie, neben Sartre und Albert Camus, wesentlich zur Verbreitung der zentralen Thesen des Existenzialismus bei. Als Hauptwerk gilt ihr 1955 erschienener und viel diskutierter Roman *Die Mandarins von Paris* (*Les mandarins*). Wegweisend war insbesondere ihr 1200 Seiten langer Essay *Das andere Geschlecht* (*Le deuxième sexe*, 1949), in dem sie umfassend die Situation der Frau und deren jahrhundertelange Abhängigkeit von der männlichen Vorherrschaft untersuchte. Simone de Beauvoir starb am 14. April 1986 in Paris.

 EMPFEHLUNGEN

Lesenswert:
Simone de Beauvoir: *Sie kam und blieb*. Roman, Reinbek 1999.
Die Mandarins von Paris. Roman, Reinbek 1997.
Das andere Geschlecht. Sitte und Sexus der Frau, Reinbek 2000.
Memoiren einer Tochter aus gutem Hause, Reinbek 1998.
Die Zeremonie des Abschieds, Reinbek 1996.
Briefe an Sartre. Herausgegeben von Sylvie Le Bon de Beauvoir. 2 Bände, Reinbek 1998.

Alice Schwarzer: *Simone de Beauvoir. Rebellin und Wegbereiterin*, Köln 1999.

Christiane Zehl Romero: *Simone de Beauvoir. Mit Selbstzeugnissen und Bilddokumenten*, Reinbek 1996.

Hörenswert:
Walter van Rossum: *Simone de Beauvoir und Jean-Paul Sartre. Die Kunst der Nähe*. Gelesen von Juliane Bartel und Otto Sander. DHV Der Hörverlag. Audiocassette.

Sehenswert:
Le sang des autres. Regie: Claude Chabrol, nach dem gleichnamigen Roman von Simone de Beauvoir; mit Jodie Foster, Michael Ontkean, Lambert Wilson, Frankreich/Kanada 1983.

 AUF DEN PUNKT GEBRACHT

Als Schriftstellerin und Zeitkritikerin prägte sie die 50er, 60er und 70er Jahre des 20. Jahrhunderts und besonders die Frauenbewegung wie nur wenige.

Mutter Teresa

Wir alle respektieren Wohltätigkeit. Hilfe für die Armen ist immer willkommen. Aber was diese Ordensfrau da tut, scheint sinnlose Plackerei zu sein. Sie sammelt die Sterbenden von der Straße auf! Sie schafft sie in ein Haus und hält ihnen dort die Hand. Menschen, mit denen es ohnehin zu Ende geht, die kein Krankenhaus mehr aufnimmt, weil es sich nicht lohnt. Die teuren Betten sollen doch lieber Patienten dienen, die wieder auf die Beine kommen können, die noch eine Zukunft haben – anstatt von Todgeweihten blockiert zu werden.

So dachten damals alle, die von den Aktivitäten der Schwester Teresa Wind bekommen hatten. Zwar wussten sie, dass sie auch den Straßenkindern Lesen und Schreiben beibrachte und ihnen Mahlzeiten zu beschaffen suchte, aber das erste feste Haus, über das sie verfügen konnte, ein leer stehendes Pilgerheim neben dem Tempel der Göttin Kali, das hatte sie ausgerechnet für die Sterbenden vorgesehen. Wo blieb denn da der Nutzen?

Die Ordensfrau dachte nicht so. Sie hatte beschlossen, ihr Leben den Ärmsten der Armen zu weihen, und das waren in ihren Augen Menschen, die ohne eine liebende Hand und ein Dach überm Kopf auf der Straße sterben mussten. Die schwerste und größte Stunde eines jeden Menschen, fand Schwester Teresa, ist seine Todesstunde. Im Augenblick des Abschieds von allen verlassen zu sein, schien ihr das denkbar schrecklichste Leiden. Und das wollte sie lindern. Es kümmerte sie nicht, was die Leute da von Nutzenerwägungen und Zukunftsperspektiven redeten. Sie wusste, dass ihr Gott sie dazu aufgerufen

■ Mutter Teresa im Jahre 1986.

hatte, den Allerärmsten beizustehen, und diesen Auftrag musste sie erfüllen. Sie hat, seit sie mit 38 Jahren die Erlaubnis erhielt, außerhalb der Klosterpforte zu arbeiten, nie etwas anderes getan, als die Allerärmsten, das heißt Sterbende, Kranke, Arme, auch verlassene Kinder, ausgesetzte Säuglinge und Verzweifelte zu trösten und zu pflegen. Die Mission kam später. Einem Sterbenden erzählte die Schwester nicht gleich etwas von Gott oder gar vom Christentum. Sie gab ihm Zuwendung – um ihn dadurch die Liebe Gottes fühlen zu lassen.

Das Tätigkeitsgebiet der Schwester war der Slum Moti Jheel in Kalkutta, wo es eine Million Obdachlose gab. Im Jahre 1948, als

■ Mutter Teresa in Stuttgart am 11. Juni 1982 zum 30-jährigen Landesjubiläum. Vor Beginn der Kundgebung traf Mutter Teresa mit Familien, die Kinder aus dem Waisenhaus der Ordensschwestern in Kalkutta adoptiert haben, zusammen.

> »Jesus hatte gesagt: ›Was ihr für den geringsten meiner Brüder und Schwestern getan habt, das habt ihr mir getan.‹ Die Armen von Moti Jheel waren – Jesus! Als Ordensfrau hatte Schwester Teresa sich ihm vermählt; sie musste sich ihres Bräutigams annehmen, der in diesen Armen lebte.«
>
> RENZO ALLEGRI

■ Die italienische Mutter-Teresa-Gedenk-Briefmarke. Sie wurde zeitgleich mit der genauso aussehenden albanischen Briefmarke am 5. September 1998 in Umlauf gebracht.

■ Mutter Teresa wird im Juni 1981 von US-Präsident Ronald Reagan und seiner Frau Nancy im Weißen Haus empfangen.

Teresa ihre Arbeit aufnahm, erstritt Indien gerade seine Unabhängigkeit von der britischen Kolonialmacht – und verstrickte sich dabei in einen Bürgerkrieg, der trotz Gandhis Devise von der Gewaltlosigkeit zu grausigen Exzessen zwischen Hindus und Moslems führte. Viele Menschen irrten entwurzelt durch die Straßen der großen Städte; ihre Häuser waren verbrannt, ihre Angehörigen massakriert und sie selbst von Elend und Krankheit gezeichnet. Oft blieb nur der Tod unter freiem Himmel; während andere Flüchtlinge über sie hinwegschritten, beendeten Verwundete und Verhungernde ihr Leben in der Gosse. Das sah Mutter Teresa, und sie verstand, was ihr Gott gemeint hatte, als er von ihr verlangte, den Ärmsten der Armen beizustehen.

Der Ruf des Höchsten hatte sie erreicht, als sie mit der Eisenbahn von Kalkutta nach Darjeeling gefahren war, um die periodischen Exerzitien (intensive Gebete) ihres Ordens zu absolvieren. Sie hatte deutlich gehört, wie Gott zu ihr gesprochen hatte, und sie kämpfte in den folgenden Monaten darum, diesem Ruf folgen zu dürfen. Ihre Kirchenoberen nämlich wollten sie nicht gehen lassen. Sie unterrichtete an einer Mädchenschule Geographie, war eine wichtige Stütze dieses Instituts, und man glaubte, nicht auf sie verzichten zu können. Außerdem war es nicht üblich, dass Angehörige der Kongregation Unserer Lieben Frau von Loreto in Slums arbeiteten. Schwester Teresa musste eine Probezeit bestehen und einen ausgedehnten, bis hin zum Heiligen Stuhl reichenden Papierkrieg führen, bis sie die Erlaubnis erhielt, hinaus zu den Armen zu gehen.

Ihre Arbeit stieß dort nicht nur auf Zustimmung. Die Inder fürchteten, dass die weiße Schwester mit ihrer christlichen Religion ihnen ihre Kinder entfremden würde – sie beschimpften und verleumdeten sie und forderten, dass das »Haus der Sterbenden« geschlossen würde. Aber Schwester Teresa fand Helferinnen unter ihren ehemaligen Schülerinnen und Unterstützer in der Bürokratie von Kalkutta. Sie konnte ihr Haus behalten und weitere Häuser eröffnen: für Kranke, für Kinder, für Mütter. Und im Jahre 1950 geschah das gänzlich Unerwartete: Aus Schwester Teresa wurde Mutter Teresa. Ihr Antrag auf die allerhöchste Absegnung eines neuen Ordens, den sie »Mission der Nächstenliebe« nannte, wurde vom Papst angenommen. Über hundert Jahre lang hatte Rom keine neue Kongregation mehr zugelassen. Die Helferinnen der Armen jedoch hatten ihre Approbation als eigener, selbstständiger Orden erreicht, und sie fügten zu den drei obligatorischen Gelübden der Armut, der Ehelosigkeit und des Gehorsams ein viertes hinzu: das der Nächstenliebe.

Ohne ein Herz voller Hingabe an die Verlorenen dieser Welt wäre das entsagungsvolle Werk der Fürsorge für sie auch nicht zu vollbringen gewesen. Mutter Teresa besaß ein solches Herz. Ihr bedeuteten weder äußere Annehmlichkeiten noch Einfluss irgendetwas. Sie wollte dienen. Die Augen der Welt blickten auf ihren Orden und weinten Tränen des Mitgefühls und des schlechten Gewissens. Die Spenden flossen. Niemals beanspruchte Mutter Teresa auch nur einen Bruchteil davon für sich und die Schwestern. Asketisch hielten die Missionarinnen der Nächstenliebe das Gelübde der Armut ein und lebten so besitzlos wie die Menschen, für die sie sorgten. Aber mit den Mitteln der Kirche und mit den Spenden der Welt konnten sie überall Häuser für Arme, Sterbende, verlassene Kinder und Kranke errichten. Zu den Preisen, die dem Orden und Mutter Teresa verliehen wurden, gehört der Friedenspreis des Papstes (1971), der John-F.-Kennedy-Preis für Menschlichkeit (1971), der Jawaharlal-Nehru-Preis für internationale Verständigung (1972), der Albert-Schweitzer-Preis (1975) und der Friedensnobelpreis (1979).

Mutter Teresa entstammte selbst keineswegs einem bedürftigen Milieu. Sie wurde 1910 als Agnes Gonxha Bojaxhio in Skopje geboren. Die Grenzstadt, unter der ihre albanische Familie zur katholischen Minderheit zählte, war nicht frei von Spannungen; ihr Vater, ein Unternehmer, kam wahrscheinlich

■ Mutter Teresa im Jahr 1979, dem Jahr in dem ihr der Friedensnobelpreis verliehen wird.

■ Soldaten tragen, gefolgt von Missionarinnen der Nächstenliebe, den Sarg mit dem Leichnam Mutter Teresas am 13. September 1997 durch die Straßen von Kalkutta zum Mutterhaus des Ordens. Sie wird nach einem Staatsakt unter Anteilnahme zehntausender von Menschen beigesetzt werden.

■ Mutter Teresa wird am 20. Mai 1997, ihrem Todesjahr, von Papst Johannes Paul II. im Vatikan empfangen.

beim Kampf um mehr Rechte für sein Volk ums Leben. Er starb, als Agnes neun Jahre alt war. Der Mutter gelang es, die Familie durchzubringen; Agnes schloss die Schule ab und entwickelte den Wunsch, als Missionarin nach Indien zu gehen. Sie reiste nach Dublin ins Mutterhaus des Loreto-Ordens und von dort nach Darjeeling, wo sie ihr Noviziat begann. Sie nahm den Namen Teresa an. Nachdem sie ihr Gelübde abgelegt hatte, wurde sie nach Kalkutta gesandt, wo sie an einer Höheren-Tochter-Schule unterrichtete – bis der Herr sie rief: Geh und lebe für die Armen.

Mutter Teresa schöpfte die Kraft für ihr Hilfswerk aus ihrer tiefen Frömmigkeit. Was sie erreicht hat an Linderung, Rettung, Hilfe und Wohltat, ist kaum abzuschätzen. Als ein amerikanischer Journalist ihr einmal zusah, wie sie einen Leprakranken wusch, sagte er: »Sowas würde ich nicht für eine Million Dollar tun.« Und Mutter Teresa antwortete: »Dafür würde ich es auch nicht tun. Ich tue es aus Liebe zu Gott und für diesen Kranken, der leidet.«

> »Als Glieder des Leibes Christi, der während seines öffentlichen Lebens von Almosen lebte, schämen wir uns nicht, bettelnd von Tür zu Tür zu gehen.«
> MUTTER TERESA

MUTTER TERESA

 LEBEN UND WERK

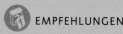 **EMPFEHLUNGEN**

Mutter Teresa, die mit bürgerlichem Namen Agnes Gonxha Bojaxhio hieß, wurde am 27. August 1910 in Skopje in Mazedonien geboren. Sie war das dritte Kind eines albanischen Bauunternehmers und seiner Frau italienischer Herkunft. Mit achtzehn Jahren beschloss sie, Nonne zu werden, und verbrachte zunächst knapp zwei Monate als Postulantin bei den Schwestern von Loreto im irischen Rathfarman nahe Dublin. Anschließend begann sie im Himalaya bei Darjeeling ihr Leben als Novizin. 1931 legte sie ihr erstes Gelübde ab und war danach siebzehn Jahre an der St. Mary's High School in Kalkutta tätig, erst als Lehrerin, später als Direktorin. Auf einer Zugfahrt nach Darjeeling im Jahr 1946 vernahm sie den Ruf Gottes, sie möge den Loreto-Orden verlassen und ihr Leben den Armen widmen. Erst zwei Jahre später erhielt sie die offizielle Genehmigung des Vatikans, als Nonne außerhalb des Konvents zu arbeiten. Ihre Ordenstracht war von da an der weiße Sari mit blauer Borte. Zunächst ließ sie sich einige Monate lang in Patna bei den Missionsärztlichen Schwestern in Krankenpflege ausbilden und eignete sich medizinische Grundkenntnisse an. Ihre Arbeit in den Slums von Kalkutta begann sie mit der Gründung einer Schule im Stadtteil Moti Jheel. Zunächst waren es fünf Kinder, die sie draußen unterrichtete. Mutter Teresa kümmerte sich um Hungernde, Kranke und Sterbende und hatte innerhalb von wenigen Monaten so viele Helferinnen, dass sie einen neuen Orden gründete. Die Missionaries of Charity (Missionarinnen der Nächstenliebe) wurden 1950 vom Papst anerkannt und sind heute mit Einrichtungen in über hundert Ländern vertreten. Neben den Gelübden der Keuschheit, der Armut und des Gehorsams legen die Missionarinnen ein viertes Gelübde ab, »nämlich den Ärmsten der Armen von ganzem Herzen ohne Gegenleistung zu dienen«. Weltweit gehören der Gemeinschaft inzwischen über 5 000 Nonnen an. 1952 eröffnete Mutter Teresa das erste Sterbehaus »Nirmal Hriday«, das sie international bekannt machte. Im selben Jahr erwarb sie ein Gebäude, das zum Mutterhaus des Ordens wurde. 1955 errichtete sie das erste Waisenhaus und nahm sich besonders der Lepra-Kranken an, für die sie Ende der 1950er Jahre ein erstes Zentrum gründete. Mutter Teresa, die mit den bedeutendsten Auszeichnungen geehrt wurde, erhielt 1979 den Friedensnobelpreis. Neben weltweiter Anerkennung erntete die engagierte Ordensfrau jedoch auch Kritik, unter anderem wegen ihres vehementen Einsatzes gegen Verhütungsmittel und Abtreibung. Ein halbes Jahr nachdem sie die Leitung ihres Ordens abgegeben hatte, starb sie am 5. September 1997 in Kalkutta. Mit einem Staatsakt wurde sie im Mutterhaus der Missionarinnen der Nächstenliebe beigesetzt.

Lesenswert:
Mutter Teresa: *Der einfache Weg*, Bergisch-Gladbach 1997.

Navin Chawla: *Mutter Teresa. Die autorisierte Biographie*, München 1997.

Sehenswert:
A Candle For Mother Teresa (Eine Kerze für Mutter Teresa). Ein Film von Helen Bullough. Dokumentation/BBC, GB 1997.

 AUF DEN PUNKT GEBRACHT

Gott selbst gab ihr den Auftrag, für die Ärmsten der Armen zu sorgen. Sie tat es und rüttelte die Welt auf.

Ella Fitzgerald

Ella Fitzgerald als 38-Jährige. Postkarte von 1956.

»Royal Ancestry – All Heart – Beyond Category – Total Jazz« – in diese vier musikalischen Sätze hat Duke Ellington sein *Portrait of Ella Fitzgerald* eingeteilt und zu Anfang gesagt: »Wie wir die Seiten ihres Familienalbums umblättern, stellen wir fest, dass sie von königlicher Herkunft – »royal ancestry« – ist, und je weiter wir durch diese Seiten blättern, desto mehr wird uns klar, dass dies eine wunderbare warmherzige Persönlichkeit ist, sie ist ›all heart‹. Was musikalisches Können angeht, ist sie Extraklasse – ›beyond category‹. Und alle drei, royal ancestry, all heart und beyond category finden sich vereinigt im Streben nach total jazz.« Das war 1957, und Ella Fitzgerald zählte bereits zu den Großen ihrer Musikrichtung. Es durfte also schon ein wenig gemogelt werden, wenn es darum ging, sie zu beschreiben. Sie hat sich, was ihre Herkunft betrifft, eher an die Devise ihrer Mutter gehalten: »Es ist nicht wichtig, wo du herkommst, wichtig ist, wo du hingehst.« In ihrer Lage sicherlich eine gute Empfehlung. Schwarz war sie, mittellos und zudem arm an weiblichen Reizen. Dazu kam der frühe Tod ihrer Mutter. Schlechte Ausgangsbedingungen also für eine Fünfzehnjährige im New York der frühen 1930er Jahre. Sie kam, wie man so schön sagt, aus der Gosse. Ihr einziges Kapital war ihre Stimme. Zunächst war nur ihre Musikalität aufgefallen. Sie hatte zwar kein absolutes Gehör, aber von jeder Note aus traf sie den passenden Ton. Dazu begeisterte sie sich schon in den 1920er Jahren für die Musik ihrer Zeit: den Swing. Ein eigenes Instrument war nicht mehr nötig. Ella Fitzgerald gehört zur ersten Generation, die mit Radio und Schallplatte aufwuchs. Die Jugendlichen hatten Lieblingsmelodien, die sie vor dem Radio nachsingen konnten. Zu Hause träumten sie sich in die Rolle ihrer Idole. Oder sie tanzten. Die Tanzsäle waren stets überfüllt; vor allem in der »amateur night«: Einige Auserwählte durften, begleitet von einer professionellen Band, um die Wette singen und tanzen. Als Preis winkte ein Engagement. Für viele blieb die »amateur night« der einzige Auftritt – für Ella Fitzgerald war sie der erste Schritt zu einer großen Karriere. Chick Webb, weithin bekannter Leader der gleichnamigen Bigband, war von ihrer Stimme beeindruckt und stellte Ella mit Erfolg dem Betreiber des Savoy, einem der größten Tanzsäle von New York, vor. Webb übernahm auch die Vormundschaft für die Minderjährige und wies sie in die Tricks und Kniffe des Showbusiness ein.

Am 12. Juni 1935 hatte sie ihre erste Plattenaufnahme. *Love and Kisses* hieß das Stück. Leider durfte sie ihrer Jugend wegen noch nicht in die Kneipen, in denen ihre Platte gespielt wurde. »Da hab ich dann einen Burschen, der schon über einundzwanzig war, reingeschickt und ihn fünf Cents einwerfen lassen, und dann stand ich draußen und hörte, wie meine eigene Stimme da rauskam.« Sie genoss den Erfolg, der sich spätestens mit ihrem ersten Hit *A-Tisket, A-Tasket* einstellte. Auf ihre Weise war sie jetzt »royal«.

■ Die 42-jährige Ella im Jahr 1960 bei einem Konzert.

■ Die »First Lady of Jazz« trägt auf einem Münchener »Bal paré« im Januar 1967 einige ihrer Songs vor.

»Wer versucht, beim Singen zu improvisieren – im Jazz heißt das Scat –, weiß, dass das Schwierigste daran ist, nicht falsch zu singen. Man geht die Tonleiter rauf und runter, und die Noten kommen schon Bruchteile von Sekunden, nachdem man über sie nachgedacht hat, aus dem Mund. Sänger müssen doppelt hart arbeiten, um diese scheinbar willkürlichen Noten des Scat mit perfekter Intonation hervorzubringen. Tja, das heißt, alle Sänger außer Ella.«

MEL TORME, Sänger und Komponist

■ Während einer Konzertreise im Jahre 1969 wird Ella Fitzgerald in Kopenhagen von ihrem 19-jährigen Sohn Raymond Brown jr., ihrer 8-jährigen Nichte Carin sowie ihrer 21-jährigen Nichte Ella Young samt Tochter Valery besucht. Der Kontakt zur Familie war für sie von großer Bedeutung.

Ihr Privatleben allerdings war kompliziert. Sie wollte oder konnte sich nicht lange binden. Der Richter, der ihre erste Scheidung besiegelte, hat angeblich gesagt: »Singen Sie nur weiter *A-Tisket, A-Tasket*. Aber lassen Sie die Finger von den Männern.« Der erste Gatte hatte es nur auf Ellas Geld abgesehen, das sie bald mit ihrem Gesang verdiente. Mit dem zweiten, einem Musiker, traf sie es besser. Sie lebten einige Zeit glücklich zusammen und adoptierten einen Jungen, der ebenfalls Musiker wurde. Aber das Glück zerbrach.

In musikalischer Hinsicht gehörten ihre ersten Jahre dem Schlager. Erst nach und nach entdeckte sie die Kunstfertigkeit ihrer Stimme. Das heißt, eigentlich hat nicht sie selber sie entdeckt, sondern die Entdeckung erfolgte von außen. Chick Webb war 1939 gestorben. Ella Fitzgerald hatte seine Band übernommen und zahlreiche weitere erfolgreiche Schlager gelandet. Bei Umfragen wurde sie regelmäßig zur besten Sängerin gekürt. Mitte der 1940er Jahre gab es dann jedoch eine Flaute.

Der Swing hatte sich überlebt. Nicht wenige Musiker hatten mit den Schlagern ihre Probleme, fühlten sich unterfordert. Sie sehnten sich nach einem musikalischen Ausdruck, der ihrem

■ Ella Fitzgerald auf Europatournee. Hier bei ihrer Ankunft am 10. Februar 1960 in Berlin, Flughafen Tempelhof.

Können entsprach. Aus dem Swing ging der Bebop hervor, gefördert vor allem durch den weißen Jazzenthusiasten Norman Granz.

Leider zog das Publikum nicht so recht mit. Die neue Musik war schwierig, klang irgendwie schief und eignete sich vor allem nicht richtig zum Tanzen. Sie war für improvisierende Solisten gedacht und für eine aufmerksame Zuhörerschaft. Auf der Tanzfläche standen plötzlich Stühle. Ein ernstes Problem. Denn die Gäste – die Geld brachten – wollten tanzen. Aber vielleicht konnte man das Publikum auch an die neuen Töne gewöhnen. Und als Norman Granz Ellas Stimme das erste Mal hörte, hatte er den Ausweg gefunden.

■ Die »First Lady of Jazz« bei ihrem Konzert in der Düsseldorfer Phillips-Halle am 23. Januar 1974.

Scat hieß die Lösung: eine Mischung aus Instrument und menschlicher Stimme. Die Stimme bringt keine sinnvollen Worte, sondern nur einen Schwall von Lauten hervor – Gesang ohne Worte – und fängt schließlich an, Instrumente zu imitieren. Sie wird selbst zum Instrument: Sie zirpt, piept, heult, brummt, klimpert, schrammelt, hallt und schmettert.

Ella hatte ihre Stimme, trotz der Schlagersingerei, stets weitergebildet, und nun griff sie das Neue des Bebop, die Improvisationskunst, auf, »als wolle sie die Improvisation auf einen neuen Stand bringen«, so der Gitarrist Barney Kessel. »Der relativ schlichte Anfang ihres Solos entwickelt sich zu einem furiosen Sturzbach von Noten, der eine genau Parallele zu denen vieler Bläser bildet« schrieb Dan Gailey – Saxophonist, Komponist und Musikprofessor – im *Jazz Educator's Journal*. Und zugleich milderte sie das Fremdartige des Neuen durch die vertraute Leuchtkraft ihrer Stimme. Gegen das Publikum hätte Ella Fitzgerald nie singen wollen. Also sang sie für das Publikum, jenseits der Kategorien von Bebop und Schlager.

■ Höhepunkt der Internationalen Jazztage in Bad Segeberg am 24. und 25. Juli 1982 war der gemeinsame Auftritt von Ella Fitzgerald und Benny Goodman. Für Eingeweihte war dies eine Sensation, denn beide Stars waren sich seit Jahren aus dem Weg gegangen. Nun endlich wurde das »Kriegsbeil« begraben.

In Norman Granz hatte sie einen geeigneten Partner. Er organisierte ihre Konzerte. Aber vor allem sorgte er für Veränderungen auf ihren Tourneen. Gewöhnlich mussten schwarze Musiker in billigen Absteigen wohnen; sie sangen vor Weißen oder vor Schwarzen. Damit war jetzt Schluss. Bei Granz – einem erklärten Antirassisten – erhielten die Musiker angemessene Gagen, und in allen Verträgen wurde die Trennung nach Schwarz und Weiß ausdrücklich verboten. Auch das ist der Jazz. Granz: »Jazz ist Amerikas Eigenstes. Er bezieht vieles an Inspiration und Kreativität von den Schwarzen. Jazz macht keine äußerlichen Einschränkungen. Wie es in einer echten Demokratie sein soll, zählt nur die Leistung.« Auch die einer schwarzen, weiblichen Stimme. Nicht unbedingt hoher Herkunft, aber mehr als einmal zur Königin des Jazzsingens gekürt und mit vielen Preisen geehrt; mit ganzem Herzen bei den Leuten; Ella Fitzgerald – als Musikerin jenseits aller Kategorien.

> »Ich bin immer noch auf der Suche, nach einer Platte von Ella Fitzgerald, auf der sie einen Ton nicht trifft, aber ich finde keine. Von mir gibt's davon genügend, von Ella Fitzgerald keine einzige!«
> MEL TORME,
> Sänger und Komponist

ELLA FITZGERALD

 LEBEN UND WERK

Ella Fitzgerald, »the first Lady of Jazz«, kam am 25. April 1918 – vielleicht auch schon 1917 – in Newport News in Virginia zur Welt. Ihren leiblichen Vater hat sie nie kennen gelernt. Bald nach ihrer Geburt zog die Mutter mit ihr und ihrem Stiefvater nach Yonkers im Norden von New York, wo sie in ärmlichen Verhältnissen lebten. Schon früh entdeckte Ella Fitzgerald ihre Begeisterung für das Tanzen, die ihre ganze Kindheit über anhielt. Ursprünglich wollte sie Tänzerin werden. Ihre zweite Leidenschaft war das Singen. 1934 gewann sie den ersten Preis bei einem Nachwuchswettbewerb im Harlemer Apollo Theater. Der Jazzmusiker Benny Carter machte den populären Bandleader und Schlagzeuger Chick Webb auf sie aufmerksam, der sie kurze Zeit später unter Vertrag nahm. Ella Fitzgerald wurde die Sängerin der Chick Webb Band und hatte mit »Love and Kisses« 1935 ihre erste Schallplattenaufnahme. Bald darauf folgte mit »A-Tisket, A-Tasket« der erste große Hit. Von Anfang an beeindruckte sie durch ihre rhythmische Sicherheit. Nach dem frühen Tod von Chick Webb übernahm Ella Fitzgerald die Leitung der Band bis zu deren Auflösung 1942. Danach arbeitete sie mit verschiedenen Orchestern und Gruppen zusammen, unter anderem mit den Four Keys. Sie trat mit den bedeutendsten Musikern des Bebop, Dizzy Gillespie und Charlie Parker, auf. Als Höhepunkt ihres musikalischen Könnens, ihrer Gesangstechnik und Improvisationskunst galten in den 1940er Jahren ihre Scat-Versionen von »Lady be good«, »Flying home« und »How high the moon«. 1946 begann die enge Zusammenarbeit mit dem Jazzimpresario Norman Granz, der sich als Begründer der »Jazz at the Philharmonic«-Konzerte einen Namen gemacht hatte und 1954 ihr persönlicher Manager wurde. Mit ihm unternahm Ella Fitzgerald unzählige weltweite Tourneen in den unterschiedlichsten Konstellationen. In den 1950er Jahren nahm sie mit Norman Granz eine ganze Songbook-Serie auf, die den großen amerikanischen Komponisten wie George Gershwin, Cole Porter, Irving Berlin, Jerome Kern und anderen gewidmet ist. Zu den berühmtesten unter ihren Hunderten von Plattenveröffentlichungen gehören auch ihre Gesangsduette mit Louis Armstrong und die Aufnahmen mit Duke Ellington. Unzählige Live-Mitschnitte zeugen von ihren Erfolgen auf den alljährlichen Welttourneen bis in die 1980er Jahre hinein. Ella Fitzgerald trat mit allen Jazz-Größen auf – häufige Partner waren auch Count Basie, Benny Goodman und Oscar Peterson – und machte die Wandlungen des Jazz vom Swing an mit. Sie erhielt zahlreiche Auszeichnungen und war Ehrendoktor mehrerer Universitäten, unter anderem der Yale University und der Harvard University. Sie starb am 15. Juni 1996 in Beverly Hills in Kalifornien.

 EMPFEHLUNGEN

Lesenswert:
Stuart Nicholson: *Ella – Die Stimme des Jazz*, München 1993.

Hörenswert:
Forever Ella – 21 Classics, 1954–63. Verve 1996. Audio-CD.
Best of Ella Fitzgerald and Louis Armstrong, 1956–57. Verve 1997. Audio-CD.
Ella Fitzgerald and Louis Armstrong sing Gershwin, 1956–59. Verve 1998. Audio-CD.
Ella Fitzgerald: *Mack The Knife. The Complete Ella in Berlin*, 1960. Verve 1993. Audio-CD.
Ella Fitzgerald/Duke Ellington: *Ella und Duke at the Côte d'Azur*, 1966. Verve 1997. 2 Audio-CDs.
Ella Fitzgerald: *Things Ain't What They Used To Be*, 1969–77. WEA 1999. Audio-CD.
Ella Fitzgerald/Joe Pass: *Take Love Easy*. Pablo 1973. Audio-CD.
Ella in London, 1974. Pablo 1998. Audio-CD.
Ella Fitzgerald: *All That Jazz*. Pablo 1989. Audio-CD.
Pure Ella. MCA 1994. Audio-CD.

Sehenswert:
Listen Up: The Lives of Quincy Jones. Regie: Ellen Weissbrod; mit Quincy Jones, Miles Davis, Ella Fitzgerald, Dizzy Gillespie, Michael Jackson, Frank Sinatra, Steven Spielberg, Dokumentarfilm, USA 1990.

 AUF DEN PUNKT GEBRACHT

Sie kam aus dem Nichts und erreichte die Spitze: Als Queen of Jazz machte sie aus ihrer Stimme ein Musikinstrument.

Sophie Scholl

■ Sophie Scholl, undatiertes Photo.

■ Sophie Scholl mit ihrem Bruder Hans (links) und dem gemeinsamen Freund Christoph Probst.

»So wenig ich einen klaren Bach sehen kann, ohne nicht mindestens die Füße hineinzuhängen, genausowenig kann ich an einer Wiese zur Maienzeit vorübergehen. Es gibt nichts Verlockenderes als solchen duftenden Grund, über dem die Blüten der Wiesenkerbel wie ein lichter Schaum schweben ...« Sophie Scholl war ein naturverbundenes Mädchen. Ihrem Entzücken über die Schönheit der Natur entsprang ihr Gottesglaube. Und ihre beachtlichen musikalischen und zeichnerischen Talente hätte sie auch gern zu Lob und Preis der Schöpfung eingesetzt. Aber ihre geistige und ihre wissenschaftliche Neugier war stärker, weshalb sie sich am Ende entschloss, Biologie und Philosophie zu studieren.

Sophies Familie förderte ihre Anlagen. Der Vater, ein gebildeter weltgewandter Mann und Steuerberater von Beruf, bezeichnete die Zweitjüngste als seine klügste Tochter. Die Mutter war stolz auf das wohlgeratene Mädchen. Die Geschwister – die älteren Schwestern Inge und Elisabeth, der große Bruder Hans sowie der jüngere Bruder Werner – hielten zusammen, stritten, liebten, ärgerten und halfen sich und stellten einiges miteinander auf die Beine: Hausmusik, Feste, Theater, Wanderungen. Die Scholls pflegten zweifellos das, was man ein glückliches Familienleben nennt. Unter dem Schirm der elterlichen Fürsorge und der geschwisterlichen Rivalität und Zuneigung wuchs Sophie zu einem grüblerischen, ehrgeizigen, willensstarken und lebensfrohen Mädchen heran.

Als Hitler an die Macht kam, lebte die Familie in Ulm. Sophie war zwölf Jahre alt. Vater Scholl, ein liberal eingestellter und kritisch denkender Kopf, versuchte seinen Kindern zu erklären, wie groß die Gefahr war, die da auf sie zukam. Zunächst vergebens. Was die Nazis der Jugend anboten: Lagerfeuer, Kameradschaft und Heimatliebe, das überzeugte die meisten. Auch So-

■ Szene aus dem hochgelobten deutschen Film *Die Weiße Rose* von Michael Verhoeven aus dem Jahre 1983. Lena Stolze als Sophie Scholl und Wulf Kessler als ihr Bruder Hans beim Auslegen von Flugblättern in der Münchener Universität.

phie trat begeistert der Hitlerjugend, beziehungsweise dem BDM (Bund Deutscher Mädchen), bei. Die Begeisterung der Scholl-Kinder für den Nationalsozialismus hielt jedoch nicht lange an. Als die Diskriminierung jüdischer Mitschüler begann und eine herrische Gewaltphraseologie um sich griff, stutzten sie und zweifelten. Nein, so hatten sie es nicht gemeint. Hans, zunächst feuriges HJ-Mitglied, kam zur Besinnung, nachdem er 1936 am NSDAP-Parteitag teilgenommen hatte. Er wandte sich der verbotenen (christlichen) bündischen Jugend zu. 1937 wurden die Scholl-Kinder wegen »bündischer Umtriebe« von der Gestapo abgeholt und vorübergehend festgehalten. Danach waren die Fronten geklärt.

Sophie, die Naturverbundene, lief gern mit nackten Füßen über eine Wiese – aber städtischen Vergnügungen gegenüber war sie ebenfalls aufgeschlossen; sie tanzte sich in Trance und liebte die Rhythmen von Tango und Foxtrott. Dann wieder hockte sie stundenlang mit einem Buch in der Ecke: die großen Gedanken der Philosophie waren für sie ebenso faszinierend wie Lyrik und Erzählungen, Sokrates so wichtig wie Thomas Mann, Lao-Tse so interessant wie Stefan Zweig. 1940 bestand sie das Abitur. Sie wollte unbedingt studieren: Die Erkenntnis über das Wesen der Welt, die Philosophie, sollte sich ihr ebenso erschließen wie die Geheimnisse des Lebens, die Biologie.

■ Szene aus dem ebenfalls hochgelobten deutschen Film *Fünf letzte Tage* von Percy Adlon aus dem Jahre 1982. Auch hier stellt Lena Stolze die Sophie Scholl dar.

Aber es wird nichts mit der sofortigen Immatrikulation. Erst einmal ruft sie der Reichsarbeitsdienst. Danach muss Sophie noch ein halbes Jahr »Kriegshilfsdienst« ableisten. Dann endlich, am 9. Mai 1942, besteigt sie den Zug nach München. Hans wartet auf sie. Auf seiner Studentenbude feiern die Geschwister mit Freunden Sophies Ankunft in München und ihren 21. – ihren letzten – Geburtstag.

Man trifft sich oft. Alle in dem studierten Kreis verurteilen Hitlers Krieg. Sie leiden unter der Diktatur – nicht sagen zu dürfen, was man wirklich denkt, das ist für junge Menschen, die gerade lernen zu denken, ein fast körperlicher Schmerz. Und sie reagieren reflexhaft: mit Widerstand. Sie wollen nicht bloß insgeheim dagegen sein. Sie wissen: Es sind viele unzufrieden, und wenn nur wenige den Mut hätten, aufzustehen und ein Fanal zu

> *»Der Tag der Abrechnung ist gekommen, der Abrechnung der deutschen Jugend mit der verabscheuungswürdigsten Tyrannis, die unser Volk je erduldet hat. Im Namen des ganzen deutschen Volkes fordern wir vom Staat Adolf Hitlers die persönliche Freiheit, das kostbarste Gut der Deutschen, zurück, um das er uns in der erbärmlichsten Weise betrogen hat.«*
> Aus einem Flugblatt der »Weißen Rose«

setzen, dann wäre das Eis gebrochen. Sie wollen, sie müssen diese wenigen sein. Die »Weiße Rose« ist geboren. Der Geheimbund umfasst außer den Scholls den Gelehrtensohn Christoph Probst und einige weitere Studenten und Studentinnen sowie Unterstützer von Professorenseite. An Attentate ist nicht gedacht. Die »Weiße Rose« will reden: laut, aufklärend, herausfordernd. Ihre Ausrüstung besteht aus Vervielfältigungsmaschinen und Papier.

Für Sophie ist die »Weiße Rose« Freundeskreis, Familie und Bewährungsfeld zugleich. Endlich kann sie ihr tiefes Bedürfnis nach sinnvollem Handeln stillen, endlich ihren Mut unter Beweis stellen, sich und der Welt zeigen, dass Unbeugsamkeit kein leeres Wort sein muss. Mit dem ganzen lebensvollen Idealismus ihrer Jugend zieht sie die Konsequenz aus ihrer in mühevollen Gedankengängen und quälenden Erfahrungen geborenen Opposition. Das Nazi-Regime muss gestürzt werden – und zwar von den Deutschen.

Am Anfang war das Wort. Die subversive Tätigkeit der »Weißen Rose« besteht darin, das Wort des Widerstands auf Flugblätter zu drucken und zu verbreiten: in der Uni, in der Stadt München und mit der Post in allen Teilen des Reiches. Aber auch Graffiti sind ein geeignetes Informationsmittel.

Es ist der Hausmeister der Universität, der Hans und Sophie dabei erwischt, wie sie Flugblätter in den Gängen auslegen. Er stürzt sich auf die beiden und holt die Polizei. Erst leugnen die Geschwister. Als sich jedoch Belastungsmaterial in den Wohnungen auffindet und es klar zutage liegt, dass sie mit den Flugblättern zu tun haben, reißen sie das Ruder herum. Jetzt stehen sie zu ihrem Widerstand. Sie bekennen sich unumwunden zu ihm, wissend, dass dies ihr Todesurteil bedeutet, hoffend, dass das Regime dann mit ihnen falle.

Aus Berlin wird Roland Freisler, einer der radikalsten Verfechter nationalsozialistischer Strafrechtsprinzipien, eingeflogen, um den Geschwistern Scholl vor dem »Volksgerichtshof« den Prozess zu machen. Freisler tut, was er kann, um Hans und Sophie Scholl zu gemeinen Kriminellen ohne Vaterland und Gewissen zu stempeln. Am 18. Februar 1943 werden die zwei verhaftet, kurz darauf auch ihr Freund Christoph Probst. Drei Tage später sind die Eltern Scholl in München, um ihre Kinder zu sehen. Da tagt auch schon das Gericht. Verzweifelt versucht das Ehepaar Scholl, ein Gnadengesuch auf den Weg zu bringen.

■ Szene aus dem Film *Fünf letzte Tage*, der ein eindringliches Bild davon vermittelte, wie die letzten fünf Tage der Sophie Scholl im Zuchthaus gewesen sein mögen.

»Wir machten einen Spaziergang im Englischen Garten. Sophie sagte, mann müsse etwas tun, zum Beispiel Maueranschriften machen. ›Ich habe einen Bleistift in der Tasche‹, sagte ich. Sophie: ›Mit Teerfarben muss man sowas machen!‹ Ich: ›Das ist aber wahnsinnig gefährlich.‹ Sophie: ›Die Nacht ist des Freien Freund.‹«

Aus den Erinnerungen ELISABETH SCHOLLS

■ Am 20. Jahrestag der Hinrichtung der drei Mitglieder der Münchener Widerstandsgruppe »Weiße Rose« wurde die Bronzestatue der Sophie Scholl enthüllt. Die von Ernst Andreas Rauch gestaltete Statue steht im Münchener Sophie-Scholl-Realgymnasium.

Aber die Mühlen der Schnelljustiz haben ihre Arbeit schon getan. Am 22. Februar 1943 werden der 24-jährige Hans, die 21-jährige Sophie Scholl und der 23-jährige Christoph Probst wegen Hochverrats zum Tode durch Enthaupten verurteilt. Das Urteil wird sofort vollstreckt. Aus einem Bericht der Gefängniswärter: »Sie wurden abgeführt, zuerst das Mädchen. Sie ging, ohne mit der Wimper zu zucken. Wir konnten alle nicht begreifen, dass sowas möglich ist. Der Scharfrichter sagte, so habe er noch niemanden sterben sehen.«

Woher nahm Sophie Scholl die Kraft, aufrecht und selbstmitleidlos ihr Leben hinzugeben? Sie war fest davon überzeugt, dass ihr Tod das lang erwartete Zeichen setzen, dass Deutschland nun klar sehen und die mörderische Tyrannei abschütteln würde. Dieser Glauben stärkte sie bis zum Ende, da sie ihren Kopf auf den Block legte. Sie hat sich getäuscht. Zwei Jahre mussten noch vergehen und viele deutsche Städte in Schutt und Asche fallen, bis das Nazireich endlich kollabierte. Aber als sich die Nation aus den Trümmern hochrappelte und die Erinnerungsbruchstücke zusammensetzte, da wurden die Namen Hans und Sophie Scholl wieder und wieder genannt. Alle waren froh, dass es auch »andere Deutsche« gegeben hatte, dass eine Vergangenheit da war, an die man anknüpfen konnte. Und so hatte ihr Opfer doch einen Sinn gehabt.

■ Die mit Blumen und Kränzen geschmückten Gräber der Geschwister Sophie und Hans Scholl und von Christoph Probst auf dem Friedhof am Perlacher Forst in München.

SOPHIE SCHOLL

 LEBEN UND WERK

Als Sophie Scholl am 9. Mai 1921 als viertes von fünf Geschwistern in Forchtenberg geboren wurde, war ihr Vater Bürgermeister des kleinen Ortes im Kochertal. 1932 machte er sich als Wirtschafts- und Steuerberater in Ulm selbstständig. Sophie Scholl kam auf ein Mädchengymnasium und trat, wie ihre Geschwister vom Nationalsozialismus zunächst begeistert, in die Hitlerjugend ein. Zwischen den Kindern und ihrem Vater, einem entschiedenen Gegner des NS-Regimes, führte dies zu erheblichen Spannungen. Im November 1937 wurden Sophies drei Jahre älterer Bruder Hans wegen seines Engagements in einer verbotenen bündischen Gruppe für mehrere Wochen inhaftiert und seine Geschwister von der Gestapo vernommen. In der Hoffnung, dem Arbeitsdienst zu entgehen, machte Sophie Scholl nach dem Abitur im März 1940 eine Kindergärtnerinnenausbildung am Ulmer Fröbel-Seminar. Dennoch musste sie von April bis September 1941 zum Arbeitsdienst in das Lager Krauchenwies bei Sigmaringen und absolvierte danach in einem Kindergarten in Blumberg bei Donaueschingen ein weiteres halbes Jahr Kriegshilfsdienst. Im Mai 1942 begann Sophie Scholl ihr Biologie- und Philosophiestudium an der Universität München, an der ihr Bruder Hans Medizin studierte. Er machte sie mit seinen Mitstudenten Alexander Schmorell, Christoph Probst und Willi Graf bekannt, die mit Sophie und Hans Scholl kurz darauf die Widerstandsgruppe »Weiße Rose« bildeten. Des Weiteren lernte Sophie Scholl den fünfundsiebzigjährigen Publizisten Carl Muth kennen, der als Herausgeber der katholischen Monatszeitschrift *Hochland* maßgeblich zur Erneuerung der deutschen katholischen Literatur beigetragen hatte und dessen Einfluss auf die Entwicklung Hans Scholls von ihrer ersten Begegnung im Herbst 1941 an groß war. Später stellte er sein Atelier für den Druck der Flugblätter zur Verfügung. Im Juni und Juli 1942 verbreiteten Hans Scholl und Alexander Schmorell die ersten vier »Flugblätter der Weißen Rose«, in denen sie zu einem humanistisch-ethisch und christlich begründeten Widerstand gegen das NS-Regime aufriefen. Im Januar und Februar 1943 folgten unter entscheidender Mitwirkung von Kurt Huber, einem Professor für Philosophie und Musikwissenschaft, zwei weitere Flugblätter. Sophie und Hans Scholl wurden am 18. Februar 1943, während sie in der Münchner Universität das sechste Flugblatt verstreuten, verhaftet, am 22. Februar zusammen mit Christoph Probst vom Volksgerichtshof zum Tode verurteilt und noch am selben Tag hingerichtet. Im April wurde das Todesurteil gegen Alexander Schmorell, Willi Graf und Kurt Huber ausgesprochen und mehrere Monate später vollstreckt.

 EMPFEHLUNGEN

Lesenswert:
Hans Scholl/Sophie Scholl: *Briefe und Aufzeichnungen*. Mit einem Essay von Walter Jens. Herausgegeben von Inge Jens, Frankfurt/Main 1995.

Inge Scholl: *Die weiße Rose*. Mit einer Vorbemerkung von Ilse Aichinger, Frankfurt/Main 1993.

Hermann Vinke: *Das kurze Leben der Sophie Scholl*, Ravensburg 1997.

Harald Steffahn: *Die Weiße Rose*. Mit Selbstzeugnissen und Bilddokumenten, Reinbek 1996.

Ricarda Huch: *In einem Gedenkbuch zu sammeln. Bilder deutscher Widerstandskämpfer*. Herausgegeben und eingeleitet von Wolfgang M. Schwiedrzik, Leipzig 1997.

Sehenswert:
Die Weiße Rose. Regie: Michael Verhoeven; mit Lena Stolze, Wulf Kessler, Oliver Siebert, Ulrich Tukur, Werner Stocker, Martin Benrath, BRD 1982.

Fünf letzte Tage. Regie: Percy Adlon; mit Lena Stolze, Irm Hermann, Will Spindler, Philip Arp, BRD 1982.

Sophie Scholl – Die letzten Tage. Regie: Marc Rothemund; mit Julia Jentsch, Fabian Hinrichs, Alexander Held, D 2005.

 AUF DEN PUNKT GEBRACHT

Sie wollte ein kleines Zeichen setzen gegen die Hitlerdiktatur – und büßte ihren mutigen Widerstand mit dem Tod, der bis heute ein großes Zeichen ist.

Maria Callas

■ Maria Callas während eines Konzerts in der Hamburger Musikhalle am 15. Mai 1959.

»*Vissi d'arte, vissi d'amore … Ich lebte für die Kunst, ich lebte für die Liebe.*« Oh, wie sie diese Arie intoniert hat: mit so viel Zärtlichkeit und flehentlicher Wärme – niemand wird es ihr je gleichtun. Dabei mochte sie diese Oper gar nicht. Maria Callas sang Puccinis *Tosca* zum letzten Mal in London, 1965. Es war ihr allerletzter Auftritt auf einer Opernbühne überhaupt. Zugleich war dies auch die Zeit, in der sich ihr Lebensgefährte Aristoteles Onassis von ihr abwandte.

»Ich lebte für die Kunst …« Tosca ist eine Sängerin, es gibt für sie nur die Musik und die Liebe. Ihr Freund ist ein Maler und Revolutionär. Jetzt steht Tosca vor Scarpia, dem finsteren, gewalttätigen Polizeichef von Rom, der sie begehrt und ihre Hingabe als Preis für das Leben ihres gefangenen Verlobten fordert. Tosca bittet Scarpia um Schonung. Er begehrt sie nur noch mehr. Da sticht sie ihn nieder: »Das ist der Kuss der Tosca.«

Auch mit Maria Callas und Aristoteles Onassis trafen sich eine Frau aus der Welt der Künste und ein Mann aus dem Reich der Macht. Onassis begehrte Callas ähnlich leidenschaftlich wie Scarpia die Sängerin Tosca. Aber die Callas leistete keinen Widerstand – obwohl sie verheiratet war. Sie sank in »Aris« Arme, wie Scarpia es sich von Tosca erträumt hatte – und den »Kuss der Tosca«, den Dolchstoß, versetzte nicht sie ihm, sondern er ihr. Er benutzte kein Messer, denn er stand nicht neben Maria auf der Opernbühne. Im wirklichen Leben gelten andere Waffen mehr. Er schenkte ihr erst seine Verehrung und jede Menge Rosen und Juwelen – und dann, als sie glaubte, ohne all das nicht mehr leben zu können, bewies er ihr seine Gleichgültigkeit, ja seine Verachtung. Er stieß sie regelrecht von sich. Zu der wunderbaren Sängerin, deren Stimme sich erschöpft hatte und die nicht mehr auftreten konnte, soll er gesagt haben: »Was bist du schon? Nichts. Du hast nur noch eine Pfeife im Hals, die nicht mehr funktioniert.«

Auch Marias Vorfahren stammten aus Griechenland. Geboren wurde sie 1923 als Maria Kalogeropoulous in New York, aber die Familie kehrte später in die Heimat zurück.

Als junges Mädchen war Maria unhübsch und plump, doch ihre Stimme ließ aufhorchen. Sie vibrierte und hallte förmlich vor Ausdruckskraft, sie galt nie als »schön«, eher als rauh, ihre Brüche und Kanten machten sie interessant und dramatisch. Was das Publikum vor allem hinriss, war die Darstellungskunst der Callas: Mit Maria, die sich später zu einer herben, schlanken Schönheit entwickelte, betrat ein Weib die Bühne, das von der bestrickenden Zartheit bis zur hemmungslosen Raserei alles zu bieten hatte, was das Repertoire verlangte. Endlich stand da eine Tosca, eine Carmen, eine Medea oder Violetta, der man ihre Leidenschaftlichkeit wirklich glaubte.

Die Ausbildung der Callas begann schon in ihrer frühen Jugend; ihre ehrgeizige Mutter habe ihr, so Maria, die »Kindheit geraubt«. Mit dreizehn fühlt sie sich als »Vorsinge-Maschine«, gewinnt aber das Interesse einer versierten Lehrerin. Mit neunzehn singt sie erstmals die Tosca in Athen. Die Kriegswirren vertreiben sie erneut aus der Heimat. Die Stationen heißen Amerika und Italien. In Verona trifft sie den viel älteren Industriellen Giovanni Battista Meneghini; er ist von ihr fasziniert, sie an ihm interessiert. Sie wird ihn heiraten (1949) und endlich den zuverlässigen Partner finden, den sie in ihrem unsteten, spannungsreichen, aufreibenden Leben braucht.

Eine Erfolgsgeschichte ohnegleichen beginnt. Die junge Sängerin bezaubert in Florenz, begeistert in Venedig, überwältigt in Neapel – als Norma, Brünnhilde, Tu-

■ Maria Callas mit ihrem Ehemann und Manager Battista Meneghini nach einem Auftritt an der New Yorker Metropolitan Opera am 29. Oktober 1956. Auf ihrem Schoß der Pudel Toy.

»Sie war launisch und manisch, erfüllt von verzweifelter Sehnsucht nach Liebe und Anerkennung, egoistisch und kindlich: eine Primadonna. Aber die Proben mit ihr erzeugten ein wahres Kaleidoskop von Ideen, Bildern und Visionen. Sie begann mit ganz einfachen Vorstellungen. Ihr Genie kam darin zum Ausdruck, dass sie, sobald sie sich einmal aus den vereinfachten Vorstellungen herausgearbeitet hatte, sie so ausgestaltete, wie ein Kind aus einer einzigen Zelle herauswächst.«
Regisseur FRANCO ZEFFIRELLI
über Maria Callas

■ Maria Callas wird in der Mailänder Scala gefeiert, September 1959.

■ Maria Callas und Aristoteles Onassis 1957 in Venedig. Ein Bild aus glücklichen Tagen.

randot. Sie ist das Tagesgespräch in Italien und wird es in Südamerika sein, wohin häufige Tourneen sie führen. Den ersten Platz unter den Sopranen hat sie angemeldet, und sie wird ihn besetzen: 1950 springt sie an der Mailänder Scala für die erkrankte Renata Tebaldi als Aida ein. Noch hält der konservative Teil des Opernpublikums sich zurück. Aber der Anfang einer Jahrhundertkarriere ist gemacht. Bald wird die Callas auf eben dieser Bühne triumphieren und der Star der Scala sein. Danach steht ihr die Welt offen. New York, die Metropolitan Opera. London, die Royal Opera Covent Garden. Chicago, Lyric Opera. Wien, die Staatsoper. Sie ist die Primadonna. Man liebt sie. Fürchtet sie aber auch.

Maria Callas ist nicht nur die Königin der Opernbühne, sondern auch die Diva der Skandalpresse. Da ihre Auftritte mit einer Art schrecklicher Naturnotwendigkeit große Gefühle entbinden und da jedesmal viel Geld auf dem Spiel steht, kann es nicht ohne Pannen abgehen, die sich in Katastrophen auswachsen können. Häufig genug gibt auch die Presse ihr den »Kuss der Tosca«. – Da lädt Aristoteles Onassis sie zu einer Kreuzfahrt ein. Sie verliebt sich in den Landsmann, verlässt Meneghini, hofft auf Frieden und trägt sich mit dem Gedanken, die Bühne aufzugeben, um eine einfache (wenn auch äußerst wohlhabende) Familienfrau zu werden. »Ich habe keine Lust mehr zu singen. Ich möchte leben.« Aber es ist zu spät.

Opernfreunde schwärmen von der Stimme der Callas, weil sie ein Instrument des Leidens war, ein Organ, dessen »unschöne« Schärfen sich mit der natürlichen Musikalität und Kraft zu einer Fanfare des Unglücks und der Verzweiflung mischten. Wie um die Botschaft zu erfüllen, die in ihrer Stimme um die Welt ging und die Zuhörer zu Tränen rührte, konnte die Callas kein persönliches Glück finden. Nach ihrer Trennung von Onassis gab es kein Comeback für sie, trotz vielfältiger Bemühungen. Einsam verbrachte sie ihre letzten Jahre in Paris.

MARIA CALLAS

 ## LEBEN UND WERK

Maria Callas wurde am 2. Dezember 1923 in New York geboren. Kurz zuvor waren ihre Eltern von Athen aus in die USA emigriert. Als Dreizehnjährige kam sie mit ihrer Mutter nach Griechenland und begann am Athener Konservatorium bei der spanischen Sopranistin Elvira de Hidalgo ihr Gesangsstudium. Schon während ihrer Ausbildung stand sie im Athener Opernhaus auf der Bühne. 1944 kehrte sie zurück nach New York. Dort begegnete sie dem Tenor Giovanni Zenatello, dem Leiter der Opernfestspiele von Verona, der sie für die Titelrolle in *La Gioconda* von Amilcare Ponchielli (1834–1886) engagierte. Ihr Auftritt in der Arena von Verona 1947 wurde ein internationaler Erfolg. Im Jahr darauf trat sie unter der Regie von Tullio Serafin in Richard Wagners *Tristan und Isolde* auf, in Giacomo Puccinis *Turandot* sowie in Giuseppe Verdis Opern *Aida* und *Die Macht des Schicksals* und übernahm in Florenz erstmals die Hauptrolle in Vincenzo Bellinis *Norma*. In dieser ihrer Lieblingsrolle war sie während der folgenden Jahre in neunzig Aufführungen zu sehen und zu hören. Während eines Venedigaufenthalts 1948, bei dem sie als Brünnhilde in Richard Wagners *Walküre* auf der Bühne stand, sprang sie kurzfristig für die erkrankte Margherita Carosio ein und übernahm die Partie der Elvira in Bellinis *Die Puritaner*. Sie bewältigte damit gleichzeitig zwei Rollen, die ganz verschiedene Stimmlagen erfordern, und versetzte das Publikum in um so größere Begeisterung. Maria Callas faszinierte nicht allein durch ihre außergewöhnlichen Fähigkeiten als Sängerin, sondern gleichzeitig durch ihr schauspielerisches Talent. 1949 heiratete sie den fast dreißig Jahre älteren Industriellen Giovanni Battista Meneghini, der ihr Manager wurde, und nahm die italienische Staatsbürgerschaft an. Nachdem sie 1950 an der Mailänder Scala für Renata Tebaldi in drei *Aida*-Aufführungen eingesprungen war, reiste Maria Callas zu ihrem ersten Gastspiel nach Mexiko. Die Liste ihrer Erfolge und Tourneen wuchs an, ihr Repertoire erweiterte sich ständig durch neue Rollen, und sie gelangte zu weltweitem Ruhm. Luchino Visconti, unter dessen Regie sie unter anderem in Verdis *La Traviata* auftrat, nannte sie die größte Schauspielerin seit Eleonora Duse. Einige Jahre lang verband sie eine Liebesbeziehung mit Aristoteles Onassis, der 1968 dann jedoch Jacqueline Kennedy heiratete. Ihren letzten Opernauftritt hatte Maria Callas 1965 in London. 1971/72 unterrichtete sie an der Juilliard School of Music in New York; 1973 unternahm sie eine Konzertreise und trat mit Giuseppe Di Stefano in Europa, den USA und im Fernen Osten auf. Maria Callas starb am 16. September 1977 in Paris.

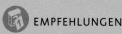 ## EMPFEHLUNGEN

Lesenswert:
Stelios Galatopoulos: *Maria Callas. Die Biographie*, Frankfurt/Main 1999.

Maria Callas – Images of a Legend. Englische Ausgabe. Mit 165 z.T. farbigen Abbildungen. München 1999.

Göttliche Stimmen. Lebensberichte berühmter Sängerinnen. Von Elisabeth Mara bis Maria Callas. Herausgegeben von Eva Rieger und Monica Steegmann, Frankfurt/Main 2000.

Hörenswert:
Vincenzo Bellini: *Norma*. Mit Maria Callas, Christa Ludwig, Franco Corelli, Nicola Zaccaria. Coro e Orchestra del Teatro alla Scala di Milano/Serafin.

Maria Callas: Wahnsinnsszenen. Philharmonia Orchestra and Chorus London unter der Leitung von Nicola Rescigno, London 1958.

Sehenswert:
Medea. Regie: Pier Paolo Pasolini; mit Maria Callas, Massimo Girotti, Laurent Terzieff, Giuseppe Gentile, Margareth Clementi, Italien/Frankreich/BRD 1969. (ital. Originalfassung).

 ## AUF DEN PUNKT GEBRACHT

In ihrer Stimme schwang nicht nur Leidenschaft, sondern auch ein Leiden, das ihre Fans entzückte, die Opernwelt beglückte und ihr selbst ein zufriedenes Leben verwehrte.

Marilyn Monroe

»Ich betrat in einem Reifrock die Kirche, unter dem ich nichts trug. Die Leute lagen auf dem Rücken, ich ging über sie hinweg, und sie blickten zu mir hoch. Ich wünschte mir verzweifelt, nackt vor Gott und allen anderen zu stehen.« Man könnte meinen: ein sehr erotischer Traum. Aber er drückt wohl eher aus, dass die Träumerin sich einsam und schutzlos fühlt. Marilyn Monroe wurde unehelich als Norma Jeane Mortenson geboren. Das Mädchen ist gerade zwei Wochen auf dieser Welt, als es zu Pflegeeltern kommt. Hier bleibt es sieben Jahre. Norma Jeanes Ersatzeltern behandeln sie freundlich, die Tage sind geregelt und sonntags geht es in die Kirche. Und weil sie ein gutes Kind sein möchte, betet sie eifrig. Aber sie hat auch den oben erwähnten Traum. Sie übt sich im Wohlgefallen. Nur weiß sie noch nicht, was die Erwachsenen wirklich von ihr wollen – zumal die Betreuer wechseln. Als sie gerade in die Schule gekommen ist, nimmt ihre Mutter sie wieder zu sich. Gladys Baker arbeitet in einem Filmlabor in Los Angeles und bewundert die Stars, die sie oft im Kino sieht. Nicht nur sie lebt in einer Traumwelt – auch Marilyn. In Interviews macht sie immer wieder unterschiedliche Angaben über ihre Heimaufenthalte oder ihren Vater. Nun lebt sie bei ihrer Mutter und deren Freundin Grace, die einen prägenden Einfluss auf Norma Jeane ausübt. Sie betet für die beiden, die gerne trinken, tanzen und spielen. Statt Kirche gibt's jetzt Kino. Amerikas Wirtschaft boomt, und die Filmindustrie – mit dem neuen Tonfilm – macht den wichtigsten Wirtschaftszweig von Los Angeles aus. Norma sitzt oft allein in den Filmpalästen und denkt sich in die Figuren und Geschichten hinein.

Grace studiert mit der Kleinen das Auftreten der Stars ein. Sie schminkt Norma, geht mit ihr in Schönheitssalons, steckt ihr Bänder ins Haar und kauft ihr neue Kleider. Norma Jeane ist

■ Die 19-jährige Marilyn Monroe im Jahre 1945. Photo von André de Dienes.

eine aufmerksame Schülerin, ständig erweitert sie ihr Repertoire.

Ihre Mutter ist mittlerweile in einer Nervenheilanstalt; Grace möchte das Kind adoptieren. Doch vorher wird die Kleine noch durch viele Ersatzfamilien wandern. Als sie wieder bei Grace landet, ist diese auch Vormund für ihre Mutter geworden. Jetzt kann es losgehen mit Norma Jeanes Karriere. Doch dann heiratet Grace, und der Mann fordert von der Stieftochter sexuelle Handlungen. Entsetzt sorgt Grace dafür, dass Norma Jeanes »Reise« weitergeht. Sie wacht in den nächsten Monaten bei so vielen verschiedenen Onkeln und Tanten auf, dass sie morgens nicht mehr weiß, wo sie sich gerade befindet.

Inzwischen ist sie zwölf – sieht aber aus wie siebzehn. Die Kleider, die sie trägt, sind zu eng für ihre runden Formen; und als sie mit Jeans in der Schule auftaucht, wird sie zurückgeschickt. Alle Welt wird auf sie aufmerksam – nicht nur die Jungs, die sie in der Pause umlagern. Bei einer Tante namens Ana, die offenbar wirklich lieb zu ihr ist, bleibt sie zwei Jahre, dann holt Grace sie zurück – um nach wenigen Monaten ohne sie wegzuziehen. Norma wird 1942 – also im Alter von 16 Jahren – mit dem Nachbarssohn Jim verheiratet, um versorgt zu sein. Die Eheleute reden kaum miteinander, weil sie sich nichts zu sagen haben. Er wird ihr erster »Daddy«, wie sie ihre Ehemänner später häufiger nennt.

Amerika tritt in den Zweiten Weltkrieg ein – Jim meldet sich freiwillig. Norma Jeane lackiert unterdessen Flugzeugteile in der Rüstungsindustrie. Dort sucht die Armee nach schönen Patriotinnen, um die Nation und die Soldaten aufzumuntern. Ein Photograph ist hingerissen von der Verwandlung, die sich vollzieht, wenn Norma vor einer Kamera steht. Sie wird unter Photographen herumgereicht, bis sie einer Agentur auffällt, die von der Natürlichkeit ihrer Körpersprache begeistert ist. Norma Jean führt sportliche Kleidung vor, wird aber wieder nach Hause geschickt: Wegen ihres Sexappeals achtet niemand auf die Ware. So wird sie stattdessen

■ Marilyn-Monroe-Postkarte von 1948.

■ Undatierte Porträtaufnahme der jungen Marilyn.

■ Marilyn Monroe 1954 bei ihrem ersten Auftritt als Truppenbetreuerin während des Koreakrieges vor US-Soldaten in Korea.

■ Marilyn-Monroe-Postkarte.

für Bademoden gebucht. Als Jim Weihnachten 1945 zurückkommt, besteht die Ehe nur noch auf dem Papier. Und weil die Filmstudios ungern Verträge mit verheirateten Jungschauspielerinnen machen, lässt das Paar sich 1946 scheiden.

Die nächste Station ist ein Vertrag bei der Fox. Dort bekommt sie auch ihren endgültigen Namen: Marilyn Monroe. Anfangs erhält sie nur kleinste Rollen und ist zwischendurch arbeitslos. Aber sie lässt nicht locker. Sie beobachtet ihre Kollegen und entwickelt Ehrgeiz und Fleiß. Disziplin fehlt ihr, aber der Wunsch, als Schauspielerin akzeptiert zu werden, ist ebenso mächtig wie das Bedürfnis nach Schutz durch einen »Daddy«. Und es gelingt ihr, über die komische Wirkung ihrer ebenso kindlich-naiven wie prallen Erotik große Regisseure zu interessieren und Riesenerfolge zu landen: In Howard Hawks' *Blondinen bevorzugt* und Jean Negulescos *Wie angelt man sich einen Millionär?* spielt sie Glamourstars wie Jane Russell und Betty Grable an die Wand. Auch in *Fluß ohne Wiederkehr* überzeugt sie; ihr lyrisches Spiel gibt dem Film Tiefe. Auf dem Höhepunkt ihrer Karriere kündigt sie bei der Fox und geht nach New York. Hier holt sie ein Schauspielstudium im »Actor's Studio« nach – auf der Flucht vor dem Sexbomben-Image, das ihr Kapital ist, über das sie aber hinauswachsen möchte. Privat wird sie weniger wegen ihrer komplizierten, zutiefst unsicheren Persönlichkeit als wegen ihrer Reize gemocht. Die Männer stellen ihr nach; auch Präsident Kennedy gehört später zu ihren Liebhabern. Sie gibt ihnen, was sie verlangen. Ihr selbst hat Sex, heißt es, kaum etwas bedeutet.

> »Als ich dort vor den johlenden Soldaten stand, und die Schneeflocken mich umtanzten, hatte ich zum ersten Mal in meinem Leben vor nichts Angst.«
> MARILYN MONROE

1954 ist sie noch kein Jahr mit dem Baseballstar DiMaggio verheiratet. Er ist wahnsinnig eifersüchtig. Sie nennt ihn mit der für sie typischen Ironie »mein Schläger«, weil sie sich manchmal blaue Flecken wegschminken muss. Sie ist jetzt ein großer Star und genießt einen der schönsten Augenblicke ihres Lebens, als sie vor 17 000 GIs in Korea auftritt. Aber sie wird stets von Versagensängsten geplagt, kommt oft zu spät zum Set, übergibt sich vor Nervosität und hat ständig Panikattacken. Sie trennt sich von DiMaggio und besucht mehrere Analytiker. Linderung verschaffen ihr Tabletten, die in den 1950ern noch gern und viel verschrieben werden. Die verheerende süchtig machende Wirkung, gerade in Verbindung mit Alkohol, ist noch nicht in ihrem ganzen Ausmaß bekannt oder wird ignoriert. Für Marilyn sind es kleine Helfer, die sie zuweilen aberwitzig kombiniert und deren Dosis sie im Laufe der Jahre drastisch steigert.

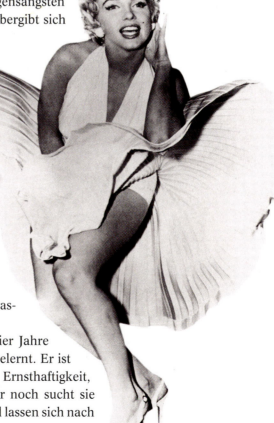

■ Eines der weltberühmten und unvergesslichen Bilder Marilyn Monroes entstand während der Dreharbeiten zu Das verflixte siebte Jahr im Jahre 1955.

1955 trifft sie Arthur Miller wieder; vier Jahre zuvor hatten die beiden sich kennen gelernt. Er ist elf Jahre älter als sie und besitzt diese Ernsthaftigkeit, die Marilyn so attraktiv findet. Immer noch sucht sie einen Vater. Miller und sie heiraten und lassen sich nach vier Jahren Ehe wieder scheiden. Kurz zuvor hat Marilyn ihre zweite Fehlgeburt erlitten. Miller schreibt

■ Marilyn Monroe am 6. Februar 1956 bei der Abfahrt vom Flughafen Idlewild, New York City, nach der Ankunft aus Hollywood; Arthur Miller hat bereits öffentlich um ihre Hand angehalten und die Scheidung von seiner Frau eingereicht.

für sie das Drehbuch zu ihrem letzten Film: *Nicht gesellschaftsfähig*. Die Rolle der Roslyn ist Marilyn so auf den Leib geschrieben, dass sie es kaum erträgt. Sie muss sich selbst spielen – und ihr Partner ist ausgerechnet ihr Vateridol aus Kindertagen: Clark Gable. »Ich spiele doch nur die Imitation meiner selbst. Als ich Arthur heiratete, hatte ich die Vorstellung, dass ich es schaffen würde, durch ihn von Marilyn Monroe loszukommen.«

Am 4. August 1962 erliegt Marilyn Monroe 36-jährig in Los Angeles einer Tablettenvergiftung. So die offizielle Version, an der es bis heute Zweifel gibt.

»Hilfe, Hilfe, Hilfe, ich spüre, das Leben kommt näher.
Während ich doch nur sterben will.«
MARILYN MONROE, nachdem sie erfahren hat, dass ihre große Liebe Arthur Miller nur Mitleid für sie empfindet

MARILYN MONROE

 LEBEN UND WERK

Den Künstlernamen Marilyn Monroe nahm die Schauspielerin nach ihrem ersten Filmvertrag im August 1946 an. Als Norma Jeane Mortenson am 1. Juni 1926 in Los Angeles geboren, wuchs sie in mehreren Pflegefamilien und Waisenhäusern auf, bis sie mit sechzehn Jahren ihren ersten Mann, den Flugzeugmechaniker Jim Dougherty heiratete. Zunächst arbeitete sie als Photomodell, 1946 – ihre Ehe war inzwischen geschieden – bekam sie einen Vertrag bei der Twentieth Century Fox als Nachwuchsschauspielerin. Zwei Jahre später war sie erstmals auf der Leinwand zu sehen. Erste Anerkennung wurde ihr als Nebendarstellerin in John Hustons Kriminalfilm Asphalt Dschungel (Asphalt Jungle, 1950) und in Joseph Mankiewicz' Alles über Eva (All about Eve, 1950) zuteil. In dem Film Niagara von Henry Hathaway übernahm Marilyn Monore 1953 erstmals eine Hauptrolle. Ihre Mischung aus Naivität, Unschuld und Sex-Appeal in Howard Hawks' Komödie Blondinen bevorzugt (Gentlemen Prefer Blondes) und Jean Negulescos Wie angelt man sich einen Millionär (How To Marry A Millionaire) begründeten noch im selben Jahr ihren Ruhm und ihr Image als Sexsymbol. Sie heiratete den berühmten Baseball-Star Joe DiMaggio, die Ehe wurde aber nach kaum einem Jahr geschieden. Nach ihrem nächsten großen Erfolg mit Billy Wilders Film Das verflixte 7. Jahr (The Seven Year Itch, 1955) ging Marilyn Monroe nach New York. Des Klischees der naiven Blondine überdrüssig und an ernsthafteren Rollen interessiert, nahm sie Schauspielunterricht am Actor's Studio und gründete gleichzeitig gemeinsam mit dem Photographen Milton Greene ihre eigene Firma: Marilyn Monroe Productions. In Joshua Logans Film Bus Stop (1956) fand sie in der Rolle der Nachtclubsängerin Cherie zu einem Kompromiss zwischen ihrem Image und dem neuen Anspruch. Es folgten Der Prinz und die Tänzerin (The Prince and the Showgirl, 1957), in dem Laurence Olivier nicht nur die Regie führte, sondern gleichzeitig die Hauptrolle übernahm, der Komödien-Klassiker Manche mögen's heiß (Some Like It Hot, 1959) von Billy Wilder und George Cukors Machen wir's in Liebe (Let's Make Love, 1960). Der bekannte Dramatiker Arthur Miller, mit dem Marilyn Monroe seit 1956 verheiratet war, schrieb für sie 1961 das Drehbuch Nicht gesellschaftsfähig (The Misfits) – es war ihr letzter vollendeter Film. Ein halbes Jahr nach der Scheidung ihrer dritten Ehe begann sie die Dreharbeiten für einen weiteren Film, wurde aber wegen ihrer Unzuverlässigkeit entlassen; ihre letzten Lebensjahre waren von physischer Erschöpfung und Depressionen überschattet. Marilyn Monroe starb am 5. August 1962 in Los Angeles an einer Überdosis Schlaftabletten.

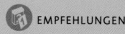 **EMPFEHLUNGEN**

Lesenswert:

Das Leben der Monroe. Adam Viktor, Köln 2000.

Adela Gregory/Milo Speriglio: Der Fall Marilyn Monroe, Berlin 1999.

Marilyn Monroe und die Kamera. 152 Photographien aus den Jahren 1945–1962. Mit dem berühmten Marilyn-Monroe-Interview von Georges Belmont, München 2000.

Sehenswert:

How To Marry A Millionaire (Wie angelt man sich einen Millionär). Regie: Jean Negulesco; mit Marilyn Monroe, Lauren Bacall, Betty Grable, USA 1953.

Niagara (Niagara). Regie: Henry Hathaway; mit Marilyn Monroe, Joseph Cotten, USA 1953.

The Seven Year Itch (Das verflixte 7. Jahr). Regie: Billy Wilder; mit Marilyn Monroe, Tom Ewell, Evelyn Keyes, USA 1955.

Some Like It Hot (Manche mögen's heiß). Regie: Billy Wilder; mit Marilyn Monroe, Tony Curtis, Jack Lemmon, USA 1959.

The Misfits (Nicht gesellschaftsfähig). Regie: John Huston; mit Marilyn Monroe, Clark Gable, Montgomery Clift, USA 1961.

 AUF DEN PUNKT GEBRACHT

Sie überzeugte durch ihren Sexappeal, der mit einer komischen Wirkung gepaart war – eine seltene Kombination.

Janis Joplin

■ Die Rocklegende Janis Joplin, undatiertes Photo.

Sie hatte mal eine schöne Stimme. Als junges Mädchen imitierte sie gern die Stimmen großer Country-Interpretinnen. Sie konnte wie eine Nachtigall tirilieren. Aber das Showgeschäft reizte sie ursprünglich gar nicht. Sie wollte Malerin werden.

Auf der Schule erwies sich Janis Joplin als überdurchschnittlich intelligent – ihre Leistungen waren beeindruckend. Die Eltern, ein Ingenieurs-Ehepaar im texanischen Port Arthur, waren stolz auf sie.

Doch dann geriet sie aus der Spur. Sie wollte nicht mehr lieb sein, nicht mehr lernen, nicht mehr gehorchen. Auch nicht mehr malen. Der Wandel vollzog sich allmählich. Erst waren da diese scheußlichen Pickel. Dann wurde sie dick. Und gemein. Das einstmals beliebte Mädchen war plötzlich out. Niemand wollte mehr etwas mit ihr zu tun haben. Sie trieb sich mit Straßengangs herum und ließ sich auf dem College nur noch selten blicken. Die Eltern und Geschwister machten sich Sorgen. Es wurde von Drogen gemunkelt. Und irgendwann kam Janis auf die Idee, statt Country etwas Härteres zu singen: Rock. Zunächst sang sie ganz für sich, dann für Freunde, schließlich in Clubs. Sie sang nicht bloß, sie schrie. Sie keuchte, kreischte, jammerte, jubelte, weinte. Wer sie hörte, griff sich ans Herz. So was war noch nie dagewesen.

Es dauerte aber noch eine Weile, bis Janis Joplins Karriere in Gang kam. 1960, zu Beginn des rebellischen Jahrzehnts, war sie siebzehn und hatte sich eben von dem netten Mädchen in die schreckliche Furie verwandelt. Sie verbrachte noch einige Jahre auf dem College, wo sie trotz ihres nur sporadischen Besuchs die Prüfungen schaffte. Zwischendurch trampte sie herum – immer auf der Suche nach neuen Erfahrungen, neuen Menschen, neuen Klängen. Sie jobbte als Serviererin und Platzanweiserin im Kino, brauchte ständig Geld, denn das mit den Drogen war nicht nur ein Gerücht. Sie sang auch hier und da. Aber das Showgeschäft reizte sie noch immer nicht, und so war sie bis zum Jahre 1966 nicht viel mehr als eine Gelegenheitssängerin in drittklassigen texanischen Clubs und Bars.

Dann erschien eine junger Mann namens Travis Rivers auf der Bildfläche und machte ihr den Vorschlag, mit ihm nach San Francisco zu gehen. Sie sollte da mit richtigen Musikern auftreten: Big Brother and the Holding Company. Diese Band suchte eine Sängerin. Nach anfänglichem Widerstand ging Janis mit, angeblich weil Travis »so verdammt gut im Bett« war. Ihre spätere Pressefrau und Biographin Myra Friedman warnt allerdings davor, den Anekdoten, die Janis über sich selbst in Umlauf gesetzt hat, Glauben zu schenken. Die wirkliche Janis Joplin war nämlich doch sehr ehrgeizig. Sie war undiszipliniert und schwierig, ihr Leben lang abhängig von Speed, Alkohol und später Heroin, aber sie verstand viel von Musik, trainierte ihre Stimme und wusste, was sie tat, wenn sie auf der Bühne stand. Zur damaligen Zeit verbarg man so etwas jedoch besser. Gefragt waren absolute Spontaneität, Ursprünglichkeit und Revolte – bis hin zur Selbstzerstörung. Wer in der Rock 'n' Roll-Szene etwas gelten wollte, durfte nicht zugeben, dass er an sich arbeitete. Seine Darbietung sollte das Leben selbst, und zwar in explosiver Extremsituation, sein. Genau dies bot Janis Joplin – nur dass es zugleich auch ihre Kunst war.

Was die Selbstzerstörung betraf, so hatte Joplin damit früh begonnen. Weder ihre Biographin noch befragte Freunde und Verwandte können eine Erklärung dafür liefern, warum das »nice girl« zum »bad girl« mutierte, und zwar zu einem besonders anstoßerregenden; und man kommt auch nicht weiter, wenn man in

■ Die »brave« Janis Joplin im Teenageralter: Ein rares Photo aus dem Familienalbum.

■ Die Rockerin Janis Joplin während eines Konzerts.

ihrer Seele bohrt und ihre Verletzlichkeit, ihre Liebebedürftigkeit und ihren sexuellen Overdrive hervorzerrt. Offenbar griff die Krise, in die während der Pubertät jeder junge Mensch gerät, bei ihr besonders tief und zog das Mädchen für immer auf die Anti-Seite, die Seite des Widerstands gegen die Werte der Elterngeneration. Der Rock 'n' Roll verkörperte genau diesen Widerstand. In diesem Milieu konnte Janis aus ihrer Auflehnung, ihrer Lebensangst und ihrer Erotik ein musikalisches Programm machen, das alles enthielt, wonach die Welt damals lechzte: Rhythmus, Kraft, Härte, Wut, Sehnsucht, Freiheit, Ekstase, Sex. Unter den Sängerinnen war Janis Joplin diejenige, die dem Rock 'n' Roll alles gab, was er forderte, und noch manches mehr. Sie fügte Witz hinzu, Obszönität und lyrische Elemente. Sie hätte eine große Rocksängerin bleiben und noch viele wunderbare Platten aufnehmen können – wären diese verdammten Drogen nicht gewesen. Aber es ist naiv, sich die Drogen aus Joplins Leben und Musik wegzudenken. Sie gehörten zu ihr – wie sie zu vielen ihrer Musikerkollegen gehörten, so z. B. zu Jimi Hendrix, der seinen Durchbruch auf demselben Festival erlebte wie sie: 1967 in Monterey.

■ Janis Joplin zu Beginn ihrer einzigartigen Karriere als Rocksängerin.

Bald darauf eroberte Joplin auch die Ostküste. Sie sang im »Anderson«, Lower East Side, New York, und schlug wie ein Blitz ein. Jetzt war Janis oben. Der Dylan-Manager Albert Grossman nahm sich ihrer an, und bald war sie zu gut, zu eigenwillig und zu musikalisch für die stets ein wenig amateurhafte Big-Brother-Band. Mit Photo- und Presseterminen kam sie allerdings weiterhin nicht zurecht.

Sie war auch noch immer nicht wirklich bühnenpräsentabel mit ihrer Pummeligkeit, ihren Pickeln und ihren unmöglichen Klamotten. Ihre Haare sahen aus wie ein Wischmopp, und sie konnte das »undergroundgirl« nie ganz verleugnen. Aber auch das gehörte

■ Nach dem Tod von Janis Joplin gab das Universal Studio den Film *Janis* in Auftrag. Der Regisseur und Drehbuchautor Howard Alk schuf ein eindrucksvolles Filmporträt des Rockstars, das Janis Joplin in den wenigen erhaltenen Studio- und Liveaufnahmen lebendig werden lässt.

zu ihrem Image. Sie war eben einfach anders als der Rest. Die neue Band bestand aus Vollprofis, die Konzertreisen führten zu den besten Adressen. Die Europa-Tour – Amsterdam, Kopenhagen, Stockholm, Paris, London – glich einem Triumphzug. Janis nahm Platten auf, und sie verdiente gutes Geld, mit dem sie offenbar sehr sparsam umging. Ansonsten wartete sie darauf, dass Mr Right auftauchte.

Er kam nicht. Janis versuchte es immer wieder – mit Straßenjungs, für die sie eine Schwäche hatte, mit Musikern (natürlich!), mit Bewunderern, auch mit Frauen. Sie hatte eine längere Affäre mit Kris Kristofferson. Niemand blieb bei ihr. Sie war sehr fordernd, vielleicht zu leidenschaftlich und immer drauf und dran, in Traumgefilde abzuheben. »Janis, das Symbol aller Gefühle, klammerte sich an Gefühle, die gar nicht existierten. Das war eine direkte Auswirkung der Nadel und zugleich einer der wichtigsten Gründe für ihren Gebrauch« (Myra Friedman). Und so blieb das Leid, das aus Janis' Gesang und Geschrei heraustönte, ihr wirkliches, ureigenes. Janis Joplin suchte Psychiater auf und machte Entziehungskuren – auf Wunsch ihrer Freunde und Manager. Es war sinnlos. Sie kam von der Sucht nicht frei, blieb ein Junkie, schwankte höchstens zwischen Alkohol (Southern Comfort) und Heroin. Immerhin war sie professionell genug, vor den Auftritten weder zu trinken noch zu spritzen, um über die enorme Energie, die sie auf der Bühne entwickelte, frei verfügen zu können. Bei Schallplattenaufnahmen war sie

»Es war eine Whiskeystimme – weil sie ständig harte Sachen trank. Sie hatte schon längst keine Stimme mehr, als sie endlich berühmt war. Und das ärgert mich! Janis hat Amerika praktisch mit nur halber Kraft um den Verstand gesungen.«
JOHN CLAY

> »Janis wurde immer von Leuten verwirrt, die, obgleich außergewöhnlich, sich trotzdem einer gewissen Ordnung unterwerfen konnten. Für sie selbst gab es nur Extreme; eine Welt primitiver, ungezügelter Impulse – oder eine geordnete Welt, die sie unterdrückte. Sie konnte sich einfach nicht anpassen.«
> MYRA FRIEDMAN

manchmal gerade durch das Heroin besonders leistungsfähig: aufgedreht, high, schrill. Aber ihre hellen Phasen wurden immer kürzer. Und die dunklen immer länger. Sie versank in Schwermut.

Im September 1970 starb Jimi Hendrix – am Rauschgift. Janis war erschüttert und bemerkte mit dem ihr eigenen schwarzen Humor, sie müsse wohl noch ein wenig durchhalten, denn zwei tote Rockstars in einem Jahr – das wäre zu viel. Aber sie schaffte nicht mal mehr einen Monat. Am 3. Oktober 1970 setzte sie sich in einem Hotel in Hollywood den Goldenen Schuss. Ob es Absicht war oder ein Unfall, lässt sich nicht klären. Gegen den Selbstmord spricht die Tatsache, dass sie sich gerade verlobt hatte, mit einem Collegestudenten aus Berkeley namens Seth Morgan. Sie war gerade einmal 27 Jahre alt geworden. Posthum erreichte ihre Single *Me and Bobby McGee* Platz 1 der Charts und wurde damit nachträglich ihr Markenzeichen.

■ Backstage-Aufnahme von Janis Joplin kurz vor ihrem frühen Tod.

JANIS JOPLIN

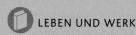 **LEBEN UND WERK**

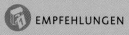 **EMPFEHLUNGEN**

Janis Joplin wurde am 19. Januar 1943 als Tochter eines Direktors der Texaco-Ölgesellschaft in Port Arthur in Texas geboren. Nach ihrem High-School- Abschluss besuchte sie zunächst das Lamar College of Technology in Beaumont, dann wechselte sie an die University of Texas in Austin, wo sie sich für das Fach Kunst einschrieb. Sie lebte dort in einem ärmlichen Appartmentkomplex, der den Mittelpunkt der Beatszene und Folkbewegung von Austin bildete. Die Studenten, die hier lebten, verband vor allem ihre Ablehnung des auf dem Campus herrschenden Konformismus – doch ebenso wichtig war die Musik. Janis Joplin, die die Fähigkeit besaß, Stimmen so zu imitieren, dass man sie nicht von der Originalaufnahme unterscheiden konnte, trat in Clubs auf, sang Blues und Country und fuhr durch die USA. Oft trampte sie nach Louisiana und zog durch die Bars. 1963 verließ sie Austin und ging nach San Francisco. Dort trat sie vom ersten Abend an regelmäßig auf und nahm gelegentlich Aushilfsjobs an. Misserfolge waren der Grund dafür, dass sie wieder auf Reisen ging. Sie hielt sich unter anderem in New York auf, kehrte dann für ein Jahr nach Port Arthur zurück und besuchte für kurze Zeit noch einmal die Universität. 1966 wurde sie in San Francisco die Sängerin der Band Big Brother and the Holding Company, mit der sie im Jahr darauf beim dreitägigen Monterey Pop Festival an der kalifornischen Küste ihren Durchbruch erlebte. Bald darauf erschien ihre erste Aufnahme auf der Schallplatte *Big Brother and The Holding Company*. Nach der nächsten gemeinsamen Platte *Cheap Thrills* im Herbst 1968 trennte sich Janis Joplin von der Band. Mit einem neu zusammengestellten Begleitensemble unternahm sie im Frühjahr 1969 eine Europa-Tournee und feierte große Erfolge in Amsterdam, Kopenhagen, Stockholm, Paris und London. Janis Joplin galt als die expressivste weiße Interpretin des Blues. Im selben Jahr entstand in den Columbia Studios in Hollywood die Schallplatte *I Got Dem Ol' Kozmic Blues Again, Mama!*, die in den USA unter die Top Five kam und eine Millionenauflage erreichte. Am 4. Oktober 1970, während der Aufnahmen für ihr nächstes Album, starb Janis Joplin in Los Angeles an einer Überdosis Heroin. Kurz zuvor hatte sie ihren größten Song *Me and Bobby McGee* aufgenommen. Die Schallplatte, auf der er erschien, wurde posthum mit dem Titel *Pearl*, ihrem Spitznamen, veröffentlicht. Das letzte Stück *Buried Alive in the Blues*, zu dessen Aufnahme es nicht mehr kam, ist auf der Platte in einer Instrumentalversion zu hören. Janis Joplins Lebensgeschichte wurde 1979 unter dem Titel *The Rose* von Mark Rydell verfilmt. Außerdem wurde 1974 *Janis – Die Janis-Joplin-Story* zusammengestellt, eine Dokumentation aus Interview- Zusammenschnitten und Konzertaufnahmen (Buch und Regie: Howard Alk und Seaton Findlay).

Lesenswert:
Myra Friedman: *Die Story von Janis Joplin*, Hannibal 1992.

Hörenswert:
Janis Joplin: Big Brother and The Holding Company: *Cheap Thrills*, 1968. Columbia 1997. 2 Audio-CDs.
I Got Dem Ol' Kozmic Blues Again, Mama!, 1969. Columbia 1999. LP/Audio-CD.
Pearl, 1970. Columbia 1999. LP/Audio-CD.
In Concert, 1972. Columbia 1990. LP/Audio-CD.

Sehenswert:
Janis (Janis – Die Janis-Joplin-Story). Buch und Regie: Howard Alk und Seaton Findlay. USA 1974.

The Rose. Regie: Mark Rydell; mit Bette Midler, Alan Bates, Frederic Forrest, Harry Dean Stanton, Barry Primus, David Keith, Sandra McCabe, USA 1979.

 AUF DEN PUNKT GEBRACHT

Die explosivste Rockn' Rollerin ihrer Zeit. Anpassung war ihr unmöglich – nicht mal in der Rockszene fühlte sie sich zu Hause.

Aung San Suu Kyi

Es ist ein Waldland. Die Wälder liefern Teakholz. Die Böden Erdöl, Zinn, Kupfer und Gold. Die Menschen bestellen den Acker, blinzeln in die Sonne und könnten glücklich sein. Aber sie sind es nicht. Birma ist eine Diktatur, eine Militär- und Einparteiendiktatur; es gibt weder Meinungsfreiheit noch Freizügigkeit, weder Rechtssicherheit noch gerechte Verteilung.

Die Generäle wollen Birma entwickeln. Sie verstehen darunter, dass sich ausländische Investoren im Lande niederlassen, die Bodenschätze ausbeuten und der Bevölkerung mit billigen Konsumgütern zu Leibe rücken. Dafür braucht Birma Straßen, Flughäfen, Fabrikanlagen. Wo die gebaut werden sollen, dösen kleine Dörfer vor sich hin, trottet das Vieh zur Tränke. Damit soll es vorbei sein. Hütten werden abgefackelt, Tiere in den Wald getrieben und die Menschen zum Straßenbau zwangsverpflichtet. Wer nicht mitmacht, wird verhaftet. Wer protestiert, landet im Gefängnis. Dort überlebt er nicht lange.

■ Aung San Suu Kyi, birmanische Politikerin und Dissidentin

Es gibt noch andere Gründe für das Unglück der Einwohner Birmas. Das Land ist ein Vielvölkerstaat. Und die verschiedenen Völker verstehen sich schlecht. Von den gut vierzig Millionen Einwohnern sind nur fünfzehn Millionen buddhistische Birmanen, die übrige Bevölkerung verteilt sich auf vielerlei Ethnien, die auch noch unterschiedlich religiös gebunden sind: Karen, Kachin, Shan, die sich gegen die Vorherrschaft der Birmanen auflehnen und sich untereinander bekämpfen. Seit fünfzig Jahren tobt der Guerillakrieg, und seit 1962 bezieht eine grausame Junta unter General Ne Win Legitimation aus dem Anspruch, allein mit Waffengewalt das zerfallende Reich zusammenzuhalten. Sie nennt sich denn auch: State Law and Order Restoration Council, abgekürzt SLORC, zu deutsch etwa: Rat zur Wiederherstellung von Recht und Ordnung. Recht? Ordnung? Es herrscht Willkür, es herrscht Angst. Alle wissen es: die Generäle und die Bevölkerung. Und das Volk, warum wehrt es sich nicht? Warum begräbt es nicht das Ethno-Kriegsbeil und wirft die verbrecherische Junta aus ihren Palästen? Das Volk hat diesen Schritt getan, es war mutig und einig. Das ist zwar schon länger her, aber es ist nicht vergessen, und es gibt eine Person, eine Leitfigur, eine Hoffnungsträgerin, die aus dem damaligen Aufstand hervorgegangen ist und bis heute ihren Kampf für Freiheit und Demokratie in Birma fortsetzt: Aung San Suu Kyi.

■ 1. Dezember 1992: Aung San Suu Kyi ist in den Hungerstreik getreten, um ihrer Forderung nach Verhandlungen mit der Regierung Nachdruck zu verleihen.

Ein Hauch von Freiheit wehte im Jahre 1988. Damals revoltierten die Studenten in der Hauptstadt Rangun gegen das korrupte Militärregime; in endlosen und zahlenstarken Demonstrationen forderten sie den Rücktritt der Generäle und freie Wahlen. In Stadt und Land unterbrachen die Leute ihre Arbeit und schlossen sich den Demonstrationszügen an. Sie wollten die Demokratie.

Aung San Suu Kyi ist die Tochter des birmanischen Freiheitskämpfers Aung San, der im Jahre 1947 ermordet wurde. Suu Kyi war damals zwei Jahre alt. Ihre Mutter ging mit den Kindern ins Ausland; Suu Kyi lebte in Japan, den USA, in Indien, Bhutan und England. Ihre birmanische Staatsangehörigkeit behielt sie, besuchte ihre Heimat jedoch immer nur kurz. In Delhi studierte sie Politikwissenschaft, in Oxford Ökonomie. Sie heiratete einen Engländer: den Tibet-Forscher Michael Aris, mit dem sie zwei Söhne hat. Sie arbeitete bei den Vereinten Nationen in New York. Sie lernte die Welt kennen, und überall war man froh über die Mitarbeit und den Rat dieser kompetenten,

> »Ich möchte nicht, dass die Menschen zu viel erhoffen, weil Menschen mit zu großen Erwartungen zu wenig selbst in die Hand nehmen. Wenn meine Landsleute etwas ändern wollen, müssen sie dafür arbeiten. Und sie müssen verstehen, dass es eine Menge zu tun gibt.«
> AUNG SAN SUU KYI

■ 10. Dezember 1991: Aung San Suu Kyi ist mit dem Friedensnobelpreis ausgezeichnet worden. Die Militärjunta hält sie unter Hausarrest. Ihr Ehemann Michael Aris und ihre beiden Söhne Alexander (18) und Kim (14) vertreten sie in Oslo bei der Feier. Alexander hält die Dankesrede stellvertretend für seine Mutter bei der Übergabe des Preises im Osloer Rathaus.

sympathischen Frau. Ein glückliches Leben. Aber etwas fehlte. Suu Kyi fühlte sich mit ihrer Heimat verbunden und litt darunter, dass Birma in ein Gefängnis, in ein Arbeitslager verwandelt wurde. Der Gedanke an ihr Land verließ sie nie.

Im Jahre 1988 erkrankt die wieder nach Birma zurückgekehrte Mutter Suu Kyis schwer und möchte ihre Tochter bei sich haben. Suu Kyi reist daraufhin nach Hause – und gerät mitten in den damaligen Volksaufstand. Es ist der reine Zufall. Die junge Frau erkennt erst ihre Landsleute nicht wieder – und dann begreift sie, was die Stunde geschlagen hat. Am 26. August 1988 feuert sie in einer machtvollen Rede vor der goldenen Schwedagon-Pagode das Volk an, jetzt endlich für demokratische Verhältnisse zu sorgen – das heißt vor allem: ein Mehrparteiensystem durchzusetzen und der zersplitterten, illegalen Opposition ein Rederecht zu erstreiten. Alle wollen die Tochter des ermordeten Aung San, an den die Älteren sich noch gut erinnern, hören. Alle wollen der glühenden Rednerin lauschen, die wie durch ein Wunder zurück ins Land und vor die goldene Pagode gekommen ist. Die Junta-Gegner trauen sich aus der Reserve, die Studenten formulieren freiheitliche Parolen, das Volk feiert seine Heldin: Suu Kyi.

Es ist ein schwarzer Tag für die Generäle. Sie reagieren, wie sie es immer taten: mit Repression. Die Gefängnisse füllen sich mit Regimegegnern, auch Suu Kyi wird verhaftet. Gegen die Studenten gehen die Militärs mit äußerster Härte vor – sie schießen in die Menge, und es gibt mehr Tote als ein Jahr später auf dem Platz des Himmlischen Friedens in Peking. Allerdings müssen die Machthaber Wahlen anberaumen. So sicher sind sie, dass ihre Politik der Angst dem SLORC die Mehrheit bescheren wird, dass sie nicht einmal auf die Idee kommen, die Stimmenauszählung zu überwachen und das Resultat gegebenenfalls zu fälschen. Die NLD, die National League of Democracy (Nationale Liga für Demokratie) mit Aung San Suu Kyi an der Spitze gewinnt 82 Prozent der Sitze. Es ist ein Schock für die Junta.

Sie erkennt denn auch das Wahlergebnis nicht an, erklärt die Liga für vom Ausland unterwandert und stempelt Suu Kyi, die schließlich mit einem Briten verheiratet ist, zur Verräterin. Die Politikerin, die inzwischen aus der Haft entlassen worden ist, wird unter Hausarrest gestellt; sie darf weder telefonieren noch Briefe schreiben oder empfangen, nicht einmal ihr Mann oder ihre Söhne erhalten die Erlaubnis, sie zu besuchen. Und als ihr im Jahre 1991 der Sacharowpreis für Menschenrechte des Europäischen Parlaments verliehen wird, will man sie nur unter einer Bedingung zur Entgegennahme der Ehrung ausreisen lassen: dass sie nicht zurückkommt.

Suu Kyi lehnt ab. Statt ihrer nimmt ihr Mann den Preis in Empfang. Und im selben Jahr gibt es eine zweite hohe Ehrung für die Freiheitskämpferin: Sie erhält den Friedensnobelpreis. Schlagartig richten sich die Augen der Welt auf Birma, auf Rangun und die Universitätsstraße, wo die prominente Preisträgerin unter Hausarrest steht. Die Generäle ziehen die Köpfe ein. Sie versuchen abzulenken und die Investoren mit günstigen Bedingungen ins Land zu komplimentieren. Aber selbst solche Firmen, die nur billig an Bodenschätze herankommen wollten, zögern jetzt. Da gibt es diese Sache mit Aung San Suu Kyi ... Muss das sein? Und die vielen Flüchtlinge, die über die thailändische Grenze drängen ... und die Mönche – Tausende an der Zahl –, die unter Tempelarrest stehen ... Die unbegrenzten Vollmachten des Geheimdienstes ... Die Zustände in den Gefängnissen ... Ameri-

■ 9. Juli 1995: Aung San Suu Kyis erster offizieller Auftritt nach ihrem 6-jährigen Hausarrest. Sie legt am Grab ihres Vaters einen Kranz nieder.

■ 14. Juli 1995: Aung San Suu Kyi hält am Zaun ihres Hauses in Rangun eine Ansprache für wartende Anhänger. Vier Tage zuvor hatte die Militärjunta, auf massiven internationalen Druck, den sechsjährigen Hausarrest aufgehoben.

»Gut, ich bin frei, aber andererseits fühlte ich mich immer frei. Ich habe mich nicht wirklich nach der großen weiten Welt da draußen gesehnt. Wichtig für mich war vor allem, mich innerlich frei zu fühlen.«

Suu Kyi
nach ihrer Freilassung aus dem Arrest

■ 26. Mai 1996: Aung San Suu Kyi eröffnet ein Treffen der Oppositionspartei NLD in Rangun. Erstmals seit Jahren sind mehrere hundert Mitglieder zusammen gekommen. Zum Abschluss des Parteitages kündigt Suu Kyi die Ausarbeitung eines eigenen Verfassungsentwurfs an und fordert die Militärjunta gleichzeitig zu einem Dialog auf.

■ 23. Mai 2000: Die birmanische Oppositionspolitikerin Aung San Suu Kyi während einer Pressekonferenz vor der Fahne der Oppositionspartei NLD, der Nationalen Liga für Demokratie.

kanische, französische, dänische Investoren überlegen es sich dreimal, ehe sie sich in Birma engagieren, zumal Aung San Suu Kyi selbst sich den Boykottaufrufen anschließt. Jetzt geraten die Generäle unter Druck. Endlich, im Jahre 1995, wird die Arrestverfügung für die Oppositionsführerin aufgehoben.

Frei ist sie deshalb noch lange nicht. Sie wird überwacht, muss mit ansehen, wie immer wieder NLD-Mitglieder im Kerker verschwinden; ihr persönlicher Sekretär wird 1996 wegen Störung der öffentlichen Ordnung zu sieben Jahren Gefängnis verurteilt. Sie selbst wird von der Propagandapresse als »giftige Schlange« bezeichnet und mit Schikanen an ihrer politischen Aktivität gehindert. Aber das Volk weiß genau, wo die Giftmischer in Wirklichkeit sitzen. Auch die Weltöffentlichkeit weiß Bescheid. Gespannt beobachtet sie die Fortsetzung des Kampfes zwischen einer Frau, die nichts hat als ihren Idealismus und die Liebe ihrer Landsleute, und einer Junta, die sich in einem Waffenpark verschanzt.

Das mit dem Friedensnobelpreis verbundene Geld hat Suu Kyi in einem Gesundheits- und Erziehungsfond zur Unterstützung der Bevölkerung Birmas angelegt.

AUNG SAN SUU KYI

 LEBEN UND WERK

Aung San Suu Kyi wurde am 19. Juni 1945 als Tochter des Generals und Politikers Aung San in Rangun in Birma geboren, das damals noch von Großbritannien besetzt war. Als sie zwei Jahre alt war, wurde ihr Vater, ein linksnationaler Freiheitskämpfer, der einen liberalen Verfassungsentwurf ausgearbeitet hatte, ermordet. Im Jahr darauf, 1948, erlangte Birma die staatliche Unabhängigkeit. Ab 1960 lebte Aung San Suu Kyi in Delhi, wo ihre Mutter ihr Amt als Botschafterin Birmas antrat, das 1962 nach schweren Unruhen in eine Militärdiktatur verwandelt wurde. Von 1964 bis 1967 studierte Aung San in Oxford Philosophie, Politik und Volkswirtschaft. Nach dem Studium ging sie nach New York und arbeitete dort drei Jahre bei den Vereinten Nationen. 1972 zog sie nach Bhutan, wo ihr Mann, der Tibetologe Michael Aris, als Privatlehrer der königlichen Familie angestellt war, und arbeitete als Beraterin des bhutanischen Außenministers. 1974 wurde ihr erster Sohn geboren, der zweite vier Jahre später, als die Familie bereits wieder in Oxford lebte. Dort schrieb sie zunächst eine Landeskunde Birmas für Kinder. Anfang der 1980er Jahre übernahm Aung San Suu Kyi einen Lehr- und Forschungsauftrag, aus dem eine Kurzbiographie über ihren Vater hervorging. Sie begann Japanisch zu lernen, unter anderem um die Quellen über ihren Vater in den japanischen Archiven im Original lesen zu können. 1985 ging sie für ein Jahr mit einem Forschungsstipendium an die Universität Kyoto. Anschließend führte sie ihre Forschungstätigkeit im indischen Simla mit einer vergleichenden Studie über den Nationalismus in Birma und Indien in der Zeit zwischen den beiden Weltkriegen fort. Als ihre Mutter im März 1988 einen Schlaganfall erlitt, fuhr Aung San Suu Kyi nach Rangun, um sie zu pflegen. Dort geriet sie direkt in die pro-demokratische Bewegung, die politische Reformen im Lande forderte und eine Ablösung der Militärdiktatur. Bei ihrem ersten öffentlichen Auftritt am 26. August 1988 proklamierte sie vor einer halben Million Menschen den »zweiten Kampf für die Unabhängigkeit« und wurde zur führenden Oppositionspolitikerin. Auf hunderten öffentlichen Reden verlangte sie immer wieder den Rücktritt der Junta. Sie war Mitbegründerin und Generalsekretärin der »National League for Democracy« (NLD), die bei den Parlamentswahlen 1990 einen klaren Sieg errang; eine Regierungsübernahme wurde jedoch durch die Militärjunta verhindert. Von 1989 bis 1995 stand Aung San Suu Kyi unter Hausarrest und lebte vollständig isoliert. Ihrem 1999 verstorbenen Mann war es jahrelang verboten, sie zu sehen. Nach der Aufhebung des Hausarrests nahm sie sofort ihre Parteiarbeit wieder auf. Aung San Suu Kyi erhielt 1991 den Friedensnobelpreis. Durch wachsenden internationalen Druck nimmt das Militärregime im September 2000 Gespräche mit Aung San Suu Kyi auf. Doch im Oktober 2000 wird sie wieder, für 19 Monate, unter Hausarrest gestellt. Im Januar 2003 erlaubt das Militärregime erstmals Abgesandten von Amnesty International nach Burma zu reisen, die Gespräche mit der Regierung und Suu Kyi führen. Am 31. März 2003 nimmt die Militärführung Aung San erneut fest. Nachdem sie eine zeitlang im Gefängnis gewesen und im September operiert worden ist, wird sie in Yangoon unter Arrest gestellt. Am 24. Oktober 2005 dauert ihr Hausarrest insgesamt zehn Jahre an. Am 20. Mai 2006 kommt es im Rahmen einer neuen diplomatischen UN-Mission zu einem Treffen mit einem Abgesandten der Vereinten Nationen. Am 27. Mai 2006 wird der Hausarrest Suu Kyis um ein weiteres Jahr, im Mai 2007 nochmals um ein Jahr verlängert. Angesichts des öffentlichen Drucks macht die Junta im Oktober 2007 ein Gesprächsangebot. In medienwirksam inszenierten Gesprächen darf Aung San Suu Kyi erstmals wieder mit Mitgliedern der NLD sprechen. Die wöchentlich geplanten Gespräche wurden Ende November 2007 eingestellt.

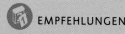 **EMPFEHLUNGEN**

Lesenswert:
Aung San Suu Kyi: *Der Weg zur Freiheit. Gespräche mit Alan Clements*, Bergisch Gladbach 1999.

Barbara Schwepcke: *Aung San Suu Kyi – Heldin von Burma*, Freiburg 1999.

 AUF DEN PUNKT GEBRACHT

Das birmanische Volk liebt sie und hofft auf sie, das Militär hasst und fürchtet sie. Und sie bleibt standhaft.

Barbie

Sie ist 29 cm groß. Der längste Teil sind Beine. Der Rest ist taillenschlank, busenstolz, zierlich und süß: ein blondes Köpfchen, große, weit auseinander stehende blaue Augen, ein Stumpfnäschen, ein Herzmund. Die Puppe heißt Barbie, ist viele Hunderte von Millionen Mal in aller Welt verkauft worden und hat der amerikanischen Firma Mattel ein Vermögen eingebracht. Sie ist ihres gewaltigen Erfolges wegen längst mehr als eine Puppe: eine Ikone. Ein Symbol für die Spiel- und Wandlungslust einer ganzen Epoche: der zweiten Hälfte des 20. Jahrhunderts, einer relativ friedlichen Zeit, in der sich der Massenkonsum wie nie zuvor in der Geschichte steigerte. Und umgekehrt wurde »Barbie« zum Inbegriff und Synonym für die Puppe. So manches kleine Mädchen wünscht sich zum Geburtstag nicht eine Puppe, sondern »eine Barbie«. Nur noch Coca-Cola, Levis-Jeans oder Mickey Mouse haben eine ähnliche Ausstrahlung als Fetische der amerikanischen Lebensart und ihrer Dynamik.

Barbie wurde 1959 erfunden. Ihre Schöpferin heißt Ruth Handler – sie stieß keineswegs auf einhellige Resonanz mit ihrem Entwurf. Wie, eine erwachsene Puppe? Ein Spielzeug für kleine Mädchen, das Brüste hat und hochhackige Schuhe trägt? Man befürchtete zunächst, dass die Puppenmütter dieses neue Mitglied ihrer Familie nicht akzeptieren würden – aber es geschah das Gegenteil. Barbie trat einen beispiellosen Siegeszug an und bezog nach und nach fast jedes Haus, in dem weibliche Kinder lebten. Spielen Jungen nicht mit Barbie? Es mag vorkommen, dass der kleine Bruder mitmacht, aber sowie er entdeckt, dass er ein Junge ist, von dem man ganz andere Interessen erwartet, wird er sich von Barbie abkehren. Denn diese Puppe ist nicht bloß einfach zum Spielen da, zum Herumtragen, In-den-Puppenwagen-Legen, Füttern und Ansprechen – sie ist eine *Ankleidepuppe*. Solange nur die Puppe da ist, aber noch kein Kleiderschrank, ist es nur der halbe Spaß. Barbie braucht Blusen, Hosen, Röcke, Mäntel, ein Ballkleid, ein Hochzeitskleid, einen

■ Die erste Barbie von 1959. Sie zeigt alle stereotypischen Merkmale des Gesichts der 50er. Perfekt ergänzt durch die »Ponytail«-Frisur.

> »Barbie symbolisiert die Westmenschen als Kulturträger in der allgemein verbindlichsten Art. Persönlichkeitstypen, sozialfamiliäres Bindungsverhalten, Sexualität, Hygiene, Körperschemata, Vorstellungen vom guten Leben in Selbstverwirklichung und Weltgenuss – das Produkt Barbie allegorisiert die Begriffe unserer Kultur, sobald die Spielenden mit ihr imaginativ operieren.«
> BAZON BROCK, Kulturwissenschaftler

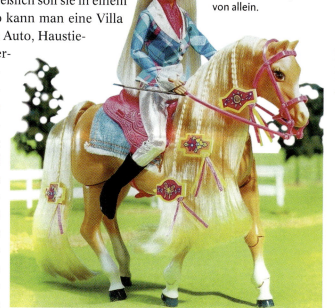

■ 1976 ist Hairstyling bei Barbie Thema Nr.1. »Deluxe Quick Curl Barbie« erfreut ihre Fans mit einer Frisur, die sich ganz leicht stylen läßt. Und »New Look Ken« erscheint zum ersten Mal mit echtem, frisierbarem Haar.

■ »Traumpferd Sprint«. Wird sein Schweif angehoben, trabt und trabt er immer weiter, ganz von allein.

Tennisdress, eine Küchenschürze, ein Paar Stiefel, zehn Paar Stöckelschuhe, ein Nachthemd, Wäsche, ein Negligée, Pullover, Kopftücher, einen Badeanzug, eine Pelerine, ein Cocktailkleid ... Sie braucht Freunde und Freundinnen, die auch alle über eine ausgesuchte und reichliche Garderobe verfügen. Und schließlich ergreift sie einen Beruf, wird z. B. Stewardess oder Tänzerin und braucht die entsprechenden Kostüme. Oder sie wird Rocksängerin oder Filmschauspielerin, und dann trägt sie die verführerischsten Roben, um vor einem großen Publikum zu singen oder den Oskar entgegenzunehmen. Es gehören auch noch allerlei Accessoires zu Barbie: Handtaschen, Gürtel, Schmuck, Hüte. Und schließlich soll sie in einem passenden Ambiente leben – also kann man eine Villa für sie kreieren, einen Garten, ein Auto, Haustiere und Musikinstrumente. Neuerdings soll sie sich sogar in den US-Präsidentschaftswahlkampf stürzen – der Siegerin winkt eine hochgeschlitzte Amteinführungsrobe. Diese ganze Barbiewelt ist käuflich zu erwerben. Das Kind baut sie zuhause auf, stellt Barbie hinein, arrangiert um, nimmt Barbie in die Hand und zieht sie aus und wieder an. Heute erwartet sie Besuch von einer alten Schulfreundin, mit der sie schwimmen gehen will. Also wird sie ein leichtes Sommerkleid tragen, nehmen

■ 1980 präsentiert »Barbie in Black« kulturelle Vielfalt, die erste afro-amerikanische Barbie kommt auf den Markt. Die schwarze Barbie auf diesem Bild gehört zu den Sammelbarbies. Hier präsentiert sich Barbie als Ghanaerin in einer originalgetreuen Tunika aus Kente-Gewebe.

wir das pinkfarbene, und packen wir eine Badetasche für sie: mit dem neuen Bikini und dem großen Handtuch, dazu den Strohhut mit dem roten Band.

Barbie ist also eine Modepuppe. Da sie eine Modelfigur hat, sieht sie immer chic aus. Ihre kleine Besitzerin kann ihr selbst etwas nähen oder basteln – es wird ihr bestimmt gut stehen. Und während die Kleine ihre Barbie an- und auszieht und sich an ihrer Eleganz weidet und sie mit der männlichen Zweitpuppe Ken, Barbies Freund, ins Auto setzt und ins Kino oder in den Wahlkampf schickt, denkt sie an ihre eigene Zukunft. Werde ich auch einmal so hübsch sein? So langbeinig? So toll gebaut? Werde ich auch so viele Kleider haben? So viel Erfolg? Und einen so tollen Freund?

Die Puppenmutter muss gar nicht ins Nachdenken geraten. Die Vorstellung, was es heißt, ein junges Mädchen zu sein und Blicke auf sich zu ziehen, weckt Barbie in ihr ganz von selbst. Es geht gar nicht anders. Dazu ist die Puppe viel zu reizvoll in ihrer Langgliedrigkeit und Blondlockigkeit, viel zu aufdringlich covergirlmäßig. Einzig der naive Gesichtsausdruck lenkt davon ab, dass Barbie eine vollerblühte Jungfrau ist, die starke erotische Signale in ihre Umgebung versendet. Zwar bemüht man sich heute, Barbie mit Laptops und Handys als »working girl« durchgehen zu lassen, aber in erster Linie ist und bleibt sie *sexy*. Und beim vielen An- und Ausziehen und beim Anprobieren des Negligées kommen vielleicht auch einer Achtjährigen schon erste Ahnungen ihrer zukünftigen Weiblichkeit und Verführungskraft.

Ist das gut so? Kleine Mädchen sind oft kokett; sie flirten reichlich unverschämt mit aller Welt, und wenn sie noch sehr klein sind, jünger als drei Jahre, heben sie zur Begrüßung sogar gern ihren Rock. Später dämpft ein natürliches

Schamgefühl die Koketterie; sportliche oder geistige Interessen überlagern die erotischen, und mit acht ist so manches Mädchen ein rechter Junge. Trotzdem wünscht es sich eine Barbie. Und zieht sie an und aus ...

So begeistert die kleinen Besitzerinnen von ihrer Barbiepuppe sind, so skeptisch reagieren viele Eltern. Barbie zieht pädagogische Kritik auf sich – ein Aspekt erscheint besonders interessant: Puppen waren traditionell die *Kinder* der Kinder. Am Umgang mit ihnen übten sie die Mutterrolle ein. Und konnten den Spieß mal umdrehen und so mit ihrem Puppenkind umspringen, mäkeln und schimpfen, wie sie es immer wieder mal vonseiten der Mama aushalten mussten. Barbie ist anders gedacht. Als erwachsenes und attraktives Idol zeigt sie dem Kind seine eigene *Wunschgestalt der Zukunft*. Mit Barbie soll sie nicht die Mutterrolle einüben, sondern die Phase *davor*: die Mädchenzeit, die Zeit des Sich-Verliebens, die Hochzeit. Barbie ist eine erotische Herausforderung, und irgendwann empfindet das auch die Puppenmutter. Die Frage ist: Soll man fünf- bis zehnjährige Mädchen mit erotischen Idolen konfrontieren?

Sicher kann man es gefahrlos tun. Jedes Mädchen geht seinen eigenen Entwicklungsweg, und wenn z. B. eine Neunjährige, die gern klettert und rauft, eine Barbie geschenkt kriegt, wird sie deshalb nicht zum Prinzesschen, sondern sie verfährt mit der Puppe nach Maßgabe ihrer eher jungenhaften Phantasien und übersieht den Busen. Eine andere Neunjährige, die insgeheim Mutters Lippenstift ausprobiert, wird ihrer Barbie ein durchsichtiges Kleid nähen und eine verstärkte Sehnsucht nach eigenen Brüsten verspüren – aber sie nimmt deshalb keinen Schaden. Dennoch: Das Barbie-Konzept hat eine schwache Stelle. Es zielt auf Kinder *vor* der Pubertät, und diese begnadete Zeit zwischen sechs und zehn ist die einzige Phase im Leben von homo sapiens, die von Anfechtungen der Geschlechtlich-

■ Der Designer und gelernte Flugzeugbauer Peter Bermes schickt Barbie in einem Galaxy-Dress als Astronautin auf Entdeckungsreise.

■ Als begeisterte Cabrio-Fahrerin weiß Barbie 1962 ganz genau, was Frau am Steuer trägt: »Open Road«, eine sportlich-lässige Kombination mit windfester Kopfbedeckung und knallroter Sonnenbrille.

»Neuesten Nachrichten zufolge ist Barbies Plastikkörper nicht so unverwüstlich, wie man geglaubt hat. Sammlerstücke aus den 50er und 60er Jahren beginnen sich zu verformen und zu verfärben. Schuld ist eine Chemikalie, die einst dem spröden PVC hinzugefügt worden war, um es geschmeidiger zu machen.«

DER SPIEGEL

keit, seien es Ängste, seien es Glücksversprechen, weitgehend frei ist. In dieser Zeit bildet der Geist seine Reichweite aus; man kann mit jedem achtjährigen Kind, sei es Junge oder Mädchen, über die letzten Dinge philosophieren. Insofern ist es ungünstig, just die Mädchen, deren Vorpubertät ohnehin kürzer ist, in dieser wunderbar unschuldigen späten Kindheit mit der Nase auf ihre Geschlechtlichkeit zu stoßen und sie zum Narzissmus zu verführen. Eros kommt früh genug, und er führt dann eh bis zum Lebensende Regie. Also sollte man die freie Zeit nutzen, Leseratte oder »Jugend forscht«-Mädchen zu werden, anstatt das Frausein zu üben. Barbies Welterfolg zeigt, dass Eros nicht einmal vor der »Latenzphase« (so nannte Siegmund Freud die Zeit zwischen Ödipuskomplex und Pubertät) ganz Halt macht. Es sei denn, die kleinen Mädchen übersehen das Sexy-Styling, ziehen ihrer Barbie ein Nachthemd an, legen sie in den Puppenwagen und singen: »Schlaf, Kindchen ...« für sie.

BARBIE

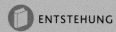 **ENTSTEHUNG**

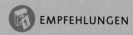 **EMPFEHLUNGEN**

Die berühmteste Puppe aller Zeiten wurde 1997 zum milliardsten Mal verkauft – kurz vor ihrem 40. Geburtstag. Als Barbie auf der New Yorker Spielzeugmesse im März 1959 ihr Debüt feierte, reagierten die Händler skeptisch. Kaum zwei Jahre später gehörte sie bereits zu den weltweit am meisten verkauften Spielwaren. Vorbild für die Barbie-Puppe war die sogenannte »Bild-Lilli«, eine sexy Comic-Figur, die seit dem ersten Erscheinungstag der deutschen Bild-Zeitung im Juni 1952 sieben Jahre lang täglich die Leser in kleinen Bildergeschichten unterhielt. Lilli gab es bald als Hartplastikpuppe; 1958 wurde sie von Ruth Handler, der Mitbegründerin der kalifornischen Spielzeugfirma Mattel, während eines Urlaubs in der Schweiz in einem Schaufenster in Luzern entdeckt. Sie kaufte drei Exemplare und gleich dazu die amerikanischen Rechte. Ruth Handler kreierte nun eine amerikanische Modepuppe, ein Teenager-Model, und nannte sie nach ihrer Tochter Barbie. In schwarz-weiss gestreiftem trägerlosem Badeanzug und schwarzen offenen Pumps, mit Sonnenbrille und Ohrringen begann Barbies beispiellose Karriere – die kleine kalifornische Firma ist heute das größte Spielzeugunternehmen der Welt. Gleich im ersten Jahr verfügte Barbie über einundzwanzig Outfits, die sich an der französischen Mode der 1950er Jahre orientierten. Als Vorlage dienten dem Designerteam die Entwürfe der berühmtesten Modeschöpfer der Pariser Haute Couture wie etwa Christian Dior oder Coco Chanel. Barbies Garderobe zeichnete sich von Anfang an dadurch aus, dass sie für jede Gelegenheit etwas bereit hielt, und wurde durch eine Fülle von Schuhen und Accessoires ergänzt. Ab Anfang der 1960er Jahre gab es Barbie auch mit verschiedenen Frisuren. Als besonders populär erwies sich ein neuer Kurzhaarschnitt: der so genannte Bubble Cut, der an Jackie Kennedy erinnerte – auch die Garderobe orientierte sich in dieser Zeit an der amerikanischen First Lady. Die Barbie-Puppe selbst und ihre Kleidung haben im Laufe der Jahrzehnte viele Wandlungen durchlaufen, je nach Zeitgeist war sie Hippie- oder Disco-Girl oder Yuppie und zeigte sich in allen Berufen, ob als Zahnärztin, Astronautin, Ballerina, Grundschullehrerin, Polizistin, Rapperin, Modedesignerin, Fernsehreporterin, Aerobic-Lehrerin ... Hundertzwanzig Modelle werden heute jährlich für sie entworfen. Fast jede Mode der Welt hat sie mitgemacht und wurde von Designern wie Louis Féraud, Yves Saint-Laurent, Karl Lagerfeld oder Calvin Klein eingekleidet. An der Ausstellung Kunst, Design und Barbie, die in Deutschland anläßlich ihres 35. Geburtstages stattfand, waren hundertdreißig Künstler, Photographen, Modedesigner und Haarstylisten beteiligt.

Lesenswert:
Felicitas Bachmann: *Barbie, Barbie. Ein Kultbuch in rosarot*, Berlin 1999.

Janine Fennick: *Barbie. Ein farbiger Führer durch vierzig Jahre Barbie-Geschichte*, Augsburg 1996.

40 Jahre Barbie-World – Vom deutschen Fräuleinwunder zum Kultobjekt in alle Welt. Katalog zur Ausstellung des Badischen Landesmuseums Karlsruhe, herausgegeben von Wolfram Metzger, Karlsruhe 1998.

 AUF DEN PUNKT GEBRACHT

Die kleine Plastiklady ist ein Symbol für Konsumfreude und kindliche Frühreife – nicht immer zur Freude der Eltern.

Madonna

> »Ich wäre nie das geworden, was ich bin, hätte ich nicht gegen all die altmodischen Werte rebellieren können.«
>
> MADONNA

Bay City, Michigan, lebt nur, weil es Detroit gibt, wo die Autos herkommen. Mitten im Sound der Motown, der Fabriksirenen, der Armut und des schwarzen Soul-Funk wird am 16. August 1958 Madonna Louise Ciccone geboren. Und dieser Sound wird sie nicht mehr loslassen. Der Name Madonna ist kein provozierender Künstlername, sie bekommt ihn von ihrer italienischen Mutter verpasst. Später bedeutet er ihr viel: Unschuld, Reinheit, aber auch Auserwähltheit und Urkraft.

Die kleine Madonna wächst mit sieben Geschwistern auf. Mit fünf Brüdern und zwei Schwestern kämpft sie um die Zuwendung von Mama und Papa. Sie tut es früh mit einer Aggressivität und Direktheit, die auffällt. Einen tiefen Schock erleidet sie, als die geliebte Mutter viel zu früh stirbt. Sie verehrt zwar ihren Vater – später widmet sie ihm ihr erstes Album –, aber sie opponiert heftig gegen seine religiöse Erziehung. Auch die Nonnenschule ist Madonna verhasst.

■ Madonna am 28. Februar 1998 in Duisburg bei *Wetten, daß ...?*

Mit Beginn der Pubertät, Madonna ist früh entwickelt, wechselt sie auf die öffentliche Junior High School. Sie tanzt, ist Cheerleader, gründet eine Theatergruppe, singt im Schulchor und zieht mit den schwarzen Kids durch die Gegend. Das Tanzen wird ihre Zuflucht, wenn's zu Hause kracht. Es gibt dem trotz seiner provokanten Art tief unsicheren Mädchen Zutrauen in seine Kraft. »Als ich anfing zu tanzen, erlegte ich mir viel Selbstdisziplin auf, und ich begann mich zum ersten Mal richtig zu mögen.«

In diese Zeit fällt auch ein anderes erstes Mal: Mit fünfzehn Jahren verliert sie ihre lästige Jungfräulichkeit, was später das Thema ihres ersten Superhits sein wird. »Es war toll, für mich war es ein Karrieresprung.« Der wirklich wichtige Karriereschub kommt allerdings erst mit dem zweiten Mann. Madonna hat einen untrüglichen Instinkt für Menschen, die sie »pushen« können, und Kritiker werfen ihr diese Berechnung auch immer wieder vor. Sie trifft den Tanzlehrer Christopher Flynn. Der verhilft ihr nach dem High-School-Abschluss – sie macht ihn ein Jahr früher als gewöhnlich – zu einem Stipendium an der Universität von Michigan. Hier studiert sie – wie soll es anders sein – Tanz bei eben diesem Christopher Flynn. Mit siebzehn ist sie endlich frei von Familie, Vater, Schule, Religion und Bay City. Madonna tanzt extrem, sie isst extrem: makrobiotisch, eigentlich nur Cerealien und Joghurt, und sie kleidet sich so extrem, dass es anfängt, weh zu tun. Sie zerschneidet ihre Tanztrikots, bindet sich Stoffetzen ins toupierte Haar, trägt tonnenweise billigen Modeschmuck.

Für solche Extreme ist Michigan bald zu klein. Madonna will mehr, sie spart für ein Ticket, lässt die Uni Uni sein und steht an einem warmen Tag im Juli 1978 mit 35 Dollar und ihrer ganzen Power am Times Square, New York. Hier ist alles anders. New York, Anfang der 1980er Jahre, ist Magnet für Tausende von Möchtegernstars. Jeder will auffallen. »Ich war daran gewöhnt, der Hecht im Karpfenteich zu sein, und plötzlich war ich niemand. Aber in keinem Moment habe ich daran gedacht, zurückzugehen.« Hier im Asphaltdschungel merkt Madonna, dass Tanzen alleine zum Leben nicht ausreicht. Sie muss ständig die Wohnungen wechseln, manch-

■ Madonna singt am 20. Februar 1995 in London zur Eröffnung der »Brit Awards«, den britischen »Pop-Oscars«.

■ Madonna am 6. Juni 2000 in London im Odeon West End Kino zur Benefiz-Premiere von John Schlesingers *The Next Best Thing*.

»Sie ist ein cleveres Mädchen, das sich an ihren eigenen BH-Trägern nach oben gezogen hat.«
BETTE MIDLER

mal schläft sie auf der Straße und hat kein Geld fürs Essen. »So spazierte ich zum Abfalleimer, und wenn er richtig gut roch, ... öffnete ich den Deckel. Mit etwas Glück fand ich Fritten, die jemand weggeworfen hatte.« Sie posiert für Nacktaufnahmen, 10 $ pro Stunde, die später dem *Playboy* in die Hände fallen. Sie lernt den Maler Keith Haring kennen und geht auf Graffitizüge. Das *tag* »BoyToy« wird ihr unverwechselbares Modeaccessoire. Schließlich schafft sie es, ein Demotape zu produzieren. Camille Barbone, ihre Mäzenin, nutzt sie genauso geschickt fürs Marketing wie ihre Männer. Wenn Madonna abends zum Tanzen in die Disco geht, hat sie nun immer eine Kopie ihres Songs dabei. Der angesagte DJ Mark Kammins in der Mega-In-Disco Danceteria tut der kleinen Ausgeflippten den Gefallen und spielt *Everybody*. Das Lied schlägt ein wie eine Bombe. Der frische Sound erregt Aufsehen. Kammins ist Madonnas neue Sprosse auf der Leiter nach oben.

Er verschafft ihr einen Plattenvertrag bei einem Speziallabel von Warner Brothers: Sire Records, dem sie lange treu bleiben wird. Was nun kommt, ist ein Feuerwerk an Tophits, Skandalen, Megashows, Selbstinszenierung und Triumph. In nur vier Jahren erkämpft sich Madonna ihren Platz in der Popgeschichte. 1984 ist sie die meistbeachtete Frau im Showgeschäft. Was sie anfasst, wird zu Gold. Die Hits *Lucky Star*, *Holiday*, *Like a Virgin* sind 1983/84 in der ganzen Welt zu hören. Wo man hinguckt, überall Madonna. Ihr Leben ändert sich radikal. Sie und die Presse gehen eine Hass-Liebe ein, die zur Obsession wird.

Madonna hat erkannt: Je skandalöser, desto erfolgreicher ein Produkt, auch wenn dieses Produkt der Mensch, die Frau, der Star selbst ist. Auf die Frage, warum sie ständig Kruzifixe trägt, antwortet sie: »Sie sind so sexy, an ihnen hängt ein nackter Mann.« Obwohl sie keine klassische Schönheit ist und ihrer Gesangsstimme nur Mittelmaß bescheinigt werden kann, steigt sie auf in die dünne Luft, wo die Superstars angesiedelt sind. In ihren Songs pocht immer der Puls der Stunde. Ebenso zeitgemäß sind ihre Musikvideos. Sie setzen neue Trends und finden Anerkennung: z. B. *Lucky Star* und *Express Yourself*. Ihre filmischen Ambitionen enden allerdings in Flops. Aber egal, ihre Karriere ist nicht mehr aufzuhalten. Sie heiratet den ebenfalls nach oben strebenden Schauspieler Sean Penn. Er erinnert sie an ihren Vater.

Die Hochzeit am 15. August 1985 wird ein Fiasko. Pressehubschrauber verdunkeln den Himmel bei der Open-Air-Feier. Man versteht bei der Trauung kein Wort. Der Bräutigam dreht durch und schießt mit einer Pistole Kaliber .45 auf die Helikopter. Die Ehe geht so weiter, wie sie begann: Skandale und Gewaltausbrüche. Sean schlägt Journalisten zusammen; es kommt so weit, dass er ins Gefängnis muss. Am Ende fesselt und vergewaltigt er seine Frau. Die Polizei muss einschreiten. Die Scheidung ist nurmehr eine Frage von Tagen.

Madonna ist wieder frei. Frei für neue Männer und Frauen und neue Projekte. Später gesteht sie: »Sean war die große Liebe.« Jedoch: Keine Zeit für Traurigkeit. Sie dreht den Film *Dick Tracy* und schnappt sich den Regisseur Warren Beatty. Einen absoluten Superhit landet sie mit *Like a Prayer*. auf dem dazugehörigen Video sieht man Madonna kopulierend auf einer Kirchenbank; hernach hat sie Wundmale an den Händen wie nach einer Kreuzigung. Das Band wird vom Vatikan geächtet. Aber sieben Wochen Number One in den USA geben der bestverdienenden Frau im Showbiz Recht. Ende der 1980er Jahre wird sie vom *Musician Magazine* zur »Künstlerin des Jahrzehnts« gekrönt. Sie nutzt ihre Publicity, um für die Rechte der Homosexuellen zu kämpfen und »safer sex« zu proklamieren: »Zieht eurem Willi 'nen Pariser über«. In den 1990ern ist ihr Thema sowieso nur Sex, ihre neuen Alben *Erotica* und *Bedtimestories* sind ein einziges Stöhnen; der Titel ihres Films *Im Bett mit Madonna* spricht für sich.

Doch plötzlich sind diese schockierenden Jahre vorbei. 1996 wird Madonna Mutter.

■ Madonna am 12. September 1999 mit ihrer Tochter Lourdes in New York bei der Versace-Show von Donatella Versace.

■ Madonna am 15. März 1999 in New York.

■ Madonna am 24. Februar 1999 in Los Angeles bei der 41. Grammy-Verleihung mit ihren Auszeichnungen.

Ihre spirituelle Phase beginnt mit Tochter Lourdes. Der Erzeuger, ihr Fitnesstrainer, ist unwichtig und bald vergessen. Lourdes soll jedoch kein »verzogenes Einzelkind« werden, und so kommt im August 2000 Sohn Rocco zur Welt. Pünktlich zum Imagewechsel gibts ein neues poppiges Album, einen neuen Look und einen neuen, zehn Jahre jüngeren Mann, den britischen Regisseur Guy Ritchie. Heilige, Künstlerin, Mama und Hure – Madonna ist alles. Man kann sie verehren, peinlich finden, hassen, lieben oder verachten – aber ignorieren kann man sie nicht!

■ Madonna 1990 als geheimnisvolle Schöne in Warren Beattys Film *Dick Tracy*.

MADONNA

 LEBEN UND WERK

Madonna Louise Ciccone kam am 16. August 1958 als Tochter italienischer Einwanderer in Bay City in Michigan zur Welt. Sie war das sechste von acht Geschwistern und wurde streng katholisch erzogen. Als sie sechs Jahre alt war, starb ihre Mutter. Neben der Schule nahm sie Ballettunterricht und begann nach ihrem High-School-Abschluss 1976 an der Universität von Michigan ein Tanzstudium. 1978 gab sie es auf, um nach New York zu gehen, und wurde dort in die berühmte Tanztruppe von Alvin Ailey aufgenommen. Sie arbeitete als Serviererin, Verkäuferin, Photomodell und Darstellerin in Sexfilmen. Ihren ersten Auftritt in der Musikbranche hatte sie in Paris als Hindergrundsängerin von Patrick Hernandez. Zurück in New York, trat sie mit der Band Breakfast Club auf, bis sie mit ihrem Studienfreund Steve Bray eine eigene Band gründete. Sie begann zu komponieren, übte Gitarre, Keybord und Schlagzeug. 1982 vermittelte ihr DJ Mark Kammins den Kontakt zur Plattenindustrie; die erste Single, *Everybody*, wurde produziert und erregte großes Aufsehen. Kurz darauf folgte der ebenfalls erfolgreiche erste Videoclip mit einer Choreographie von Madonna. Ende 1983 gelang ihr mit dem Song *Holiday* von ihrer ersten Platte *Madonna* der Durchbruch in den amerikanischen Charts. Der Titelsong ihres nächstes Albums *Like a Virgin* gelangte auf Platz eins und blieb es sieben Wochen lang. Die meisten Songs erschienen als Single, darunter *Dress You Up*, *Material Girl* und *Angel*. Bis 1989 brachte sie elf Titel hintereinander unter die Top Five, was vor ihr nur Elvis Presley und die Beatles geschafft hatten. 1985, im Jahr ihrer ersten Tournee, auf der sie in knapp dreißig Städten der USA in ausverkauften Häusern auftrat, war Madonna als eine der beiden Hauptdarstellerinnen in der Filmkomödie *Susan, verzweifelt gesucht* (*Desperately Seeking Susan*) auch schauspielerisch erfolgreich. Provokative Musikvideos, unter anderem *Lika A Prayer* und *Erotica*, und Bühnenshows wie ihre Blond-Ambition-Tour durch die USA und Europa sowie ein Photoband über ihre erotischen Phantasien sicherten Madonna eine ständige, jedoch immer zwiespältige Medienpräsenz. Als Filmschauspielerin oft kritisiert, erhielt sie 1997 für die Titelrolle in dem Film *Evita* von der Hollywood Foreign Press Association einen Golden Globe. Breite Begeisterung, auch bei ihren schärfsten Kritikern, fand ihr 1998 erschienenes Album *Ray of Light*. Weit mehr als fünfundzwanzig Top Ten Singles hat Madonna in die Charts gebracht. Im Dezember 2000 heiratet Madonna in Schottland den britischen Regisseur Guy Ritchie, den Vater ihres ebenfalls im Jahr 2000 geborenen Sohnes Rocco. Aus einer früheren Beziehung hat sie eine Tochter, Lourdes, geboren 1996. Seit 2003 ist sie auch als Kinderbuchautorin erfolgreich.

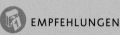 **EMPFEHLUNGEN**

Hörenswert:
Madonna: *The First Album*, 1983, WEA 1984. Audiocassette/CD.
Like A Virgin, 1984. WEA 1986. Audiocassette/CD.
True Blue, WEA 1986. Audiocassette/CD.
Like A Prayer, WEA 1989. Audiocassette/CD.
Erotica, WEA 1992. CD.
Evita. Original Soundtrack, WEA 1996. Audiocassette/CD.
Ray of Light, Maverick 1998. Audiocassette/CD.
Music, Maverick 2000. Audiocassette/CD
Confession on a Dancefloor, Warner Brothers 2005. Audiocassette/CD/LP/Download

Sehenswert:
Desperately Seeking Susan (*Susan, verzweifelt gesucht*). Regie: Susan Seidelman; mit Madonna, Rosanna Arquette, Aidan Quinn, Mark Blum, Robert Joy, USA 1985.

Blue in the Face. Regie: Wayne Wang/Paul Auster; mit Harvey Keitel, Lou Reed, Michael J. Fox, Jim Jarmusch, Lily Tomlin, Madonna, Mira Sorvino, USA 94.

Evita. Regie: Alan Parker; mit Madonna, Antonio Banderas, Jonathan Pryce, Jimmy Nail, USA 1996.

 AUF DEN PUNKT GEBRACHT

Die wandlungsfähigste von allen – zugleich das Girl mit der Message: Inszeniere dich, mach was aus dir – du kannst es.

PERSONENREGISTER

Fiktive Personen sind kursiv gesetzt.

Adelheid 46, 48
Adlon, Percy 262
Ahmose 17
Ahrendt, Martha 240
Aietes 30, 31
Ailey, Alvin 299
Ainsworth, William
  Harrison 85
d'Alembert, Jean-Baptiste
  Le Rond 117
Alexander, Zar von Russland
  120
Algren, Nelson 244
Alk, Howard 279, 281
Allegri, Renzo 249
Allori, Cristofano 37
Amable, Charles 62
Ambrosio, Arturo 155
Andò, Flavio 153
Andreas, Friedrich Carl
  157–159, 161
Andreas-Salomé, Lou
  156–161
Andrew of Maidenhead 122
Anna 43
Anouilh, Jean 28, 29, 31,
  33, 67
Antigone 6, 8, 24–29
d'Aragona, Alfonso 68, 71
Arendt, Hannah 9, 236–241
Ariosto, Ludovico 73
Aris, Michael 283, 284, 287
Armstrong, Louis 259
Atli 57
Aung San 283, 284, 287
Aung San Suu Kyi 6, 282–287
Austen, Cassandra 127
Austen, Henry 127
Austen, Jane 9, 122–127
Bach, Sebastian 129
Baker, Gladys 270
Barbie 288–293
Barbone, Camille 296
Basie, Count 259
Basso, Lelio 244
Beatty, Warren 297, 298
Beauvoir, Simone de 9,
  242–247
Becker, Karl Woldemar
  190, 191
Becker, Mathilde 191
Becquerel, Antoine Henri
  165–167

Beethoven, Ludwig van
  129, 133
Bellini, Vincenzo 269
Bembo, Pietro 71
Berg, Alban 229
Berlin, Irving 259
Bermes, Peter 291
Bernhard von Clairvaux 53
Bernhardt, Sarah 150, 151
Bernini, Giovanni 77
Bernstein, Eduard 171
Bernstein, Leonard 223
Bizet, George 139, 141
Blood, Fanny 109
Blücher, Heinrich 237, 241
Blumenfeld, Kurt 241
Boehme, Erich 102
Böhmer, Auguste 111, 112,
  114, 115
Böhmer, Johann 111, 115
Böhmer, Theresa 111
Boito, Arrigo 153–155
Bojaxhio, Agnes Gonxha
  s. Mutter Teresa
Boltzmann, Ludwig 213
Boleyn, Anna 81, 85
Borgia, Alonso 73
Borgia, Cesare 70–73
Borgia, Giovanni 72
Borgia, Juan 70
Borgia, Lucrezia 68–73
Borgia, Rodrigo 69–73
Botticelli, Sandro 37
Bouilhet, Louis 149
Bovary, Charles 144–149
Bovary, Emma 144–149
Bowie, David 235
Brahms, Johannes 33,
  131–133
Bray, Steve 299
Brecht, Bertolt 29, 67
Brock, Bazon 289
Brown, Clarence 184, 189
Brünhild 57–60, 267
Bülow, Frieda von 158
Burke, Edmund 106
Burthe, Leopold 18
Burton, Sir Frederick
  William 135, 137
Cafiero, Martino 152
Callas, Maria 9, 33, 266–269
Calvin, Johannes 74
Campbell, Alan 222, 223
Camus, Albert 247

Capel, Arthur 204, 205, 207
Caravaggio 37, 86, 88, 91
Cardin, Pierre 205
Carmen 6, 138–143, 225
Carosio, Margherita 269
Carstens, Jacob Asmus 25
Carter, Benny 259
Catanei, Vanozza 70, 73
Cézanne, Paul 193, 195
Chabrol, Claude 147
Chambers, C. Bosseron 38
Chanel, Coco 9, 202–207,
  293
Chasnel, Gabrielle
  s. Chanel, Coco
Checchi, Enrichetta 152, 155
Checchi, Tebaldo 152, 155
Cherubini, Luigi 33
Chopin, Frederic 129
Christie, Archibald 2171–219
Christie, Rosalind 217, 219
Christie, Agatha 9, 214–219
Ciccone, Madonna Louise
  s. Madonna
Clairin, Georges 151
Clay, John 279
Cocteau, Jean 205
Cohn-Bendit, Daniel 240
Coligny, Gaspard de 84
Constant, Benjamin 118,
  121, 143
Cooper, Gary 234
Corneille, Peter 33
Cranach, Lucas d. Ä.
  37, 86, 91
Cross, John W. 137
Cukor, George 275
Curie, Eve 164–167
Curie, Marie 9, 162–167, 209
Curie, Pierre 163, 165–167
D'Annunzio, Gabriele 150,
  153–155
Daudet, Alphonse 23
David, Jacques Louis 21
Delacroix, Eugène 32
Deledda, Grazia 155
Destinn, Emmy 140
Diaghilew, Sergej 205
Diderot, Denis 101, 103, 117
Dienes, André de 270
Dietrich, Marlene 9, 206,
  230–235
DiMaggio, Joe 273
Dior, Christian 205, 293

Don José 139–141
Dörfler, Peter 35
Dorziat, Gabrielle 207
Dostojewskij, Fjodor 189
Dougherty, Jim 271, 272, 275
Dr. Goll 228
Dr. Schön 226, 228, 229
Drake, Sir Francis 84
Ducamp, Maxime 149
Duckworth, Julia 201
Dudley, Robert Earl of
  Leicester 81
Dumas, Alexandre 129
Dupuis, Léon 145, 146
Durieux, Tilla 36
Durrell, Lawrence 23
Duse, Eleonora 8, 150–155,
  269
Dybenko, Pawel 182
Eduard VI., König von
  England 82, 85
Eichmann, Adolf 239, 241
Einstein, Albert 166, 209, 210
Eliot, George 9, 134–137
Eliot, T.S. 199
Elisabeth, Heilige 38, 40, 43
Elisabeth I. von England 8,
  76, 80–85
Elisabeth Petrowna, Zarin
  von Russland 98–101, 103
Ellington, Duke 254, 259
Elsheimer, Adam 91
Erichsen, Vigilius 102
d'Este, Alfonso Herzog von
  Ferrara 68, 71–73
d'Este, Ercole 71
d'Este, Ippolito 71
Eteokles 24–26
Etzel 57, 60
Euripides 31, 33
Evans, Mary Ann
  s. Eliot, George
Evans, Ross 223
Everett, Rupert 299
Farrar, Geraldine 140
Fauquebes, Clement de 65
Fédor, Tania 71, 72
Féraud, Louis 293
Feuerbach, Ludwig 135, 137
Findlay, Seaton 281
Fischer, Emil 209, 213
Fischer, Otto Robert 208
Fitzgerald, Ella 9, 254–259
Flaubert, Gustave 144

Flemyng, Gordon 100
Flynn, Christopher 295
Forster, Georg 111, 112, 115
Forster, Therese 111, 115
Franck, Maximilian 96
Franz von Anjou 80
Freisler, Roland 263
Freud, Anna 160
Freud, Sigmund 156, 160, 161, 201
Friedman, Myra 277, 279, 280
Friedrich II., König von Preußen 99
Frisch, Otto Robert 213
Füssli, Henry 106
Gabin, Jean 234
Gable, Clark 274
Gabriel 40, 41, 43
Gailey, Dan 257
Galilei, Galileo 88
Gandhi, Mahatma 250
Garbo, Greta 189
Garrett, John 222
Gärtner, Heinrich 25
Gaspard, Jean-Marc 177
Geeraerts, Marcus d.J. 80
Gentileschi, Artemisia 8, 9, 86–91
Gentileschi, Orazio 87, 90, 91
Georg III., König von England 124
Georg IV., König von England 124
Gerard, François 74, 116
Gernot 56
Gershwin, George 259
Gillespie, Dizzy 259
Gillot, Hendrik 157
Giorgione 34
Giraudoux, Jean 35, 37
Giselher 56
Glauke 32
Godard, Luc 143
Godunow, Alexander 189
Godwin, Fanny 104
Godwin, Mary
  s. Wollstonecraft, Mary
Godwin, William 104–109
Goethe, Johann Wolfgang 102, 110, 113, 115, 119, 121, 133, 148, 190
Goldoni, Carlo 152, 153
Gonzaga, Francesco Markgraf von Mantua 72
Goodman, Benny 258, 259
Gotter, Wilhelm 31
Goulding, Edmund 189
Goya, Francisco José de 37

Grable, Betty 272
Graf, Willi 265
Graff, Johann Andreas 95, 97
Granz, Norman 257–259
Greene, Milton 275
Grillandi, Massimo 68
Grillparzer, Franz 23, 33, 133
Grossman, Albert 278
Gudrun 57
Gunnar 57
Gunther 56, 57, 59, 60
Hagen von Tronje 60, 61
Hahn, Otto 209–213
Haimon 28
Handler, Ruth 288
Haring, Keith 296
Hasenclever, Walter 29
Haskell, Molly 230, 234
Hathaway, Henry 233, 275
Hatschepsut 7, 8, 12–17
Hawks, Howard 272
Hebbel, Friedrich 35–37, 61
Hegel, Friedrich Wilhelm 29
Heidegger, Martin 237, 239, 241
Heilige Katharina 64, 67
Heilige Margarete 64, 67
Heiliger Michael 64, 67
Heine, Heinrich 129
Heinrich der Zänker
  s. Heinrich, Herzog von Bayern
Heinrich V., König von England 62
Heinrich VI. König von England 62
Heinrich VII., König von England 83, 85
Heinrich VIII., König von England 81, 85
Heinrich, Herzog von Bayern 47, 48
Hendrix, Jimi 278, 280
Henning, Adolf 27
Herakles 31
Herder, Johann Gottfried 113
Hernandez, Patrick 299
Hidalgo, Elvira de 269
Hildebert 51
Hildebrand 60
Hildegard von Bingen 50–55
Hilferding, Rudolf 170
Hitchcock, Sir Alfred 233, 235
Hitler, Adolf 210, 211, 260
Hochhuth, Rolf 29
Hofmannsthal, Hugo von 155
Hogarth, William 126
Hoheneck, H. 111
Hölderlin, Friedrich 29

Hollaender, Friedrich 232
Holofernes 34–37, 86
Homer 22
Honegger, Arthur 29, 205
Hottenroth, Friedrich 47
Hubay, Jenö 189
Huber, Kurt 265
Hugo Capet, König von Frankreich 48
Hugo, Victor 143
Humboldt, Wilhelm von 113
Huston, John 275
Ibsen, Henrik 153–155, 156
Imlay, Gilbert 107–109
Iribe, Paul 205
Ismene 24–26
Jacoby, Georg 235
Jahnn, Hans Henny 31, 33
Jakob V., König von Schottland 85
Jakob VI. von Schottland 85
Jannings, Emil 231, 232
Jason 30–33
Jaspers, Karl 236, 237, 240, 241
Jeanne d'Arc 6, 27, 62–67
Jeffers, John Robinson 33
Jesus Christus 38, 40–43, 176
Joachim 43
Joachim, Joseph 131
Jogiches, Leo 169–171
Johannes 42, 43
Johannes vom Kreuz 79
Johnson, Joseph 106, 109
Jokaste 24
Joliot, Frédéric 167
Joliot-Curie, Irène 165, 167
Jonas, Hans 237
Joplin, Janis 9, 276–281
Joseph 39–41, 43
Joyce, James 196, 201
Judith 8, 34–37, 86
Jutta von Sponheim 55
Kalkbrenner, Friedrich 129
Kalogeropoulous, Maria
  s. Callas, Maria
Kammins, Mark 296
Kanoldt, Edmond 22
Kant, Immanuel 236
Kardinal Berberini 86
Karenin, Alexej 184, 185, 187
Karenina, Anna 184–189
Karl I., König von England 90, 91
Karl IX., König von Frankreich 84
Karl Peter UlrichPeter III., Zar von Russland
Karl V., Kaiser (Hl. Röm. Reich) 88

Karl VII., König von Frankreich 62, 63, 65–67
Karl von Orleans 62
Katharina die Große, Zarin von Russland 7, 8, 98–103
Katharina von Medici 84
Katharina von Navarra 81
Kaufman, George 223
Kaulbach, Hermann 69
Kaunitz, Wenzel Anton Graf von 100
Kautsky, Karl 170
Ken 290
Kennedy, Jacqueline 269, 293
Kennedy, John F. 273
Kerkylas 20, 23
Kern, Jerome 259
Kerr, Alfred 152, 155
Kessel, Barney 257
Keynes, John Maynard 198
Klein, Calvin 293
Kleïs 20, 23
Kollontai, Alexandra Michailowna 6, 8, 178–183
Kollontai, Wladimir 180, 183
Konstantin Skleros 49
Krafft, Johann Peter 26
Kramer, Stanley 235
Kraus, Ernst 140
Kreon (Antigone) 24–29
Kreon (Medea) 32
Kretzschmer, Hermann 145
Kriemhild 56–61
Kristofferson, Kris 279
Kühn, Ludwig 152
Kurz, Georg Michael 46
Lagerfeld, Karl 207
Lang, Fritz 56–58, 60, 61
Lao-Tse 261
Ledebour, Georg 158
Leighton, Frederic 24
Lenepveu, Eugene 66
Lenin, Wladimir Iljitsch 178–180, 182
Leopardi, Giacomo 23
Lerner, Alan Jay 207
Lescaut, Manon 225
Lessing, Gotthold Ephraim 115
Lewes, Agnes 134
Lewes, George Henry 134, 135, 137
Lewitzki, Dimitri Grigorjewitsch 99
Lichtenberg, Georg Christoph S.115
Liebknecht, Karl 170, 171, 183
Liezen-Mayer, Alexander 83

Lilli 293
Logan, Joshua 275
Lola Lola 232, 235
Lord Burleigh, William Cecil 85
Lord Essex 84
Louis Bonaparte 147
Louis de Narbonne 118
Lubitsch, Ernst 139, 233, 235
Ludwig XVI., König von Frankreich 117, 121
Lukas 43
Lulu 6, 224–229
Luther, Martin 74
Luxemburg, Rosa 8, 168–171, 181, 183
Mabille, Elisabeth 247
Mackensen, Fritz 195
Madonna 6, 294–299
Maletzke, Elsemarie 123
Mallowan, Max 218, 219
Man Ray 198
Mandel, Eduard 27
Mankiewicz, Joseph 275
Mann, Heinrich 231
Mann, Thomas 261
Mansfield, Katherine 199
Mari, Febo 155
Maria 38–43
Marlowe, Christopher 85
Marple, Jane 214, 219
Marrell, Jacob 94, 97
Matsch, Franz von 28
Mattingley-Meloney, Marie 162, 163, 167
May, John 235
McCarthy, Joseph Raymond 240
Medea 30–33
Mehring, Franz 170
Meitner, Lise 9, 208–213
Mendelssohn-Bartholdy, Felix 130, 131, 133
Meneghini, Giovanni Battista 267
Mercier, Philippe 125
Mercy d'Argenteau, Graf 100
Merian, Dorothea Henriette 95–97
Merian, Johanna Helena 95, 97
Merian, Maria Sibylla 8, 9, 92–97
Merian, Matthäus 93, 97
Mérimée, Prosper 139, 141, 143
Michaelis, Johann David 111, 115
Michelangelo 37, 91

Middler, Bette 296
Mignon, Abraham 97
Miller, Arthur 273–275
Modersohn, Mathilde 194
Modersohn, Otto 191–195
Modersohn-Becker, Paula 8, 9, 190–195
Monroe, Marilyn 9, 270–275
Montesano, Giuseppe 175, 177
Montesquieu, Charles de 101
Montessori, Maria 9, 172–177
Montessori, Mario 175, 177
Morgan, Seth 280
Mortensen, Norma Jeane s. Monroe, Marilyn
Motte Fouqués, Friedrich de la 61
Müller, Wilhelm 25
Mussbach, Peter 228
Mussolini, Benito 176
Muth, Carl 265
Mutnofret 17
Mutter Teresa 8, 248–253
Napoleon Bonaparte 63, 116, 119–121
Naumann, Emil 131
Ne Win 282
Nebukadnezar 34, 36
Necker, Germaine s. Madame de Stäel
Necker, Jacques 121
Necker, Suzanne 117
Neferure 14, 17
Negulesco, Jean 272
Nestroy, Johann 35, 37
Nietzsche, Friedrich 141, 156–158
Nikolajewitsch, Nikolai 98
Norma 267
Novalis 110
Ödipus 24–27
Olivier, Sir Laurence 275
Onassis, Aristoteles 266, 268, 269
Opie, John 108
Opitz, Martin 29
Orff, Carl 29
Orlow, Alexej Grigorje-witsch 101
Otto I., Kaiser (Hl. Röm. Reich) 45, 46, 49
Otto II., Kaiser (Hl. Röm. Reich) 44–49
Otto III., Kaiser (HL. Röm. Reich) 44, 48, 49
Ovid 23, 31

Papst Alexander VI. s. Borgia, Rodrigo
Papst Calixtus III. s. Borgia, Alonso
Papst Eugen III. 53, 55
Papst Gregor XV. 78
Papst Johannes Paul II. 252
Papst Johannes XIII. 49
Parker, Charlie 259
Parker, Dorothy 9, 220–223
Parker, Eddi 221
Pasolini, Pier Paolo 33
Paulsen, Andreas 212
Paulus 53
Pelias 30, 32
Penn, Sean 297
Peter der Große, Zar von Russland 98, 99
Peter III., Zar von Russland 98–101, 103
Peterson, Oscar 259
Phaon 23
Philipp II., König von Spanien 80, 84
Philipp von Burgund 62
Phokas, Sophia 49
Phrixos 30
Picasso, Pablo 205
Piloty, Ferdinand d.J. 84
Planck, Max 209–211, 213
Platon 19, 20, 23
Plisetskaja, Maja 189
Poirot, Hercule 214
Polyneikes 24–27
Ponchielli, Amilcare 269
Porter, Cole 259
Potemkin, Grigorij Alexandrowitsch 99
Pozzo, Cassiano dal 86
Presley, Elvis 299
Previn, André 207
Probst, Christoph 260, 263–265
Proust, Marcel 196, 201
Puccini, Giacomo 266, 269
Rabanne, Paco 205
Rauch, Ernst Andreas 264
Reagan, Nancy 250
Reagan, Ronald 250
Récamier, Juliette 119
Rée, Paul 157, 158
Reinhardt, Max 235
Renoir, Jean 148
Rice, Elmar 223
Rilke, Rainer Maria 156, 158, 159, 161, 193, 195
Ritchie, Guy 298, 299
Riva, Maria 235
Rivers, Travis 277

Robespierre, Maximilien de 107
Rodolphe 145, 146
Rohbock, Ludwig 46
Romano, Giulio 37
Rose, Bernard 186, 189
Rosi, Francesco 142, 143
Rossi, Ernesto 155
Rousseau, Jean-Jacques 121
Rubens, Peter Paul 37, 91
Rudolph, Alan 220
Ruffo, Don Antonio 89
Russell, Jane 272
Rutherford, Ernest 209, 210
Rutherford, Margaret 219
Rydell, Mark 281
Sacco, Nicola 222
Sachs, Hans 35, 37
Sackville-West, Vita 198–201
Saint Laurent, Yves 293
Saint-Pierre, Jacques de 117
Salome 225
Salomé, Louise s. Andreas-Salomé, Lou
Sandys, Frederick 30
Sappho 9, 18–23
Sartre, Jean-Paul 144, 242–247
Satie, Erik 205
Saura, Carlos 39, 141–143
Scarpia 266
Schamoni, Peter 130
Schell, Maximilian 235
Schellenberg, Johann Rudolf 95
Schelling, Friedrich Joseph 110, 113–115
Schiller, Friedrich 67, 83, 113, 114, 119, 121
Schlegel, August Wilhelm 110–115, 119–121
Schlegel, Friedrich 110–112, 114, 115, 121
Schlegel-Schelling, Caroline 6, 110–115
Schlesinger, John 296
Schmorell, Alexander 265
Schneider, Romy 206
Scholl, Elisabeth 260, 263
Scholl, Hans 260, 262–265
Scholl, Inge 260
Scholl, Sophie 8, 260–265
Scholl, Werner 260
Schröder, Martin 191
Schtschedrin, Rodion 189
Schumann, Clara 8, 128–133
Schumann, Ferdinand 132
Schumann, Marie 130
Schumann, Robert 128–133
Schwarz 228

PERSONENREGISTER

Séguin, Édouard 177
Seneca, Lucius Annaeus 31, 33
Senenmut 14
Serafin, Tullio 269
Seymour, Jane 81
Sforza, Giovanni Herzog von Pesaro 68, 73
Shakespeare, William 85, 152
Shaw, George Bernard 67, 155
Shelley, Percy B. 106, 108
Sieber, Rudolf 232, 234, 235
Siegfried 56–58, 60, 61
Sieglinde 56
Siegmund 56
Sigurd 57
Skamandronymos 23
Sklodowska, Bronja 163, 167
Sklodowska, Maria Salomee
    s. Curie, Marie
Sokrates 261
Solimena, Francesco 35
Sophie Friederike Auguste Prinzessin von Anhalt-Zerbst
    s. Katharina die Große
Sophokles 24, 27–29
Spenser, Edmund 85
Spinoza, Baruch de 135
Staël, Madame de 6, 116–121
Staël-Holstein, Baron Erik Magnus von 117, 118, 121

Staël-Holstein, Baronne Anne-Louise-Germaine
    s. Staël, Madame de
Stalin, Josef Wissariono-witsch S.179
Stefano, Giuseppe Di 269
Stendhal 124, 143
Stephen, Leslie 197, 201
Stephen, Vanessa 197
Stern, Günter 237, 241
Sternberg, Josef von 101, 230–233, 235
Stieler, Josef 119
Strachey, Giles Lytton 197, 198
Strassmann, Fritz 212, 213
Strauß, David Friedrich 135
Strauss, Richard 33
Stuart, Maria 83–85
Stump, Samuel John 107
Sutermeister, Heinrich 149
Tacitus 101
Tassi, Agostino 87, 91
Tebaldi, Renata 268
Theophanu 7, 8, 44–49
Teresa von Avila 8, 74–79
Thiele, Rolf 226
Thutmosis I. 13, 17
Thutmosis II. 12, 14, 15, 17
Thutmosis III. 12–15, 17
Tieck, Christian Friedrich 114
Tieck, Ludwig 110
Tintoretto 37, 91
Tischbein, Johann Friedrich August d.J. 110, 120

Tischbein, Johann Heinrich d.Ä. 20
Tizian 41, 72
Tolstoi, Leo Nikolajewitsch 184–189
Torme, Mel 255, 258
Tosca, Floria 266
Truman, Harry Spencer 212
Tschechow, Anton 155
Tsimiskes, Johannes 49
Tudor, Maria 81–83, 85
Turandot 268
d'Usseau, Arnaud 223
Ute 58
Vanzetti, Bartolomeo 222
Varnhagen, Rahel 241
Veit, Dorothea 110, 113
Venezia, Bartolomeo da 68
Verdi, Giuseppe 269
Verhoeven, Michael 261
Veronese, Paolo 37, 91
Vigee-Lebrun, Elisabeth 118
Vilsmaier, Joseph 235
Visconti, Luchino 269
Vogeler, Franz 191
Vogeler, Heinrich 191, 195
Vogeler, Martha 191
Voltaire 102, 103
Wagner, Richard 57, 59–61, 269
Webb, Chick 256, 259
Wedekind, Frank 224, 225, 227–229
Westhoff, Clara 191, 193, 195

Wieck, Clara
    s. Schumann, Clara
Wieck, Friedrich 128, 130, 133
Wiegandt, Bernhard 195
Wieland, Christoph Martin 121
Wilder, Billy 218, 235, 275
Wilhelm II., Kaiser von Deutschland 229
Will, Johann Martin 113
Willigis, Erzbischof von Mainz 47–49
Wittel, Gaspar van 89
Wolf, Christa 33
Wollstonecraft, Eliza 109
Wollstonecraft, Mary 8, 104–109
Wollstonecraft Shelley, Mary 106, 108, 109
Woolf, Leonard 198–201
Woolf, Virginia 135, 196–201
Wronskij, Alexej 185–188
Wulff, Agnes 191
Yourcenar, Marguerite 23
Zadek, Peter 224
Zeffirelli, Franco 40, 267
Zenatello, Giovanni 269
Zetkin, Clara 171, 181, 183
Zweig, Stefan 261

BILDNACHWEIS

Der Verlag dankt allen, die uns Bilder zur Verfügung gestellt haben, für die freundliche Genehmigung zum Abdruck. Leider war es uns nicht in allen Fällen möglich, die Rechteinhaber ausfindig zu machen; alle Ansprüche bleiben gewahrt.

akg-images, Berlin: S. 4, 5, 12–16, 18–20, 21 oben, 22, 24, 25 oben, 26–28, 30–32, 34–36, 38, 41, 42 und U4, 46–48, 50, 51 und U1, 52, 54, 62 und U4, 63, 64, 65 oben, 66, 68 und U1, 69, 70, 72, 74, 75, 76, 77, 78, 80, 81, 83, 84, 86–90, 92 links, 93, 94, 95 oben, 96, 98, 99, 100 unten, 101, 102, 108, 110, 111 oben, 112–114, 116, 117, 118 und U4, 122, 125, 126, 128, 129, 131, 132, 134, 135, 138, 139, 140 oben, 141, 145, 146, 150–153, 154 unten, 162–166, 170, 172 und U4, 173–176, 178, 184 oben, 185, 190, 192, 193 unten, 200, 202–204, 206, 218 unten, 225–227, 230–232, 233 unten, 234, 236, 239, 242, 246, 256 unten, 270, 271 unten, 272 oben, 273, 274 / © VG Bild-Kunst, Bonn 2008: S. 191 · Archiv Gerstenberg, Wietze: S. 119 · Archiv zur Geschichte der Max-Planck-Gesellschaft, Berlin-Dahlem: S. 211 · Bibliothéque nationale de France, Paris: S. 106 · Bildarchiv Preussischer Kulturbesitz, Berlin: S. 25 unten, 57– 60, 120 · Bundesarchiv, Berlin: S. 169 · Bill Burnside: S. 271 oben · dpa Bildarchiv, Frankfurt: S. 4, 5, 182, 208, 215 oben, 217 oben, 237, 249, 250, 252, 255 unten, 256 oben, 257, 258, 260 oben, 264 unten, 268 oben, 276, 278, 283–286, 294 und U1, 295–298 · Filmbild Fundus, Zorneding: S. 39, 40, 65 unten, 100 oben, 130, 142, 215 unten, 261–263, 277, 279, 280 · Karl Forster, Bad Grönenbach: S. 228 · J.R. Freemann & Co.Ltd.: S. 199 unten · Hannah Ahrendt Estate: S. 240 · Jauch und Scheikowski, Porep: S. 71, 123, 147, 148, 186–188, 220 · © Man Ray Trust, Paris / VG Bild-Kunst, Bonn 2008: S. 198 · Mattel GmbH, Dreieich: S. 288–292 · Mrs. M. T. Parsons: S. 196 und U4, 197, 199 oben · Dorothee Pfeiffer, Göttingen: S. 156– 160 · ullstein bild, Berlin: S. 5, 21 unten, 44, 45, 53, 56, 82, 92 rechts, 111 unten, 140 unten, 144, 158 unten, 168, 179–181, 184 unten, 193 oben, 194, 205, 209, 210, 212, 214, 216, 217 unten, 218 oben, 224, 233 oben, 238, 243–245, 248, 251, 254, 255 oben, 260 unten, 264 oben, 266, 267, 268 unten, 282

IMPRESSUM

Bibliografische Information der Deutschen Nationalbibliothek
Die Deutsche Nationalbibliothek verzeichnet diese Publikation
in der Deutschen Nationalbibliografie; detaillierte bibliografische
Daten sind im Internet über *http://dnb.d-nb.de* abrufbar.

6. überarbeitete Auflage 2008
Copyright © 2001 Gerstenberg Verlag, Hildesheim
Alle Rechte vorbehalten.
Gestaltung und Satz: typocepta, Wilhelm Schäfer, Köln
Satz aus der Berthold Concorde und der DTL Caspari
Printed and bound in Singapore by Imago

www.gerstenberg-verlag.de

ISBN 978-3-8369-2517-4